Franz Wördemann
Die Beute gehört Allah

FRANKREICH

Marseille

P Y R E N Ä E N

Perpignan

ARRA

Saragossa

Ebro

A R A G O N

Barcelona

MENORCA

MALLORCA

Valencia

B A L E A R E N

Denia

losa

Murcia

Phasen der Wiedereroberung

— — 1. zurückerobert bis 1080

—·— 2. zurückerobert bis 1210

········ 3. zurückerobert bis 1480

Franz Wördemann

Die Beute
gehört Allah

Die Geschichte der Araber
in Spanien

mit 41 Fotos von Ulfert Kasten

Piper
München Zürich

ISBN 3-492-02794-6
© R. Piper GmbH & Co. KG, München 1985
Gesetzt aus der Times Antiqua
Karten: Jutta Winter
Gesamtherstellung: H. Mühlberger, Augsburg
Printed in Germany

Inhalt

Teil 1
»Die Öffnung der Länder
durch Gott«

Am Rand der Welt

Vier mittelgroße Boote legten im Juni des Jahres 710 von der afrikanischen Küste in der Nähe der Stadt Ceuta ab. Sie nahmen Kurs auf eine schmale Landzunge am nördlichen Ufer der Meerenge von Gibraltar. Die Spitze dieser Landzunge ist der südlichste Punkt Spaniens. Die Fahrstrecke betrug gut dreißig Kilometer, denn die Boote querten schräg in nordwestlicher Richtung über die Wasserstraße. Keine besondere Leistung, keineswegs ein auffälliges Unternehmen; Lastentransport und Personenverkehr auf diesem Wasserweg hatte es seit undenklichen Zeiten gegeben.

An Bord der vier Boote drängten sich rund vierhundert Bewaffnete, dazu an die hundert Pferde. Wenigstens ein Teil des Streithaufens sollte in die nordwärts sich dehnenden Berge zur schnellen Erkundung vordringen können.

Erkundung, nichts sonst, war der Auftrag der Vierhundert. Sie waren Berber. Die neuen Herrscher des Maghreb, des westlichen Teils der nordafrikanischen Küstenlande, die Araber, hatten lediglich die Order zur Erkundung gegeben; von ihnen stand nicht einer unter den Lateinersegeln der Boote. Der Führer dieser Aufklärungsgruppe hieß Abu Zora Tarif.

Fast nichts wissen wir über ihn. Berber war er, das ist gewiß, wahrscheinlich ein robuster und kampferprobter Unterführer einer örtlichen Stammeseinheit. Er setzte über, trieb seine Soldaten einige Wochen übers Land, machte Beute, schiffte sich wieder ein, segelte zurück ans heimische Ufer und verschwand aus der Geschichte. Nur sein Name blieb zurück; die Landzunge, Spaniens äußerster Süden, heißt seither Tarifa. Vermutlich war dieser berberische Söldling in arabischen Diensten so unbedeutend, daß er nie von einer zeitlich parallelen Unternehmung gegen spanischen Boden erfahren hat. In den Wochen, da Tarifs Haufe im Raum der späteren Stadt Algeciras Beute jagte, überfiel ein Geschwader arabischer Kriegsschiffe die Baleareninseln Mallorca und Menorca, machte Gefangene und nahm wieder Kurs auf Tunis, die neugegründete arabische Flottenstation nahe dem zerstörten, entschwundenen Karthago. Diese arabische Flottenexpedition, die sich zunächst gegen Sardinien gerichtet hatte, war der letzte Akt eines seegestützten »Kriegszugs der Erlauchten«, der schon 704 von Tunis aus eröffnet worden war.

Tarifs Berichte, mehr noch seine Beute, müssen Eindruck gemacht haben. Denn nach seiner Rückkehr ging die arabische Führung in Nordafrika plötzlich ernsthafter an die Vorbereitung eines begrenzten Feldzugs auf spanischem Festlandboden. Freilich erst im Abstand eines vollen Jahres. Das hatte weniger mit den notwendigen organisatorischen Vorbereitungen zu tun; Truppenkontingente, ganze Heere wurden oft sehr schnell zusammengezogen, nichts Überraschendes in einer Zeit und in einer wesentlich nomadischen Umwelt, die für den Krieg und von seiner Beute lebte. Aber Kriegszüge, sofern sie über eine Kette von Scharmützeln kleiner Streifscharen hinausgingen, waren Sache des Sommers, besonders dann, wenn sie durch Seeoperationen gestützt oder auf sie angewiesen waren. Die noch junge arabische Mittelmeerflotte des gerade beginnenden 8. Jahrhunderts hatte von den alterfahrenen Kapitänen des byzantinischen Gegners, von den koptischen Schiffsbaumeistern und Navigatoren der arabischen Hauptwerft Alexandria, vor allem aber durch vielfachen Schiffbruch und manch schweren Geschwaderverlust gelernt, daß mit der zweiten Septemberhälfte erste Luftdruckumschwünge und stärkere atmosphärische Turbulenzen vom Osten ins Mittelmeer drängen und der sturmreiche Schiffahrtswinter unvermittelt beginnen kann. Keine gute Zeit für teure Galeeren.

Mit dem Sommer des Jahres 711 beginnt das nächste iberische Abenteuer der arabischen Führung in Nordafrika. Noch immer soll es ein Beuteabenteuer sein; wiederum lautet die Order nicht auf Eroberung und Unterwerfung, sondern auf Einbringen von Gefangenen, die als Sklaven für die blühenden Handelsmärkte zwischen Nordafrika und Kleinasien und zur Auffüllung der Harems benötigt werden, auf Beschaffung von Gold, Silber, Perlen, Kostbarkeiten aus Villen und Kirchen, überhaupt jeglichen transportablen Werts. Ein Fünftel ging, wie die Zeit sagte, an Allah, womit die Zeit meinte: in das Schatzhaus des Kalifen in Damaskus. Vier Fünftel aber fielen dem arabischen Gouverneur in Nordafrika, seiner Hausmacht, seinen Truppen und seinen Verbündeten zu, ernährten alle und bereicherten einige, das aber in manchmal monströsem Maß. Die neuerliche Erkundungs- und Beuteorder ergeht an Tariq Ibn Ziyad. Im Juni 711 setzt er in einem gestaffelten Unternehmen von Ceuta nach Spanien über, diesmal freilich in genau nördlicher Richtung. Seine Boote landen eine Kampftruppe von zunächst siebentausend Mann in der Nähe des Felsens, der seither seinen Namen trägt – Gibraltar, *Djebel al-Tariq,* Berg des Tariq. Dies ist der Augenblick, den eine verkürzende und vereinfachende Geschichtsvorstellung den Beginn des arabischen Einfalls in Spanien nennt.

Über Tariq Ibn Ziyad wissen wir etwas mehr als über den Ersterkunder des Vorjahres, wenngleich nicht viel. Tariq war Berber wie Tarif, aber in höherer Kommandoposition. Er war der Befehlshaber der wiederum hauptsächlich berberischen Vorhutreiterei der muslimischen Streitmacht in Nordafrika, vielleicht örtlicher Befehlshaber von Tanger. Und er war, sonst wäre er kaum in diese Stellung gelangt, »Klient« des arabischen Gouverneurs.

In der arabisch beherrschten muslimischen Welt des ersten Jahrhunderts nach Mohammed beschrieb der Begriff »Klient« die rechtliche Angliederung einer zunächst fremdstämmigen Person an eine genealogische Einheit der Araber, einen Clan, einen Stamm oder einen Stammesverbund. Praktisch war der Klientenstatus die verpflichtende Bindung einer Person an einen Mächtigen des Clans oder des Stammes. Rechtliche Zuordnungen solcher Art wie auch die ethnischen Zusammensetzungen von Eroberungskorps und Einwanderungswellen waren gewichtige Bedingungen, die in politischen Entscheidungssituationen oftmals den Ausschlag gaben. Dem Schicksal der spanisch-muslimischen Welt ist eigentümlich, daß abrupte Kehrtwendungen – plötzlicher Aufstieg wie ebenso plötzlicher Absturz – den Weg durch die Jahrhunderte zu einer Straße der absonderlichsten Überraschungen machen. An mancher Wegkehre werden wir sehr deutlich die Auswirkungen der rechtlichen Zuordnungen und der ethnischen Zusammensetzungen beobachten.

Eroberung eines Gebietes durch arabische Heere war nicht lediglich territorialer Anschluß. Der Rechtscharakter änderte sich grundsätzlich, mehr und etwas anderes als ein bloßes Unterwerfungsverhältnis wurde begründet: Das eroberte Gebiet ging in die *dar al-Islam*, das Haus des Islam, ein, wodurch die *dar al-harb*, das Haus des Krieges, des gottlosen Nichtfriedens, der Nichterlösung, wieder ein Stück zurückgedrängt war. Herren des neugewonnenen Teils der *dar al-Islam* waren die nach Stämmen und Sippen gegliederten Araber, die je nach belegtem religiösen Verdienst in ein System abgestufter Staatszuwendungen eingefügt wurden. »Religiöses Verdienst« war verwandtschaftliche Nähe zum Propheten Mohammed oder frühe Bekehrung oder auch nur Teilnahme an den großen Schlachten der heldischen Jahre zwischen Mekka und Medina. Die Araber solcher Stämme wurden, nach unseren Begriffen, Staatspensionäre.

Wen die Araber aus der Finsternis der *dar al-harb* erlösten, der konnte sich, um Leben oder persönliche Freiheit zu retten, der Bekehrung unterwerfen, was durch den schlichten Akt des Aussprechens der Bekenntnisformel *schahada* geschah: »Es gibt keinen Gott außer Gott, und Mohammed ist Gottes Prophet.« Für den Neubekehrten war lebenswichtig, daß er Anschluß an einen »pensionsberechtigten« Stamm der Araber fand, sich ihm gemäß der uralten Ordnung aus den Jahrhunderten der Wüste unterstellte und einordnete, sein *maula*, sein Klient, wurde. Nur auf diesem Weg konnte er die Stellung eines Fast-Vollbürgers gewinnen und einen Platz in der Staatsliste der Unterhaltsberechtigten.

Der Klient Tariq muß ein befähigter Organisator und Truppenführer gewesen sein, denn siebentausend Mann nebst Pferden und Maultieren, Gerät und Waffen mit zunächst vier Booten überzusetzen war eine verzwickte Aufgabe. Er schaffte es, und von Zwischenfällen ist nichts bekannt. Einen Reitertrupp ließ er gegen das Städtchen Carteja vorrücken, das prompt besetzt wurde. Dieser Voraustrupp unterstand einem der wenigen arabischen »Offiziere« in Tariqs Expeditionskorps, dem Abdalmelik aus dem Stamme Moafir, ein Name, der für den Fortgang des Geschehens im Jahr 711 ohne die mindeste Bedeutung ist, abgesehen von der Tatsache, daß das Geschlecht dieses Abdalmelik in der siebten Generation den größten Kriegsherrscher des muslimischen Spanien stellen sollte, den allmächtigen Despoten al-Mansur, den Höllenschreck der nördlichen Christen, die ihn dennoch als »Almansor« in die Ritterrunde ihrer Sagen aufnahmen.

Tariq dehnte seinen Erkundungszug nach Westen aus, quer über die Berge in die Richtung des heutigen Kap Trafalgar. Dabei muß dem Berber deutlich geworden sein, daß er nicht durch wildes Gelände ritt, ähnlich der schroffen, unwirtlichen Bergwelt seiner kabylischen Heimat, sondern über den Boden einer uralten Kulturlandschaft, einst gestaltet von Griechen und vor allem von Römern, die hier ihre blühende Provinz Baetica mit der Hauptstadt Hispalis (Sevilla) hatten. Jetzt war die Baetica Teil des Königreiches der Westgoten mit der Hauptstadt Toledo, zugleich kirchlicher Mittelpunkt, im fernen Nordost.

Die westgotischen Herren des Landes rückten in Eilmärschen aus der baskischen Nordprovinz heran, deren neueste Erhebung den Gotenkönig Roderich zum Gegenschlag herausgefordert hatte. Tariq schickte nach Nordafrika um Hilfe. Sein arabischer Gouverneur setzte weitere fünftausend Berber in Marsch und transportierte sie auf Schiffen, »welche er seit dem Abmarsch seines Feldherrn hatte bauen lassen« oder die er, was wahrscheinlicher ist, seinem arabischen Flottenkommando in Tunis entzog.

Am 19. Juli standen sich an der Laguna de la Janda, einige Kilometer landeinwärts von Kap Trafalgar, die zwölftausend Berber des Tariq, unter ihnen eine verschwindend kleine Zahl arabischer Unterführer, und des Königs Roderich Westgoten gegenüber, hunderttausend an der Zahl, wie die Überlieferung übertreibend sagt. Der Kampf begann, und das westgotische Heer brach auseinander, indes nicht so sehr unter den wilden Reiterattacken des Tariq, sondern unter der Last des Verrats. Die westgotischen Heeresflügel standen unter dem Befehl der Brüder und Söhne des von Roderich wahrscheinlich gemeuchelten Königs Witiza; sie nahmen zwar Aufstellung, verweigerten aber den Kampf. Roderich hielt mit dem Zentrum seines Heeres noch einige Zeit stand. Dann donnerte der Berbersturm über ihn hinweg. Der König ging in der Sturmflut unter. Mit ihm verschwand das Reich, nicht in einem Tag wie sein Heer, aber in wenigen Wochen. Doch lebte es auf merkwürdige Art im Untergrund des Denkens und Fühlens der christlichen Bevölkerung auf der Iberischen Halbinsel weiter, verwandelt und auch glorifiziert, um so stärker, je weiter die Zeit voranschritt. Wenn wir uns dem Höhepunkt der Jahrhunderte währenden *reconquista,* der christlichen Wiedervereinigung Spaniens, nähern, dann werden wir uns einer idealisierten Vorstellung des »Gotischen Reiches« gegenübersehen.

Im Juli des Jahres 711 jedoch fiel das Reich wie ein Kartenhaus zusammen. Denn dieser Tariq Ibn Ziyad, Befehlshaber eines bloßen Expeditionskorps, beauftragt mit einem kurzen und begrenzten Sommerfeldzug, einer klassischen arabischen Razzia (das Wort Razzia kommt von der arabischen Bezeichnung *ghassiya* für einen schnellen, zeitlich begrenzten Kriegszug oder Beuteritt eines Stammes), überdies angehalten, im Herbst dem Land den Rücken zu kehren, ignorierte den Befehl und hetzte mit seinen berberischen Reiterscharen weiter. Widerstand regte sich kaum; nur einmal noch, in der Nähe von Ecija, stellten sich ihm westgotische Einheiten in den Weg, aber er sprengte die Reihen auch da. Sevilla, den schwer befestigten Platz, ließ er westwärts liegen. Er ritt in Richtung Toledo, der fernen, sagenhaften Königsstadt, der Stadt der Paläste, Brücken, Kirchen und des Reichtums. Einzelne Abteilungen nahmen wichtige Orte im Süden, Archidona, Elvira, Cordoba; überall Durcheinander, Verwirrung, Flucht, denn »Allah hatte die Herzen der Ungläubigen mit Furcht erfüllt«. In Cordoba und dann in Toledo trafen Tariqs Reiter keine »Patrizier« mehr, keine Herren, keine Adligen; sie waren in den galicischen und asturischen Norden der Halbinsel geflüchtet. In Toledo fanden sie auch den katholischen Metropoliten nicht; er hatte die Stadt der Konzile verlassen, um in Rom weltliche Sicherheit zu finden. Dies alles sagen die Chroniken, aber wie alle Stimmen der Zeit sprechen auch sie nur von der hauchdünnen Oberschicht. In der breiten Bevölkerung sah es anders aus.

Überall stießen Tariqs Reiter auf ungeahnte Beute, über die fabelhafte Berichte nach Nordafrika gelangten. Aber der Sommer neigte sich dem Ende zu: Rückkehr über das Meer wurde zum täglich gefährlicheren Abenteuer. Nur einen Herbst zuvor war ein arabisches Geschwader auf der Rückkehr von Sardinien nach Tunis in einem Sturm untergegangen.

Sie wollten auch gar nicht zurück, nicht angesichts dieses grünen, damals bewaldeten Landes und solch unfaßbarer Beute. Was nicht Eroberung, sondern nur ausgeweitete Erkundung sein sollte, war plötzlich durch hitzköpfiges Draufgängertum, Gier und Beutelust zu einer ausgedehnten Razzia geraten, die aus dem Ruder lief.

Die ungeordnete Razzia kam, wie ungewollt auch immer, durch den westgotischen Zusammenbruch faktisch einer Eroberung gleich. Dies – und vielleicht noch mehr der Neid auf den unendlich scheinenden Reichtum – rief endgültig den arabischen Gouverneur Nordafrikas auf den Plan: Musa Ibn Nusair al-Bakri ist der erste Araber von Rang und Namen, der die Bühne Spanien betritt, wiewohl er anfangs dorthin gar nicht wollte.

Musa Ibn Nusair hatte in den gut fünfzig Jahren seines Lebens oft und heftig erfahren, wie wetterwendisch das Glück eines Mannes in der breitgefächerten arabischen Führungsschicht, auch auf der zweiten und dritten Ebene, sein konnte. Aufstieg oder Sturz, Ruhm, Reichtum oder Verbannung, selbst Leben oder Tod waren nicht zuletzt vom Schicksal der Partei abhängig, der er durch Abstammung angehörte oder unter deren Schirm er sich stellte. Musa Ibn Nusair war nur ein Freigelassener, was jedoch in der damals offenen und durchlässigen Gesellschaft der Muslime nicht notwendig ein Hindernis bedeuten mußte, vor allem dann nicht, wenn hinter dem Ehrgeiz, der Schläue, der Wendigkeit eines Aufstrebenden ein Gönner in einflußreicher Stellung, möglichst bei Hof, seine schützende und steuernde Hand über den Lebensweg hielt. Des Musa Gönner war ein Bruder des Kalifen Abd al-Malik (685 bis 705) in Damaskus; Musa hat des Prinzen beherzte Hilfe mehr als einmal und dann sehr dringend in Anspruch nehmen müssen. Das hatte zwar Gründe, für die er nicht haftbar zu machen ist, aber mehr noch Gründe, die auf seinen undurchsichtigen Charakter und sein allzu wendiges Handeln zurückzuführen sind. Musa Ibn Nusair ist, und nur deshalb spüren wir seinem Leben etwas ausführlicher nach, ein aufschlußreiches Beispiel des arabischen Herrn in jener Zeit.

Musa war Jemenite und gehörte deshalb durch Geburt zur Partei der Kalb, der Kalbiten, der Partei der Südaraber. Ihre geschworenen Feinde waren die Stämme und Stammesverbände aus dem Norden der arabischen Halbinsel einschließlich Syriens, die in der Partei der Kais, der Kaisiten, zusammengefaßt waren. Der untergründig schwelende, oft aber unverhüllt flammende Haß der Parteien, für den es außer der Geschlechtergeschichte keinen greifbaren Grund gab, bleibt uns unverständlich; für die Menschen jener Zeit und nicht nur für jene, die aus der Masse herausragten, konnte

Stärke oder Schwäche ihrer Partei lebensentscheidend sein. Überparteiliches Regieren des immer noch wachsenden kalifischen Riesenreiches schien allmählich unmöglich zu werden; wen der Kalif in Damaskus zu seinem starken Arm machte, dessen Partei hatte die Oberhand. Von den großen genealogischen Einheiten der Araber konnte lediglich der Stamm der Koraischiten – reich, weil sein Zentrum der gutverdienende Umschlagplatz Mekka war, ruhmvoll, weil aus ihm der Prophet hervorgegangen war – eine neutrale Stellung zwischen und deshalb über den Kalb und Kais bewahren. Das muslimische Spanien hat später unter diesem haßerfüllten Hader bitter gelitten.

Die Kalbiten des Südens durchschritten in Musas jüngeren Jahren ein Tal tiefer Machtlosigkeit; ihre kaisitischen Feinde wurden unter dem nächsten Kalifen, al-Walid (705–715), noch stärker. Daß Musa diese Phase erfolgreich überstand, verdankte er dem Prinzen, der ihm, vielleicht weil er ihn als willkommenes Werkzeug betrachtete, vielleicht aus Zuneigung zur Prinzenmutter, einer Kalbitin, gewogen war. Dennoch wäre der Schützling beinahe gestürzt, denn seine Interessen – Parteien hin, Parteien her – galten zuerst und ausnehmend schamlos seiner Privatschatulle. Als kalifischer Steuereinnehmer in der bedeutenden irakischen Stadt Basra hatte er sich erheblicher Unterschleife schuldig gemacht, was den aufgebrachten Kalifen schließlich veranlaßte, seine Verhaftung zu befehlen. Das läßt auf die unverhüllte Dreistigkeit Musas schließen, auf Kosten der *mal Allah*, des Staatsschatzes, die verheißenen Wonnen des Paradieses in seine Erdentage vorzuverlegen. In Finanzgeschäften, kein Zweifel, war ein jeder tätig; Musa Ibn Nusair muß freilich seine Geschäfte selbst für damalige Anschauungen hemmungslos übertrieben haben. Er flüchtete nach Ägypten, wo sein Schutzprinz inzwischen als kalifischer Gouverneur residierte. Prinz Abd al-Aziz intervenierte in Damaskus, bezahlte aus eigener Tasche die Hälfte der schließlich über Musa verhängten Buße in Höhe von einhunderttausend Goldstücken, behielt den Missetäter bei sich und schob ihn wenig später (708?) in das Amt des Gouverneurs der kürzlich eroberten Provinz Africa, die von den Arabern *Ifriqiya* genannt wurde. Diese Bezeichnung galt anfangs für das ganze Gebiet von Libyen bis zum Atlantik; später wurde der verwaltungstechnische Begriff *Ifriqiya* eingeengt auf das Land zwischen der ägyptischen Grenze und etwa Bougie in Tunesien; alles Gebiet westlich dieses Punktes war danach *al-maghrib,* der Maghreb, »der Westen«.

Das also war der Mann arabischer Macht in Nordafrika, der seinen Berberklienten Tariq zur Erkundung nach Spanien entsandt hatte. Das Unternehmen war gemäß einer kalifischen Weisung strikt begrenzt worden (»Laß Spanien von leichten Truppen auskundschaften, aber hüte dich, . . . eine große Armee den Gefahren einer überseeischen Expedition auszusetzen!«). Aber wie Tariq seine Order wegwarf, als ihn der Wind des Erfolgs und des glücklichen Zufalls das *wadi al-kabir,* das Tal des Großen Flusses, den Guadalquivir, entlang und dann nach Norden auf Toledo trieb, so vergaß Musa Ibn Nusair jegliche kalifische Weisung, als ihm die Chance politischer Macht, vor allem die Chance ungeheuren Gewinns deutlich vor Augen traten. Musa stellte in Nordafrika eine Armee von rund achtzehntausend Mann auf. Im Juni 712 setzte er selbst nach Spanien über. Die Eroberung war nicht mehr Zufall, sondern Plan.

Das war der erste entscheidende Unterschied zu Tariqs Unternehmung. Der zweite betrifft die Armee des nun schon alternden Musa Ibn Nusair: Zwar gingen nach wie vor starke Berbereinheiten an Bord seiner Schiffe, aber zu einem großen Teil bestand die Armee jetzt aus Arabern jemenitischer Stämme, die wie ihr Befehlshaber zur Partei der Kalbiten gehörten. Sie waren die erste arabische Einwanderungswelle.

Der äußere Verlauf dieser Eroberungsphase ist schnell umrissen. Musa hatte es nicht so leicht wie sein Heerführer Tariq, der weiter unbekümmert durch Mittelspanien streifte. Der Befehlshaber der Eroberung, so verstand Musa sich jetzt, konnte nicht einfach an befestigten Plätzen vorbeihasten. Sevilla, damals größte Stadt des Landes, mußte mehrere Monate belagert werden. Belagerung aber war eine militärische Kunst, in der sich arabische Heere nicht hervortaten; ihr Feld war die Weite, raumgreifendes Vorwärtsreiten ihnen gemäß, die Endlosigkeit der Wüste war noch keineswegs vergessen. Merida, weiter nördlich, kapitulierte nicht vor dem Juni 713. Erst zwei volle Jahre nach der Entsendung des Tariq sah der Eroberer den Weg nach Toledo frei. Vor den Mauern der längst genommenen gotischen Königsstadt trafen sich Herr und Klient, Araber und Berber. Sehr freundlich soll die Vereinigung der beiden Streitkräfte nicht gewesen sein, das Treffen ihrer Führer noch weniger. Spätere Ereignisse stützen diese Behauptung.

Wie immer auch die Zwistigkeiten im einzelnen gewesen sein mögen, sie hinderten die beiden nicht, den Eroberungsfeldzug weiterzutreiben. Sie ritten auf Salamanca und, nach dem Winter 713/14, weiter gegen Saragossa und Barcelona. Sie stießen über die Pyrenäen hinaus und durch Südfrankreich nach Avignon. Dann aber machten sie plötzlich kehrt, zogen sich auf die Südhänge der Pyrenäen zurück, eroberten Leon und Asturien und drängten den letzten westgotischen Widerstand in die dunklen asturischen Berge ab. Dort krallte sich ein störrischer westgotischer Haudegen fest, der Graf Pelagius, den es über die ganze Halbinsel getrieben hatte: Pelayo und sein Haufe Getreuer in der Höhle von Covadonga wurden, so die spanische Geschichtsvorstellung, zum heroischen Beweis, daß Spanien nie ganz von den Muslimen erobert worden sei, und Pelayos verbissener Widerstand in den Schluchten der Berge müsse als Beginn der Rückeroberung, der Reconquista, gesehen werden. Zweifellos darf die solchermaßen gedachte Kontinuität für die politischen Vorstellungen späterer Könige Spaniens nicht unterschätzt werden.

Der Vorhang hebt sich für das große historische Schauspiel al-Andalus, wie die Muslime ihr Spanien nun allmählich nannten. Der den Christen verbleibende Rest war einfach *Ischibanya*, Spanien.

In diesem Augenblick treten die Akteure des Vorspiels von der Bühne ab. Dem Musa Ibn Nusair wurde der Befehl seines mißtrauisch gebliebenen Kalifen al-Walid überbracht, am Hof von Damaskus zu erscheinen, um Rechenschaft und Rechnung zu legen, denn wiederum scheint Musa die eigene Kasse vor die des Kalifen gestellt zu haben. Er zögerte erst, schickte sich aber darein und zog 714/715 mit einer gewaltigen Karawane gefangener Westgoten, mit Sklavinnen und Sklaven, mit Hunderten Kamellasten von Kostbarkeiten aller Art zum Mittelpunkt der islamischen Welt, um dort, im Zentrum der Macht, mit Gold und Silber Stellung, Rang und Namen abzusichern. Aber seine Feinde bei Hof und im eigenen Lager – Tariq gehörte inzwischen zu ihnen – zwangen ihn aufs

Knie. Noch einmal gab es eine Rettungsaktion, und das Beil des Henkers wurde abgewendet, aber die letzten Lebensjahre des Musa Ibn Nusair al-Bakri verrannen im Sand irgendeines syrischen Dorfes, im Schatten der höchsten Ungnade. Niemand fragte mehr nach ihm; auch nicht nach Tariq dem Berber.

Das also war es? Ein glänzender Teil von Europa, wie zufällig in Besitz genommen in einer Reihe von Kleinaktionen, Insubordinationen und Rivalitäten zweier begabter und hemmungsloser, von Machtlust und Beutegier getriebener Militärs? Kein großer Plan, das Haus des Islam auch jenseits des Meeres zu bauen, damit der »Strom des Islam weiter über seine Ufer« trete?

Die Legenden haben sich früh des muslimischen Einfalls in Spanien bemächtigt, um eine der Zeit einsichtig erscheinende Erklärung zu finden. Da war der geheimnisvolle Graf Julian, Herr von Ceuta, der seine Tochter, die schöne Florinda, zur Erziehung an den christlichen Hof in Toledo geschickt habe; dort sei Florinda, als sie eines frühen Morgens nackt im Tajo badete, von Roderich, dem Gotenkönig, entehrt worden, was den gräflichen Vater so lange auf passende Rache habe sinnen lassen, bis er in den muslimischen Streifscharen der Berberei eine vorzügliche Waffe der Vergeltung entdeckt habe. Die Boote des Tarif und des Tariq seien Boote des Grafen gewesen, wie denn auch Julian von Ceuta als strategischer Kopf hinter dem Sieg an der Laguna de la Janda gestanden haben soll. Legenden wachsen nicht von selbst und nur auf dem Boden der Phantasie, sie sprießen aus Keimen der Wirklichkeit. Den Grafen Julian hat es gegeben, aber wir wissen nicht, ob er ein örtlicher byzantinischer Kommandant war, gestrandet in einer geduldeten und mühsam sich behauptenden byzantinischen Enklave Septem (Ceuta), oder ein westgotischer Adliger, den es an die Südküste der Wasserstraße verschlagen hatte.

Die Juden sind die geheimen Drahtzieher in einer anderen Legende. Ihnen soll es durch Einflüsterungen und lockende Fabeln von großen Schätzen gelungen sein, die Muslime zum Eingreifen zu bewegen, um so den verfolgten Glaubensgenossen auf der Iberischen Halbinsel dringend nötige Hilfe zu bringen. Der Keim der Wirklichkeit ist auch hier deutlich erkennbar: Unter dem westgotischen Katholizismus wurden die Gesetze gegen die Juden von Konzil zu Konzil immer harscher und unnachsichtiger. Juden flohen in Scharen nach Nordafrika, das steht außer Frage; welche besondere Rolle sie im Verlauf der Eroberung spielten, wird noch berichtet werden. Aber spanische Legende bleibt, daß sie die »Schwerter des islamischen Anspruchs« auf Spanien niederfallen ließen.

Solcherlei Erklärungsversuche konnten nicht ausbleiben, solange der muslimische Vorstoß nach Europa als ein einsames, deshalb herausragendes Ereignis der Bedrohung begriffen wurde. Unsere landläufige Geschichtsvorstellung hat sich noch immer nicht von dieser engen Betrachtung entfernt. Schon ein knapper, keineswegs umfassender Zeitvergleich zwingt uns, die überkommene Sichtweise drastisch zu ändern:

Als Tarif 710 erstmals über die Meerenge geschickt wurde, stand der arabische Feldherr Qutaiba Ibn Muslim samt einem großen Heer mitten in Transoxanien, der zentralasiatischen Welt von Buchara und Samarkand im heute sowjetischen Mittelasien, wo er endgültig Zentren islamischer Kultur schuf; in Kappadokien und an der kilikischen Völkerpforte fielen ausgedehnte byzantinische Gebiete an das Kalifat.

Als Tariq 711 an die Küste Spaniens übersetzte, drang der arabische Heerführer Muhammad Ibn al-Qasim in den Sindh (Pakistan) ein und eroberte Daibul, das heutige Karachi, und Nirun, das spätere Haiderabad.

Als sich 713 die bescheidenen Reiterhaufen des Tariq und des Musa vor Toledo trafen, konnten die massierten Vorstöße arabischer Heere unter Habib Ibn Maslama das Kaganat der Chasaren, ein bedeutendes transkaukasisches Reich, aus dem Gebiet um die Schlüsselfestung Derbent am Kaspischen Meer zurückdrängen, wodurch die arabische Gefahr für Byzanz, wirkliches Bollwerk der Alten Welt, bedrohlich anschwoll.

Als 714 Musas Beutekarawane durch Ifriqiya und Ägypten zurück nach Damaskus zog, wurden in allen Seehäfen des Kalifats die arabischen Kumbariengeschwader zum entscheidenden Schlag gegen den zentralen Feind, für die Belagerung von Byzanz, gerüstet und bemannt.

Diese Zeit war einer der Höhepunkte der imperialen Ausdehnung arabischer Macht zu Lande wie zur See, Teil jenes atemberaubenden Griffs nach der Welt, den die Muslime manchmal »die

Öffnung der Länder durch Gott« nannten. Aber in dieser Zeit nach der Eroberung Afrikas verschob sich auch die Richtung des großen Stoßes wieder nach Nordosten. Spaniens überraschender Fall war aus der Sicht von Damaskus ein beiläufiges Ereignis am Rand der Welt, an der westlichsten Flanke der Großen Front.

Die Große Front

Reiter und Ruderer

Am 8. Juni 632 starb in Medina der Prophet Mohammed in den Armen seiner blutjungen Lieblingsfrau Aischa. Nachfolger wurde sein alter Kampfgefährte Abu Bakr, der Vater Aischas, erster der vier »rechtgeleiteten« Kalifen. Abu Bakr zerschlug Aufstandsversuche an den Rändern der neuen arabischen Stammesförderation. Er hielt zusammen, was Mohammed, der »Gesandte Gottes«, unter dem Bekenntnis des Islam als politisches Erbe hinterlassen hatte.

Plötzlich entlud sich die Kraft dieser arabischen Stammesföderation: Das große Reiten begann. In den Jahren 632 bis 634 fielen weite Landstriche Palästinas und Mesopotamiens an die Heerscharen des Kalifen; die Byzantiner verloren im letzten Jahr dieses ersten wirklich ausgreifenden Vorstoßes eine mächtige Feldschlacht bei Adschnadein nahe Caesarea. Die Araber waren über Nacht als Militärmacht in die Geschichte eingetreten.

Der erste Kalif starb bald, und der zweite »Rechtgeleitete« übernahm die Führung. Unter dem Kalifen Omar wird das Tempo schärfer. Omar schafft den Titel *amir al-muminin,* »Befehlshaber/Beherrscher der Gläubigen«, der fortan als verbindliche Formel für die Übernahme des Amtes des Kalifen (Nachfolger/Stellvertreter) gilt. Unter Omar wird im Jahr 635 die Stadt Damaskus erobert. Schon ein Jahr später treiben die Byzantiner, diesmal am Fluß Jarmuk, in die nächste schwere Niederlage. Die Perser verlieren, was zunächst folgenschwerer ist, eine Entscheidungsschlacht bei Kadisija; weil die Sieger den Sieg geschickt und konsequent nutzen, fällt bald darauf die persisch-sassanidische Hauptstadt Ktesiphon am Euphrat. Wenig später, 639, überschreitet der arabische Feldherr Amr Ibn al-As in einer völlig gesonderten Operation, die sich aus der Tiefe der Wüste entfaltet, die Grenzen Ägyptens. Schon im nächsten der Entscheidungsjahre, 642, räumen die Byzantiner die politische und strategische Schlüsselstadt Alexandria, öffnen somit den Weg nach Westen, während im Osten nach dem Untergang der Hauptstadt Ktesiphon und einem weiteren arabischen Sieg, diesmal bei Nihawend, das gesamte neupersisch-irakische Reich der Sassanidendynastie an die Eroberer fällt. Zwanzig Jahre nach dem Tod des Gesandten Gottes hat Gott durch seine Reiter die Länder schon so »geöffnet«, daß die Heere der aus der Halbinsel herausdrängenden Araber in einem riesigen, weitgedehnten Bogen um die Zentrale des Byzantinischen Reiches, die Hauptstadt Konstantinopel am Bosporus, gruppiert sind.

Das christliche Oströmische Reich ist aber nicht nur Landmacht. Das Reich umschließt bis zu dieser Zeit und allen Orkanen dieser Geschichte zum Trotz noch immer das westliche und das östliche Mittelmeerbecken. Byzanz ist deshalb notwendig auch die beherrschende Seemacht der Welt. Fast ohne Atemholen wagen die Araber aus der Wüste den nächsten und wahrhaft staunenswerten Schritt: Sie nehmen 649 den Seekrieg auf. Sie erobern, gewissermaßen mit dem ersten Auslaufen ihrer Flotte, die Insel Zypern. Kamelreiter und Galeerenruderer »öffnen« jetzt gemeinsam Länder, Inseln, Meeresteile. Die nunmehr sich entwickelnde kombinierte Land-See-Kriegführung der arabischen Eroberer ist unserer Vorstellung fast unbekannt geblieben.

Das alles war nur die erste schnelle Phase des Greifens nach der Herrschaft über die damalige Welt. Eine Reihe von Jahren waren die Muslime zugleich mit scharfen, teils mörderischen innerreligiösen und binnenpolitischen Entscheidungssituationen konfrontiert, die für die Entwicklung des Islam wie für die innerarabischen Machtverlagerungen von höchster Bedeutung wurden. An wichtigen Stellen unserer Erzählung werden wir auf sie zurückkommen. Eine der einschneidenden binnenpolitischen Umschichtungen ist jetzt schon zu nennen, denn mit ihr geht die Zeit der »rechtgeleiteten« Kalifen, die allesamt noch aus der persönlichen Welt des Propheten stammten, zu Ende.

661, nur knapp dreißig Jahre nach des Propheten Tod, riß einer, der ihm verwandtschaftlich nicht so nahestand, aber einer, der groß und gewaltig werden sollte, Muawija I., den Titel des *amir al-muminin* und damit die volle Herrschaft an sich, nachdem er an die zwanzig Jahre Gouverneur der Provinz Syrien gewesen war. Mit ihm begann die zweite intensive Phase des kombinierten Land-See-Kriegs um die Macht in der mittelmeerischen Welt. Die Eroberungen waren sicher nicht, in unserem technischen Verständnis des Wortes, zentral gesteuert, wohl aber, und dies jetzt sehr entschieden, zentral gewollt. Geographische Basis der zentralen Macht wurde Syrien, seine Hauptstadt Damaskus der Sitz der Kalifendynastie der Omajjaden, die mit diesem Muawija beginnt. Die Sippe der Omajjaden, die ursprünglich aus Mekka kam, gehörte zum Stamm der Koraisch, dem auch der Prophet entsprossen war; sie konnte also, wenngleich nicht so offenkundig wie die »Rechtgeleiteten«, auf Verwandtschaft zum Propheten als Legitimationsgrundlage ihres Griffs nach der Herrschaft verweisen.

Unter den bedeutenden frühen Omajjadenkalifen, dem ersten Muawija, dann Muawija II., Abd al-Malik und al-Walid I., nahm das arabische Eroberungs- und Konsolidierungswerk seinen Fortgang, freilich schon unter erschwerten Bedingungen. Innerarabischer Streit um die wichtige Frage der Prophetennachfolge zog sich als Dauerfehde, die oft genug in blutige Kämpfe umschlug, durch die Jahrzehnte. Auf dem Zug in die Welt stießen die Heere, die nach Norden und Osten ritten, in entlegene Hochgebirgsregionen hinein und operierten dort in hartem und gänzlich ungewohntem Klima. Und jene, die durch Nordafrika zum Atlantik vorstießen, trafen im fernen Westen auf einen harten, zähen, kaum zu fassenden Gegner, die Berber. Schmaler wurden die Kamellasten der zusammengetriebenen Beute. Jeder arabische Flottenvorstoß war anfangs, auch ohne den Kampf Bord an Bord, ein Abenteuer auf Leben und Tod in einem Meer, das durch urplötzlich umschlagende Wetterverhältnisse selbst dem kundigen Seemann unliebsame Überraschungen bereiten kann. Überdies stand den maritimen Neulingen die Garde erfahrener byzantinischer Kapitäne mit ihrer genauen Seekenntnis, ihrer durchdachten Flottentaktik und althergebrachten Disziplin entgegen.

Aber schließlich, sieben bis acht Jahrzehnte nach dem Tod des Gesandten Gottes, standen sie doch an den Grenzen der denkbaren Eroberung der Welt: im Westen am Atlantik, im Osten in Afghanistan, in Indien und an der chinesischen Grenze, nach Norden zu in Zentralasien und am Kaspischen Meer, tief in den Flanken des großen Feindes Byzanz. Dieses Byzanz hat damals – nur auf sich selbst gestellt – die Alte Welt gegen die neue Welt aus der Wüste verteidigt.

Der unentwegte Sturmlauf der Araber war atemberaubend, eine Völkerwanderung sehr eigener Art, aber mit der unaufhaltsamen Schubkraft, die hinter allen Völkerwanderungen stand. Wir stellen uns die Reiter der Kalifen als glaubensgetriebene Sendboten Allahs vor, entschlossen unter der Fahne des Propheten dahinjagend, den Koran an die Spitzen ihrer Lanzen geheftet, wie sie es in der Tat einmal bei einer innerarabischen Kampfauseinandersetzung getan hatten, und unnachsichtig an ihren Glaubensauftrag gefesselt, die *dar al-harb,* die Welt des Nichtfriedens, durch Krieg zu zerbrechen und alles unter das Dach der *dar al-Islam* zu zwingen: »O ihr, die ihr glaubt, fürchtet Allah und trachtet nach der Vereinigung mit ihm und streitet in Allahs Weg . . . siehe, die Ungläubigen – hätten sie auch alles, was auf der ganzen Erde ist, und das gleiche dazu, um sich damit von der Strafe des Auferstehungstages loszukaufen, nicht würde es von ihnen angenommen. Und ihnen wird schmerzliche Strafe!« Die Verse des Koran als unablässig vorwärtstreibendes Feldgeschrei, Glaubenswut auf Pferderücken – das ist der Versuch des Begreifens. Es ist ein phantasiereich überspanntes Bild, zwar eindrucksvoll, doch nur zum Teil richtig. Mindestens zwei vorislamische Existenzformen und Verhaltensweisen der Araber der Wüste haben einen ebenso großen Anteil an dieser weltweiten Demonstration unbändiger Kraft: einmal das System der Protektion, zum anderen das Kampf- und Beutesystem der Razzia, aus der dann in islamischer Zeit der *djihad,* der »Heilige Krieg«, wurde.

Auch die Staats- und Gesellschaftsform des später so blühenden muslimischen Spanien, vor allem seine Wege zum friedlichen Zusammenleben unterschiedlichster religiöser und ethnischer Gruppen, wird ohne einen Blick auf die Zeit vor dem Gesandten Gottes nicht verständlich.

Protektion und Razzia

Der Araber der Wüste hatte bis in die Zeiten Mohammeds und seiner rechtgeleiteten Nachfolger kaum eine andere Erfahrung oder auch nur Vorstellung politischen Zusammenschlusses als die

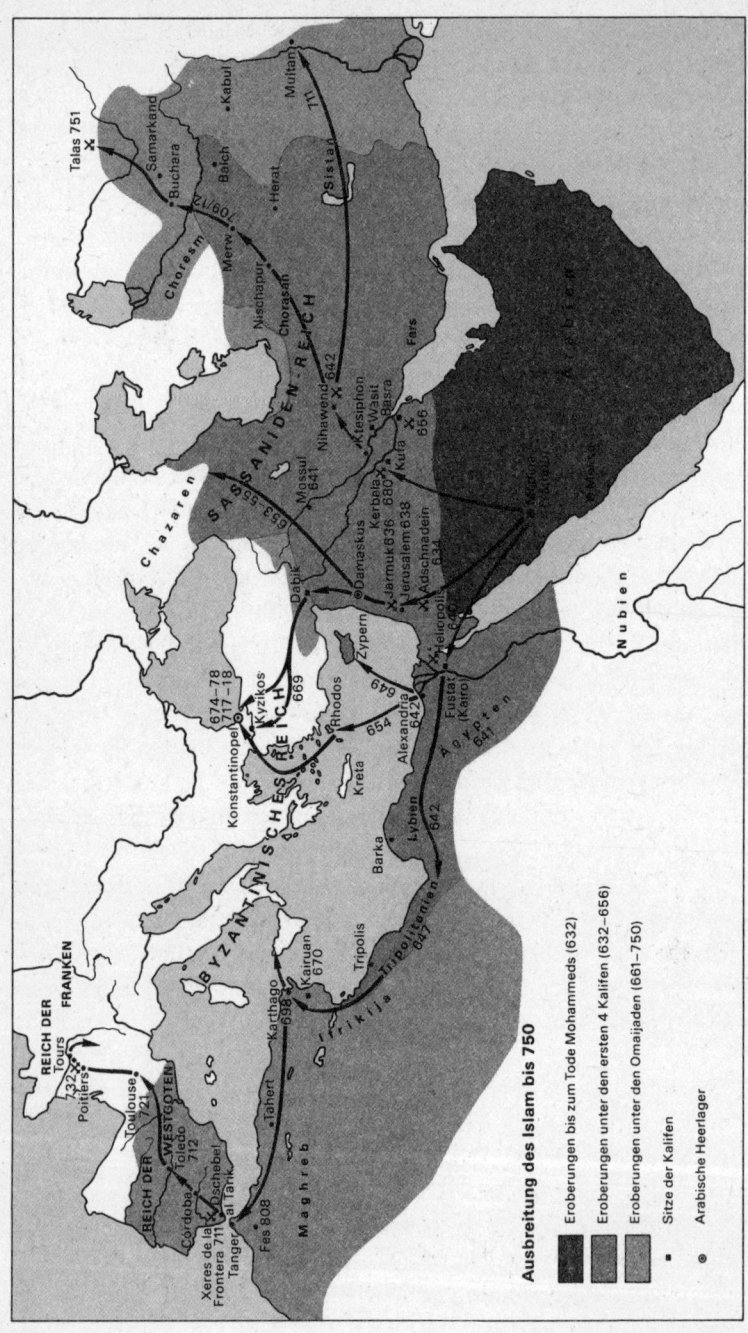

Karte der Eroberungszüge

Ausbreitung des Islam bis 750

Eroberungen bis zum Tode Mohammeds (632)

Eroberungen unter den ersten 4 Kalifen (632–656)

Eroberungen unter den Omaijaden (661–750)

■ Sitze der Kalifen

⊚ Arabische Heerlager

des Stammes. Der Stamm gab dem einzelnen, der unter den Bedingungen härtester Nomadenexistenz in der Leere und Unmeßbarkeit der Wüste lebte, ein Höchstmaß an Geborgenheit und gesellschaftlicher Sicherung. Der Erscheinung der »Blutrache« für einen Augenblick nachzusinnen ist ein möglicher Weg zum Verstehen dieser Welt. Die Solidarität der verwandtschaftlichen Gruppe, der Familie, der Sippe, des Stammes, war unerläßliche Voraussetzung für das Überleben in einer gnadenlosen Natur. Wer durch einen anderen sein Leben zu verlieren fürchtete, der wußte, daß die Rache der Seinen dem Täter sicher war – das war der letzte Schutz, da in dieser alles ausbrennenden Welt, die nur das Extrem kannte, eine ethische oder moralische Barriere gegen das Töten nicht bestand. Wer töten wollte, wurde vom Vollzug seines Vorhabens nur durch die Gewißheit abgehalten, daß Rache auf Leben und Tod durch den Protektionsverband des Opfers unabwendbar wurde, auch wenn sein eigener Stamm sich bergend um ihn, den Täter, stellen sollte. Ein solch einfaches System zur Aufrechterhaltung einer »öffentlichen Sicherheit« kann nur wirksam sein, wenn die Pflicht zur Protektion unauflöslich an ein grundlegendes Gefühl in dieser Welt der einzelnen und der kleinen Gruppen gebunden ist: an das Gefühl der persönlichen Ehre. »Möge Gott sein Gesicht schwärzen!« rief noch bis in unser Jahrhundert der in einer Not ohne Schutz Gebliebene laut über den Protektionsverweigerer und schwenkte ein schwarzes Tuch am langen Stecken über ihn – wem das Gesicht schwarz wurde, der hatte keines mehr; er hatte »sein Gesicht verloren«; er war nicht mehr erkennbar, ein Nichts.

Das System der Protektion blieb nicht auf den einzelnen beschränkt. Ebenso konnte es zwischen stärkeren und schwächeren Stämmen wirksam werden, wobei dieselbe Ausschließlichkeit der Verpflichtung auf die Dauer der vereinbarten Zeit galt, ohne etwas Halbes oder Halbherziges dazwischen. Kurz vor Mohammeds Tagen war die Möglichkeit einer Ablösung der Blutschuld durch die Zahlung von Blutgeld aufgekommen. Aber auch diese Form des abschreckenden Schutzes oder der Wiedergutmachung muß als härteste Maßnahme verstanden werden, denn einhundert Kamele für einen erschlagenen Mann, fünfzig Kamele für das Leben einer Frau hergeben zu müssen, konnte sehr wohl zum endgültigen Urteil über die Daseinsgrundlage der Sühnenden werden.

Im Jahr 622 setzte sich der Prophet mit einigen Getreuen aus der ihm feindlich werdenden Heimatstadt Mekka in das verläßlichere Medina ab; das Jahr dieser Flucht, die *hidjra* heißt, ist seither der Beginn der muslimischen Zeitrechnung. In der ersten Hauptstadt des jungen Glaubens wurde etwas später ein Vertrag geschlossen, der als »Verfassung von Medina« bezeichnet wird, den wir aber auch als eine weiterentwickelte Protektionsabsprache verstehen können. Dieses Dokument geht unter dem Verständnis des sich entfaltenden Glaubens über das einfache und unmittelbare Protektionssystem der Sippe und des Stammes aus den Wüstenjahrhunderten hinaus. Jetzt sind es alle Gläubigen, die den Vertrag auf Gegenseitigkeit und Gemeinsamkeit schließen. Die Gläubigen bilden die *umma,* die Gemeinde, den Anfang der islamischen Ökumene. Zwar sind Sippe und Stamm wie bisher für den Schutz des einzelnen, für Blutrache und Blutgeld verantwortlich, aber der neuen, größeren Einheit wird eine übergeordnete Protektionsfunktion zugewiesen. Der bergende Schutz des einzelnen Stammes für den von Rache bedrohten Missetäter soll nach dem Willen des Propheten dann nicht mehr gelten, wenn der Missetäter der Gemeinde angehört und seine Tat gegen eines ihrer Mitglieder verübt hat: die *umma* wird zu einer neuen, höheren Solidargemeinschaft.

Dabei bleibt es nicht; ihre solidarische Funktion wird weiter ausgedehnt. Sie soll nun gemeinsam über Krieg und Frieden mit den Ungläubigen entscheiden, was sich wohl zunächst gegen die noch »heidnischen« Mekkaner gerichtet hat, dann aber auf die Welt »draußen« ausgedehnt wurde. Folgerichtig schließt diese Gemeindesolidarität auch die Gewährung von Protektion über Teile der Welt jenseits der Grenzen der *umma* ein. Schwächeren »Stämmen«, also Völkern der Welt außerhalb der *umma,* wird gewährt oder aufgezwungen, was »nachbarlicher Schutz« hieß. Hier zeigen sich Ansätze einer *Pax Islamica* durch das Zusammenfügen von uralten Gesetzen mit den Vorstellungen und Bedingungen des sich entfaltenden Glaubens.

»Frieden« hatte in der Welt der Wüstennomaden lediglich geheißen, daß eine Razzia nicht stattfand. Die Razzia war die Hauptform bewaffneter Auseinandersetzung, weniger Krieg als vielmehr organisierter Beutezug, somit Mittel des Lebensunterhaltes in der erbarmungslosen Umwelt, in einer auf die nackte Leere reduzierten Natur. Aber sie war sicher auch lebenswerter Ausweg aus dem Nichtstun ausgedörrter Wochen, Monate und Jahre. Razzia war nicht gleichbedeutend mit dem Vernichten des Lebens der Überfallenen. Die übliche Taktik war, daß eine größere Streifschar auf eine kleine Gruppe niederstieß, wodurch der Rückzug der Schwächeren alles Entehrende verlor, wie denn auch der Rückzug der Angreifer, der Abbruch der Razzia, nichts Unehrenhaftes hatte, wenn die Überfallenen wider Erwarten stärker waren, als Vermutung oder Erkundung annehmen ließen, oder wenn die Beute sich als läppisch erwies. Es herrschte eine ganz nüchterne Ökonomie des Tötens, denn erstes Ziel der Wüstenrazzia war nicht der persönliche Ruhm, sondern die Beute. Die Razzia war Teil der Daseinserhaltung und muß so auch in den Jahren des sich entfaltenden Glaubens gegolten haben, als der Prophet in Medina nach einer Ernährungsgrundlage für seine stadt- und gebietsfremden Getreuen, die mit ihm aus Mekka gekommen waren, zu suchen gezwungen wurde. In den Beutezügen gegen die noch heidnischen Mekkaner wird aber auch der Ruf des neuen Glaubens laut: »O ihr, die ihr glaubt, fürchtet Allah . . . und streitet in Allahs Weg!« Aus dem arabischen Verb für das so gebotene Verhalten ist das Wort *djihad* abgeleitet, was »Streiten« oder auch »Verfolg des Bemühens« (auf dem Weg Allahs) bedeutet. Wenig später war das althergebrachte Galoppieren auf den ausgetretenen Wegen der Razzia gleichbedeutend mit dem Vormarsch auf dem »Weg Gottes«. Und blieb doch Beuteritt wie eh und je.

Die beiden gesondert beschriebenen Existenzsysteme aus der Wüste, Protektion und Razzia, sind voneinander nicht zu trennen. Wie das Entstehen der *umma* die bis dahin allein unter den Verwandtschaftsgruppierungen wirksame Sicherungsmethode auf eine höhere Ebene gehoben und sie dann zwangsläufig nach außen gewendet hatte, so waren die Heereszüge der gegen die Welt anrennenden Araber Razzien großen Ausmaßes, denn die Beute blieb das Ziel. Die große Razzia über die eigenen Grenzen hinaus und hinein in die Welt war aber immer auch *djihad*, denn neben die Beute trat als zweites Ziel das Streiten auf dem Weg Gottes, also die Ausdehnung der Protektion, des Schutzes, den Allah durch sein Volk anderen Völkern, anderen »Stämmen«, gewährte. Beim gemeinen Reiter war solches Denken vielleicht nicht allzu ausgeprägt, dennoch waren diese Antriebskräfte nunmehr unlösbar ineinander verflochten. Lebenszwang und Existenzweise von Jahrhunderten mit einem Schlag zu brechen und zu beenden, das vermochte (und wollte) auch ein Prophet nicht, so sehr seine Sätze glühen mochten, die den Einen Gott ausriefen, den Alleinigen, der »nicht zeugt und nicht gezeugt wird«.

Die Beschreibung der sich ändernden Razzia als militärische Form des Vorstoßes wäre unvollständig ohne die Erwähnung zwangsläufiger Strukturänderungen nach ihrem Abschluß. In der Wüste blieb der schiere Beuteüberfall ohne nachhaltige territoriale Folgen; da war nur Vorstoß und Rückzug. Die Razzia auf dem Weg Gottes aber hielt Land fest, was zur unmittelbaren Schwächung der Reiterheere geführt hätte, wäre das Land den Heeren gegeben worden. Den muslimischen Soldaten war in den frühen Zeiten nicht gestattet (vielleicht kam es ihnen gar nicht in den Sinn), einen Streifen Land aus der Eroberung für sich herauszuschneiden. Das Land und seine Erträge wurden zentral eingezogen und der Erlös der Beute an die waffenfähigen Muslime in der Armee Gottes abgestuft verteilt – hierin wurzelt die schon genannte »Staatspension«. Das System hatte tiefgreifende Wirkungen auf die Formierung der staatsähnlichen Gebilde in den ersten Jahrzehnten des Ausgreifens in die Welt.

Das eroberte Land wurde den einheimischen Besitzern belassen, sie selbst unter die Protektion genommen, also unter den Schutz Allahs gestellt, wofür sie im Gegenzug entsprechende Abgaben zu zahlen hatten. In solchen Gebieten wurden gesicherte Stützpunkte für das Heer angelegt, die oft die Keimzellen neuer Städte waren, wobei sich die Schicht der arabischen Herren zu einer neuen orts- und landprägenden Militärelite entwickelte. Die Hauptmassen der Heere aber ritten weiter, sie blieben über alle Maßen beweglich, denn die Befehls-, Nachschub- und Rückzugswege hatten sich durch die Stützpunktgründungen entsprechend verkürzt. Wohin aber und auf welche vorgegebenen Ziele ritten sie?

Einen festumrissenen, sorgsam ausgeklügelten Plan der Eroberung gab es nicht, auch keine errechnete Vorgabe von Zwischen- und Hauptzielen; das widersprach dem Charakter der Razzia. Allenfalls ließe sich sagen, daß das Entfernte zum Richtpunkt wurde.

Das Muster war immer gleich. Vorpreschen und Abtasten; Eindringen und Zustoßen, wenn Stärkeverhältnisse und Beuteausmaß den Stoß gewinnreich erscheinen ließen; wenn nicht, dann Ablassen und Sichzurückziehen, oft in die Tiefe des Raumes, und danach überraschender Wechsel zur nächsten Stoßrichtung – eine Methode des Vordringens, in der übliche militärische Kategorien wie Zeit, Prestige und Behauptungswillen, Bestimmung von Zielen und klare Begrenzung des Auftrags wenig Platz hatten. Für den Verteidiger war das ein höchst bedrohlicher Zustand, denn weder konnte er eine offensive Hauptstreitkraft der Muslime ausmachen noch den Angreifer zu einer Entscheidungsschlacht an einem Ort und zu einem Zeitpunkt seiner Wahl stellen.

Was uns oft wie die blanke Siegesmacht eines neuen Glaubens anmutet, war großenteils eine Kraft sehr irdischer Natur. Es scheint fast, als sei es umgekehrt und im Gegensatz zu unserer Vorstellung verlaufen: Erst die wilde Kraft, die durch eine erste große Einigung der arabischen Stämme unter dem Propheten und das »Öffnen« der eigenen Grenzen und Begrenzungen freigesetzt wurde, verlieh dem sich entfaltenden Glauben das erhebende Gefühl der Unbezwinglichkeit, bestätigte ihn in der leuchtenden Ahnung seiner Überlegenheit und Einmaligkeit – jetzt war er da, stark, unberührbar und selbstverständlich im Besitz der Allmacht. Kein Wunder, daß Kalifen und Gouverneure, Generale und jeder Reiter und Ruderer dieser Zeit sicher waren, der Welt Schicksal hänge an den Spitzen ihrer Lanzen.

Dies war die fließende Organisation und der Geist der Großen Front, die sich in einem weiten Bogen um Konstantinopel dehnte, das Macht- und Willenszentrum des einzigen ernsthaften Großmachtfeindes: Byzanz.

Schild der Verteidigung

Einer der eindrucksvollen und bedauernswerten Männer der Geschichte war der Byzantiner Herakleios. In Nordafrika geboren, setzte er sich durch ein wagemutiges Aufbegehren von Karthago aus an die Spitze des Staates und regierte von 610 bis 641 als

33

Kaiser in Konstantinopel das oströmische Weltreich. Die von ihm konsequent verfolgten und vollendeten Reformen, die einem völligen Umbau der Reichsverwaltung und -verteidigung gleichkamen, retteten Byzanz. Aber nur die allerersten Auswirkungen hat er selbst erleben können. Der Mann, der mit den Gaben seines Geistes und mit seiner Tatkraft die volle Größe Ostroms hätte wiederherstellen können, war über lange Phasen seiner Regierungszeit in außenpolitische Konflikte verstrickt. Erst in den späteren Jahren seiner Herrschaft konnte er die Perser entscheidend schlagen – traditionelle und gefährlichste Feinde seiner Rhomäer (*rhomaioi* nannten sich die Byzantiner auf griechisch, um die uneingeschränkte Erbschaft der Weltgröße Roms zu dokumentieren). Als dem Herakleios endlich die wichtigen Siege über die »Goldenen Lanzen« der persischen Sassaniden zufielen, stand urplötzlich ein neuer Gegner im Süden seines Reiches und seiner allerchristlichsten Stadt Konstantinopel – das Kalifat der Araber. Über Nacht waren die Kalifen zu säkularen Widersachern jener oströmischen Kaiser geworden, deren Schild das Abendland schützte. Der große Herakleios hatte nicht geahnt, daß er der Zeitgenosse eines Größeren war, des Propheten aus den Wüstenstädten Mekka und Medina, der eine Weltreligion stiftete und die Kräfte Arabiens revolutionierte.

Im Schicksal Jerusalems spiegelt sich der Lebensbogen des Herakleios: die »Goldenen Lanzen«, Elitereiter der persischen Sassaniden, stürmten und verwüsteten Jerusalem im Jahr 614; der Byzantiner Herakleios, stärker und endlich handlungsfähig geworden, richtete einige Monate nach der Rückeroberung, am 21. März 630, einem Tag des Triumphs, das »Wahre Kreuz Christi« in Jerusalem wieder auf; acht Jahre nach dem Jubeltag mußte der allerchristlichste Kaiser, durch einen Vertrag dazu gezwungen, die Heilige Stadt dem Kalifen überlassen.

Kaiser Herakleios hatte sein angeschlagenes Reich durch eine ideenreiche und sehr bewegliche Defensive stabilisiert, unter anderem durch eine schon vorgesehene, jetzt aber straff durchgeführte »Militarisierung« der Verwaltung. Großräumige Provinzen wurden durch kleinere Militärbezirke, sogenannte Themen, ersetzt, die einem General überantwortet waren und stehende Berufsheere unterhielten; durch die Einberufung von Wehrbauern konnten diese gekaderten Heere jederzeit auf Höchststärke gebracht werden. Über Küstengebiete und Meeresteile spannte sich ein vergleichbares System von See-Themen. Sie wurden jeweils von einem selbständig operierenden Admiral befehligt; er konnte aber, sofern notwendig, dem Großadmiral am Zentrum der Macht unterstellt werden. Diese Macht über fast alle Küsten des Mittelmeeres, gerade wieder von Herakleios einigermaßen gefestigt, stand plötzlich dem wirklich großen Gegner, dem Kalifat, gegenüber, das zum säkularen Widersacher wurde, was Byzanz zunächst überhaupt nicht begriff. Es wurde gezwungen, schnell zu lernen. In wenigen Jahren fielen seine wichtigsten Provinzen, Syrien, Ägypten, ein Großteil Mesopotamiens, an die muslimischen Reiter.

Dem Kalifat wurde aber bald einsichtig, daß die unangefochtene Herrschaft und Kontrolle Konstantinopels über das Mittelmeer der Grund für seine Weltmachtstellung war. Das zwang die Araber zum Seekrieg.

Ein zweiter Grund legt uns nahe, Entstehung und Technik des Seekrieges in jener Zeit genauer zu betrachten. Technischer Stand und taktische Prinzipien haben sich in den folgenden Jahrhunderten nur wenig und sehr langsam geändert. So, wie die Ruderer und Seesoldaten des Muawija in Damaskus, so kämpften später auch die Ruderer und Seesoldaten eines Abderrahman in Cordoba. Auf dem Höhepunkt erst muslimischer, dann christlicher Macht im Kampf um Spanien spielten Schiffe, Häfen, Kaperfahrten, Küstenbollwerke, Korsaren, Seehandel und Seekrieg eine viel größere Rolle, als unsere hergebrachte Vorstellung meint.

Ein Wald von Masten

Muawija erkannte, als er noch kalifischer Gouverneur der Provinz Syrien war, die Notwendigkeit und die Möglichkeiten einer aktiven und offensiven Flottenpolitik. In den uralten Häfen Syriens ließ er eine arabische Kriegsflotte bauen, die 649 unter der weißen Fahne seines Hauses, der Omajjaden, zum erstenmal auslief, Zypern angriff und einnahm. Fast gleichzeitig entstand im ebenfalls schon eroberten Ägypten eine weitere arabische Flotte, die sowohl für den Küstenwachdienst wie auch für offensive Operationen eingesetzt werden konnte. Das Schauspiel des arabischen Flottenbaues ist so atemberaubend wie das kontinentweite Ausgreifen der arabischen Reiterheere. Die bis dahin von den Südarabern ausschließlich verwendeten Boote vom Typ der Dau, jene mit Kokosfaserstricken zusammengebundenen gerippelosen Fahrzeuge für den Küstenverkehr in Monsungebieten, etwa dem Persischen Golf und den indischen Gewässern, spielten im Bauprogramm der arabischen Mittelmeerflotte keine Rolle. Die Araber übernahmen ohne Umschweife Schiffstypen und Bautechniken der Römer und Byzantiner, sie nutzten unbekümmert die Konstruktions- und Handwerkserfahrung der Einheimischen. In Ägypten besorgten christliche Kopten hauptsächlich auf der Werft von Alexandria das Baugeschäft, stellten im Anfang auch die nautischen Besatzungen, zum Teil sogar die Kampfmannschaften. Der Kern dieser Kampfmannschaften – sie waren auf dem das Hauptdeck überragenden Kampfturm oder Deckkastell zusammengezogen – rekrutierte sich aber überwiegend aus Angehörigen der berühmten Wüstenstämme der Ansar oder Koraisch. Sie waren leichter bewaffnet als ihre byzantinischen Gegner, trugen zum Beispiel keine schwere Rüstung, höchstens ein leichtes Kettenhemd, aber ihre Schiffe waren aller einheimischen Bauerfahrung zum Trotz doch schwerfälliger und weniger schnell als die Dromonen der Byzantiner.

Wir skizzieren kurz diesen Schiffstyp der Dromone, die als Hauptkampfschiff, als »Linienschiff«, beider Seiten gewertet werden kann. Natürlich waren die Linienschiffe von einer beträchtlichen Anzahl anderer kleinerer Schiffstypen umgeben, die zusätzliche Kampf- und Aufklärungsaufträge hatten, den Transport- und Kurierdienst versahen, Landungseinheiten übersetzten, was immer sonst im Rahmen einer Flottenbewegung zu geschehen hat. Der byzantinischen Dromone entsprach auf arabischer Seite die Kumbarie. Beide waren schlanke, an die vierzig Meter lange und hochbordige Galeeren mit Lateinersegeln und zwei übereinanderliegenden Riemenreihen für je fünfundzwanzig Ruderer je Seite. Auch die insgesamt hundert Ruderer, für die nicht etwa Sklaven genommen wurden, waren bewaffnet und griffen in den Kampf ein, sobald sich die manövrierenden Geschwader ineinander verkeilt hatten und der Kampf Bord an Bord begann. Die frühen Dromonen und Kumbarien hatten eine Normalbesatzung bis zu hundertfünfzig Mann, Soldaten, Offiziere, Steuerleute eingeschlossen; sie konnte vergrößert werden, wobei die Gefechtsverstärkung der Seesoldaten außerhalb der eigentlichen Kampfphase auf kleineren Transporteinheiten mitgeführt wurde. Dieser Schiffstyp wurde bis zur Jahrtausendwende zwar größenmäßig erweitert, aber in seinen Grundeigenschaften nicht wesentlich verändert. Nach Berechnungen der Fachhistoriker hatte die byzantinische Dromone, wenn gerudert wurde und die großen dreieckigen Lateinersegel im Wind standen, eine Marschgeschwindigkeit von etwa fünf Seemeilen; im Gefecht konnte sie auf gut sieben Seemeilen erhöht werden. Die arabischen Gegenstücke waren um mindestens eine Seemeile langsamer. Oberhalb der Wasserlinie wurden die gefechtsklaren Kumbarien gegen feindliche Geschosse durch Häute oder Filzdecken geschützt; ohne diesen Schutz war ihr Äußeres ähnlich bunt wie das der Schiffe ihres Gegners: farbige Bemalung, buntstrahlende Decken, gleißende Schleppen, Standarten, Fahnen, Signalwimpel.

Aber das eindrucksvolle Außenbild der Kumbarien der Araber verdeckte Schwächen. Zwar wurden die Zedern des Libanon rücksichtslos für den Bau der Flotte gefällt, bis ganze Berghänge kahlgeschlagen waren, dennoch muß die Holzversorgung nach Qualität und Menge an den Südküsten des Mittelmeeres insgesamt nicht ausgereicht haben. Zuviel grünes Holz, so sagen die Marinehistoriker, wurde verwendet, während an den byzantinischen Dromonen erkennbar war, daß eine Vielzahl abgelagerter hochwertiger Holzsorten aus nördlichen Reichsteilen dem Schiff seine größeren Fähigkeiten und seine höhere Belastbarkeit gaben. Hinter der Schwäche in der Materialversorgung stand für die Araber anfangs eine noch größere Kalamität: die mangelnde nautische Erfahrung im schwierigen Mittelmeer, die auch von den einheimischen seegewohnten Hilfsvölkern nicht so schnell ausgeglichen werden konnte.

Erst ein späterer spanisch-muslimischer Herrscher in Cordoba hat einen anderen, besser geeigneten Schiffstyp, das sogenannte normannische Langschiff, in die muslimische Flottenwelt eingeführt; aber da zählte man schon das Jahr 970.

So gerüstet, aber auch so benachteiligt, nahm die frühe arabische Mittelmeerflotte ihren ersten großen Kampf auf. Im Jahr 655 – Muawija war noch immer Gouverneur von Syrien, auf byzantinischer Seite war Konstans II. dem Herakleios nachgefolgt – segelten die beiden Hauptflotten aufeinander zu, sichteten einander an der lykischen Küste Kleinasiens unterhalb des Berges Phoenix und verstrickten sich in die »Schlacht der Masten«, die unter den Muslimen zur immer wieder zitierten Saga ihrer eigenen Größe und Heldenhaftigkeit wurde. Den etwa zweihundert arabischen Schiffen stand die byzantinische Hauptflotte von fünf- bis siebenhundert Einheiten entgegen, ein Dickicht von Masten, den meeresunerfahrenen Arabern wie ein Wald auf dem Wasser entgegendräuend. Das Erstaunliche wurde wahr: die Mittelmeerneulinge siegten, obwohl sie unterlegen und obendrein taktisch ausmanövriert waren – sie ketteten in der Bedrängnis einfach ihre Schiffe zu einer schwimmenden Festung zusammen, und trotz Gischt, Sprühwasser, schäumender Außenwellen müssen sie so etwas wie das Gefühl eines Kampfes an Land gehabt haben. Jedenfalls, sie siegten im Handgemenge Mann gegen Mann und vernichteten schließlich den allergrößten Teil der stolzen oströmischen Flotte. Der Kaiser konnte dem Desaster nur knapp entrinnen.

Dem überwältigenden Seesieg – von derselben Unwiderstehlichkeit wie die arabischen Reitersiege zu Lande – hätte eigentlich der erste Stoß gegen das hauptstädtische Zentrum des Widerparts Byzanz folgen müssen. Er blieb aus. Im Gegenteil, Muawija, kalifischer Stellvertreter in der Provinz Syrien, Gebieter der großen Stadt Damaskus und Herr der wichtigsten Häfen, Befehlshaber siegreicher Heere und einer triumphierenden Flotte, schloß vier Jahre später einen Frieden, in dem er sich sogar zur Zahlung eines jährlichen Tributs an den Kaiser der Rhomäer verstand. Er brauchte Ruhe an der Front gegen Byzanz, denn in der arabischen Welt war eine der großen religions- und machtpolitischen Entscheidungssituationen herangereift.

Der dritte in der Reihe der vier rechtgeleiteten Kalifen, Osman, auch ein Schwiegersohn des Propheten, war 644 dem ermordeten Omar gefolgt, konnte aber seine Macht als Kalif nie gänzlich festigen. Unruhen brachen aus. 656 wurde auch Osman Opfer eines Anschlags. Ali Ibn Abi-Talib trat daraufhin das Amt in Medina an, rechtmäßig gewählt und dreifach als würdiger »Nachfolger« ausgewiesen – zugleich Vetter, Ziehbruder und Schwiegersohn des Propheten. Aber gegen den mächtig gewordenen Muawija in Damaskus vermochte er Anspruch und Auftrag nicht durchzusetzen. Die weiterschwelenden Unruhen wurden heftiger, sie nahmen bürgerkriegsähnlichen Charakter an. Ali verlegte den Kalifensitz aus dem ehrwürdigen Medina nach Kufa am Unterlauf des Tigris (nicht weit vom heutigen Schatt el-Arab), wobei er versuchte, sich auf Flußaraber des Irak und Beduinen zu stützen. Es kam zu berühmten Schlachten, die indes kein klares Ergebnis brachten. Entschieden war der Machtkampf erst, als auch Ali 661 ermordet wurde. Sein Sohn Hussain machte einen schwachen Versuch, die Nachfolge anzutreten, wurde aber von Muawija zum Verzicht überredet. Muawija, der um Legitimation bemüht sein mußte, hatte seinen Griff nach der Herrschaft auf rechtmäßige »Rache für Osman« gestützt: Beide waren aus dem Haus der Omajjaden.

Diese frühen Bürgerkriegskämpfe waren mehr als bloße Kämpfe um Rang und Macht in jener Zeit. Das Problem der legitimen Nachfolge des Propheten ist seither nicht zur Ruhe gekommen; die welthistorische und gegenwärtig noch weltpolitische Bedeutung dieser Kämpfe liegt in der damals sich vollziehenden Spaltung: Der schiitische Strom des Islam hat hier seinen Ursprung. Der Anspruch der Partei (*schia*) des Ali und seiner Erben ist nie erloschen; immer wieder, auch in der wechselvollen Geschichte des muslimischen Spanien, wird er uns als mächtiger Treibsatz religions- und machtpolitischer Zwangslagen, Änderungen, Verwerfungen, Umwälzungen begegnen.

Im Jahr 661 war das natürlich nicht abzusehen. Da zählte nur, daß der omajjadische Gouverneur von Syrien, gestützt auf seine disziplinierten Heere, nun Kalif des muslimischen Großreiches war, das sich zugleich als arabisches Reich darstellte – vielleicht sogar eher als arabisches denn als muslimisches Reich. Der Sitz des Kalifen, Quelle aller geistlichen und weltlichen Macht, wandert ein weiteres Mal auf einem Weg, der wie ein Programm anmutet: aus Medina, der Stadt der Wüste, nach Kufa, der mesopotamisch-östlichen, dem uralten Persien nahen Stadt am Strom, jetzt nach Damaskus, das über die Zedern des Libanon und die vorgelagerten Häfen auf die Welt des Mittelmeeres blickt.

Der Versuch, das Herz zu treffen

Muawija, der erste der Kalifendynastie der Omajjaden, hatte die volle Macht gewonnen und Zeit verloren. Zwar waren die einer See-Razzia ähnlichen Unternehmen der arabischen Schiffsgeschwader im östlichen Mittelmeer nie eingestellt worden, aber die zielgerichtete Flottenoperation gegen das zentrale Bollwerk des großen Feindes am Bosporus wurde erst jetzt ins Werk gesetzt.

670 durchstieß ein arabisches Geschwader die Dardanellen und besetzte die Halbinsel Kyzikos am Südrand des Marmarameeres. Wenige Kilometer nördlich schimmerte Konstantinopel über den blauen Wassern, goldstrahlend, marmorweiß, das große und gewaltige Herz des gewaltigen Widersachers auf dem Weg zur Herrschaft über die Welt. Kyzikos wurde Ausgangspunkt des konzentrierten Angriffs.

674 setzte Jazid, Sohn des Kalifen, mit einer mächtigen Flotte eine arabische Armee dicht unter der Stadt an Land. Die Belagerung begann. Sie blieb erfolglos. Als der Herbst fortschritt, ging das arabische Heer wieder an Bord und zurück nach Kyzikos ins Winterlager. Mit Beginn des nächsten Frühjahrs wiederholte sich alles, und so ging es Jahr um Jahr. Die blühenden Dörfer und Landstriche rings um das Marmarameer wurden von den Arabern rücksichtslos verheert. Die Byzantiner erschlugen im Kampf vor den Mauern der Stadt einen der Großen und schon Sagenhaften aus der persönlichen Welt des Gesandten Gottes, Ajjub, den Bannerträger des Auserwählten.

678 gab Jazid auf. Er rückte ab. Auf dem Heimweg segelte seine Flotte mitten in einen gewaltigen Sturm hinein, der die arabischen Kumbarien und die Masse der Begleitschiffe zerschlug. Zur gleichen Zeit verlor eine arabische Reiterschar einen größeren Kampf in Kleinasien. Der Kalif mußte Frieden schließen. Der Tribut, den er dem Kaiser zu entrichten hatte, war sehr hoch. An den doppelten Mauerringen der gewaltigsten Festung der Welt war der erste konzentrische Angriff der neuen Macht zerschellt.

Die Mauern allein haben die »Stadt Christi« nicht gerettet. Rettung kam durch eine entscheidende, eigentlich revolutionäre waffentechnische Überlegenheit, das »griechische Feuer«. Gerade noch rechtzeitig – 672, zwei Jahre vor Jazids erstem Ansturm –

wurde es erfunden. Der Syrer Kallinikos, ein Architekt, braute in jenem Jahr eine höllische chemische Mischung, deren genaue Zusammensetzung bald zum byzantinischen Staatsgeheimnis erklärt wurde und über Jahrhunderte gewahrt werden konnte. Im 9. Jahrhundert scheinen die Araber dieses einzigartige Waffenmonopol zum Teil durchbrochen zu haben; der europäische Westen schaffte es nicht. Aber die arabische Teilkopie hat die Wirksamkeit der Originalwaffe offenbar nie erreicht.

Griechisches Feuer war Brandmaterial, das über größere Entfernungen geschleudert, eigentlich »geschossen«, werden konnte. Geschleudert wurde es aus Kupferröhren, die Siphone hießen; Salpeter war als Sauerstoffträger der Grundstoff für die explosive Verbrennung. Was dann das feindliche Schiff traf, war ein öliger Brandsatz, der »neben der Basis Salpeter bituminöse und Harz-Mischungen« enthielt, folglich am Schiffskörper haftete und nicht zu löschen war; selbst unter Wasser brannte es weiter. Die byzantinischen Kampfschiffe verfügten jetzt über eine tödliche Fernwaffe, die ihnen erhebliche taktische Überlegenheit sicherte. Hinzu kam der kaum abzuschätzende psychologische Vorteil, der den Nauarchen (Kapitänen) der byzantinischen Dromonen zuwuchs. Wie muß weitgeschleudertes, unlöschbares Feuer auf die Menschen einer Zeit gewirkt haben, in der alles, was jenseits der Grenzen des Alltäglichen war – Blitz und Aschenregen, Himmelserscheinungen und Sternkonjunktionen, Krankheiten, Hungersnöte und seltsame Heilungen –, zu einer von Geisterscharen regierten Überwelt magischer Zeichen zusammenwuchs, vor der die Menschen in Furcht erstarrten. Den arabischen Ruderern und Seesoldaten unter den Decks und auf den Bordkastellen der Kumbarien und Khelandien kann die giftige Lichtkugel, die auf sie herunterbrach, anfangs nur ein Vernichtungszeichen aus höllischen Sphären gewesen sein.

Die Dromonen waren bald mit drei größeren Siphonen bestückt (das größte am Bug, zwei weniger schwere in der Mitte des Schiffs unterhalb des Hauptdeckkastells); später kamen sogar kleine Handsiphone für den Nahkampf hinzu. Der taktische Einsatz dieser Waffe bei einem Dromonenangriff, den die byzantinischen Geschwader in seitlich gestaffelter Schlachtordnung vortrugen, ist fachhistorisch so skizziert worden: »In dem Moment, in dem der Gegner seitlich oder schräg von vorn in die Reichweite des schweren, schildgeschützten Bugsiphons kam, schleuderte der Siphonator den verzehrenden Strahl mit zischendem Donner über die Decks und die Borde der Sarazenengaleere hin, während vorschiffs und vom vorderen Xylokastron [kleineres Deckkastell am Bug] die konzentrierte Vielfalt byzantinischer Schuß- und Wurfwaffen in Aktion trat. Pfeile und Bolzen von Bögen und Katapulten, Wurfspieße und Steinblöcke aus den Ballisten, Brandmaterial, ungelöschter Kalk, dünnwandige irdene Töpfe, die ihren Inhalt von Skorpionen und giftigen Schlangen beim Aufprall aufs Deck des Gegners verspritzten, überschütteten die feindlichen Borde. Hatten die Frontkastelle der äußersten, seitlich überholenden Dromonen ihre zündende Munition verschossen, so erneuerten die kleineren Siphone des mittleren Xylokastron den ersten Feuerstoß des Siphonators, und die gesamten Ruderer der Deckränge schlossen sich im Moment des Passierens den Schützen auf den Kastellen an« (Ekkehard Eickhoff, 1966). Da bedurfte es auf arabischer Seite schon wilden Mutes, um immer wieder gegen die byzantinischen Dromonen anzurudern, wissend, daß die eigenen Schiffe waffentechnisch unterlegen waren.

So präzise ausgearbeitet war byzantinische Seetaktik sicher nicht, als Jazid, der Kalifensohn, den ersten konzentrischen Stoß gegen das Herz des Byzantinischen Reiches führte. Wohl aber werden diese Einsatztechniken schon Vorschrift gewesen sein, als das Kalifat sich anschickte, einen zweiten heftigen Schlag gegen das Bollwerk auf der Straße zur Weltherrschaft zu führen.

Das geschah vier Jahrzehnte später. Muawija war längst tot, in Damaskus herrschte schon der sechste der Kalifen aus omajjadischem Haus, al-Walid. Das war jener *amir al-muminin,* der den Eroberer Spaniens, Musa Ibn Nusair, vor seinen Herrschersitz zitierte, um finanzielle Rechenschaft zu fordern. Des Kalifen vordringliches Machtinteresse galt nicht dem Geschehen im fernen Westen seines Reiches, sondern dem zentralen Abschnitt der Großen Front, vor dem Konstantinopel lag. In jenen Jahren, da Tarif, Tariq und Musa mit bescheidenem Laderaum über die Meerenge nach Südspanien setzten, wurde in den Häfen Syriens und Ägyptens eine Großflotte für den zweiten Versuch gebaut, das Herz des Feindes zu treffen. Welche Bedeutung das Kalifat diesem Stoß zumaß, läßt sich an den Vorbereitungen ablesen.

Im Sommer des Jahres 715 – der aus Spanien heimgekehrte Musa war soeben in den Schatten der Ungnade gestoßen, seine Riesenbeute dem »Schatz Allahs« einverleibt worden – sammelte sich unter der persönlichen Aufsicht des Kalifen ein mächtiges Heer nahe Aleppo. Den Oberbefehl nahm ein hochberühmter Feldherr, Maslama Ibn Abd al-Malik, des Kalifen Bruder; bisher hatte er ohne Gnade und Nachsicht im Nordosten gegen die Chasaren im Rücken von Byzanz gekämpft.

Heer und Flotte operierten getrennt. Zwei Jahre später, am 15. August 717, erschien Maslama, der Hochberühmte, mit seinen Sturmscharen unter den Mauern von Konstantinopel. Nur vierzehn Tage später, am 1. September, kreuzte – wahrhaft seltenes Beispiel präziser Koppelung von Operationen – die riesige arabische Flotte unter Admiral Sulaiman vor der »Stadt Christi« auf. Das Ende der Stadt schien gekommen. Statt dessen kam das Ende aller arabischen Versuche, den Durchbruch zu erzwingen. Wiederum rettete das »flüssige Feuer« Thron und Reich des oströmischen Kaisers:

»Er [Sulaiman] hatte sehr große Schiffe, Proviant- und Kriegsschiffe, 1800 an der Zahl, und ging vor dem Magnaurapalast und dem Vorgebirge Kyklobion vor Anker. Als zwei Tage danach der Südwind wehte, brachen sie von da auf und fuhren die Stadt entlang . . . Da die großen Schiffe mit Lasten beschwert waren und nur langsam weiterkamen, blieben bis zu zwanzig kleinere Proviantschiffe als Nachhut zurück, jedes mit hundert schwerbewaffneten Soldaten bemannt, um sie zu schützen. Weil aber Windstille eintrat, als sie eben in der Strömung fuhren . . . wurden sie wieder nach außen getrieben. Der gottesfürchtige Kaiser ließ sogleich seine Feuerschiffe gegen sie ausfahren und steckte sie unter Gottes Beistand in Brand. Ein Teil der Schiffe wurde brennend zur Seemauer abgetrieben, der andere samt der Bemannung in die Tiefe des Meeres versenkt. Daher faßten die Stadtbewohner Mut, die Feinde aber wurden angesichts der verheerenden Wirkung des flüssigen Feuers von gewaltigem Schrecken ergriffen . . .« (Aus der Weltchronik des Theophanes aus Byzanz)

An der Abschreckungswirkung der überlegenen Waffe zerbrach schließlich der arabische Offensivwille. Nach einem beißend kalten Winter, in dem »etwa hundert Tage Schnee lag« und der das untätige Heer eine »Menge Pferde, Kamele und andere Tiere« kostete, kam mit den Frühjahrswinden massive Flottenverstärkung, etwa vierhundert Kiele, aus den ägyptischen Häfen. Die Verstärkung hörte vom flüssigen Feuer und ging, ohne einzugreifen, in sicherer Entfernung vor Anker. Eine weitere arabische Flotteneinheit kam aus den Häfen Nordafrikas; auch sie wich der schrecklichen Waffe aus.

»Als der Kaiser erfuhr, daß sich zwei Flotten in der Meeresbucht versteckt hielten, ließ er mit flüssigem Feuer gefüllte Röhren auf Kampfschiffen und Zweiruderern anbringen und schickte sie gegen die beiden Flotten aus. Auf die Fürbitte der Unbefleckten Gottesmutter half ihnen Gott, und so wurden die Feinde ins Meer versenkt . . .« (Theophanes).

Am 15. August 718 hob Maslama die Belagerung auf. Seine Reiterscharen ritten nach Asien zurück. Was von der Flotte sich vor dem Feuer retten konnte, zerbrach hilflos in den Herbststürmen der Ägäis. Der zweite Versuch, das Herz zu treffen, war fehlgeschlagen, endgültig, unwiederholbar.

Unsere Überlieferung meint, Karl Martell habe mit einem einzigen Sieg auf der welligen Ebene zwischen Tours und Poitiers im Jahre 732 Europa gerettet. Mit größerem Recht ließe sich sagen, daß die zentrale Entscheidung schon vorher gefallen war – am Bosporus, unter den Mauern der »Stadt Christi«.

Eine spekulative Überlegung sei der Deutlichkeit wegen gestattet: Hätte das Bollwerk Konstantinopel unter den Schlägen des Maslama aufgeben müssen, das Mittelmeer wäre über kurz oder lang zur Binnenstraße eines arabisch beherrschten Reiches geworden. Und das muslimische Spanien hätte nicht den Sondercharakter eines von der arabisch-islamischen Machtzentrale kaum beherrschbaren Gebildes am Rand der Welt ausgeprägt.

Die Härte des Willens

Die »Öffnung der Länder durch Gott« dauerte nur ein Jahrhundert. Dann war die arabische Ausdehnungskraft erschöpft. Der große Atem wurde flach. Der Griff nach den Grenzen der Welt verlor die zupackende Sicherheit. Regional begrenzte Vorstöße wurden die Kennzeichen der nächsten, sehr viel längeren Phasen. An die siebzig Jahre des Expansionsjahrhunderts brauchte die Eroberung Nordafrikas. Ohne eine verfestigte arabische Herrschaft zwischen Alexandria und Tanger wäre der Sprung nach Spanien zum Abenteuer weniger Monate oder sehr kurzer Jahre geraten. Erst die Arabisierung der Schlüsselzonen zwischen Rotem Meer und den Säulen des Herkules und die Islamisierung des vielscheckigen Völkerlebens am nördlichen Rand Afrikas haben dem muslimischen Spanien die Möglichkeit zu seiner Größe und seiner Dauer gegeben. Da die Wechselbeziehungen zwischen Spanien und Nordafrika, die inneren Einklang bedeuten konnten, dann wieder in Machtkonkurrenz und Feindschaft umschlugen, aber nie gänzlich abrissen, ein durchgehendes Thema unseres Berichtes sein werden, müssen wir die arabische Eroberung und islamische Unterwerfung Nordafrikas eingehender betrachten. Alle Elemente, die dem gesamtarabischen Ausgreifen in die Welt sein eigenes Gepräge gaben, finden sich in dieser Teilgeschichte gebündelt wieder, vor allem das Vorstoßen-Zurückweichen-Richtungwechseln-Vorstoßen.

639, sieben Jahre nach dem Tod des Gesandten Gottes, stößt einer der Starken und Selbstbewußten des frühen Islam, Amr Ibn al-As, aus der Wüste nach Ägypten hinein. Der Ritt nach Westen beginnt. Kaum ist Ägypten unterworfen, was nur drei Jahre in Anspruch nimmt und mit dem geschlossenen Rückzug der byzantinischen Flottengeschwader aus dem Haupthafen Alexandria besiegelt wird, dringt Amr entlang der Küste durch die Cyrenaika bis Tripolis vor. Die byzantinische Flotte räumt vorerst auch diesen befestigten Hafen. Dennoch muß es, was den Gesamtcharakter dieses Vorstoßes angeht, ein etwas zögerlicher Ritt gewesen sein. Fast scheint es, als sei Amr vornehmlich interessiert gewesen, die Küstenstützpunkte der Byzantiner zu nehmen oder wenigstens ihre Nutzung durch die byzantinische Flotte zu stören. Massive Truppenunterstützung durch die Kalifen blieb aus, sei es, weil ihr Blick eher nach Norden und Osten gerichtet war, sei es, daß die innerarabischen und innerislamischen Gegensätze zuviel ihrer Kraft banden.

Das ändert sich schlagartig, als Muawija I. die Kalifatsfrage 661 zu seinen Gunsten entscheidet. Plötzlich kommt wieder Bewegung in die westliche Flanke der Großen Front. Ein Namensvetter des Kalifen, Muawija Ibn Hodeij, reitet über Tripolis hinaus in das heutige Südtunesien. Die arabische Reitermacht steht jetzt an jener Verengung des Mittelmeeres, die das östliche vom westlichen Becken trennt und wie eine maritime Grenzzone wirkt. Dort liegen die Inseln Malta und Pantelleria, Springsteine zum nahen Sizilien und Unteritalien.

Auf der nordafrikanischen Seite liegt nur wenig vom Küstenstreifen entfernt das alte Karthago. Südlich dieser gebrochenen Stadt, einst Gegenspielerin des mächtigen Rom, wird 670 ein zentraler arabischer Militärstützpunkt angelegt, Kairuan genannt. Später wurde Kairuan die Stadt der islamischen Zukunft Nordafrikas, schön, reich, mächtig und von überragendem Einfluß. Das alles klingt wie entscheidender Sieg und endgültiges Festsetzen schon in früher Zeit. Das hätte es sein können, war es aber nicht. Denn nun sind die Araber nicht bloß in einen weiteren Teilbereich byzantinischer Küstenherrschaft eingedrungen, sondern in den Raum eines anderen, sehr zähen, mutigen, vor allem eines verschlagenen und hemmungslosen Feindes, mit dem schon die Legionen Roms ihre Not hatten: in den Raum der Berber.

Der arabische Ritt nach Westen wird erneut aufgehalten, diesmal nicht durch Zögern oder mangelnde Unterstützung, sondern durch den harten und ungemein geschickten Widerstand einer feindlichen Allianz. Byzantiner und Berber bauen eine tiefgestaffelte Sperre auf. Sie schlagen zurück.

Jetzt heben Jahre an, in denen nichts zu zählen scheint als der eiserne Wille, die glühenden Herzen und die gepanzerten Fäuste derer, die die Heere führen. Einzig am Leben der Führer hängt das Schicksal der Armeen und Länder. Zwei von diesen Männern springen zur gleichen Stunde auf die Kampfbühne Nordafrika, der Berberkönig Kosseila, herrscherlicher Nachfahre aus den Geschlechtern der alten numidischen Großkönige, und der Araber Okba Ibn Nafi, der noch heute als »Sidi Okba« wie der eigentliche Eroberer Nordafrikas von den Muslimen verehrt wird. Allein der Tod der großen Männer scheint Entscheidungen zu bringen.

Kosseila und Okba kämpfen hart und mit unerbittlicher Ausdauer. Okbas Streifscharen nehmen vorübergehend Karthago, überwinden die Berge des Atlas und preschen zur Atlantikküste herab. Aber das bleibt militärisches Abtasten, bewaffnete Aufklärung in der Form der begrenzten Razzia. Okba kann den fernen Westen nicht halten, da er im Hinterland der befestigten byzantinischen Häfen und Küstenforts operiert. Die byzantinischen Verbündeten der Berber haben zwar keinen großen General aufzubieten, wohl aber ihre Flotte, die den Arabern jegliches Festhalten der westlichsten Regionen verwehrt. Als Okba 687 in einem Hinterhalt umkommt, überfällt Schwäche die arabischen Kontingente, und die Berber holen sich den Steppenstützpunkt Kairuan, ungeachtet seiner Befestigungen und wohlgefüllten Nachschublager. Sie drängen sogar die Araber über Hunderte von Kilometern bis zur Halbinsel Barka auf dem halben Wege zur ägyptischen Grenze zurück. Doch mit dem Tod Kosseilas sinkt plötzlich der berberische Wille in sich zusammen, und die nächste arabische Welle reitet heran.

In der kalifischen Zentrale Damaskus herrscht inzwischen das auffallendste Organisations- und Verwaltungstalent der Omajjadendynastie, der Kalif Abd al-Malik. Er ist ein Mann, der innere Rebellionsversuche mit kalter Zielgenauigkeit niederschlägt, der unter den Erfahrungen der Anfechtungen und Aufstände vom lebensfreudigen Jüngling zum verhärteten Rechner der Macht wird und sich schon von seinen Zeitgenossen nachsagen lassen muß, er lese wenig im Koran, dafür ständig in den Beutelisten seiner siegreichen Generale und in den Abrechnungen der Steuereinnehmer. Dieser Kalif gibt just in diesem Augenblick seinem neuen Mann in Afrika, Hassan Ibn Noman al-Ghassani, genügend Rückhalt für die Wiedereroberung des muslimischen Stützpunktes Kairuan. Der darf nicht an die *dar al-harb* verloren werden.

Hassan Ibn Noman erscheint 693, und schon steht auf berberischer Seite die »Kahina« im Feld. Der nächste Akt des Zweikampfs machtvoller Gestalten beginnt.

Die Kahina ist eine Priester-Königin aus den Bergen des Inneren, eine streitbare Frau von so ungewöhnlicher Kraft, daß sie die Phantasie und die Seelen der Berber restlos in ihren Bann schlagen kann. In der altarabischen Stammeshierarchie war der *kahin* der Zauberer, der Wahrsager, der die geheimen Pfade in die magische Welt kannte und die Zeichen zu lesen vermochte, was ihm erhebliches Gewicht im Rat der Gleichberechtigten gab. Unter dem Vorsitz des gewählten, aber nicht unumschränkt herrschenden Stammesführers, des *sayyid*, traf er die lebenswichtigen Entscheidungen. Hingegen war das Merkmal der Berber, und blieb es für lange Zeit, ihre bedenkenlose Bereitschaft, sich einer außergewöhnlichen Person zu fügen und ihr ohne Rückhalt zu folgen. In ihren Augen kam die Kraft solcher Persönlichkeit aus der Sphäre übersinnlicher Mächte; sie hatte den Nimbus des »Heiligen«.

Die Entscheidungsschläge drängen sich in wenigen Jahren zusammen. Hassan holt sich – sogar die Kahina kann ihn nicht hindern – das ganze prokonsularische Africa, wiederum vor allem das strategisch so wichtige Karthago. Aber nicht endgültig, denn jetzt sehen die Byzantiner die tödliche Bedrohung ihrer nordafrikanischen Küstenherrschaft, ohne die das Mittelmeer nicht mehr die Binnenstraße ihres Reiches wäre. Auf der Reede von Karthago zerstören sie die noch schmale arabische Flottenmacht, durchbrechen mit ihren Dromonen die Sperrkette der Hafeneinfahrt und rollen vom Hafen her den arabischen Widerstand in der Stadt auf. Die Kahina stürmt von den Bergen herab. Die Araber werden vernichtend geschlagen. Hassan Ibn Noman, auch er, der vom Kalifen Gestützte, geht weit in den Osten und in die Sicherheit des ägyptischen Vorfeldes zurück.

Der Zeitpunkt der endgültigen Entscheidung ist gekommen. Die Araber ziehen in diesem Augenblick den richtigen Schluß aus den Jahrzehnten ihrer bitteren Erfahrung westlich von Alexandria. Sie wechseln die Richtung. Sie setzen jetzt konzentriert ihre ägyptische Flotte ein, kommen über das Meer heran, wiederholen das byzantinische Seeunternehmen vor Karthago, nehmen 698 Hafen und Stadt und zerstören beide endgültig. Karthago scheidet für immer aus der Geschichte aus.

Hassan Ibn Noman hat freie Hand für den Kampf zwischen Küste und Bergen. Zum drittenmal rollt die arabische Reiterwelle heran. Er drängt die Kahina zurück. Seine Agenten schwächen ihre Stellung noch weiter durch gezieltes Schüren tief eingefressener Gegensätze zwischen Berbernomaden und seßhaften Berbern in den befestigten Orten des fernen Westens. Die Kahina kann sich nicht halten. Sie geht irgendwo auf einem ungenannten Schlachtfeld unter. Ihre Berber fliehen.

Ein Teil der Berber der Wüste und der Berge geht einen neuen Weg, der sie in die *dar al-Islam* führt. Das ist noch nicht überzeugte Hinwendung zum strahlenden neuen Glauben aus der östlichen Wüste, sondern zunächst nur Anpassung an die Kraft und die Stärke des siegreichen Kämpfers. Das heißt: Die Eroberer gewinnen nicht nur Raum, sondern auch die ersten Kolonnen ihrer neuen Armeen in Nordafrika. Ohne sie und ohne die Unterführer, die jetzt aus den Reihen der Berberklienten aufsteigen, ist weiterer arabischer Vorstoß nicht möglich. Hier in der Wüste und den harten Bergen Nordafrikas entsteht in den Ausgangsjahren des 7. Jahrhunderts die Allianz, die Spanien bis an die Schwelle der Neuzeit beherrscht und mitgeformt hat.

Karthago ist nicht mehr. Aber natürlich ist die überragende strategische Bedeutung des einst phönizischen Küstenlandes gegenüber Sizilien und Unteritalien geblieben. Folgerichtig baut Hassan Ibn Noman nur wenige Kilometer südöstlich der zerschlagenen Stadt Hannibals einen zentralen Stützpunkt für die wachsende arabische Flotte, Stadt, Hafen, Arsenal und Ketten von Wachstationen: Tunis wird gegründet. Die neue Seemetropole schützt die neue Landmetropole Kairuan, die »Lagerstadt«, deren Mauern die Häuser der arabischen Militärelite und das Haus des neuen Glaubens umschließen, einen Vorläuferbau der späteren großartigen Moschee, die für lange Zeit Mittelpunkt des Islam in Nordafrika war.

Gegenüber der südlichen Umfassungsmauer lag in Kairuan das »Regierungshaus«. Hier zog irgendwann zwischen 705 und 708 der neue Gouverneur von Ifriqiya ein, Musa Ibn Nusair al-Bakri, der seine Berber Tarif und Tariq nach Spanien schickte.

Brücke über das Meer

»Spanien war einst mit al-Khadra in der Nähe der Städte Fes und Tanger im westlichen Nordafrika mit einer aus Steinen und Ziegeln errichteten Brücke verbunden, über die die Kamele und andere Lasttiere von Afrika nach Spanien und von Spanien nach Afrika ziehen konnten. Das Meer teilte sich in zahlreiche schmale

Kanäle, durch die es unter den Bogen der Brücke hindurchfloß. In Abständen wurde die Brücke von Pfeilern gestützt, die auf harten Felsen ruhten. Dort begann das Mittelmeer, das sein Wasser vom Ozean, d. h. von jenem großen Meer bezieht, das die bewohnte Erde umgibt. Im Verlauf der Zeit aber mußten die Menschen mitansehen, wie das Meer immer weiter anstieg und ein Land nach dem anderen überschwemmte, bis schließlich auch die Furt zwischen al-Arisch und Zypern sowie die Brücke zwischen Spanien und dem nordafrikanischen Festland bei Tanger von Wasser bedeckt wurden. Die Erinnerung an diese Brücke ist sowohl in Spanien als auch bei den Bewohnern von Fes im westlichen Nordafrika lebendig geblieben, und zuweilen können die Seeleute, die mit ihren Schiffen an der betreffenden Stelle vorüberfahren, unten im Meer die Reste der Brücke sehen. Sie war etwa zwölf Meilen lang und besaß eine beachtliche Breite und Höhe.«

Das ist die Erzählung eines Alten, »der bereits die vierzehnte Generation seiner Nachkommen heranwachsen sah«. Er tritt als Figur der Überlieferung in einer Länderbeschreibung des irakischen Arabers al-Masudi auf, der im 10. Jahrhundert »Bis an die Grenzen der Erde« reiste (so der deutsche Titel der Auszüge seines *Buch der Goldwäschen*). Die Erzählung ist Chiffre für das Afrikabild der Antike, das auch im arabischen Eroberungsjahrhundert durchaus weiterlebte. Weder für die Griechen noch für die Römer war »Afrika« eine von der übrigen mittelmeerischen Welt getrennte kontinentale Einheit gesonderten Charakters. Anders als Asien waren die bekannten Teile Afrikas selbstverständlicher Boden der eigenen engeren Kultur- und Wirtschaftswelt, wobei wir hier das Wort Afrika nach unserem Sprachgebrauch verwenden, während die römische Welt mit »Africa« zuletzt lediglich die römische Provinz *Africa proconsularis,* das heutige Tunesien und Teile Libyens, meinte. Hier ist der Ursprung des arabischen Verwaltungsbegriffs *Ifriqiya.* Was seit dem Beginn der arabischen Zeit *al-maghrib*, der Westen, genannt wurde, war zur römischen Zeit die *Mauretania Caesariensis*, das heutige West- und Mittelalgerien, und die *Mauretania Tingitana,* heute Nordmarokko. Diese römischen Provinzbezeichnungen sind vermutlich der Ausgangspunkt sprachlicher Wortwanderungen, die zur später üblichen Sammelbenennung der spanischen Muslime als »Mauren« führten.

Hier ist nicht der Ort, die glänzende Kultur- und Geistesgeschichte Nordafrikas im Verbund der antiken und spätantiken Welt noch seine entscheidenden Einflüsse auf die frühchristliche Entwicklung zu beschreiben. Wir lassen zusammenfassend den spanischen Historiker Ramón Menéndez Pidal sprechen, der sich gegen ständig wiederkehrende Behauptungen seines eigenen Landes wehrt, etwa, daß Alexandre Dumas recht hatte, wenn er sagte, Afrika fange schon bei den Pyrenäen an. Dem hält Menéndez entgegen, daß zwar »die Begegnung zwischen Spanien und Afrika ein beglaubigter geschichtlicher Vorgang ist, der sich öfter abgespielt hat, als mancher glaubt, nur daß er nicht als Diskrepanz oder Unterlegenheit im Verhältnis zur abendländischen Kultur zu gelten hat, sondern ganz im Gegenteil«.

Dann folgen beschwörende Sätze über die Größe Afrikas vor der Eroberung durch die Araber. »Eben dieses punische Afrika, Africa Minor, ehemals der Sitz karthagischer Kultur und furchtbare Nebenbuhlerin Roms, wurde eine der fortgeschrittensten Provinzen des Imperiums, und als die politische und geistige Führung von den Italikern auf die Einwohner der Provinzen überging, tritt nach dem spanischen Jahrhundert, das von Mela und Seneca bis Trajan und Hadrian reicht, vom 2. bis 4. Jahrhundert Afrika in die Führung ein, mit Apulejus, Septimius Severus, Tertullian, Cyprian, Arnobius, dem Heiligen Augustinus, Marcianus Capella, und hat somit den Vortritt vor Gallien . . .

Dieses Afrika steht als edles Glied der abendländischen Latinität ganz ähnlich wie Spanien nicht im Gegensatz, sondern in tiefer Verbundenheit mit der Gesamtkultur des christlichen Europa. Afrikanismus ist damals gleichbedeutend mit dem späteren Europäismus und hat wie dieser die Tendenz, die kulturelle Isolierung zu überwinden.« (Menéndez Pidal).

Man mag, wie es in Spanien noch immer geschieht, über die Einzelheiten und die Einzelwertungen dieser oder ähnlicher Thesen streiten. Uns führt sie, da ihre Unterstreichung der Bedeutung Afrikas im Kern zutrifft, zu der Frage, ob angesichts des jahrhundertealten Einheitsgefühls der Großregionen nördlich und südlich des Meeres das Übersetzen und Eindringen arabisch-berberischer Reiterscharen von der Masse der Bevölkerung als jene schreckensvolle Invasion völlig fremder Macht und Gewalt empfunden wurde, die wir aus unserer geschichtlichen Erfahrung der geschiedenen Welten von Orient und Okzident noch immer in ihr sehen. Die weiterlebende Vorstellung von der Brücke über das Meer spricht indes für ein anderes Empfinden.

Mit der Eroberung der nordafrikanischen Küstenlande wurde die fortschreitende Trennung der bisherigen mittelmeerischen Welteinheit jedoch eingeleitet. Nicht allein, daß der Koran nunmehr die religiösen und rechtlichen Existenzformen bestimmte, auch die verwaltungstechnischen Lebensvorgänge wurden nach arabischer Verordnung geregelt. Was der Damaszener Omajjadenkalif Abd al-Malik beim letzten Anstieg zum Gipfel arabischer Reichsmacht als Maßnahmen der Vereinheitlichung dekretierte, galt auch zwischen Alexandria und Tanger und bald darauf in immer größeren Teilen Spaniens: Arabisch war jetzt gemeinsame Verwaltungssprache so, wie es durch den Koran, der anders nicht gelesen werden durfte, zur gemeinsamen Bildungssprache zu werden begann; ein einheitliches Münzsystem mit dem *dirham,* dessen Silber kein Bildnis mehr trug, wurde als maßgebende Währung eingeführt, ein gemeinsames Steuersystem überall verbindlich.

Die bisherige Binnenstraße des Byzantinischen Reiches, das Mittelmeer, war von nun an Grenzzone, in der die Kampfflottillen beider Welten kreuzten, ebenso freilich und von den Seekämpfen nur beiläufig berührt die Flotten der Handelsfahrer. Keineswegs wurde die maritime Grenze zur rigorosen verkehrs- und handelspolitischen Abschnürungslinie, die manche Historiker in ihr sehen wollten (etwa der Belgier Pirenne in einem einflußreichen Werk aus den zwanziger Jahren unseres Jahrhunderts).

Das nun allmählich entstehende islamische Spanien blieb auf diese sich ändernde nordafrikanische Welt angewiesen – es konnte ohne seine Brücke über das Meer nicht leben. Ungeachtet aller späteren dynastischen Feindschaften und Machtkonkurrenzen, trotz vieler Kriegszüge hinüber und herüber, blieb Nordafrika aus ganz nüchternen Gründen für Cordoba, Sevilla und Granada in jeder der spanisch-islamischen Epochen, für die diese Städte stellvertretend stehen, der strategische Angelpunkt und der Rückfallraum in Zeiten der Bedrängnis durch die nördlichen Christen, die Drehscheibe für den außerordentlich lebhaften innerislamischen Verkehr, Karawanenstraße für die Goldladungen aus Schwarzafri-

ka, Transportbahn des Handels, Fernhandelsroute für die Sklaven-
züge aus dem Osten Europas, Hauptweg des antiken Philosophie-
und Wissenschaftserbes, das im hohen Mittelalter aus dem islamischen Osten über Spanien in die Universitäten von Paris, Köln und
Oxford wanderte.

Bevor aber das Spanien, das nun zur *dar al-Islam* gehörte, seinen
Königsweg zu Macht, Glanz und Ruhm beschreiten konnte, mußte
es gefährliche Abenteuer bestehen: Wie bewältigt ein Land, das
»durch Gott geöffnet« wurde, die Folgen solcher Öffnung und das
Widerstreben seiner Teile, die noch keine neue Einheit sind?

Öffnung und Übergang

Jahre der blutigen Wirrnis

Musa Ibn Nusair, gestürzter »Eroberer« Spaniens, verdämmerte irgendwo hinter Damaskus im Schatten der Vergessenheit – ohne Reichtum und Macht, ohne Namen.

In Spanien hatte er die Macht als seinen selbstverständlichen persönlichen Besitz betrachtet. Als er in Pomp und Herrlichkeit aufbrach, um vor seinem Kalifen zu erscheinen, hatte er sie seinem Sohn Abd al-Aziz zur bloßen treuhänderischen Verwaltung übergeben. Der Sohn nahm keine Rücksicht auf die Eigentumsvorstellungen seines Vaters; er übernahm die Macht ohne jegliche Einschränkung. Sevilla wurde in Fortsetzung der römischen Tradition, aber auch als Demonstration gegen das westgotische Königszentrum Toledo zur Hauptstadt des neuen Herrschaftsbereiches ernannt. Rein verwaltungshierarchisch war der iberische Bereich noch immer eine Art Unterbezirk der arabischen Provinz Nordafrika mit der Hauptstadt Kairuan, aber die ersten Spuren der Selbständigkeit zeigten sich schon jetzt. Abd al-Aziz schob die Grenzen der dauerhaft kontrollierten Räume in alle Richtungen vor, er konsolidierte entscheidende Kerngebiete um Malaga und Granada im Süden, um Barcelona und Gerona hoch im Nordosten und andere gen Westen, im späteren Portugal. Nach zwei Jahren wurde er erschlagen. Das war im März 716.

Die Gründe für den Anschlag auf sein Leben sind nicht klar. Sicher ist, daß dieser fähige und tatkräftige Mann das schon erkennbare Hauptproblem des neuen Herrschaftsbereiches nicht in den Griff bekommen konnte: den Mindestausgleich der Interessen zwischen den widerstreitenden Kräften, die durch die Zufälligkeit des historischen Verlaufs auf der Iberischen Halbinsel zusammengeschoben wurden. Araber gegen Araber, Berber gegen Berber, Araber gegen Berber, Berber gegen Araber, hin und wieder auch, wenngleich viel seltener, Einheimische gegen Eindringlinge. Das muslimische Spanien des Anfangs war ein rüdes und brutales Machtgeschiebe ständig wechselnder Koalitionen von Gruppen und Personen. Ansprüche und Ressentiments, Enttäuschungen und wilde Wut über vorenthaltene Beute, Lust auf persönliche Macht, Rivalitäten, Vorteilsverdacht und bitterer Ingrimm der Übervorteilten fanden schnell zu solchen Koalitionen und Kleinallianzen zusammen, aber ebenso schnell zerfielen sie und schlugen um in erbitterte Feindschaften. Blut tränkte das Land – doch es war das Blut der Eroberer.

Abd al-Aziz nahm die Gotin Egilona zur Frau, Witwe (oder Tochter?) des geschlagenen und verschwundenen Gotenkönigs Roderich. Die Egilona soll Abd al-Aziz genötigt haben, die vereinnahmte Macht in der traditionellen Weise christlicher Könige auszuüben; gar eine Krone habe sie ihm aufdrängen wollen. Dadurch, heißt es, sei die Führung der Armee zutiefst gegen ihn aufgebracht worden. Nicht die Heirat mit einer Andersgläubigen und Andersstämmigen löste den Aufstand aus, sondern der ungeschickte Versuch der Gotin, die eheliche Verbindung zur Durchsetzung ihrer politischen Vorstellungen zu nutzen. Einheimische Frauen zu heiraten und dadurch Blutsvermischung einzuleiten wurde bald zur allgemeinen Übung der Reiterheere, obwohl das Geschäft der Eroberung keineswegs beendet war.

In der Person des Abd al-Aziz verkörperte sich gleich zu Beginn des muslimischen Spanien ein geradezu exemplarisches Schicksal: Eine Begabung zur machtpolitischen Führung und gesellschaftlichen Gestaltung, die groß ist, jedoch nicht groß genug, eine Kraft, die heftig ist und doch nicht rücksichtslos und unbestritten genug, um in dem Gewirr ineinander verschränkter, gänzlich unkoordinierter Kräfte die entscheidenden, verbindlichen Taten des ordnenden Gestaltens zu vollbringen.

Vier Jahrzehnte liefen dahin, bis kurz nach der Jahrhundertmitte der erste der wirklich großen und überzeugenden Herrschaftsgestalter in al-Andalus auftauchte. Bis zu dieser Wende haben ungefähr zwanzig Gouverneure über die neue Provinz des arabischen Reiches regiert, nur drei von ihnen gelang es, die Macht länger als fünf Jahre in ihren Händen zu halten. Unter ihnen waren einige bemerkenswerte Männer, doch keiner hatte die Kraft, die widerstreitenden Elemente unter einem gemeinsamen Willen zusammenzubinden.

Das wilde und blutige Gezerre um persönlichen Besitz, Position,

Einfluß, Macht war vor allem ein Kampf der Eroberer unter sich. Innerarabische Stammesfeindschaften und Sippenfehden, was immer ihre tatsächlichen Ursprünge in längst vergangener Zeit gewesen sein mögen, wurden aus der alten Heimat in die neue verlagert und brachten nun, da die Tage des ersten gemeinsamen Ansturms vorüber waren, voll wieder auf. Die tiefen Gegensätze zwischen arabischer Militärelite und berberischen Kampfmassen, die als landnehmende Verbände einen immer höheren Grad der Unabhängigkeit demonstrierten, explodierten in kürzester Frist – wie hätte dies anders sein können, da doch im nahen nordafrikanischen Basisgebiet diese Gegensätze durch die neuen Herrschaftsverhältnisse nur oberflächlich zugedeckt waren? Die Einigungskraft des islamischen Denkens und Fühlens in dieser Frühzeit hatte die Berberstämme noch kaum berührt, geschweige denn wirklich ergriffen. Eine solche Zeit stand noch aus.

Dem ränkesüchtigen Spiel um die Beute Spanien in allen seinen Einzelheiten nachzuforschen wäre ein müßiges Unterfangen. Wichtiger für das Verständnis der Entwicklung des muslimischen Spanien ist, daß in Nordafrika noch vor 740 ein Berberaufstand losbrach. Die dünne Decke beginnender Gemeinsamkeiten – langsame Islamisierung, allmähliche Arabisierung durch Sprache und Verwaltung – zerriß unter dem Druck ethnischer Spannungen und Unvereinbarkeiten: unbändiger, zügelloser Unabhängigkeitsdrang und durch bedenkenlose arabische Wirtschaftsausbeutung gezeugter und täglich neu genährter Haß brachen sich gewaltsam Bahn. Die Berber holten sich den strategisch wichtigen Hafenplatz Tanger. Der Kalif in Damaskus mußte handeln. Er setzte ein arabisches Expeditionskorps von Syrien aus in Marsch, das im Verein mit den in Nordafrika ständig stationierten arabischen Kräften die Berber in die Knie zwingen sollte. Einer der heraneilenden syrischen Reiterführer war Baldsch Ibn Bischr, ein ungestümer Draufgänger und Hitzkopf, der offenbar der Fähigkeit ermangelte, gegnerisches Kampf- und Kraftpotential nüchtern einzuschätzen. Er ließ sich durch die erbärmliche waffentechnische Ausrüstung der Berbermassen täuschen. Im Rat der arabischen Generale fegte er, gestützt auf die Autorität seines kalifischen Auftrags, die besonnenen Einwände der Landeskenner beiseite und ging mit grenzenloser Selbstüberschätzung in ein Treffen, von dem erkennbar war, daß es sich zu einer entscheidenden Schlacht entwickeln würde.

Er führte den Angriff an der Spitze der arabischen Reiterei. Die armselig gerüsteten Berber »begannen, gegen die Köpfe der Pferde Säcke voll Kieselsteine zu werfen ... die Pferde der Syrer bäumten sich auf ... dann trieben die Berber dem Fußvolk eine Menge ungezähmter Stuten entgegen, die sie dadurch wild gemacht, daß sie Schläuche und große Stücke Leder an ihre Schwänze gehängt hatten; sie verursachten große Verwirrung in den Reihen ...« Der Kern des Araberheeres ging in der nachdrängenden berberischen Menschenflut unter. Nur Baldsch rettete sich mit siebentausend seiner lädierten syrischen Reiter in die Hafenfestung Ceuta. Die Berber schlossen ihn ein. Baldsch saß in der Falle.

An diesem Vorgang wie seinen Folgen läßt sich bereits zu einem frühen Zeitpunkt die enge Koppelung des Schicksals des al-Andalus an die sozialen, machtpolitischen und später zunehmend religionspolitischen Aufbrüche und Verwerfungen des nordafrikanischen Basisgebietes ablesen.

Die Aufstände im Heimatgebiet hatten eindeutige Signalwirkung auf die starken, den Arabern zahlenmäßig weit überlegenen Berberkontingente auf der Iberischen Halbinsel. Sie fühlten sich bei der Vergabe der spanischen Beute übervorteilt, denn bei der Landnahme waren ihnen vor allem die unwirtlichen Zonen des Nordens und die trockenheiße Kargheit der Bergregionen zugewiesen worden, während die schmalen arabischen Führungsschichten sich in den überaus fruchtbaren Flußtälern des Ebro, des Guadalquivir, des Genil und in den breiten blühenden *vegas* und *huertas,* den Fruchtebenen der Städte des Ostens und Südens, festgesetzt hatten. Die Berber fühlten sich darüber hinaus in ihrem Stolz verletzt, da sie sich trotz frühen Übertritts zum gemeinsamen Glauben des Islam und trotz gemeinsamer Kriegführung als mindere Bundesgenossen und Eroberungsbürger zweiter Klasse behandelt sahen. Der Berberaufstand brach auch in Spanien los, ganz besonders heftig im Nordwesten des Landes.

Der syrisch-arabische Reiterführer Baldsch hockte mit seinen Siebentausend noch immer in der Falle von Ceuta. Er mußte dringend auf Rettung sinnen. Möglich war sie nur in einer Richtung – nach Norden über die Meerenge: Spanien! Dort aber saßen vornehmlich kalbitisch-jemenitische Südaraber, die den Kaisiten Baldsch und seine Syrer vermutlich hätten verhungern lassen, wäre nicht der Berberaufstand im Nordwesten inzwischen zum Berbersturm über Spanien geworden. Er drohte die noch ungefestigte arabische Vorrangstellung wegzufegen. Die siebentausend Reiter des Baldsch, jetzt nur noch ärmliche und zerlumpte Gestalten, wurden von Ceuta nach Algeciras übergesetzt, mit Nahrung und Waffen versehen und gegen die Berber Spaniens eingesetzt. Die »Syrer« siegten – und blieben. Teil der Abmachung über die Rettung aus der Falle von Ceuta war die Verpflichtung der Syrer gewesen, nach Überwindung der aufrührerischen Berber die spanische Provinz des arabischen Reiches wieder zu verlassen. Jetzt erinnerten sie sich nicht mehr; die jemenitischen Erstbesetzer waren zu schwach und zu zerstritten, um sich gegen die Syrer durchzusetzen.

Eine zweite arabische Einwanderungswelle war so ins Land gekommen. Sie bewirkte sehr schnell eine Verschärfung der innerarabischen Streitereien, die sich immer wieder neu aus den genealogischen Gegensätzen altarabischer Zeiten und den religionspolitischen Feindschaften dieses ersten unruhigen Jahrhunderts des Islam nährten. Unterschiedliche Lebensformen und soziale Verhaltensweisen spalteten die Eroberer, deren Masse sich dem flüchtigen Blick auf die Entstehungsgeschichte des muslimischen Spaniens zunächst so selbstverständlich siegreich und geschlossen darstellt. Schließlich kam es durch Intervention der übergeordneten Machtinstanzen in Kairuan, Hauptort arabischer Herrschaft in Nordafrika, gemäß einer Weisung der kalifischen Zentrale zu dem Versuch der Zwangsansiedlung jemenitischer Ersteinwanderer einerseits und syrischer Zweitzuwanderer andererseits in getrennten geographischen Räumen. Berber hatten zu schweigen, wenigstens für den Augenblick. Glühende Trockenheit und Hungersnöte überfielen den »Garten Spanien«, das Blutvergießen, die magischen Zeichen sprachen gegen jedes dauerhafte Gelingen, nachdem ein glückhafter Siegeswind des Beginns allen Widerstand hinweggefegt hatte.

Abhängigkeit von nordafrikanischem Geschehen, innerarabische Zerklüftungen, berberisch-arabischer Gegensatz, Zerteilung in abgesonderte, durch die geographische Beschaffenheit der Iberischen Halbinsel aufgezwungene Regionalräume, jeder mit starken Eigentendenzen und unterschiedlichen Lebensmöglichkeiten und -qualitäten – schon in den ersten vierzig Jahren der Wirrnis werden bestimmende Formkräfte des muslimischen Spanien sichtbar.

Was aber hat dieses Spanien, wenn die Grundkräfte so beschaffen waren und sich durch Jahrhunderte im Kern nicht änderten – allenfalls in Perioden vergleichsweiser Stabilität und Sicherheit in den Hintergrund gedrängt wurden, um dann wieder hervorzubrechen –, was hat das muslimische Spanien zur Größe und zivilisatorischen Überlegenheit geführt und ihm die Prägekraft gegeben, die weit über seine Grenzen hinausreichte? Wenn es zutrifft, daß die Araber mit übergroßer Kraft zur »Öffnung des Landes« heranritten, aber sehr viel weniger Kraft der konkreten Vorstellung und des Tuns in sich trugen, um »geöffnetes Land« zu gestalten – wie war es möglich, daß innerhalb weniger Generationen eine neue arabisch-islamisch geformte Welt entstand? Wenn es zutrifft, was behauptet werden könnte, daß eine eigentlich »arabische« Eroberung Spaniens nie stattgefunden hat – wie war es möglich, daß in weniger als zwei Jahrhunderten Cordoba als leuchtende Metropole neben Bagdad stand, neben Kairo, größer und schöner als jede Stadt des abendländischen Europa in jener Zeit?

Es wird notwendig, hinter dem vordergründigen Macht- und Ränkespiel des wirren Beginns nach anderen Bewegungen, Entwicklungen und Kräften zu suchen. Nach Kräften, die jenseits des Schwertergeklirrs, ungeachtet der Lust am Verrat und der lauernden Eigensüchteleien ein Gemeinwesen vorbereiteten, in dem die *convivencia* (wir nennen das heute »Pluralität«) zum Prinzip wurde.

Der Zwang der kleinen Zahl

Historiker behaupten manchmal, eine »arabische Eroberung« Spaniens habe in Wirklichkeit »nie stattgefunden«. So läßt sich argumentieren, wenn der Blick lediglich auf die Reiter gerichtet ist und die Kolonnen zählt. Dieses Zählverfahren kommt für die ersten Jahrzehnte auf vielleicht Dreißigtausend arabischer Herkunft

(Berber werden hier korrekterweise nicht mitgerechnet), zuzüglich einiger späterer Kontingente, etwa jene Siebentausend des Baldsch, insgesamt vielleicht an die Vierzig-, höchstens Fünfzigtausend in der Zeit der Gouverneure. Sie reichte knapp über die Mitte des Jahrhunderts (756).

Daneben steht die begründete Annahme, daß dem einzelnen arabischen Kämpfer auf Dauer sein persönlicher Anhang – Frauen, Kinder, Vettern, Diener – aus dem arabischen Heimatbereich folgte. Das läßt zwar die Gesamtzahl arabischstämmiger Menschen im Jahrhundert nach Musa und Tariq um einiges wachsen. Aber auch diese größere Zahl kann das Problem nicht verdecken: Welche Wege der Überlebenssicherung bleiben einer zwar mobilen, bewaffneten, fast allzu schnell siegreichen, aber der Zahl nach erstaunlich kleinen Minderheit gegenüber einer immerhin einige Millionen starken Eingeborenenbevölkerung?

Wie in vielen von den Arabern eroberten Gebieten ist dies zwar das Hauptproblem, im Fall Spaniens bleibt es dennoch nur Teil einer weiterreichenden Schwierigkeit. Denn die Arabischstämmigen sahen sich nicht allein der viel größeren Zahl der Eingeborenen (vier Millionen?) gegenüber, sondern auch der großen Zahl der eigenwilligen und erwiesenermaßen unzuverlässigen, noch keineswegs in die arabische Denk- und Vorstellungswelt einbezogenen berberischen Eroberungsverbündeten.

Eine Reihe von Hinweisen läßt sich zusammentragen. Der erste Eroberungsritt hatte die westgotische Herrschaftsstruktur über Nacht unter die Hufe gestampft; da war kein zentraler Widerstandswille mehr. Andererseits blieb das darunterliegende, hauptsächlich aus der Zeit römischer Herrschaft und Verwaltungskunst gewachsene System der regionalen Einteilung, der Fernverbindungen und ihrer Sicherung, der Provinzen und der Städteverteilung voll erhalten. Und es wurde wie selbstverständlich übernommen. Daß die einstige römische Provinzhauptstadt Hispalis (Sevilla) zunächst auch arabischer Hauptort wurde, war naheliegend. Daß einige Jahre danach das römisch geprägte Cordoba und nicht Sevilla Sitz der arabischen Gouverneure wurde (717) und drei Jahrhunderte Sitz von Emiren und Kalifen blieb, war damals lediglich eine kleine, wohl strategisch bedingte Korrektur am anderweitig nicht geänderten Bild der iberischen Gesamtstruktur.

Die »Stadt« wurde sehr früh zu einem entscheidenden Element in der Herrschaft über das spanische Land, das seit alters eine Landschaft der Städte war. Die Stadt wurde, wie in den anderen arabischen Herrschaftsbereichen, Sitz der Herrschaftsschicht, die sich auch in Spanien – aller individuellen Roheit zum Trotz – als eine Elite professioneller oder halbprofessioneller Militärs festsetzte. Zwar besaßen die Mitglieder dieser Elite eroberte und vom Gemeinwesen zugeteilte Ländereien, aber sie lebten und residierten in den Städten, den Unterzentren einer überkommenen Verwaltung, die nun nach arabischem Muster gestaltet wurde. Und die Städte waren zugleich die Orte, an denen sich der Islam als neue Herrenreligion plakativ kundtat.

Die Juden, des drückenden westgotischen Jochs entledigt, fungierten von Beginn an in nicht wenigen Städten als eine Art zivilen Hilfskorps, das gelegentlich sogar Polizeiaufgaben wahrnahm. Häufig wurden sie in den umwallten und gesicherten Stadtkernen, den Zitadellen, den *kasba* der Araber, untergebracht.

Dreißig- oder fünfzigtausend arabische Invasoren können ein Gebiet, das von den Hängen der Pyrenäen an die Meerenge vor Afrikas Küste reicht, nicht regieren, nicht kontrollieren, nicht einmal im Schwebezustand vergleichsweiser Ruhe halten, wenn sie sich auf Dauer in die ethnische Isolierung zurückziehen. Das Gegenteil geschah. Bald nach dem ersten Ritt von Gibraltar zu den Felsen der Pyrenäen setzte eine deutliche Wende zur ethnischen Vermischung ein. Da läßt sich in der Tat fragen, ob des ersten Gouverneurs Abd al-Aziz Entschluß, die Westgotenfürstin Egilona zur Frau zu nehmen, nur eine persönliche Episode, eine bloße Geste der Verfügungsgewalt eines Eroberers war oder vielleicht die überlegte Vorwegnahme eines allgemeinen und gewollten Verhaltensmusters. Jedenfalls suchten sich die arabischen Invasoren, sobald der Ritt der Razzia unterbrochen und ein Ort der Niederlassung gefunden war, ihre Frauen und Konkubinen auch aus der einheimischen Bevölkerung.

Viel Widerstand scheint es nicht gegeben zu haben. Instinktive Abwehr gegen »Fremdes«, die wir vielleicht aus späterer europäischer Geschichtserfahrung in diese besondere Weltgegend von damals hineindenken, war offenbar nicht von Belang. Die Bewohner des iberischen Landes hatten ein Jahrtausend engster Berührungen mit den südlichen Nachbargebieten des mittelmeerischen Raumes in ihrem Gedächtnis, in ihrem kollektiven Empfinden gespeichert. In der Masse der Bevölkerung, der das System westgotischer Adelsherrschaft auferlegt war, muß so etwas wie eine innere »Disposition« für die Aufnahme oder wenigstens Hinnahme dieser Neuen und anderen gewirkt haben. Araber hießen damals in Teilen der Bevölkerung gar nicht Araber, sondern »Chaldäer«.

Die bloße Tatsache der kleinen Zahl zwang die neuen Herren in ein einigermaßen vernünftig geregeltes Verhältnis zu ihrer Umwelt. So ließe sich zunächst als eine besondere Form der Überlebenstechnik die Erweiterung des Kreises »fest angebundener Personen« definieren. Dafür stand das System der »Klienten« zur Verfügung, das um diese Zeit noch voll wirksam war, dann aber – im Lauf der folgenden Jahrzehnte – allmählich abstarb.

Von nicht zu unterschätzender Bedeutung für die erstaunlich schnelle Hinnahme der neuen Herrschaft gerade auch außerhalb der Städte war eine Seite der Beuteteilung, die zu einer Art Landreform führte. Die Eroberer – nunmehr sich festsetzend und nur noch bedingt an weiteren Vorstößen nördlich der Pyrenäen interessiert – verteilten jetzt das gewonnene Land. Ein Fünftel des eroberten Landes wurde als Staatseigentum betrachtet und von christlichen Bauern bewirtschaftet, die ein Drittel des Ertrages an die Regierung zahlten; Land, das nicht unmittelbar erobert war, sondern durch freiwillige Unterwerfung den neuen Herren zufiel, wurde häufig gegen höhere Abgaben den einheimischen Bewirtschaftern überlassen, aber jetzt mit dem Recht des Bleibens, der Nutzung und des Verkaufs. Der katalanische Historiker Vicens Vives, der den Wirtschaftsverhältnissen ganz besondere Prägekraft in der Geschichte zuweist, spricht vom »sensationellen Triumph« des Islam unter den Bauern, die zum Glaubenswechsel bereit waren: »Es kann keinen Zweifel über dieses Phänomen geben: es ist die Achse, um die sich das künftige hispanische Schicksal drehen wird . . .«

Der ethnische Vermischungsprozeß machte bald so schnelle Fortschritte, daß nur wenige Generationen später »Arabertum« nicht mehr zunächst eine Frage des reinen Blutes war, sondern eher eine Sache der zivilisatorischen und religiösen Identifizierung.

Dies alles erklärt natürlich nur annähernd den allmählich beginnenden Prozeß der arabisch-muslimischen Herrschaftsfestigung. Vor dem Hintergrund dieser ineinander verwobenen Entwicklungen, die hier schneller, dort vielleicht langsamer und zäher in Bewegung gerieten, jedenfalls über die Weite des Landes keine Einheitlichkeit zeigten, muß eine ganz besondere gesellschaftliche Umformung nachgezeichnet werden. Es geht um den Wandel in der gesellschaftlichen Gruppierung, der durch das System der Protektion eingeleitet und vorangetrieben wurde. Entscheidend wirksam wird jetzt der »Schutz«, den Allah durch sein arabisches Volk einem anderen Volk »gewährt«.

Die Völker des Buches

Die heutige spanische Provinz Murcia an der südöstlichen Küste des Landes hieß in muslimischen Zeiten Todmir. Ein westgotischer Adliger, Theudemir oder Todemir, hatte sich nach der Niederlage seines Königs Roderich hier festgesetzt. Auch Theudemir gab auf; er unterwarf sich. Die Datierung ist umstritten: war das noch unter Tariq oder erst unter Abd al-Aziz? Mit dem Kapitulanten Theudemir wurde ein Vertrag geschlossen. Dies sind einige wichtige Bestimmungen des Vertrages:

»Im Namen Gottes, des Erbarmers, des Barmherzigen! ... Er [Theudemir] akzeptiert den Friedensvertrag, Gottes Pakt und Schutzbrief und seines Propheten Schutzbrief folgenden Inhalts:

Weder für ihn noch für einen seiner Leute werden Änderungen [seines jetzigen Status] zu seinen Gunsten oder Ungunsten verfügt. Er wird nicht enteignet.

Sie [Theudemir und seine Leute] werden weder getötet noch versklavt, noch von ihren Frauen und Kindern getrennt, noch wegen ihrer Religion behelligt.

Ihre Kirchen werden nicht verbrannt, Devotionalien nicht daraus geraubt.

Dies gilt, solange er sich an unsere Vereinbarungen hält.«

Dafür hatten Theudemir und seine Leute zu zahlen. Der Vertragsschutz kostete sie sieben stadtähnliche Orte und jährliche Abgaben an Geld, Weizen, Gerste, Most, Essig, Honig und Öl, wobei Sklaven »von alledem die Hälfte entrichten«. Theudemir, der Gote, mußte sich darüber hinaus zu politischen Zusagen verpflichten:

»Er darf keinen Flüchtling von uns aufnehmen, er darf keinen Gegner von uns aufnehmen, er darf keinen Schützling von uns bedrohen.

Er darf keine Feindnachricht, die ihm zur Kenntnis gelangt, verheimlichen.«

Auf den ersten Blick ein erstaunlicher Vertrag: Warum werden der christliche Gote Theudemir, der sich gebeugt hatte, seine Familie, seine Gefolgschaft, sein Gesinde, seine Sklaven nicht zwangsweise der Religion der neuen Herren unterworfen?

In diesem Vertragsdokument zeigen sich zunächst die Elemente des älteren arabischen Protektionsdenkens, wonach die Wirksamkeit des Schutzes zugleich der Stärkebeweis des Schützenden ist und damit zu einer in der Außenwirkung bedeutsamen »politischen« Qualität wird. Klar erkennbar aber liegen darüber die neueren Elemente der koranischen Vorschrift, die in die allgemeine Protektionsvorstellung eingegangen war und sie wesentlich erweitert hatte.

Allah ist Gott. Er ist der Alleinige, Schöpfer alles Seienden, Richter alles Lebenden, allwissend, allmächtig. Er ist von Ewigkeit zu Ewigkeit. Er ist jenseits allen Begreifens. Vor ihm gibt es nur Unterwerfung – *islam*. Der Koran ist Sein, dem Propheten Mohammed geoffenbartes Wort – das unabänderliche und für immer gültige »Buch«. Gar nicht denkbar, das Buch anders als in der Sprache seiner Offenbarung zu lesen: in Arabisch.

Mohammed war nicht nur »Sein Prophet«. Er war der »Gesandte Gottes« und als solcher das »Siegel der Propheten«, was heißt, daß er der Letzte und Abschließende und Endgültige in einer Linie vorangehender Propheten ist. Der Koran nennt achtundzwanzig solcher Propheten, von denen einundzwanzig auch in den »Büchern« der Juden und Christen erscheinen. Allen voran steht Abraham; da sind Jakob und David, Moses und Hiob, vor allem Jesus. Aller gemeinsames »Siegel« ist Mohammed. Juden und Christen sind folglich im ursprünglichen koranischen Denken gesonderte Glaubensgruppen, denen ebenfalls durch ihre »Bücher«, Thora und Evangelium, göttliche Offenbarung zuteil wurde. Juden und Christen sind also und heißen auch »Völker des Buches«, *ahl al-kitab*. Sie stehen noch diesseits der Grenze, die die nachtfinstere Welt heidnischer Vielgötterei dort draußen von der lichten Welt des Alleinigen trennt. Aber die Völker des Buches sind dennoch nur Völker im Vorhof des wahren Glaubens, denn sie haben ihre Bücher und die ihnen schon offenbarten Wahrheiten nicht vor Unterschlagung, Verfälschung und Sektiererei geschützt. Sie sind also teilschuldig und deshalb minderen Rechts. Denn sie wollen ihren Anspruch auf Vollgültigkeit ihrer Schriften nicht aufgeben.

Für die allmähliche Umgestaltung eines »geöffneten« Landes sind die Verhaltensregeln maßgebend, die sich aus der Vorstellung von »Drei Religionen« ergaben.

In der 9. Sure des Koran ist eine Verhaltensregel so gefaßt: »Kämpfet wider jene von denen, welchen die Schrift gegeben ward, die nicht glauben an Allah und den Jüngsten Tag und nicht verwehren, was Allah und sein Gesandter verwehrt haben, und nicht bekennen das Bekenntnis der Wahrheit, *bis sie den Tribut aus der Hand gedemütigt entrichten.*«

Juden und Christen, Schriftbesitzer insgesamt, dürfen nicht wie die Götzen verehrenden Heiden den tödlichen Folgen des Krieges ausgesetzt werden, sofern sie sich unterwerfen und den Tribut zahlen. Der Islam ist nach dem koranischen Ursprungsverständnis zwar die »Gemeinde«, aber keine fugenlose monolithische Einheit; er läßt Platz für die Völker des Buches. Das ist ein eingeschränkter Platz, auf dem die Last der Demütigung liegt, aber ein Platz – darauf kommt es im Alltag an – des eigenen Gemeinderechts. Die diese Plätze innerhalb der islamischen Gemeinde eingeräumt bekommen, sind *ahl ad-dhimma* (Singular: *dhimmi*), Schutzbefohlene, die einer Protektion teilhaftig werden, die um die Dimension des Glaubens erweitert ist.

Das Recht auf religionsgemeindliche Eigenständigkeit, was ja damals Grundlage jeglicher Gruppenexistenz war, ist sehr weitgefaßt. Es umschließt das Recht auf die eigene religiöse Überzeugung und Ausübung der jeweiligen Riten. Nach anderer koranischer Vorschrift ist dies nicht nur ein Recht, sondern auch eine Pflicht vor Gott.

Der Koran sagt: »Und wir sandten hinab zu dir das Buch mit der Wahrheit, bestätigend, was ihm an Schriften vorausging . . . Jedem von euch gaben wir eine Norm und eine Heerstraße. Und so Allah es wollte, wahrlich, er machte euch zu einer einzigen Gemeinde; *doch er will euch prüfen in dem, was er euch gegeben* ... zu Allah ist eure Heimkehr allzumal ...«

Voraussetzung des Rechts auf religionsgemeindliche Eigenexistenz der Christen und Juden ist die Verpflichtung, jeglichen Versuch der Propagierung der Religion zu unterlassen; kaum etwas hat in späterer Zeit den Ärger der Muslimbevölkerung so erregt wie das Geläut der Glocken von den Türmen christlicher Kirchen. Der *dhimmi*-Status schließt das Recht ein, die geduldete Religionsgemeinde nach den eigenen kanonischen und zivilrechtlichen Vorschriften und Gebräuchen zu führen, wobei diese innere Gemeindeführung den eigenen Vorstehern überlassen bleibt, dem Rabbi oder dem Bischof und dem Grafen. Der *dhimmi* hat das Recht auf Eigentum jeder Art sowie das Recht auf Betätigung im freigewählten Beruf, eine Ausschließung, ein »Berufsverbot«, gibt es nicht.

Dennoch war dem *dhimmi* das volle Bürgerrecht verwehrt. Er durfte zunächst keine Waffen tragen, keine muslimische Frau heiraten, noch eines der höchsten Staatsämter übernehmen; aber das waren löchrige Vorschriften, denn gerade höchste Staatsämter wurden nur Generationen später an *dhimmi* vergeben. Im Alltag war hinderlicher, daß alle Rechtsangelegenheiten, die nicht innergemeindliche Angelegenheiten betrafen, vor einen muslimischen Richter, den *qadi*, gebracht werden mußten. Vor ihm galt des *dhimmi* Zeugnis nicht gegen das Zeugnis eines Muslim.

Der *dhimmi* hatte das volle Recht auf Leben, Freiheit, Religion, Besitz und Beruf – er war Bürger, aber Bürger beschränkten Rechts.

Zu zahlen war dafür der Protektionspreis, der »Tribut«. Entrichtet wurde er in Form einer Kopfsteuer und einer Landsteuer. Vor allem die Kopfsteuer wurde zu einem entscheidenden finanzpolitischen Element, somit auch zu einem unausgesprochenen muslimischen Missionshemmnis. Anfangs betrug diese Kopfsteuer, die nach Besitzverhältnissen und Tätigkeit gestaffelt war, achtundvierzig *dirham* für die Reichen, vierundzwanzig für die Mittelschicht und zwölf für alle, die unmittelbar von der Arbeit ihrer Hände lebten. Sie war am Ende eines jeden Monats zahlbar; ausgenommen waren unter anderen Frauen, Kinder, Mönche, Krüppel und Blinde. Später wurden die Steuersätze, je nach Bedarf und Willkür des jeweils Herrschenden, verschärft.

Jeder einzelne Übertritt zum Islam, der natürlich nicht verwehrt werden konnte, verminderte die Zahl der Kopfsteuerpflichtigen. Bekehrung mochte der Idealvorstellung entsprechen, aber sie widersprach gründlich den Interessen des Staatsschatzes. Der ständig fließende Tribut der Kopf- und Landsteuer hat einer eifernden Missionspraxis des Islam bald und sehr entschieden enge Grenzen gesetzt.

Verschiedene Zeiten mit unterschiedlichen machtpolitischen Verhältnissen und vor allem die Verschiedenheit der weltweit auseinanderliegenden Räume, in die der Islam durch die Araber hineingetragen wurde, haben durch ihr historisch bedingtes Eigengewicht, das nirgendwo aufgehoben werden konnte, dem tatsächlichen muslimischen Herrschaftsverhalten gegenüber den Schriftbesitzern immer wieder andere Gestalt gegeben.

Für das sich entwickelnde muslimische Spanien war das *dhimmi*-Recht von zentraler Bedeutung. Auf seiner Grundlage entfalteten sich schließlich zwei außerordentlich wirkungsvolle und kulturprägende gesellschaftliche Gruppen: einmal die spanisch-jüdische Gemeinde der Sephardim, die im spanisch-muslimischen Mittelalter ihre »Goldene Zeit« fand; zum anderen die nach Einfluß und kultureller Leistungsfähigkeit ebenso bedeutende Gruppe der sogenannten Mozaraber. Die christlichen Mozaraber wurden bald Hauptakteure auf der iberischen Bühne, oft als Widerpart der Muslime, öfter als ihre sozialen Verbündeten.

Dem Namen Mozaraber liegt das arabische *al-mustaribun* zugrunde, was soviel wie die »Arabisierten«, die in ihrer äußeren Lebensform Angepaßten, bedeutet. So wurden allmählich die Einheimischen bezeichnet, die zwar ihren christlichen Glauben und ihre eigene christliche Gemeindeexistenz nach dem *dhimmi*-Recht behielten und nach ihrem aus westgotischer Zeit stammenden Gesetz, dem *fuero juzgo*, lebten, sich aber andererseits dem Einfluß der arabischen Sprache und Kultur öffneten. Sie brachten ihr eigenes kulturelles Erbteil ein. Es fand kein bloß äußerlicher Anpassungsprozeß statt, sondern ein Vermischungsprozeß auf der Grundlage religiöser und gemeindlicher Eigenexistenz.

Muwalladun hießen jene iberisch-spanischer oder gotischer Abstammung, die dem islamischen Glauben anhingen. Das Wort läßt sich mit »geborene Muslime« wiedergeben. Anfangs wurde eine genaue Unterscheidung zwischen jenen getroffen, die als reine Spanischstämmige oder Westgoten zum Islam übertraten und als *musalim* bekannt waren, und solchen, die aus der Mischverbindung eines arabischen oder berberischen Vaters mit einer spanisch-christlichen Frau hervorgingen und so in den Islam hineingeboren wurden, wie das Recht es vorsah. Der allgemeinere Begriff *muwalladun* setzte sich durch: *muwalladun* waren schließlich alle, die – obwohl gänzlich oder teils spanisch-iberischer oder gotischer Herkunft – dem Islam anhingen, sei es aus Überzeugung des Herzens oder aus praktischen Erwägungen.

Die Spanier des christlichen Bereichs der Halbinsel verformten das arabische Wort in der Folgezeit zu *muladíes,* sprachen aber noch später und je mehr die Reconquista voranschritt schlicht von *renegados,* Renegaten, Abtrünnigen – kaum eine zutreffende Benennung für Menschen, deren Familien oft schon über viele Generationen dem Islam angehangen hatten.

Die *muwalladun,* Renegaten, stellten aufgrund der anhaltenden ethnischen Vermischung einige Zeit nach der Eroberung schon den größeren, später den weitaus überwiegenden Anteil der Bevölkerung. Sie waren, ob übergetreten oder »hineingeboren«, dem Islam so ergeben wie die reinblütigen Araber. Es kam vor, daß sie aus Stolz ihre ursprünglichen Namen beibehielten; aber das war die Ausnahme. In der Masse übernahmen sie die arabische Sprache, arabische Kleidung, arabische Sitten und Gebräuche und verbanden sie mit den eigenen Überlieferungen. Sie identifizierten sich mit der Denk- und Existenzweise der arabischen Schicht an der Spitze des Landes bis hin zur Namensgebung. Erfundene oder teilweise zutreffende Genealogieangaben in der Reihung der Väternamen des einzelnen waren üblich.

Anders als der *dhimmi* war der *muwallad* ein Vollbürger ohne rechtliche Einschränkungen. Das erklärt den gewaltigen Einfluß, den die *muwalladun* auf die Formung und Ausgestaltung der Gesellschaft des muslimischen Spanien in religiöser, politischer, wirtschaftlicher und intellektueller Hinsicht nahmen. Die *muwalladun* stellten im Lauf der Jahrhunderte eine Unzahl bedeutender Wesire, Richter, Generale, Denker, Wissenschaftler und Poeten, unter ihnen einen der bedeutendsten Köpfe des muslimischen Spanien, Ibn Hazm, Theologe, Historiker, Dichter, der einem etwas breiteren europäischen Publikum noch heute als Verfasser des Buches *Das Halsband der Taube* bekannt ist. Einer der größten islamischen Mystiker, Ibn Arabi (gestorben 1240), war ein *muwallad*. Trotz völliger Identifizierung mit Islam und muslimischer Existenz blieb eine Schranke des Bewußtseins für viele. *Muwalladun* konnten häufig, auch wenn sie in höchste Stellungen aufrückten oder ehrenvollste Plätze in der Gesellschaft einnahmen, das Gefühl der Zurücksetzung durch den arabischen Adel nicht verwinden. Das führte immer wieder zu Spannungen. Im späten 9. Jahrhundert werden wir einen Mann treffen, der einer alten gotischen Familie entstammte, die sehr früh schon zum Islam übergetreten war. Dieser völlig in der muslimischen Existenz aufgehende Mann, Omar Ibn Khafsun, Grundbesitzer im südlichsten al-Andalus, *muwallad* der klassischen Prägung, erhob sich gegen die arabische Adelsherrschaft. Sein jahrzehntelanger Krieg gegen die Zentralmacht in Cordoba, teils als offener Feldkampf, teils in vollendeter Guerillataktik geführt, brachte das Reich an den Rand des Zusammenbruchs. Der große Rebell und *muwallad* aus gotischem Adel kämpfte als Ibn Khafsun, aber starb als Graf Samuel. Er war zum Christentum, zum alten Namen, zur gotischen Erinnerung zurückgekehrt. Die Festigung christlicher Macht im Norden der Halbinsel hatte damit nichts zu tun. Ein großer *muwallad* gab auf. Aber er war ein Einzelgänger.

Zur Ebbe wird die Flut

Im Herbst des Jahres 732 – in der letzten Oktoberwoche soll es gewesen sein – stand nördlich von Poitiers im heutigen französischen Departement Vienne eine tiefgestaffelte Menschenmauer. Hinter ihr, weiter im Norden, lag die große und reiche Stadt Tours an der Loire als möglicher Rückfallpunkt; nach Süden blickte die Menschenmauer auf das durch zwei Flüsse und eine beherrschende Höhenlage geschützte Poitiers. Diese burgähnlich gelegene und bewehrte Stadt wurde von muslimischen Reiterkontingenten unter Führung des Abderrahman al-Ghafiqi, eines fähigen Kommandeurs, umbrandet, aber nicht angegriffen. Die muslimischen Reiter brandschatzten die Umgebung und raubten eine reiche, vor den Toren von Poitiers liegende Wallfahrtskirche aus. Der Ritt ging weiter nach Norden; Tours versprach noch mehr und bessere Beute.

Die Reiter des Abderrahman al-Ghafiqi trafen auf die waffenstarrende Menschenmauer. Der mächtige Hausmeier Karl Martell, der »Hammer«, hatte Waffenfähige aus dem gesamten fränkischen Gebiet zusammengezogen und südlich der Loire wie einen Riegel über den erwarteten Marschweg der Muslime, die alte römische Staatsstraße *Via Mediolanum*, geschoben.

Die muslimischen Reitertaktiken konnten die Menschenmauer weder aus ihrer Stellung hebeln noch sie wirksam umgehen. Vergeblich versuchten sie eine Woche lang in Geplänkeln und Vorgefechten, Bewegung in die fränkische Masse zu bringen, um die reiterischen Vorteile der Schnelligkeit und blitzartigen Wendigkeit einsetzen zu können. Die Mauer stand. Dann griffen – wahrscheinlich am 25. Oktober – die Reiterheere massiert an. Die Mauer stand. Der Angriff prallte ab. Er wurde wiederholt. Karl Martells Heerbann wankte nicht. In den späten Nachmittagsstunden des Herbsttages tötete eine fränkische Wurflanze den muslimischen Reiterführer Abderrahman al-Ghafiqi. Im Schutz der hereinbrechenden Dunkelheit zogen sich die Muslime auf ihren Lagerbereich zurück. Am nächsten Morgen rückte Karl Martells Menschenmauer vor – sehr verhalten und umsichtig, denn ein Verbündeter Karls, Eudo, Fürst des südwärts gelegenen Aquitanien, hatte viel von den raffinierten Hinterhalten und gerissenen Taktiken der Razziareiter erzählt. Das Lager der Muslime war geräumt. Beute lag noch in den Zelten.

Die Schlacht von Tours und Poitiers wird oft zu den entscheidenden Schlachten der Geschichte gerechnet. Zum erstenmal sei hier das unaufhaltsame Vorrücken der arabischen Macht gebrochen und Europa, das es noch gar nicht gab, vor dem Koran bewahrt worden. Der Sieg Karl Martells war ohne Zweifel eindeutig; die epochale Bewertung gerade dieses Sieges ist sehr viel später hineingedeutet worden.

Bei der Bewertung der Schlacht von Tours und Poitiers müssen zwei Aspekte berücksichtigt werden.

Zunächst ist das von den Bedingungen der spanischen Muslimbasis bestimmte Muster des Vorstoßens nach Norden zu zeichnen. Schon 719 besetzten die Muslime jenseits der Pyrenäen die Stadt Narbonne und gingen nordwestlich auf Toulouse zu. Eudo, der Aquitanier, schlug sie zurück. Es war kein nachhaltiger Erfolg, denn nur knapp vier Jahre später preschten die Razzia-Reiter, der alten Taktik getreu, in anderer Richtung vor: von Narbonne aus bis Nîmes und von dort das Rhonetal herauf, wiederum nur beutejagend und ohne sich dauerhaft festzusetzen. Wenige Jahre später erneuter Richtungswechsel: Abderrahman al-Ghafiqi sammelte 732 sein Aufgebot in Pamplona, durchquerte die Schlucht von Roncesvalles, einen üblichen Paßweg, und ritt diesmal auf der westlichen Route an Toulouse vorbei nach Norden gen Tours. Dort stoppte Karl Martell, den Eudo alarmiert hatte, diese Razzia. Die führerlosen Muslime trabten zurück, verhielten kurz, wahrscheinlich abermals in Narbonne, und waren zwei Jahre danach erneut unterwegs, wieder nach Nordosten auf das Rhonetal zu, wobei sie kurzfristig Arles und Avignon besetzten. Noch einmal vier Jahre später, 738, wurden sie von Karl Martell mühsam aus dem Rhonetal hinausgedrängt, wobei sie auf Narbonne zurückfielen. Karl rückte gegen diese besonders wichtige Stadt vor, belagerte sie, konnte sie aber nicht einnehmen. Er zog wieder ab. Die Schlacht von Tours und Poitiers ist bei aller Wichtigkeit nur ein Knotenpunkt in dem netzartigen Razzia-Muster jener Jahrzehnte.

Was bestimmte dieses Muster von Vor und Zurück und stetem Wechsel der Richtung? Wie eh und je die Möglichkeit der Beute, Lebensinhalt und Existenzgrundlage der noch keineswegs seßhaft gewordenen Reiterkolonnen. Um Beute zu machen, wurde hart und schonungslos gekämpft, aber nicht um jeden Preis, sondern nur bis zu dem Punkt, an dem die wahrscheinlichen Verluste das mögliche Maß der Beute unrentabel zu machen drohten – eine im Grunde ökonomische Kalkulation wie einst in kleinerem Maßstab in den heimatlichen Wüsten. Die Schlacht von Tours und Poitiers, der massive Riegel der fränkischen Menschenmauer, machte den Muslimen klar, daß die westliche Route nach Norden »zu teuer« geworden war.

Andere wahrscheinliche Gründe müssen hinzugezählt werden: abgesehen vom ungewohnten nördlichen Klima und den Unsicherheiten der südlichen spanischen Basis ist vor allem die Überbeanspruchung des menschlichen Kräftepotentials in Rechnung zu stellen. Die Reserve an Menschen reichte nicht mehr aus; die Verbindungs- und Nachschublinien waren überdehnt, die Grenzen des möglichen Ausgreifens erreicht. Das, was ohnehin erkennbar war, wurde den Muslimen von Karl Martell heftig und nachdrücklich vor Augen geführt. Die Schlacht von Tours und Poitiers markiert den Punkt, da die schon dünner werdenden Flutwellen ausliefen und in die Rückbewegung der Ebbe umschlugen.

Bezeichnend aber ist – und dies ist der viel weitere Zusammenhang –, daß das Verebben der insgesamt unglaublichen Stoßkraft des ersten islamisch-arabischen Jahrhunderts gerade jetzt auch an den zentralen und den östlichen Abschnitten der Großen Front sichtbar wird. Das wirklich entscheidende Bollwerk Byzanz konnte 718 nicht erobert werden, weder durch Flotten noch durch Heere; das war endgültig. Ein neuer, ungemein tatkräftiger Kaiser Ostroms, Leon III.,»der Syrer«, schuf verwaltungs- und heerestechnische Verteidigungszonen vor allem in Kleinasien, in deren Tiefe sich die arabischen Fluten brachen und ebenfalls in Ebbebewegungen umkippten. 740 schlugen die Byzantiner die Araber im kleinasiatischen Akroinon so nachhaltig, daß von nun an der arabische Druck auf den zentralen Abschnitt der Großen Front spürbar nachläßt. Sechs Jahre später holt sich Kaiser Leon die Heimatstadt seiner Dynastie, Germanikeia im nördlichen Syrien, zurück. In Armenien und anderswo haben die arabischen Bewegungen nicht mehr wie bisher die Kraft des selbstverständlichen Siegers. Die große weltpolitische Auseinandersetzung glitt in die nächste Phase über, eine Art Stellungskrieg. Ziemlich genau einhundert Jahre nach dem Tod des»Gesandten Gottes«.

In diesem sich abzeichnenden Stellungskrieg ging es nicht um zähes Halten klar gezogener Linien, sondern um beschränkte Bewegungen in meist unbestimmten Grenzzonen. Das schließt nicht aus, daß größere Regionen für kürzere oder längere Zeit den Besitzer wechseln. Insgesamt aber werden das heraufziehende 9. und 10. Jahrhundert von einem unaufhörlichen Grenzkampf geprägt, im Osten wie im Westen des Mittelmeeres. Und in beiden Fällen mit parallelen sozialen und kulturellen Umwandlungen, Angleichung und gegenseitiger kultureller Durchdringung, in den wandernden Zonen der Grenze.

Wo sind Spaniens Christen?

Was von westgotischer Macht blieb, wer nicht niedergeritten wurde, kein schnelles Bündnis einging, sich nicht unterwarf, zog sich in die nordwestliche Ecke der Iberischen Halbinsel zurück. Viele waren es nicht.

Im Nordwesten liegen Galicien, Asturien, Kantabrien. Dort zerschneiden die schroffen Berge der kantabrischen Cordillera – wie eine Fortsetzung des Felsenwalls der Pyrenäen – das Land vor den Küstenebenen der Bucht von Biskaya. Nur über hohe Pässe ist der Zugang von Süden möglich. Einer der tiefeingeschnittenen Gebirgsübergänge läuft zu dem Ort Cangas de Onis am Nordhang der Cordillera herab – erste Hauptstadt des christlichen Spanien nach dem westgotischen Zusammenbruch. Weiter oben in der Schlucht, auf halbem Wege die Berge hinauf, die heute Picos de Europa heißen, liegt am Paßweg der kleine Ort Covadonga, der nur besteht, weil in den Steilwänden der Schlucht die »Höhle von Covadonga« liegt.

In dem Höhlengewirr von Covadonga soll sich der westgotische Adlige Pelayo (Pelagius), vermutlicher Nachfahre des Gotenkönigs Kindeswind und Kampfgefährte König Roderichs, mit zunächst dreihundert Getreuen festgesetzt haben. Mit ihnen entkam er dem Debakel an der Laguna de la Janda im Jahre 711. Der Hunger, heißt es, habe ihre Zahl dezimiert, denn fast nur wilden Honig hätten sie gehabt. Vielleicht um das Jahr 718 brach Pelayo mit dem Rest seiner Mannen aus der Höhle hervor und schlug eine über den Paßpfad heranrückende Abteilung der Muslime in die Flucht. Die Reconquista, die jahrhundertelange Wiedereroberung Spaniens durch seine Christen, war eröffnet. Pelayo gründete mit seinen Getreuen ein staatliches Gemeinwesen und machte den Ort Cangas de Onis weiter unten im Tal zu seinem Sitz.

Historiker haben bis heute ein gerüttelt Maß an Zweifeln, ob sich alles tatsächlich so abspielte. »Asturien begnügte sich mit nichts Geringerem, als entschieden zu verneinen, daß je der Islam auf die Dauer in Spanien sein Reich aufschlagen dürfe« (Ramón Menéndez Pidal).

In der Tat war die Nordwestecke des Landes von der Eroberung kaum berührt worden. Südlich der kantabrischen Cordillera waren Berberkontingente in die Öde zwischen den Bergen und dem Fluß Duero eingedrungen und hatten das wenige, das die dürre Landschaft hergab, gebrandschatzt und verwüstet. Zwar hatten die Muslime einen Statthalter von Asturien, den Berber Monusa. Aber in der Nordwestecke gab es keine ständige militärische Besetzung oder auch nur eine einigermaßen geregelte Überwachung; allenfalls durchzogen ein paar Streifscharen gelegentlich das Duerobecken und die Berge Asturiens.

Ob Pelayo, wie es nicht selten heißt, »König« wurde oder nicht, sei dahingestellt. Er vererbte seinen Herrschaftsstreifen seinem Sohn Favila, über den nichts weiter bekannt ist. Im Jahr 739 übernahm dann des Pelayo Schwiegersohn, die erste Herrscherfigur des christlichen Restspanien, die ein für uns erkennbares Gesicht hat, die regionale Macht: Alfons I., »der Katholische«. Er betonte seine westgotische Abstammung, die er auf einen der großen Westgotenkönige, Rekkared I., zurückführte – Ausweis des angestammten Rechts auf Herrschaft gegenüber der Macht, die lediglich auf den Waffen der Araber und Berber beruhte. Er selbst hatte nur Macht in einem schmalen Streifen zwischen Küste und Gipfelkette. Wenige Jahre nach seinem Tod wurde Oviedo, vielleicht siebzig Kilometer westlich von Cangas de Onis gelegen, die wirkliche Hauptstadt des Königreichs Asturien, der Keimzelle des organisierten Widerstands gegen das gewaltige muslimische Übergewicht des Südens.

»Der Katholische« band Asturien und das unbesetzte Kantabrien zusammen. Mit seinem noch unbedeutenden Heerhaufen machte er Jagd auf Nachzügler abrückender Berberkontingente. Dann schlossen sich die Galicier an und trieben die Berber in ihrer Gegend nach Süden bis zur Mündung des Duero in den Atlantik. So wurde dieser Fluß zur ersten schwach ausgebildeten Trennlinie. Nördlich davon bis etwa Pamplona erstreckte sich das erste größere »feindfreie« Gebiet.

Aber es war leer; niedergebrannt von den Berbern, ausgedörrt von der Sonne, die ab 750 vier Jahre lang den Norden in tiefste Hungersnot stürzte. »Der Katholische« hatte das Land, aber er besaß es nicht. Er durchstreifte es, ließ jeden Muslim, den er aufspürte, unbarmherzig niederhauen und führte die Reste der eingeborenen Bevölkerung mit sich fort in seine nördlichen Stammgebiete. Das leere Zwischenland bis zum Mittellauf des Duero blieb lange Zeit eine Wüste, ohne Leben, ohne Menschen; Öde als natürliche Barriere zwischen den Muslimen südlich und den Christen nördlich. Die erste der wandernden Grenzzonen auf spanischem Boden war entstanden: *extrema durii,* Estremadura, jetzt noch hoch im Norden.

Karl Martell, Pelayo, »der Katholische«: in christlichen Augen jene, die die aus den Wüsten Arabiens heranbrandende Flut durch ihre Gegenwehr eindämmten und dann wendeten. In den Augen der Muslime hatten diese Ereignisse viel geringere Bedeutung. Ihre Chronisten, die sonst durchaus einen scharfen Blick für größere Niederlagen der Soldaten Allahs hatten, denn eine wirkliche Niederlage war auch Strafe des Allerbarmers für die Unbotmäßigen unter den Seinen, haben sie kaum erwähnt. Für die Muslime ergab sich lediglich, daß sie nun hoch oben im Land eine ungenaue, fließende Grenze hatten, aber das erlebten sie um diese Zeit nicht nur in Spanien. Die Selbständigkeit des Keimzellenkönigreichs Asturien hatte für sie nichts wirklich Bedrohliches, allenfalls war es ein ständiges Sicherheitsärgernis am zerlaufenden Nordrand ihres Herrschaftsgebietes. Damit stellt sich die Frage nach dem Weg des al-Andalus in nochmals anderer Form: Warum gewinnen über die Dauer der Zeit die Christen an Stärke, warum ging sie den Arabern des Südens verloren?

In den knapp zwei Jahrzehnten des »Katholischen« war siegreiche christliche Zukunft nichts weiter als ein schwacher Funke Hoffnung. Vielleicht trieb ihn nicht viel mehr als eine ingrimmige Wut, den Rest dessen festzuhalten, was noch eine Generation zuvor das Reich der Westgoten gewesen war.

Des »Katholischen« Schwertträger werden auch kaum Kenntnis gehabt haben, daß sich in der Damaszener Zentrale des Feindes ein Umsturz größten Ausmaßes vollzog. Dort wurde die omajjadische Dynastie durch die rivalisierenden Abbasiden zerschlagen.

Diese Machtablösung in der Zentrale des arabischen Reiches öffnete dem muslimischen Spanien das Tor zur Selbständigkeit. Ein Prinz aus dem omajjadischen Haus überlebte den Massenmord in Syrien. Er floh auf abenteuerlichen Wegen erst zum Euphrat, schließlich durch ganz Nordafrika bis an die Küste des Atlantiks. Dann nahm er sich Spanien. Sein Name war Abderrahman. Unter den Zeitgenossen hieß er der »Falke der Koraisch«.

Teil 2
Von Aufstieg und Größe

Die Zeit der Knospe
Die Zeit der vollen Blüte
Die Zeit der Früchte und
genüßlichen Dolden . . .
Ibn al-Khatib

Der Falke schlägt die Beute

Die gemordete Dynastie

Die Kalifendynastie der Omajjaden begann in Damaskus mit dem großen Muawija. Das war 661. Sie starb 750 mit seinem dreizehnten Nachfolger. Marwan II. flüchtete vor einer riesigen Revolutionswelle, die die Abbasiden nach oben trug. Ironie eines Kalifentodes: Er versteckte sich später in einer kleinen christlichen Kirche in Ägypten; unter ihrem Dach wurde er umgebracht.

Die Abbasiden rissen die zentrale Macht an sich; noch immer gab es nur ein Kalifat, obgleich das arabische Reich sich bis an die Grenze der Überschaubarkeit ausgedehnt hatte. Diese Abbasiden leiteten sich von der Familie des Prophetenonkels Abul Abbas her. Ihre enge verwandtschaftliche Nähe zum Propheten – den Omajjaden abgesprochen – als Anspruch auszugeben bemäntelte nur dürftig den wirklichen Sachverhalt: Die Abbasiden setzten sich an die Spitze einer vielschichtigen Aufruhrstimmung.

Trotz ungeheurer Eroberungserfolge und ungeachtet großer staatsmännischer Leistungen vieler ihrer Kalifen bei der Formung und Ausgestaltung des arabischen Reiches hatte die betont adelsstolze Dynastie der Omajjaden jetzt nicht mehr genügend Widerstandskraft, um der überall spürbar werdenden Unrast und der flackernden Rebellionen Herr zu werden. Gegen sie standen die murrenden Stämme der irakischen Araber, die offen verfolgten Eigeninteressen weit entfernter Provinzgouverneure, die islamischen Frömmler von Medina, von denen viele der »Partei des Ali«, der beginnenden *schia*, anhingen, und immer vernehmlicher die Millionenmassen der *mawali*, der »Klienten«, in den eroberten Gebieten des Ostens, die sich ihres Zweitklassenstatus bewußter wurden. Die Rebellion begann denn auch im Chorasan, der nordöstlichen Ecke Persiens, wurde von einem Genie der Agitation, Abu Muslim, entfacht, geschürt, weitergetragen. Sie schlug um in einen Rausch des Mordens, als die Flammen sich bis zum syrischen Zentralgebiet durchgefressen hatten.

Die Omajjaden wurden gnadenlos verfolgt. Abul Abbas, der

erste Abbasidenkalif, war zur Vernichtung des Omajjadenge-
schlechts entschlossen. Unter dem Vorwand, ein Versöhnungsmahl
ausrichten und ihnen Amnestie gewähren zu wollen, lud er alle
lebenden Omajjaden nach Jaffa. Beim Festmahl wurden sie allesamt erschlagen.

Zwei Enkel des Kalifen Hischam, des zehnten in der Reihe der
Vierzehn, gingen nicht in die Todesfalle. Die Prinzenbrüder Jachja
und Abderrahman hatten dunkle Ahnungen. Die Abbasiden
schickten Häscher aus. Jachja fiel ihnen in die Hände. Abderrahman war zu dieser Stunde auf der Jagd; das rettete ihn. Er floh
zum Euphrat, an dessen damals waldigen Ufern er ein Dorf besaß.
Dort versteckte er sich. Den Rest seiner Familie, zwei Schwestern,
den vierjährigen Sohn Sulaiman, seinen zweiten Bruder, einen
Dreizehnjährigen, und einen Freigelassenen namens Badr ließ er
auf geheimen Pfaden nachkommen.

Die Suchkommandos der Abbasiden spürten ihn dort auf. Eines
Tages ritten sie unter ihren schwarzen Fahnen, der Farbe der Abbasiden, heran. Das wehende schwarze Tuch verriet sie. Abderrahman sprang mit seinem Bruder in den Fluß. Der Dreizehnjähri-
ge tat ein paar Stöße, schwamm dann aber wieder zurück; noch am
Ufer wurde ihm der Kopf abgehackt.

Abderrahman entkam. Zurückgelassen hatte er den Befehl, sein
Freigelassener Badr möge ihn an einem bestimmten Ort treffen.

Die einsame Flucht des Omajjaden begann.

»Ich bin die aufgehende Sonne«

Abderrahman schlich sich nach Ägypten. Irgendwo unterwegs in
Palästina stieß Badr zu ihm. Ein paar Goldstücke, ein paar kleine
Edelsteine, versteckt am Körper getragen, das war alles, was von
Reichtum, Besitz und höfischem Prunk geblieben war. Mit sich
trug er auch einen brennenden Haß auf die Abbasiden, den er nie
wieder abwerfen konnte.

Das arabische Nordafrika, die Ifriqiya, hätte ihm eine einigermaßen sichere Zuflucht bieten können, denn die neue Zentralau-
torität der Abbasiden war hier nicht gefestigt. Der Gouverneur der

Die Nähe Afrikas – Meerenge bei Tarifa, Ort der ersten Landung

Straße im Judenviertel von Cordoba

Die Kunst der Abschirmung nach außen
Traditionelle Häuser in einer Altstadt

Stadttor in Cordoba

Die Römerbrücke in Cordoba

Blick in den Säulenwald der Mezquita

Christliche Herrschaftsarchitektur – Die Kathedrale zwingt sich in den Baukörper der Moschee (oben)

»Wahrlich, es gibt eine Moschee, gegründet auf Frömmigkeit vom ersten Tag an«
(Sure 9, Vers 109)

Ifriqiya pochte auf seine weitgehende Unabhängigkeit, die er fast schon als Gewohnheitsrecht betrachtete. Abderrahman wollte keine Sicherheit im verborgenen, die unter den Umständen nicht mehr sein konnte als Versteck in der Menschenmenge der heißen Städte oder in der kargen Verlassenheit der Berge. Er war stolz; andere sagen, herrisch sei er gewesen und sehr anmaßend. Er war jung, gerade zwanzig Jahre alt, hochgewachsen; in seine Haarfarbe mischte sich ein heller Kupferton, wohl ein Erbe seiner berberischen Mutter. Abderrahman lernte alle großen und kleinen Tricks des Überlebens, er wurde zum perfekten fahrenden Abenteurer. Aber sowenig wie der Haß verließ ihn ein alles verdrängender Glaube an seine Berufung zum Herrscher. Die Jahre seiner unsteten Flucht sind zugedeckt von Überlieferungen, aus denen laut der Aberglaube und das magische Denken sprechen, die jeden Araber beherrschten. Jahre zuvor hatten kalifische Vorfahren in dem Gesicht des Kindes Abderrahman seine siegreiche, strahlende Zukunft gelesen. Er hatte die Sprüche nicht vergessen; dem erwachsenen Flüchtling waren sie zur unumstößlichen Verheißung des Himmels und der Geister geworden. Abderrahman, der Mann ohne Besitz, Geld und Waffen, begann, um die Macht in Afrika zu spielen, wie nur ein Desperado es tun würde. Es ist, als habe er einen alten arabischen Vers nachleben wollen:

Ich bin die aufgehende Sonne.
Da sich ein Hemmnis findet, ich übersteige es.
Daß man mich kennenlerne,
Nur zu entschleiern brauche ich mich.

Aber die Zeichen waren wider ihn.

Ohne Freunde und Anhänger, nur von seinem Getreuen Badr begleitet, landete er schließlich beim Berberstamm der Nafza, aus dem seine Mutter in die Harems von Damaskus gekommen war. Die Nafza lebten in der Gegend von Ceuta. Und dort, am Ende der Welt und am Ende seiner Möglichkeiten, was er sich jedoch nie eingestanden hätte, sah er nach fünf Jahren Irrfahrt und Armut den möglichen Anfang: Spanien.

Der »Falke der Koraisch« hatte seine Beute gesichtet.

Badr mußte den ersten und heikelsten Zug im neuen Spiel tun, nämlich Anhänger der Omajjaden in Spanien aufspüren und geheime Verbindungen knüpfen. Er trug einen Brief seines Herrn bei sich, dessen Kernsätze scharfes Licht auf Abderrahmans Einstellung zu seiner Umwelt werfen: »In eurer Mitte, o ihr Klienten meiner Familie, da möchte ich sein und wohnen . . . und habe ich denn in der Tat nicht ein Anrecht, ich, der Enkel des Kalifen Hischam? Darum also, weil ich nicht als einfacher Mann nach Spanien gehen kann, werde ich nur in der Eigenschaft als Thronbewerber kommen . . . auch werde ich nur dann hinkommen, wenn ich von euch die Versicherung erhalten habe, daß sich in jenem Land irgendwelche Aussicht auf Erfolg für mich findet, daß ihr mich aus allen Kräften unterstützt und meine Sache wie die eurige ansehen werdet.«

Klienten der Familie fand Badr in einigen Führern der Kontingente aus Damaskus und Kinnesrin, die mit der zweiten, der syrisch-arabischen Welle ins Land gekommen waren. Sie stimmten zu; ob mehr aus ehrlicher Klientenpflicht, die damals noch galt, oder hauptsächlich aus Interesse an der Stärkung ihrer Stellung unter den fehdebesessenen Arabern auf der Iberischen Halbinsel, ist so unklar wie unwichtig. Allianzen waren wie Treibsand. Immerhin glückte es, dem cordobanischen Gouverneur Jussuf, der sich zu einer Strafexpedition gegen eine rebellierende Arabergruppe im Bezirk Saragossa hoch im Norden bereit machte und Soldaten suchte, eintausend Goldstücke abzuschwindeln.

Badr und seine neuen Freunde kauften ein Boot und ruderten zur afrikanischen Küste nach Ceuta. Sie trafen einen durch monatelanges Warten überreizten Abderrahman. Nachricht und Gold stellten sein Selbstvertrauen wieder her. Oder war es der Name des Bootsführers Abu Ghalib Tammam? Auf den Abergläubischen, der jetzt kein Flüchtling mehr war, sondern Eroberer am Beginn eines Beutezuges, muß der Name wie ein Feldzeichen gewirkt haben, denn Tammam heißt »sich erfüllend« und Ghalib soviel wie »siegreich«.

Im September 755 glitt das Boot mit dreißig Mann in den spanischen Hafen Almuñecar. Abgelegt hatte es von jenem Küstenstreifen, an dem fünfundvierzig Jahre zuvor Tarifs erste Schar muslimischer Kundschafter die vier Lastensegler bestiegen hatte.

»Satan jenseits des Meeres«

Der »Falke der Koraisch« – wie eh blieb diesem Stamm, aus dem der Prophet gekommen war, seine Sonderstellung unter den Arabern – schlug seine Beute. Aber sie zu halten war mühselig, nicht ohne Gefahr des Verlustes, gar des Verderbens, und so langwierig, daß daraus die Lebensaufgabe wurde. Cordoba fiel ihm nicht einfach zu.

Die Jahre der Flucht und Fährnis hatten Abderrahmans natürlichen Überlebensinstinkt auf das äußerste geschärft. Hochempfindliches Gespür für die Bedrohlichkeit einer Lage, behendes Reagieren auf kaum merkbare Verhaltensänderung von Menschen, jähes Umschwenken, schnelle Flucht in die List und die Tücke, manchmal wie komödiantische Lust an Täuschung und Verwirrspiel anmutend, unauffällige Steuerung und Nutzung der langsameren Gehirne für den eigenen Zweck, dann aber rücksichtsloses, oft grausames, fast immer zielsicheres und tödliches Zustoßen im genau richtigen Moment – all dies charakterisiert die Jahre, in denen er um Cordoba kämpfen und die schließlich gewonnene Hauptstadt, das Symbol des Landes, halten mußte.

Begebenheiten auf dem Marsch zur entscheidenden Schlacht am Guadalquivir, in der nicht nur die Beute, sondern das Schicksal des »Falken« auf dem Spiel stand, beleuchten Abderrahmans Eigenschaften und Verhaltensweisen.

Dreihundert omajjadentreue Reiter waren es, nicht mehr, die mit Abderrahman und Badr, der in späteren Jahren zur Würde eines Generals aufstieg, von Almuñecar loszogen. Unterwegs vergrößerte sich der Heerhaufen. Aber der Zulauf an Kampfwilligen samt ihren Unterführern gliederte sich keineswegs entlang den größeren politischen Linien; es war ein buntes Gemisch von Gruppen, die vor allem durch jeweils anders bedingte Opposition gegen den Gouverneur Jussuf und seinen starken Truppenführer Sumail von persönlichen Rachegelüsten, von Beutegier und Spekulation auf möglichen Machtanteil getrieben wurden. Auch Berbereinheiten kamen; sie waren, wie so oft in dieser und späterer Zeit, eine Art Landsknechtshaufen auf eigene Rechnung.

Jussuf und sein Truppenführer Sumail, im Norden festgehalten, versuchten erst einmal, die übliche Art der Konfliktregelung: Jussuf, noch immer rechtmäßiger Gouverneur, bot dem »Falken«, dessen Gefährlichkeit ihm inzwischen aufgegangen war, als Abgeltung für den Herrschaftsanspruch zwei wertvolle Kleider, zwei Pferde, zwei Maultiere – Kostbarkeiten zu jener Zeit; ferner zwei Sklaven und tausend Goldstücke, obendrein Ländereien, die des »Falken« Großvater, der Kalif Hischam, in Spanien besessen hatte. Kurzum, Abderrahman sollte ein reicher Grundbesitzer im losen Abhängigkeitsverhältnis werden. Abderrahman dachte nicht daran. Aber er sagte es nicht, denn er konnte nicht sicher sein, daß sein unsteter Haufe dem Glanz des Goldes widerstehen würde. Er gab nahezu demütig zu verstehen, daß er, der junge Prinz, sich Rat und Beschluß seiner Älteren, jener lokalen Sippen- und Truppenführer, die ihm das Boot nach Ceuta geschickt hatten, unterwerfen werde. Es kam, wie er es vorausgesehen hatte: Die Verhandlungen über Jussufs Angebot, in denen zum erstenmal ein konvertierter spanischer Christ, ein *muwallad* mit schon arabischem Namen, die Sache des Gouverneurs vertrat, platzten gründlich, weil arabischer Stolz verletzt wurde, worauf die Mehrheit der Älteren dem »Falken« als gemeinsamen Beschluß auferlegte, was er ohnehin wollte: ablehnen, weitermarschieren, kämpfen.

Abderrahman, nun mit zusätzlicher Legitimation versehen, marschierte durch einen Winter, der viel harscher als sonst üblich war, auf Provinz und Stadt Sevilla zu, wo lokale Machthaber und Bevölkerung im März den Treueid leisteten, auf den er sich vermutlich nicht eine einzige Stunde wirklich verlassen hat. Noch war Cordoba, weiter nordöstlich gelegen und mit Sevilla durch den Guadalquivir und ein flußparalleles Straßennetz verbunden, nicht Beute des »Falken«, sondern Besitz des Gouverneurs. Hier ist zum erstenmal ganz deutlich zu beobachten, wie das bogenförmige Fluß- und Wegesystem zwischen Sevilla, Cordoba und Granada weiter im Osten zur Jahrhunderte überdauernden Machtachse und strategischen Grundlinie des al-Andalus wurde.

Jussuf und Sumail rückten vom nördlichen Toledo heran. Vor einem der ersten Scharmützel beider Streitmächte sahen Abderrahmans Unterführer mit Bestürzung, daß ihre buntgewürfelten Haufen zwar viele Wimpel und Feldzeichen und grell gemusterte Einzelfahnen hatten, aber nicht eine alle einigende Farbe für den Führer – perfektes Abbild der Lage. Ein sevillanischer Unterführer wickelte sich in ängstlicher Beflissenheit den grünen Turban vom Kopf und heftete das Tuch an eine Lanze: Der Omajjade hatte im letzten Moment vor dem Marsch seine Feld- und Hausfarbe gewonnen.

Des Gouverneurs Heerhaufen am Nordufer des Guadalquivir, die Kontingente unter dem grünen Zeichen des Omajjaden am Südufer – so bewegten sie sich Meile für Meile in Richtung Cordoba, einander über das Wasser hinweg belauernd. Es war Mai und der Fluß so angeschwollen, daß ein plötzliches Übersetzen ausgeschlossen war. Abderrahman geriet bei diesem »Wettlauf« ins Hintertreffen, denn seine Soldaten hungerten; seit Wochen hatten sie nichts als Bohnen bekommen. Hunger zerreibt ohnehin dünne Bindungen sehr schnell, desgleichen die schwindende Aussicht auf schnelles Beutemachen, zumal wenn die Beute schon in Sicht ist. Die ockerfarbenen Mauern Cordobas, die große, vielbogige Römerbrücke über den Fluß waren in der Ferne schon zu sehen. Abderrahman mußte einen Weg zur Entscheidung finden; wie nicht anders zu erwarten, fand er die tödliche List.

Am 13. Mai des Jahres 756, einem Donnerstag, fielen die Wasser des Guadalquivir. Abderrahman sandte dem alternden Gouverneur am anderen Ufer eine Botschaft, in der er einlenkte; er habe sich das vor Monaten ausgeschlagene Angebot noch einmal überlegt, nun sei er bereit, darüber in Verhandlungen einzutreten. Zum Beweis seines guten, ehrlichen Sinnes sei er willens, seine hungernden Truppen ans nördliche Ufer zu bringen, wo Jussuf sie dann unter Kontrolle habe; der Gouverneur möge zum Zeichen seines Einverständnisses einige Nahrungsmittel bereithalten oder über den Fluß schaffen. Jussuf schickte Hammel und Ochsen. Er gab seinem Feind, was dieser am nötigsten brauchte, wie er zuvor unwissentlich jene Goldstücke herausgerückt hatte, mit denen der getreue Badr die Bootsfahrt zu Beginn der Eroberung seines Herrn finanziert hatte.

Abderrahman setzte über den Fluß. Am Morgen des 14. Mai – Freitag war es und ein muslimischer Festtag obendrein – galt nichts mehr von dem, was noch am Donnerstag verhandelt worden war. Die Schlacht, die Abderrahman gesucht und gefunden hatte, begann. Der junge Omajjade soll ein prächtiges Roß geritten haben, aber eben dies habe die jemenitischen Teile seines zusammengewürfelten Haufens ängstlich und mißtrauisch gemacht. Pferde waren nicht, wie spätere Zeiten wissen wollten, eine Seltenheit im Spanien jenes Jahrhunderts, aber es stimmt, daß die Mehrzahl der Reiter auf Maultieren saß und die schnelleren Pferde nur wenigen vorbehalten waren. Die Jemeniten, im Grunde keineswegs Freunde der Omajjaden und mit Abderrahman noch nicht genügend vertraut, argwöhnten nun, die Aussichten des Kampfunternehmens seien so ungewiß, daß Abderrahman sein kraftvolles Roß bestiegen habe, um schneller einer drohenden Niederlage entrinnen zu können. Abderrahman spürte das Mißtrauen, gab dem sevillanischen Jemenitenführer sein Pferd und bestieg jenes Mannes eisgraues Maultier; dies alles natürlich mit kunst- und würdevollen Redewendungen über die Pflicht des Jüngeren gegenüber Verdienst und Vorrecht des Alters. Dann ritt er in den Kampf.

Der »Falke der Koraisch« gewann den Tag und die Stadt. Cordoba, aufgehendes Symbol eines gesamten al-Andalus, wurde des neuen Herrschers Sitz. Ab sofort sträubte er sich nicht mehr gegen den Titel Emir, wie er es bisher in vollendet gespielter Bescheidenheit getan hatte. Emir (amir-Befehlshaber) war nicht notwendig Bezeichnung einer genau umrissenen Stellung in einer klar gefügten Hierarchie. Aber der Titel war eine Proklamation der persönlichen Macht und der faktischen, wenn auch nicht rechtlich verbrieften Unabhängigkeit. Nunmehr gewinnt der Landesname al-Andalus seine eigene politische Bedeutung und wird mehr als nur geographische Benennung.

Der Emir Abderrahman I. hat sein Leben lang mit zwar stetig wachsendem, aber nie endgültigem Erfolg um die Niederhaltung und Einpassung der Partikularinteressen innerhalb des al-Andalus kämpfen müssen. Immer wieder brachen Erhebungen aus, flammten Rebellionen auf, sagten sich neugebildete Parteiungen und Randgebiete seines Reiches los.

Sieben Jahre nach dem Sieg am Guadalquivir war Toledo wieder einmal in Aufruhr. Der Abbasidenkalif al-Mansur in der Damaszener Zentrale meinte, die Lage nutzen zu können, und ernannte einen Jemeniten, Ala Ibn Mugith, zu seinem Agenten und Statthalter. Er schickte ihm eine schwarze Fahne und hieß ihn, in der Provinz Beja Fuß zu fassen. Die verhaßte und verbotene schwarze Fahne der Abbasiden in seinem Land, das war für den neuen Emir die schärfste Kampfansage. Aufs neue begann ein Spiel auf Leben und Tod, und wieder gewann der Omajjade. Er ließ die abgeschlagenen Köpfe der abbasidischen Truppenführer mit Salz und Kampfer bestreuen, damit sie möglichst frisch blieben, an jedes Ohr einen Namenszettel heften, sie allesamt in einen Sack stopfen und die schwarze Fahne des Kalifen daran befestigen. Ein Kaufmann, der gerade eine Handelsreise in den Osten antrat – Kriegshandlungen störten nur selten den Personen- und Warenverkehr –, übernahm gegen fürstliche Entlohnung den Transport. Diese grausige Geste totaler Verachtung verfehlte die Wirkung auf den Kalifen nicht. Er habe, so heißt es, mit Schrecken ausgerufen: »Dank sei Allah, daß Seine Weisheit das Meer zwischen uns und diesen Satan gelegt hat!«

Der andere Abderrahman

Vom großen und hemmungslosen Plündern, das nach der Niederlage der Streitscharen des Jussuf und des Sumail gedroht hatte, blieb die Hauptstadt verschont.

Abderrahman sprengte in die Stadt und sorgte mit eigener Hand für ein Mindestmaß an Ordnung. Jemeniten drangen bereits in den Harem des Gouverneurs ein, um sich seine Frauen zu holen. Die bedrängte Vorzugsfrau des Jussuf, Umm Osman – ihr Sohn, dessen Geburt ihr den besonderen Status und den Titel der *umm* eingetragen hatte, war soeben am Ufer des Guadalquivir getötet worden –, warf sich mit zwei Töchtern vor dem neuen Herrn der Stadt nieder und flehte um seinen Schutz: »Vetter, seid gut gegen uns, denn Gott war gut gegen dich!« Abderrahman rettete Mutter und Töchter vor dem Zugriff der Söldner und brachte sie in die einzig sichere Zuflucht der Stadt; das war die unantastbare Wohnung des islamischen Vorbeters in Cordoba. Eine der Töchter bedankte sich auf die übliche Weise; sie schenkte dem Retter aus der Not ihre jüngste Sklavin, Kholal mit Namen. Diese Kholal wurde wenig später die Mutter des zweiten Emirs, Hischam, was ihr nach der Sitte die Stellung der Ersten Frau eintrug. Kinder von legalen Konkubinen waren den Kindern freier Ehefrauen gleichgestellt.

Diese Geschichte ist immer wieder herumgereicht worden, als sei ständig ein Beweis zu erbringen, daß es einen anderen Abderrahman gab, den der fast höfischen Courteoisie, einen hochherzig Verzeihenden und Beschützenden. Das mag er auch gewesen sein, denn für die Rolle des bloß Verschlagenen und Herrschsüchtigen war dieser Charakter in der Tat zu groß und stark.

Es gab einen anderen Abderrahman, nur wird er nicht in solchen verschönenden Überlieferungen sichtbar. Letztlich gelang diesem stählernen Charakter, was in der Zeit der Gouverneurswirren noch Fata Morgana gewesen war: Daß das al-Andalus nun doch ein Gemeinschaftsempfinden zeigte, daß es eine erste gesamtgesellschaftliche Vorstellung von sich selbst erhielt, ist ohne die herrscherliche Kraft und Einigungsfähigkeit des ersten Emirs gar nicht denkbar.

Die Perspektive täuscht: Wer auf die unablässige Folge von Fehden und Feldzügen, von Aufbegehren und harscher persönlicher Vergeltung sieht, nimmt nur einen Teil des Geschehens wahr. Wie auf dem Meer, wo Dromonen und Kumbarien die Handelsschifffahrt nur gelegentlich störten und Seeräuber dem ausgedehnten und immer regeren Reiseverkehr zwischen den westlichen und östlichen Teilen der muslimischen Welt zwar ärgerlich waren, ihn aber nicht unterbanden, so auch zu Lande: Das Reiten, Marschieren und Kämpfen war überall ein selbstverständlicher Teil der mittelalterlichen Welt, aber eben nur Teil. Die Heerzüge verdrängten nicht die Karawanen der Kaufleute. Das wahrhaft Auffällige schon dieser und noch mehr der späteren Zeit ist der ununterbrochene Binnenverkehr zwischen dem Osten und dem Westen des islamischen Geltungsbereiches. Die Straßen waren voll von Krämern und Handelsherren, von Poeten und Pilgern, von Kameltreibern und Handwerkern, von Gelehrten und Studenten. Der ständige Wanderzug der Muslime, diese breite und unaufhörliche Fluktuation über das Mittelmeer und die Küstenrouten am Südrand, die Mobilität großer Schichten, ist eines der wichtigsten Unterscheidungsmerkmale zur Welt des mittleren und nördlichen Europa.

Der innermuslimische Binnenverkehr ist von höchster Bedeutung für die Ausformung des al-Andalus. Denn in die Zeit, da Abderrahman seinem Herrschaftsgebiet die erste Gestalt gab, fällt die Gründung der abbasidischen Kalifenhauptstadt Bagdad (762).

Der bisher gesamtarabische Raum mit der einen Zentrale Damaskus rückt auseinander, es entstehen zwei Schwerpunkte, die jeweils andere Traditionen, Kulturen, Sprachen, Überlieferungen, Erkenntnisse und Erinnerungen in sich aufnehmen. Das arabische Reich rückt nicht etwa auseinander, weil der Wille eines einzelnen »Falken«, der aus dem weißen Himmel über Afrika auf die spanische Beute niederstieß, das gegriffene Land aus dem Verband herauszerrte, sondern weil die Mitte aufgegeben wurde, da sie nicht mehr die Kraft zur umfassenden Kontrolle hatte. Die Randräume gewinnen ihr eigenes Gewicht; folgerichtig wird in der muslimischen Existenzweise das stärker und wirksamer, was in den Randräumen an kultureller, zivilisatorischer Substanz vorgegeben war.

Die Geschichte des muslimischen Spanien ist die Geschichte einer Schaltstelle zwischen dem überlieferten wie dem neuen Wissen des Ostens und der noch brachliegenden Fläche nördlich von Alpen und Pyrenäen. Aristoteles kam über Cordoba nach Bologna, Paris und Köln. Und nicht nur Aristoteles.

Die staatsmännische Leistung des ersten Emirs des nunmehr herrschenden Hauses der spanischen Omajjaden liegt in Aufbau und Sicherung einer der über Jahrhunderte wichtigsten Transitzonen zwischen Ost und West, zwischen der Antike und dem abendländischen Hochmittelalter mit seinen Ahnungen der Neuzeit. Diese Transitzone blieb nicht eine zufällige, verschwommene Einheit, sondern wurde ein geschlossenes Gebilde. Nur so, im Vertrauen auf sich selbst, konnte es als Verbindungsglied zwischen den Kulturen voll wirksam bleiben, auch dann noch, als sich die Form des einheitlichen politischen Gebildes nach der Jahrtausendwende auflöste und fast zwei Dutzend Kleinkönigtümer entstanden. Ihre Summe war immer noch *ein* al-Andalus.

Der »Falke der Koraisch« hat das Land mit härtester Zucht unter seine Herrschaft gepreßt. Der »andere Abderrahman« hat es auf die Straße in die Zukunft gezwungen.

Exempel: Landwirtschaft

In der frühen römischen Kaiserzeit waren die spanischen Provinzen des Imperiums, insbesondere die herausgehobene senatorische Südprovinz Baetica, wichtige Korn- und Öllieferanten für die Weltmetropole in Italien. Ob unter der westgotischen Herrschaft die Landwirtschaft weiterentwickelt wurde, ist nicht bekannt, aber unwahrscheinlich, da die Struktur des Landbesitzes und der Landnutzung – Grundbesitz der germanischen Führungsschicht wie der Kirche und durchgehende Sklavenbewirtschaftung – dafür kaum Voraussetzungen bot.

Die muslimische Eroberung brachte Veränderungen, die oft mit dem Begriff »Landreform« beschrieben werden. Das könnte irreführend andeuten, hier sei eine aus sozialen und staatspolitischen Überlegungen geplante und zielgerichtete Reorganisation ins Werk gesetzt worden. Der mit der Festigung muslimischer Herrschaft sich vollziehende strukturelle Wandel war Folge der Eroberung (die Macht der gotischen Adelsschicht und der Kirche wurde gebrochen und die Beute, der Landbesitz, auf viele verteilt) und zugleich Folge des religiösen Systemwechsels (das islamische Erbrecht begünstigte Aufteilungen; vor allem hatten die Sklaven eine größere Chance, durch Glaubensübertritt oder Freilassung, in den Besitz von Weide- und Ackerland zu kommen). Die »Landreform« brachte allerdings keine auffällige Minderung der Abgabenlast, denn auch die neuen Herren, die die Bestellung der Felder und Weingärten nicht für eine ehrenwerte Tätigkeit hielten, bestanden natürlich auf zureichenden Erträgen zur Finanzierung ihrer vornehmlich städtischen Existenz. Das Bedeutsame der »Landreform« war ein allmähliches, aber spürbares Wachsen des bäuerlichen Klein- und Mittelbesitzes. Das mag zwei Entwicklungen begünstigt haben: den verhältnismäßig schnellen »Triumph des Islam« unter der Landbevölkerung, die unter gotischer Herrschaft keineswegs überall und auch nicht mit vollem Herzen christlich gewesen war, und den sehr bald hohen Stand der Landwirtschaft im al-Andalus. Sie stützte sich großenteils auf die ausgedehnten Fruchtebenen, die *vegas* und die intensiv genutzten *huertas* (Nutzgärten).

Das Land produzierte seit alters Getreide, es hatte den Olivenbaum, den Feigenbaum, den Rebstock. Jetzt kamen neue, dem spanischen Westen bisher unbekannte Pflanzen hinzu, die von den Schiffen und Karawanen ins Land gebracht wurden: Zuckerrohr, Reis, Limonen, Auberginen, Artischocken, Aprikosen, Baumwolle. Die spanischen Namen und zahlreiche Ableitungen in den mitteleuropäischen Sprachen bezeugen die arabische Herkunft dieser Pflanzen. Später wurde die Orange aus Persien importiert. Der Kulturpflanzenimport war Ergebnis des allgemeinen Binnenverkehrs, eine Art ständiger Nachschub des in der östlichen Heimat Gewohnten. Daraus ließe sich die Annahme ableiten (und immer noch wird behauptet), der arabische Beitrag zur Entwicklung der Landwirtschaft in den muslimischen Teilen Iberiens sei lediglich eine »Vermittlung« gewesen, nichts anderes als das simple Übertragen des ihnen Bekannten in ihre neue Welt, »Verpflanzung« im schlichten Wortsinn. In der Tat war es eine Vermittlung; aber sie geschah im Rahmen des besonderen Charakters der frühen arabisch-muslimischen Kulturtechnik. Dieses Besondere ist die »Fähigkeit zur Synthese« genannt worden, die auffällige Fähigkeit der Araber, wichtigste Kulturleistungen der antiken Welten, die sie überrannten, aufzunehmen, ihren Wert zu erkennen, den neuen Bedingungen, soweit nötig, anzupassen und gleichzeitig ihre eigenen Kenntnisse und Techniken hinzuzufügen, so daß etwas Eigenes entstand. Das gilt auch, wie wir sehen werden, für den Ausbau der Bewässerungstechnik, die notwendige Voraussetzung für einen größeren und anspruchsvolleren Fruchtanbau war.

Nicht immer war, was dem Westen als importierte landwirtschaftliche Neuheit erschien, tatsächlich etwas Neues. Manche Kulturpflanzen in Südeuropa waren schon im Altertum hier und dort gezogen worden, aber verschwunden, als das Römische Reich allmählich versank. In der islamischen Welt waren sie weiterentwickelt worden: zurück kamen jetzt Spinat und Bananen, Zitronen und Aprikosen und schließlich auch die Orangen. Darüber hinaus wanderte natürlich Neues in den Süden und Westen Europas. Aus Indien brachten die Muslime das Zuckerrohr; der Reis kam mit ihnen aus Indien und Mesopotamien nach Spanien und wanderte von dort weiter in das Abendland hinein. Teure Gewürze, Reichtum des Orients während des gesamten Mittelalters, wurden im Lauf der Jahre auch im al-Andalus heimisch: Zimt und Safran,

Koriander, Kümmel und Ingwer, Muskat und Nelken. Daß sich der Geschmack und die Küchengewohnheiten des Abendlandes im Mittelalter so sehr änderten, daß man »für Europa im Mittelalter allgemein eine Neigung zum kulinarischen Exotismus« feststellen konnte, ist ohne den mengenmäßig beträchtlichen Export vornehmlich Spaniens (aber auch Siziliens) gar nicht denkbar. Handelslisten des Mittelalters nennen Reis, Zucker, Lakritz, Rosinen, Datteln, Feigen, besonders Mandeln, Öl, Weine und Gewürze als Hauptprodukte des Agrarexports aus dem al-Andalus in die Reiche nördlich der Pyrenäen. Im 9. und 10. Jahrhundert haben sie dem Staatsschatz in Cordoba beträchtliche Einkünfte beschert. Die Handelsherren und Fernkaufleute, die in muslimischen Gebieten den Rittern und Kämpfern gesellschaftlich nicht nachstanden, haben noch Jahrhunderte später aus dem Agrarexport nach Norden riesigen Reichtum gewonnen.

Die Hauptstraße von Cordoba nach Granada läuft noch heute entlang der klassischen Weglinie. Bevor sie sich den graugrünen Bergen im unteren Zipfel der Provinz Jaen nähert, zieht sie sich durch eine unendliche Hügellandschaft: sanfte Rücken und abgeflachte Kegel, über die sich Hunderttausende Olivenbäume schnurgerade hinziehen. Im Spätsommer wechselt der säuberlich umbrochene Boden unaufhörlich gleitend seine Farbe: vom Rostrot über helleres Ocker bis zu Quadraten eines ausgeblichenen Gelb, das unter der Hitze noch einmal ausgezehrt wird. Die Hügel werden, wenn man nur lange genug hinschaut, zur Addition von Linien, Kurven, Schnittflächen. Es ist eine mathematische Landschaft. Sie hat nur Stille und Klarheit; sie hat weder Verzierung noch Verhüllung. Nichts, was nicht einsehbar wäre. Sie macht auf seltsame Weise frei und offen. Bis man ihre Härte nicht mehr spürt.

So kann die Landschaft damals nicht gewesen sein. Von Bäumen und Hölzern ist in alten Aufzeichnungen die Rede. Große Holzmengen waren nicht nur für Bauten erforderlich, Holz war die einzige Energiebasis. Ohne ständige Energiezufuhr konnten die Silber- und Kupferminen im al-Andalus nicht betrieben werden, auch das weite Netz handwerklicher Klein- und Großbetriebe in der unter den ersten Emiren allmählich entstehenden Großstadt Cordoba sich nicht ausbilden. Wahrscheinlich hat dieser stete hohe

Energiebedarf schon sehr früh die entscheidende Rolle beim fortschreitenden Waldrückgang in einer ohnehin trockenen Berg- und Hügellandschaft gespielt.

Exempel: Bewässerung

Roms Baumeister und Ingenieure schufen in den spanischen Provinzen eine leistungsfähige Wasserversorgung nach den Vorbildern der imperialen Hauptstadt. Sie spannten Aquädukte für die Trinkwasserzufuhr von den Bergen über Täler und Senken in die Städte hinein. Sie sind in allen Teilen Spaniens zu finden, in Tarragona, Merida und anderen Provinzstädten; in Segovia überquert ein dreißig Meter hoher, noch heute funktionierender Aquädukt die Plaza de Azuguejos. Speicherseen, teils mit kleinen künstlichen Staudämmen, und Speicherbecken wurden angelegt. Die Stadt Toledo, in römischer Zeit keineswegs von besonderer Größe oder Bedeutung, bezog ihr Trinkwasser aus einem Speichersee, der fast vierzig Kilometer südlich der Stadt lag. Die Westgoten übernahmen die wassertechnischen Bauwerke der Römer; sie haben sie nicht weiterentwickelt, wohl aber erhalten und genutzt, wie sich aus wasserrechtlichen Vorschriften ihrer Gesetze ergibt.

Dieser wassertechnischen Grundausstattung fügten die muslimischen Eroberer eigene Techniken hinzu, die sie aus den östlichen Heimatbereichen mitbrachten und nahezu unverändert in Spanien einsetzten.

Nahe der Brücke von Cordoba steht ein riesiges Rad im algengrünen Wasser des Guadalquivir, eine »Noria«. Damit konnte Wasser aus dem Fluß in die höher gelegene Stadt geschafft werden. Die Noria ist eine strömungsgetriebene Wasserhebeeinrichtung, die aus einem oder mehreren Schöpfrädern besteht. Bis zu einer Höhe von drei oder vier Metern über den Flußspiegel kann das Wasser in weiterführende Kanäle gelangen. Die Noria, ein uraltes wassertechnisches Instrument des Ostens, fand breiten Einsatz im westlichen Mittelmeerraum. Norias arbeiten noch heute in spanischen Dörfern.

Aus dem Persischen Golf kam der »Kanat«, eine Stollenbautechnik zur unterirdischen Wassergewinnung. »Ein Kanat ist im wesentlichen ein waagerechter Brunnen. In hügeligem Gelände wird von einem auf geeigneter Höhe liegenden Punkt aus ein leicht ansteigender Stollen in den Berg getrieben, von dem man weiß oder hofft, daß er eine Aquifer, eine wasserführende Schicht enthält . . . Der praktisch waagerechte Kanat wurde mittels senkrechter Schächte angelegt. In Abständen von etwa 50 Metern wurden auf einer in Richtung eines Aquifers verlaufenden Linie senkrecht Brunnenschächte auf eine bestimmte Tiefe gegraben. Durch Verbindung der Sohlen dieser Schächte wurde der nahezu waagerechte Stollen hergestellt. Dieses Bauverfahren hatte den Vorteil, daß viele Bauabschnitte gleichzeitig vorangetrieben werden konnten, daß Auslaßöffnungen für den Stollenabraum gebildet wurden und daß später, wenn der Kanat in Betrieb war, die senkrechten Schächte als Zugangs- und Entlüftungsöffnungen dienen konnten« (Norman Smith). Kanatanlagen gibt es noch heute.

Noria und Kanat sind nur zwei Beispiele der Vielfalt wassertechnischer Errungenschaften. Wie beim Fruchtanbau war auch bei der Ausweitung der Bewässerung die Vermittlungsleistung von Ost nach West der spezifische arabische Beitrag. Neben die weiter genutzten vorislamischen Einrichtungen in Spanien traten andere, in den östlichen Herkunftsländern bewährte Großsysteme. Eines davon waren die Fluß-Stauwerke: »Vom Ebro bis zum Guadalquivir bauten maurische Wasserbautechniker Fluß-Stauwerke, für gewöhnlich zur Speisung von Bewässerungskanälen, aber auch zur Deckung des Energie- und Trinkwasserbedarfs. Der Versuch, in Valencia, in Cordoba oder Murcia den ehemaligen Reichtum der damaszenischen Ghuta zu neuem Leben zu erwecken, erforderte die Einrichtung des gleichen technischen Apparates. Staudämme mußten durch die Flüsse gebaut werden, Primär- und Sekundärkanalsysteme mit Zugang zu einem geeigneten tiefliegenden Abfluß wurden angelegt, der für gewöhnlich der Hauptstrom selbst oder ein anderer Fluß war, und ein ganzes System von Einlaß-Schleusen, Reguliereinrichtungen und Strömungsteilern mußte gebaut werden. Die in Spanien errichteten Systeme sind trotz der Errungenschaften späterer Wasserbautechniker das beste geschichtliche Zeugnis für die Technologie und den täglichen Betrieb typisch islamischer Bewässerungssysteme . . . Die Entnahme von Wasser aus den Flüssen erforderte den Bau von Verteilungsdämmen. Die Größe der zu bewässernden *huerta,* das Flußsystem und die örtliche Topographie waren die bestimmenden Faktoren für die Verwendung eines einzigen Bauwerks oder einer Reihe von Bauwerken. Am Rio Segura wurde ein sehr großes Gebiet um Murcia von einem einzigen oberhalb der Stadt gelegenen Staudamm aus bewässert. Weiter flußabwärts dagegen, wo der Fluß die flache Küstenebene durchquert, wurde die künstliche Bewässerung in vergleichbarem Rahmen durch ein ganzes Netz kleinerer Ableitungsdämme in Betrieb gehalten . . . Ähnliches gilt für Valencia . . . acht kleine Staudämme und eine Gruppe kurzer Kanäle mit bescheidenem Querschnitt (der längste von ihnen ist zwanzig Kilometer lang) bilden die Basis [des Verbundes]« (Norman Smith).

Die nicht kombinierten, aber addierten Bewässerungspraktiken der Römer und der Muslime haben über Jahrhunderte gehalten und das Land wachstumsfähig gemacht. Das Bewässerungssystem in der reichen Fruchtebene von Valencia, die fast dreißig Kilometer lang und über zehn Kilometer breit ist, arbeitet auch im 20. Jahrhundert auf der Basis der muslimischen Anlage.

Ausgedehnte Bewässerungssysteme verlangen zunächst nach planerischen Verfahren aufgrund wissenschaftlich ermittelter Daten. Landvermessung mit Hilfe der Mathematik, sogar der Astronomie, war nur eine der Voraussetzungen; eine andere ist ein ausgeprägtes Organisationsvermögen, denn Bau, Betrieb und Nutzung weitverzweigter Bewässerungsanlagen ist nicht Sache einiger weniger, sondern Sache der vielen, die in übersichtlich geordneten Funktionen zusammenarbeiten müssen. Das zwingt zu rechtlicher Absicherung gegen eine Ungleichbehandlung der an das System angeschlossenen und es tragender Bauern und zu gesetzlichen Regelungen zum Schutz des kostbaren Gemeingutes Wasser.

Über die gerechte Wasserentnahme wachte später vielerorts ein Wasserbauerngericht, *Tribunal de las Aguas,* das in der Stadt zusammentrat, um in mündlicher Verhandlung seinen Spruch gegen Wassersünder zu fällen, gegen den es keine Berufung gab (eine auch heute noch funktionierende Einrichtung).

Das *Tribunal de las Aguas* soll auf den ersten Kalifen von Cordoba zurückgehen, Abderrahman III., den bedeutendsten Nachfahren des ersten Emirs des al-Andalus. Wassergerichte in dieser

Form sind ebenfalls Institutionen der uralten Welt des Orients; sie waren keine rechtlichen Neuschöpfungen der Muslime Spaniens, sondern von ihnen vermittelte soziale Instanzen, die die Araber in den eroberten Ländern des Ostens vorfanden und übernahmen.

»Haben wir nicht die Erde zu einem Lager gemacht?«

Eine alte und mächtige Brücke überspannt den Guadalquivir bei Cordoba. Die Brücke, einer der zentralen Punkte im andalusischen Straßennetz, ist in allen Jahrhunderten hart umkämpft, durch Krieg und Hochwasser oft schwer beschädigt, immer wieder aufgebaut und manchesmal erweitert worden. Sechzehn Bögen hat sie heute. Die Straße über die Brücke steigt am Nordufer sanft an und läuft unmittelbar auf den Kern der uralten Stadt zu. Schon früh war dieser Bezirk ein politischer Treffpunkt Andalusiens. Die Römer haben ihm, getreu ihrer Idee einer Stadt, den Charakter eines *forum* gegeben, und die schließlich vom arianischen zum katholischen Bekenntnis übergewechselten Westgotenfürsten bauten dort, unmittelbar oberhalb der nördlichen Brückenrampe, auf dem seit je geheiligten Grund eine Basilika zu Ehren des heiligen Vinzenz.

Nach der raschen Einnahme Cordobas durch die Reiter Tariqs im ersten Jahr der Eroberung blieb den Christen diese Hauptkirche; die anderen Gotteshäuser der Stadt waren beschädigt oder zerstört. Besitz und Nutzung ihrer Hauptkirche wurden den cordobanischen Christen vertraglich garantiert. Das schnelle Wachsen des arabischen Bevölkerungsteils in der von nun an führenden Stadt schuf bald ein Dilemma: Den Muslimen, den neuen Herrschern, Herren des siegreichen Glaubens, stand keine angemessene Hauptmoschee zur Verfügung.

Moscheen sind nicht wie christliche Kirchen die »Wohnstatt Gottes«. Moscheen sind Versammlungsräume für das rituelle Gebet, das fünfmal täglich die Gläubigen zu festgelegten Zeiten vor der allgegenwärtigen Macht Allahs zu Boden zwingt, symbolisiert durch die gemeinsamen rhythmischen Körperbewegungen des Stehens, der Verneigung, des Kniefalls und der Niederwerfung durch

PIPER

Die neuen Bücher
Frühjahr 1985

Antonio Skármeta

Salman Rushdie

Cynthia Ozick

Raymond Aron

Franz Wördemann

Hans Queisser

Salman Rushdie
Scham und Schande
Roman
Aus dem Engl. von Karin Graf.
Ca. 350 Seiten. Geb. DM 36.–
(Ende März)
Nach den international als literarisches Ereignis gefeierten »Mitternachtskindern« legt der indische Autor einen neuen, in einem halb fiktiven, halb realen Pakistan angesiedelten Roman vor, der die Einmaligkeit dieses Erzählgenies und Mythenerfinders bestätigt.

»›Scham und Schande‹ bestätigt Rushdies verblüffende Eloquenz, seine verbale Energie und seine erzählerische Phantasie.«
London Review of Books

»Salman Rushdie verdient es, als einer der großen Geschichtenerzähler unserer Zeit bezeichnet zu werden, als magischer Realist in der Tradition von Grass, Calvino, Borges und vor allem García Márquez.«
The Observer

Antonio Skármeta
Mit brennender Geduld
Roman
Aus dem Span. von Willi Zurbrüggen.
150 Seiten. Geb. DM 22.–
»Mit brennender Geduld« ist ein wunderbar leichter, melancholischer Roman, eine poetische Evokation, eine Hommage an Pablo Neruda, eine Geschichte aus dem Chile Allendes. Dieser Roman erzählt von den kleinen Leuten, von ihren Lieben und Lastern und von der Kraft, die wahrer Poesie und menschlicher Leidenschaft innewohnt.

»Wer Nerudas Dichtung, seine Memoiren, seine Liebesbriefe kennt, wird dieses Buch mit Freude lesen; wer Neruda und die chilenische Literatur nicht kennt, wird neugierig werden, beides kennenzulernen.«
Curt Meyer-Clason

Berlin im Zweiten Weltkrieg
Der Untergang der Reichshaupt-
stadt in Augenzeugenberichten
Herausgegeben von
Hans Dieter Schäfer.
Ca. 360 Seiten mit 30 s/w Fotos.
Brosch. DM 28.–
(Ende März)
»Berlin im Zweiten Weltkrieg« versammelt verschollene Berichte über
den Kriegsalltag. Nicht die große
Politik steht im Mittelpunkt, sondern die sozialen und materiellen
Lebensverhältnisse der Berliner
Bevölkerung – spannend geschildert
mit einer starken Beobachtungskraft
für sprechende Einzelheiten. Deutlich werden die Ursachen für die
freiwillige und erzwungene Koope-
ration der Berliner Bevölkerung mit
dem NS-Regime.

Franz Wördemann
Die Beute gehört Allah
Die Geschichte der Araber in Spanien
Ca. 450 Seiten mit 20 s/w und
10 Farbabbildungen, 3 Karten.
Geb. DM 44.–
(Ende März)
Die Berührung orientalischen und
antiken Denkens mit dem werden-
den Europa der Neuzeit; das Blühen
und Verwelken einer einzigartigen
Kultur; das vitale Gegen- und
Nebeneinander dreier Religionen –
das ist die Geschichte des arabischen
Spanien, in Form einer lebendigen
historischen Reportage auf der Basis
ausgiebigen Quellenstudiums und
vieler Reisen erzählt von dem
Journalisten Franz Wördemann.

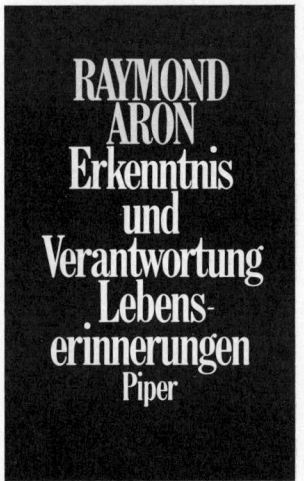

Raymond Aron
Erkenntnis und Verantwortung
Lebenserinnerungen
Aus dem Franz. von Kurt Sontheimer.
Ca. 560 Seiten. Leinen. DM 58.–
(Ende März)
Raymond Aron war eine der großen
geistigen Persönlichkeiten des
20. Jahrhunderts. Seine Lebens-
erinnerungen beinhalten 50 Jahre
politischer Reflexion; alle entschei-
denden Themen unseres Jahr-
hunderts werden berührt und
Arons Begegnungen und Ausein-
andersetzungen mit bedeutenden
Persönlichkeiten geschildert, mit
Camus, de Gaulle, Henry Kissinger
und vor allem Sartre.

»Der Tod Arons nach dem Sartres,
das ist wie die Beerdigung Voltaires,
nachdem man um Rousseau
geweint hat.« Le Matin

»Ein leitendes, großes Buch«
Ralf Dahrendorf, Die Zeit

»Der bedeutendste Publizist Frankreichs« Golo Mann

Dietrich Fischer-Dieskau
Töne sprechen – Worte klingen
Zur Geschichte und Interpretation
des Gesangs
496 Seiten. Leinen. DM 68.–
(Ende März)
Das Zusammenspiel von Musik und
Sprache macht das Wesen des
Gesanges aus. Wer könnte besser
über dieses Thema schreiben als
Dietrich Fischer-Dieskau, _der_ Sänger
unserer Zeit?

Joachim Herz
**». . . und Figaro läßt sich
scheiden«**
Oper als Idee und Interpretation
247 Seiten mit 30 s/w Fotos.
Geb. DM 39.80
(Ende März)
Joachim Herz, einer der herausragenden Opernregisseure unserer
Zeit, schreibt über historische und
grundsätzliche Aspekte des Musik-
theaters, über Komponisten und
seine Regiekonzeptionen für wichtige Opern.

das Berühren des kultisch reinen Bodens mit der Stirn. Die Hinwendung aller zum Heiligtum der Kaaba in Mekka – angedeutet durch die Wendung zur Gebetsnische, *mihrab*, die die Gebetsrichtung anzeigt – soll, so sagt der Koran, die Rechtgläubigen von Christen und Juden unterscheiden:»Und jeder hat eine Richtung, nach der er sich kehrt.«

Moscheen waren seit je auch traditioneller Ort der Herrschaftsverkündung. Wessen Name in der Predigt, die am Freitagmittag mit dem gemeinsamen Hauptgebet verbunden wird, vom Pult des vorbetenden *imam* genannt wurde, der war der Herr der Zeit und des Territoriums. Die Ausrufung in der Freitagspredigt war die alle Rechtgläubigen bindende Proklamation der Macht.

Moscheen sind freilich mehr als Betsaal und Ort herrscherlicher Verkündung und Bestätigung, sie sind zugleich soziale Institutionen und Anlagen oft großen Ausmaßes. Unter ihrem Dach gaben die Theologen, die Schriftgelehrten den Koran und die Überlieferung weiter; dort hielten jene, die man später Professoren nannte, Vorlesungen in ihren Wissenschaften, bis in späterer Zeit diese »Akademien« räumlich ausgegliedert wurden; da deuteten Lehrer der großen Rechtsschulen des Islam die widersprüchlichen Möglichkeiten im Ordnungsgefüge des geheiligten Buches, der Tradition und des Gewohnheitsrechtes.

Der Lehr- und Lernbetrieb zog sich ohne trennende Abgrenzung vom überdachten Raum durch die offenen Portale in den Vorhof hinein. Der Vorhof war nicht bloß ornamentales Eintrittsgelände zum überdachten Raum; auf ihm fanden verschiedene gesellschaftliche Institutionen den angemessenen Ort für ihre Entfaltung. Der Vorhof war Platz der Rechtsprechung, Möglichkeit für die »öffentliche« Versammlung, Zuflucht der Fremden und der Kranken, Zentrum der Armenfürsorge. Träger der Moschee war nicht die »Gemeinde« der Stadt oder des Viertels – solche Gemeinden in unserem Verständnis gab es nicht –, auch nicht der Gesamtverband des »Staates«, sondern jeweils eine Stiftung, die vornehmlich aus den vom Koran vorgeschriebenen steuerähnlichen Spenden der besitzenden Gläubigen unterhalten wurde. Die Moschee war neben der *kasba,* der Zitadelle oder Stadtburg, in der der Herrscher oder sein Statthalter residierte, Mittelpunkt des sozialen Geflechts einer muslimischen Stadt.

So sehr die vorgefundene kulturelle und zivilisatorische Substanz eroberter Gebiete in die Existenzweise und in die Selbstdarstellung arabisch-islamischer Herrschaft hineingenommen wurde, für die Anlage und Gestaltung einer muslimischen Stadt galt diese allgemeine Regel in geradezu auffallender Weise nicht. Über den Bau von Moscheen, einzelnen Palästen, Verteidigungswerk und Zitadelle ging öffentliche Bautätigkeit nicht hinaus. Keine Foren und Tempel, weder profane Basiliken noch Theater oder Odeen, weder Zirkusbauten noch Hippodrome, auch keine Säulengänge wie unter den Römern, die für ihre Welt ein fast standardisiertes Bauprogramm hatten. Der nahezu vollständige Verlust des gestalteten öffentlichen Raumes ist ein deutliches Zeichen, daß trotz aller Bereitschaft zur Übernahme und Verarbeitung des Vorgegebenen eine eigene und andere Welt über die eroberten Länder kam. Das geordnete Gitterwerk der Straßen verschwindet, es verschwinden die großen Achsen von Cardo und Decumanus, die die römische Stadt bestimmten. Die weiten Plätze werden überbaut, die wegesäumenden Säulen abgetragen oder als Stützen für breite Dächer verwendet, unter denen sich der Basar einrichten konnte.

In kurzer Zeit wurden die einsichtige Gitterordnung der Straßen und die gegliederten Flächen überwuchert von der verwinkelten muslimischen Stadt mit engen, verschlungenen Gassen, die zum Schutz gegen die Sonne mit Planen überdacht werden konnten, und mit Häusern, die der Öffentlichkeit kein Gesicht mehr zeigten, nach außen sich verschlossen und erst zum Inneren sich öffneten. Der Innenhof wurde das architektonische Gestaltungselement.

Die muslimische Stadt ist ein Spiegel muslimischer Existenz in früher Zeit. Der Ruf des Islam ergeht an das Individuum. Wenn auch das ursprüngliche Leben in der Wüste nur im Verband von Familie und Stamm praktizierbar war, so bleibt die Wüste doch der Ort, der wie kein anderer durch seine Härte und Unbarmherzigkeit den einzelnen zur unablässigen, unverhüllten Konfrontation mit sich selbst zwingt. Das Buch, die Tradition und somit auch das Recht kennen zwar die weltweite Gemeinschaft der Gläubigen, aber nicht die Gruppe, die Interessenvertretung oder den Standesverband. Also kennt die Stadt des Islam nicht das Zunfthaus, den Saal des Rates, nicht den Platz und das Geviert breiter

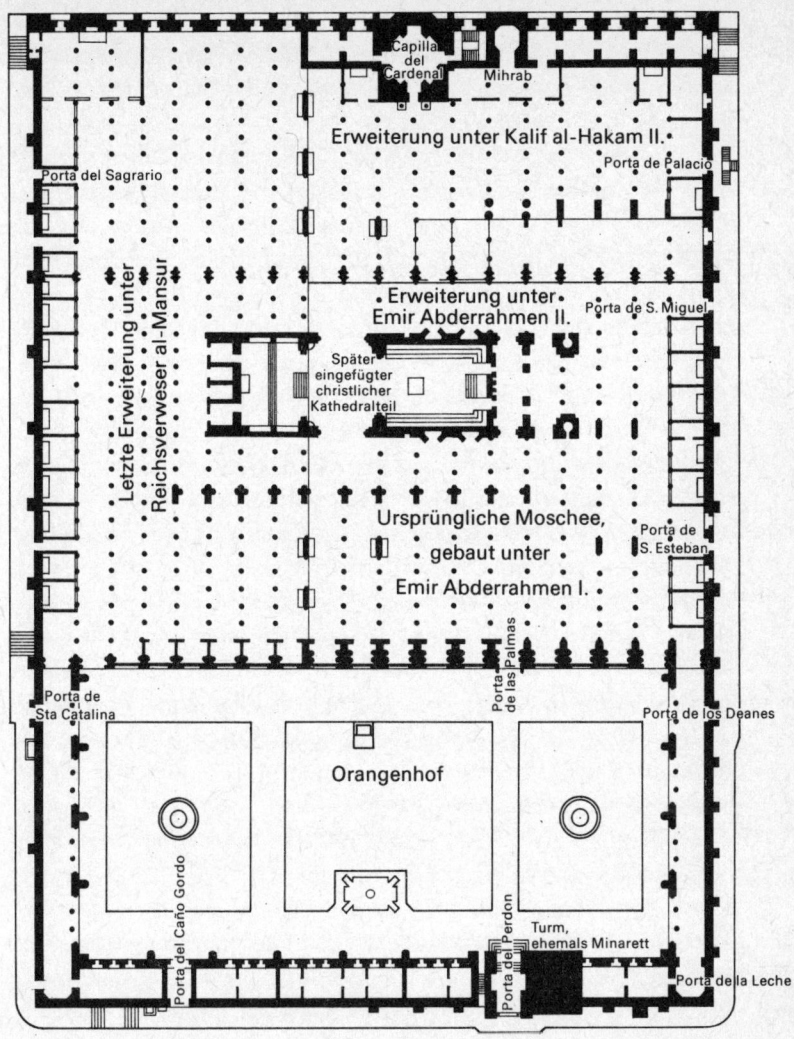

Grundriß der Mezquita-Moschee in Cordoba

Straßen als architektonische Gesten der Öffentlichkeit. Sie ist nicht Polis, sie ist dem zentralistischen Staat völlig eingeordnet und dennoch »von Anbeginn und überall Mittelpunkt der politischen Macht« (G. E. von Grunebaum).

Eine Hauptstadt Cordoba ohne Hauptmoschee an zentraler Stelle war undenkbar sowohl aus Gründen des Stolzes in der Demonstration und Verkündung des siegreichen Glaubens wie aus funktionalen Erwägungen. Einer der Gouverneure ließ schließlich einen Vertragsbruch zu; unter dem wachsenden Druck der syrischen Schicht der Araber billigte er die Enteignung einer Hälfte der christlichen Kirche über dem Guadalquivir. Moschee und Kirche unter einem Dach – nichts Ungewöhnliches in arabischen Augen; ähnlich war man anfangs in syrischen Städten verfahren.

Der erste Emir gab sich mit dieser Zwischenlösung nicht zufrieden. Sein Selbstgefühl als Herrscher verlangte in der Hauptstadt den zentralen Ausweis des Islam und der muslimischen Dominanz. Vier Jahre vor seinem Tod forderte er von den Christen die Herausgabe der anderen Kirchenhälfte. Sie weigerten sich, verwiesen auf ihre Rechte und machten geltend, daß ihnen nun kein Raum für den Gottesdienst bleibe. Der Streit wurde mit einem Vergleich abgeschlossen. Der Emir kaufte den Christen seiner Hauptstadt ihre Kirchenhälfte für eine außerordentlich hohe Summe ab und gab ihnen das Recht, die anderen zerstörten Gotteshäuser Cordobas wieder aufzubauen.

Auf dem Gelände der Vinzenz-Basilika, nur durch einen mehrere Meter breiten Durchgang von der Stadtburg des Emirs getrennt, begannen 785 die Arbeiten an einem Bau, der mehrfach erweitert wurde. In Jahrhundert- und Halbjahrhundertschritten wuchs die Mezquita Aljama von Cordoba der Jahrtausendwende entgegen. Dann war der Bau vollendet. Im doppelten Sinn des Wortes: Die lange Zeit größte, später drittgrößte Moschee der islamischen Welt stand auf spanischem Boden, und der steinerne Wald aus fast sechshundert Säulen, die ein Flachdach tragen, hatte jenes Maß der Weite erreicht, da jeder weitere Schritt heraus aus der Erhabenheit in das dürre Pathos selbstgefälliger Macht führt. Es ist, als habe der Säulenwald in jener Stunde zu wachsen aufgehört, als er seiner eigenen überwältigenden Größe und stillen Schönheit ansichtig wurde.

Die Mezquita ist wie ein Buch, die Erweiterungen gleichen Kapiteln, in denen der innere Zustand des cordobanischen Reiches nachzulesen ist, sein Wachsen, sein Reifen, seine leuchtende Schönheit, die nahenden Schatten des gewaltsamen Todes – bis hin zum Jahre 1236, als die kastilischen Truppen unter Ferdinand III. die einstige Hauptstadt der Kalifen eroberten und in die Mitte der Moschee einen Raum brachen, der umgestaltet und zu einer gotischen Domkirche gemacht wurde. So sehen wir die Mezquita heute. Aber merkwürdig, die Kathedrale in der Moschee hat die Moschee weder erobern noch beherrschen, noch gar überwinden können. Die Kathedrale in der Mezquita Aljama ist, all ihrer Pracht zum Trotz, kaum mehr als eine Einliegerwohnung des christlichen Gottes.

Gemessen an der Vollendung war der Bau des ersten Emirs bescheiden. Doch den Charakter der Moschee hat er mit einem einzigen, sehr entschiedenen architektonischen Schriftzug festgelegt; er ist nie verändert, nur immer wieder überhöht worden. Die Mezquita ist eine Säulensaalmoschee. Eine flache Holzdecke ruht auf langen Säulenreihen, die senkrecht auf die Wand der Gebetsnische zulaufende Schiffe bilden. In der Mezquita ist der *mihrab* in die Südwand eingelassen; die Orientierung gen Mekka ist folglich ungenau, was in Kauf genommen werden mußte, denn ursprünglich war sie die Längswand der nach Osten gerichteten Basilika. Die Achse des kultischen Zentrums wurde gedreht – ein Zeitabschnitt war an sein Ende gekommen, ein anderer hatte begonnen.

Die Moschee des ersten Emirs hatte elf Schiffe, die durch zehn Säulenreihen mit insgesamt hundertzwanzig Säulen gebildet wurden. Die Säulen waren römischen und byzantinischen Ursprungs, teils der gekauften Basilika entnommen, teils aus alten römischen Villen der Umgebung oder von den Plätzen und Straßen der Stadt zusammengetragen. Sie waren nicht hoch genug, um genügend Raum bis zur Decke zu schaffen; auf die Säulen wurden Stützen aufgesetzt und mit übereinanderliegenden Bögen verbunden, so daß ein luftiges Arkadengeflecht entstand und der Blick sich zugleich in einem schwebenden Dämmer verlor. Jede Erweiterung erhöhte die Zahl der Säulen und spann in immer feinerer Art und Farbgebung das Bogengeflecht fort. Nichts aber änderten sie an der Raumvorstellung aus der Zeit des ersten Emirs.

Durch die Säulen, die der Zahl nach festliegen, aber von jedem Standpunkt aus unzählig erscheinen, ist der Raum als Einheit aufgelöst. Er wird zum Hain, in dem durch wenige Dachöffnungen eindringendes gedämpftes Licht sich verschwimmend ausbreitet – alles fließt, alles ist, da weder Weg noch Richtung zwingend auferlegt werden, begehbar. Die Farben verlieren sich im Halbdunkel der Weite, und mit ihren Konturen löst sich jegliches Alltagsgefühl für Grenze und Einschnitt auf. Dies ist die steingewordene Dokumentation eines uns fernen und fremden Begriffs des Ortes: »Für den Araber wie für den Nomaden im allgemeinen ist ein Ort nie ein festes Element; er ist fließend.« In solcher Welt ist Schreiten nicht Fortschritt, sondern Bewegung in endloser Weite, jeden Augenblick in sich selber ruhend, ähnlich den fortlaufenden Bändern der Schriftzeichen, die die Wände der Moscheen zieren. Beweglichkeit ist nicht zielgerichtetes Weiterstreben, sondern Absage an das Beharren und an die lebensprägende Abhängigkeit vom unverrückbaren Ort. Der Säulenhain ist der endlose Hain Allahs. Überall unter seinem Dach, dem Schirm aus Palmenkronen, ist Raum zur Rast auf der Wanderschaft. Diese Welt ist in ihrem Innersten statisch, denn überall, wohin man geht, ist sie unbegrenzte Wiederholung dessen, was man verlassen hat. Der Koran sagt: »Sprich: Allahs ist der Westen und der Osten; er leitet, wen er will, auf den rechten Pfaden.« Und der arabische Philosoph Ibn Roschd, der Cordobaner, den die lateinische Welt Averroës nannte, schrieb: »Haben wir nicht die Erde zu einem Lager gemacht?«

Mit dem Bau der Mezquita hat der erste Emir, flüchtiger Omajjade aus Damaskus, dem Boden Spaniens ein Siegel aufgedrückt, das deutlicher als alle sonstige Umformung bekundete, wie sehr anderes Denken und andere Weltvorstellung über das »geöffnete« Land gekommen waren.

Hingegen war der gartengesäumte Palast, den sich Abderrahman etwas nördlich der Stadt bauen ließ, eine fast private Erinnerung an das Land seiner Jugend – bis in den Namen. Der neue Palast hieß ar-Rusafa wie eines der arabischen Herrenhäuser Syriens, in denen er als Kind gespielt hatte.

In seinem spanischen Rusafa soll er voll Wehmut und mit literarischem Bemühen der Heimat nachgetrauert haben:

Ich sah auf einmal in Rusafa eine Palme;
im Westland war sie, weit vom Land der Palmen fort.
Ich sprach: Du stehst allein wie ich in weiter Ferne,
vermißt wie ich die Kinder und die Lieben dort.
Gewachsen bist du nicht in deiner Heimaterde,
wie du so bin auch ich fremd und von Hause fort.
wie du so bin auch ich fremd und von Hause fort.

Der »Falke der Koraisch«, nun schon auf die Sechzig zugehend, lebte in seinem Palast nicht nur in der versverbrämten Stille des Flüchtlings. Bis zu seinem Tod 788 war um ihn die Einsamkeit des unerbittlichen Herrschers, der ohne Einhalt sein Gestalt gewinnendes Reich vor dem Druck innerer und äußerer Widersacher verteidigen mußte. Ohne Rücksicht auf Freundschaft und die Ruhe, die der Abend will.

Die wandernde Grenze

Der Emir Abderrahman zog die Konsequenz aus dem anhaltenden Streit in der arabischen Herrenschicht des Landes und den daraus entstehenden Unsicherheitsfaktoren für die zentrale Herrschaft. Wechselnde Loyalitäten, Verweigerung militärischer Machtmittel oder Unzuverlässigkeit der Truppen – das mußte den Herrscher unweigerlich in die Gefahr bringen, Spielball jener im Land zu werden, die ihre robusten Individual- und Sippeninteressen über eine Verantwortung für die höhere Einheit stellten, sofern ihnen die Vorstellung einer höheren Einheit überhaupt einsichtig war. Abderrahman schuf ein stehendes Heer, das nach einigen Quellenangaben bis zu vierzigtausend Mann stark gewesen sein soll – eine Hausarmee, die im Grunde nichts anderes als eine Söldnertruppe von Reitern und Fußsoldaten war. Vermutlich hat der Emir seine Truppe nicht allein aus dem Land rekrutieren können, wenngleich er versuchte, den arabischen Adligen Sklaven abzukaufen; wahrscheinlich hat er schon Sklaven aus Schwarzafrika importiert und seinen Offizieren unterstellt. Die schwarzen Soldsklaven sprachen kein Arabisch und wurden vom Volk die »Stummen« genannt; unter Abderrahmans ersten Nachfolgern fiel ihnen eine besondere Rolle bei der Niederschlagung von Volksaufständen zu. Die »Stummen« waren eine bedingungslos gehorchende und funktionierende innere Sicherheitstruppe, die kein Pardon kannte. Sehr bald freilich, unter seinem zweiten Nachfolger, kamen erste Christensklaven aus dem nördlichen und östlichen Europa hinzu. Gelegentlich und nur in Zeiten besonderer Bedrängnis von außen wurde der *djihad,* der Heilige Krieg, ausgerufen, um das stehende Heer zu vergrößern, wobei indes die Sache des Glaubens weniger wirksam war als die Aussicht auf reichliche Beute.

Die überlieferte Verwaltungseinteilung wurde mehr oder weniger so übernommen, wie sie sich unter westgotischer Herrschaft auf der Grundlage der römischen Provinzialorganisation herausgebildet hatte. Das al-Andalus war in drei Hauptdistrikte gegliedert: der Mitteldistrikt umfaßte etwa die Städte Cordoba, Granada, Malaga, Almeria, Jaen und Toledo; im Westbezirk lagen Sevilla, Jerez, Gibraltar, Tarifa, Badajoz, Merida, Lissabon und Silves; zum Ostdistrikt gehörten Saragossa, Valencia, Murcia, Cartagena und Albarricin. Jeder Distrikt war in Provinzen unterteilt; insgesamt muß es etwa zwanzig Provinzen gegeben haben. Die Verwaltungsordnung der Provinzen wurde im Lauf der Zeit nach dem Muster der Zentralregierung in Cordoba gestaltet: der vom Emir ernannte Gouverneur regierte wie ein Klein-Emir in seiner Provinzhauptstadt.

In den Gebieten der unklaren Nordgrenze zogen sich von Ost nach West drei Sonderbereiche, die Obere, die Mittlere, die Untere Mark *(thugur)* genannt; sie stützten sich auf drei Städte in der rückwärtigen Zone, Saragossa, Toledo und Merida. Die Marken waren im Grunde tiefgestaffelte Militärbezirke, Verteidigungsräume, ständige Kleinkampfzonen und Streifgebiete, die einem Militärgouverneur unterstanden, dem *qaid.* Er konnte nie sicher sagen, wo genau der vordere, nördliche Rand seines Verteidigungsraumes lag, denn die Marken gingen nach Norden hin in eine Art Niemandsland über, so wie die Streifen christlicher Herrschaft nach Süden. »Die Grenze« entstand: ein sich verschiebender Raum unklarer Herrschaft und unbestimmter Tiefe. Die Reconquista ist die Geschichte der in Jahrhunderten nach Süden wandernden Grenzräume, die sich über die ganze Breite des Landes spannten; entsprechend spiegelt die Geschichte des al-Andalus die wachsende Wirkung der Grenze auf die muslimische Existenz. Die Wanderung war anfangs unendlich langsam. Erst im 11. und 12. Jahrhundert gewann sie an Kraft und Tempo. Äußerlich ist die Wanderung der Grenze an das schrittweise, später zügige militärische Vordringen gebunden. Die besonderen Lebensbedingungen der Grenzlage, denen zahllose Generationen Spaniens ohne Unterlaß ausgesetzt waren, haben den Charakter der Bevölkerung zutiefst geprägt. Erfahrung der Grenzsituation hieß nicht nur, in dauernder Kampf- und Wehrbereitschaft zu existieren, sondern in einem besonderen gesellschaftlichen Klima zu leben. Die Veränderungen dieses gesellschaftlichen Klimas in den folgenden Jahrhunderten werden uns noch mehrfach beschäftigen. Die Notwendigkeit, gewonnenen Raum zu sichern und zu stabilisieren, zwang die christlichen Könige zu einer Politik der »Wiederbevölkerung«, *repoblación*, die ohne Gewährung besonderer sozialer Freiheiten nicht möglich war.

Christliche *repoblación* bedeutete über lange Zeiten keineswegs eine Zwangsvertreibung der Muslime. In den wandernden Grenzräumen entstanden Mischgesellschaften, wenngleich in sehr unterschiedlichen Schattierungen, je nach dem Charakter des Jahrhunderts ihrer Ausformung – eine zweite Version der *convivencia* entstand neben jener, die in den muslimischen Herrschaftsgebieten so etwas wie Staatspolitik war. Die Grenzer, Muslime, Christen und Juden, waren unter dem Zwang ihrer Lebensweise Menschen von sehr gespannter Aufmerksamkeit, hellwach für den plötzlichen Kampf. Für sie war Angriff, Abwehr, Zurückschlagen nicht gelegentliche Aktion in »Kriegszeiten«, sondern Alltag, so selbstverständlich wie der Alltag des Zusammenlebens. Beides ging ineinander über. Die wandernde Grenze, wo immer sie gerade verlief, war zugleich Raum gegenseitigen Kennens, wechselseitiger Durchdringung, oft der kulturellen Angleichung. Die Grenzräume waren gerade durch ihre Offenheit und Unbestimmtheit die dauernden Umschlagplätze für das Wissen, das aus dem Osten der mittelmeerischen Welt auf die Iberische Halbinsel kam. Die kulturelle Leistung des muslimischen al-Andalus wurde über die Grenzräume in das Europa am Rand der Pyrenäen und nördlich des Gebirges getragen. Vielleicht war nicht der *qaid*, nicht der Ritter, sondern der *rastrero* die wirkliche Symbolfigur dieser unendlich bunten, verwirrenden, ineinander wachsenden frühen Grenzwelten. Der *rastrero* war der Pfadfinder, der Kundschafter.

Die erste große Grenzwelt, *La Frontera*, die vom Kamm der Pyrenäen zur Duero-Linie und zum Ebro reichte, entfaltete sich zur Zeit des ersten Abderrahman. Im Nordwesten war das christliche Kleinkönigreich Asturien entstanden, im Nordosten bildete sich etwas später die Spanische Mark des Karolingerreiches, Keimzelle des späteren Katalonien. Im Gebiet von Toledo und Saragossa taten sich jetzt drei arabische Adlige im Haß auf den Emir zusammen, unter ihnen der Sohn des letzten Gouverneurs Jussuf. Diesen Sohn hatte der Emir zu lebenslanger Haft in den Kerker werfen lassen. Nach Jahren der Gefangenschaft gelang ihm jedoch die Flucht.

Die drei Aufrührer suchten Hilfe gegen den cordobanischen Emir bei Karl dem Großen, vor dem sie 777 in Paderborn erschienen. Karls Heer marschierte dann tatsächlich über die Pyrenäen, zerstörte Pamplona und zog gegen Saragossa, einen entscheidenden strategischen Punkt für jedes weitere Vorrücken auf der Iberischen Halbinsel. Als das Heer die Stadt schließlich erreichte, war das Bündnis der drei arabischen Herren schon im Streit zerfallen und jede planerische Voraussetzung für einen erfolgreichen Feldzug nach Süden zerbrochen. Die Muslime von Saragossa zeigten sich, allen Vorausinformationen zum Trotz, nicht bereit, dem Heerbann Karls die Tore der Stadt zu öffnen. In diesem ärgerlichen Augenblick kam Eilkunde vom sächsischen Aufstand unter Wittekind in das karolingische Lager am Ebro. Karls Heer wurde in Gewaltmärschen nach Norden zurückgeführt. Im Pyrenäental von Roncesvalles starb Pfalzgraf Roland mit der Nachhut, als die Feinde von den dunklen Berghängen über die Franken hereinbrachen. Es waren freilich keine Muslime, sondern marodierende Basken.

Der Emir in Cordoba schaute nur zu. Er hatte keine Hand zu rühren brauchen. Was anfangs als die erste wirkliche Bedrohung seines Reiches von außen erschien, scheiterte gründlich, weil den gegnerischen Kräften tragfähige Grundlagen gemeinsamen Handelns fehlten. Aber das war ein Augenblickserfolg. Das karolingische Reich gab nicht auf. Als Abderrahman I. in Cordoba den

Befehl zum Bau der Mezquita als Ausweis des siegreichen Glaubens erteilte, hatten erneute Vorstöße aus dem aquitanischen Süden Frankreichs schon den Nordosten der Iberischen Halbinsel unter fränkische Obhut gestellt. Der Beherrscher des spanischen Südens war merkwürdig lau gegenüber dem Geschehen im Norden seines Herrschaftsbereichs, als seien diese rauhen und kalten Landstriche der arabischen Seele fremd, fern und unzugänglich.

Die Kunst, kunstvoll zu leben

Der Sänger kommt

Im Jahr 822 segelte ein arabischer Kauffahrer, aus Nordafrika kommend, auf den andalusischen Hafen Algeciras zu. Unter den Passagieren des Schiffes war ein modisch gekleideter Mann, kaum älter als dreißig Jahre; er hieß Ali Ibn Nafi. Auf seinem Rücken brannten noch die Striemen von Peitschenhieben, die er wenige Tage zuvor bekommen hatte. Vor seinen Augen dehnte sich die Küste Spaniens, die ihm in diesen Stunden zur Küste der Ungewißheit wurde. Der Emir al-Hakam I., Enkel und zweiter Nachfolger des »Falken der Koraisch«, hatte ihn ins al-Andalus eingeladen. Aber al-Hakam war gerade in der Stunde gestorben, da das Schiff von der Küste Nordafrikas abgelegt und Kurs auf Algeciras genommen hatte. Ali Ibn Nafi und seine vielköpfige Begleitung, die allesamt sehr wohl wußten, daß die Erträglichkeit des Lebens von der Laune der Herrschenden abhing, konnten nicht sicher sein, auch das Wohlgefallen des neuen, nunmehr vierten Emirs in Cordoba zu finden. Ohne die sorgende Hand des Hofes war das neue Gastland ohne jeden Wert und Reiz für den ängstlichen Reisenden.

Die Sorgen des Ali Ibn Nafi waren unbegründet. An der Mole von Algeciras wartete ein Abgesandter des cordobanischen Hofes, ein kleiner jüdischer Sänger namens Mansur, um den Ankömmling aus dem Osten wortreich des Wohlgefallens, ja der besonderen Aufmerksamkeit und Gnade des neuen omajjadischen Herrschers Abderrahman II., zu versichern, der in der Liebe zur Kunst und in der edlen Geste der Freigebigkeit seinem dahingeschiedenen Vorgänger in nichts nachstehe. Zum Beweis ließ der kleine Jude einen vornehmen Eunuchen vortreten, der einen Willkommensbrief seines Herrn, kostbare Geschenke und wertvolle Maultiere für den Herrn Ali Ibn Nafi, seine Frauen, Kinder, Sklavinnen und Diener überreichte. Wenige Tage später traf die Reisegruppe in Cordoba ein, wo die Feiern der Thronerhebung des zweiten Abderrahman in vollem Gang waren, »aber die Nachtzeit seine

Frauen vor neugierigen Blicken schützte«. Ali Ibn Nafi wurde
freudig begrüßt: Der strahlende Stern der guten Sitten seiner Zeit
war über Cordoba aufgegangen, ein berühmter Verfeinerer des
Lebens an jenen Hof gekommen, der sich anschickte, es dem goldenen Bagdad im Osten der islamischen Welt gleichzutun. Ali Ibn
Nafi war niemand anderer als »Zirjab der Sänger«, dem der Ruf
vorauseilte, er sei der begabteste und eleganteste Lebenskünstler
seiner Zeit.
Woher er kam, weiß niemand genau; vermutlich war er persischer Herkunft. Als schmächtiger Knabe trat er in die strenge,
zuchtvolle Schule eines am Bagdader Kalifenhof wohlgelittenen
und führenden Sängers ein. Eines Tages wurde er vor den Kalifen
Harun ar-Raschid befohlen, der von seinem schnell wachsenden
Ruhm gehört hatte. Zirjab sang und stach alle anderen aus; seine
Kunst versetzte den verwöhnten Herrscher in hellstes Entzücken.
Für Zirjab hatte der Sieg freilich höchst nachteilige Folgen, denn
sofort begann sein alternder Lehrer um Rang und Einfluß zu
fürchten. Er stellte den Jüngeren kurzerhand vor die Wahl, Stadt
und Land zu verlassen, wofür er sich kräftig zu zahlen erbot, oder
aber von nun an ständig um Gesundheit und Leben zu bangen.
Zirjab, in der Kunst des Überlebens am Hof kein Neuling, hielt die
Drohungen keineswegs für leere Gesten; er wußte, daß die Gnade
des Herrschers, einmal errungen, mit allen Mitteln zu verteidigen
war. Zirjab ging.
Dem Kalifen, der den jungen Sänger kurz darauf erneut hören
wollte, gab der alte Lehrer unumwunden zu verstehen, der Kalif
möge sich glücklich schätzen, ein so gefährliches Individuum wie
Zirjab losgeworden zu sein. Es sei bekanntgeworden, daß der Sänger des öfteren vom nächtlichen Wahnsinn befallen werde und mit
singenden Geistern verkehre, und Allah möge den erhabenen
Herrn auch fürderhin vor solchen Menschen schützen. Des Alten
trügerische Beschuldigungen enthielten im Kern, was inzwischen
in Bagdad wohlbekannt war. Dem jungen Genie flogen Verse und
Lieder in nächtlicher Stunde zu; dann rief er Ghazlan und Honai-
da, zwei bildhübsche Mädchen seines Harems, hieß sie ihre Laute
nehmen und die Melodie memorieren und variieren, die ihm soeben im Schlaf gekommen war, während er die Verse dazu schrieb.
Die überlieferte Geschichte seiner Flucht mag aufgebauscht

sein; vielleicht ist er nur wegen der anhebenden inneren Wirren von Bagdad fortgegangen. Aber die Geschichte des armen, unschuldig Verfolgten paßte so sehr zu Lebensart und Gebaren des elegant-verspielten Sängers, daß sie zur festen Legende seines kometengleichen Aufstiegs schon zu seinen Lebzeiten wurde. Er war schließlich ein genial begabter Poseur, ein raffinierter Darsteller seiner selbst, der durch die Stationen seines Lebens wie durch eine Reihe von Hofgemächern tänzelte und alle Welt verzauberte. Ohne diese Gabe kunstvoller Selbststilisierung hätte er der Welt des al-Andalus nicht seinen Stil höchst verfeinerter Lebensführung aufprägen können.

Zirjab setzte sich zunächst über Syrien, Palästina und Ägypten in das nordafrikanische Kairuan ab, wo dem eleganten Herrn nach einiger Zeit sehr Ungebührliches, geradezu Schreckliches widerfuhr. Er verlor Gnade und Zuneigung des dortigen Regionalherrschers, der den zarten Meister der tausend Lieder und der guten Sitten kurzerhand und sehr unfein über den Bock spannen und den gepflegten Rücken mit einigen Peitschenhieben bedenken ließ. Wahrscheinlich war der Herrscher über des Sängers Dreistigkeit erbost, der sich um eine Einladung an den Hof von Cordoba bemüht hatte. Innerhalb von drei Tagen mußte Zirjab die Ifriqiya verlassen.

Jetzt machte Cordoba alles wieder gut. Emir Abderrahman II. empfing den inzwischen Berühmten nicht nur mit wohlgesetzten Worten der Huld, sondern überschüttete ihn gleich mit handfesten Gunstbeweisen. Der neue Stern am Cordobaner Hof erhielt zweihundert *dinar* im Monat und zwanzig *dinar* für jeden der vier Söhne, daneben aus dem Staatsschatz jährlich dreitausend *dinar,* auszuzahlen an hohen Festtagen, ferner Gerste und Weizen aus den staatlichen Kornkammern und schließlich vierzigtausend *dinar* Rente aus dem Ertrag von Häusern, Feldern und Gärten in Cordoba sowie aus Landgütern vor den Toren der Stadt – insgesamt, nach unseren heutigen Begriffen, ein Millioneneinkommen. Der Emir, um den guten Ton besorgt, ließ den Star erst das Einkommen wissen, dann bat er ihn zum Gesang. Beider Glück war vollkommen.

Der Sänger wurde des Emirs Liebling und ein ungemein einflußreicher Mann bei Hof. Er hat ein Vermögen bekommen, aber alles in allem hat er dem al-Andalus noch mehr gegeben. Er wurde ein arabischer Petronius, ein witziger, belesener und liebenswürdiger Epikureer der westlichen islamischen Welt, ein *Beau Brummel* des 9. Jahrhunderts. Trotz seines unerhörten Einflusses auf den Emir mischte er sich nicht in die Dinge der Macht und der Politik, denn das war in seinen Augen unfein und barg vor allem tückische Gefahren. Doch in Fragen der Kunst, des gesitteten Lebens und des guten Geschmacks von der Kleidung bis zur Bratensauce, herrschte er so uneingeschränkt wie der vierte Emir der spanischen Omajjaden über das Leben seiner Untertanen.

Lautenschlag und guter Ton

Zirjab vervollkommnete die Laute (arabisches Ursprungswort: *ulud*), das Hauptinstrument der Sänger und Sängerinnen. Das wurde zur großen Ruhmestat und ging in alle Chroniken ein:
»In al-Andalus erfand Zirjab zu den (vier) Saiten seiner Laute eine fünfte hinzu . . . Mit den Saiten einer Laute verhält es sich so: Die erste (und höchste) Saite wird gelb gefärbt und hat auf der Laute die Bedeutung der Galle im menschlichen Körper; die zweite, rote Saite hat die Bedeutung des Blutes und heißt, da doppelt so dick wie die erste, Doppelsaite; die vierte, schwarze Saite hat die Bedeutung der schwarzen Galle und heißt Baßsaite; sie ist die tiefste Saite und doppelt so dick wie die farblose, weiß gelassene Dreiersaite, welche die Bedeutung des Phlegmas hat und die Dikke der Doppelsaite aufweist. Diese vier Saiten entsprechen den vier Elementen (im menschlichen Körper), welche übereinstimmend funktionieren: Die Baßsaite als trocken-heiß entspricht der feucht-heißen Doppelsaite und wird darauf abgestimmt; die trokken-heiße erste Saite entspricht der feucht-heißen Dreiersaite, das heißt, die gegenteiligen Elemente kreuzen sich, so daß ein absolutes Gleichgewicht wie dasjenige der Elemente im menschlichen Körper entsteht und nur die an das Blut gebundene Seele fehlt. Unter dieser Voraussetzung fügte Zirjab der mittleren Blutsaite jene fünfte rote Saite hinzu, die er erst in al-Andalus erfand und unterhalb der Dreiersaite, oberhalb der Doppelsaite, anbrachte, so

daß auf seinem Instrument die Kräfte der vier Elemente zusammenflossen und die zusätzliche fünfte Saite die Seele im menschlichen Körper vertrat« (al-Makkari, zitiert in W. Hoenerbach).

Die Fertigung von Musikinstrumenten, Lauten und Flöten, Guitarren *(qitar)* und kupfernen Trompeten, Tambourinen und anderem Schlagzeug, wuchs sich allmählich zu einem beträchtlichen Wirtschaftszweig aus, dessen Hauptsitz Sevilla wurde; von dort gab es später einen ansehnlichen Instrumentenexport in die nördlichen Länder. Hochburg des anspruchsvollen musikalischen und tänzerischen Vergnügens zu sein war der Ehrgeiz vieler Städte südlich von Ebro und Duero.

Weit über tausend Lieder, sagten die Zeitgenossen, habe der bewunderte Meister auswendig gewußt. Die von ihm unter der Gönnerschaft des Emirs in Cordoba gegründete Musikschule galt als Ausbildungszentrum für junge Sänger und Sängerinnen, Instrumentalisten und Tänzer. Allerdings steht zu vermuten, daß die Vortragskünste der Knaben und Mädchen, wenn nicht dieser, so doch ähnlicher Schulen, keineswegs das alleinige Ausbildungsziel waren. Singmädchen waren Künstlerinnen des ganzen und ungeteilten Vergnügens in dieser Männerwelt, die auch die Knaben liebte. Verstummt waren die puritanischen Debatten der islamischen Frühzeit, in denen sich die Gemüter über der Frage erhitzten, ob denn der Koran der Musik und dem Tanz ein wahres Lebensrecht einräume. Die Hofliteraten priesen laut die Weinseligkeit und reimten Trinklieder; Gelage in den Hofgemächern und auf den Stadt- und Landsitzen waren an der Tages- und Nachtordnung, selbst Trunkenbolde auf den kleinen Thronen draußen in den Provinzen alles andere als eine Seltenheit. Manch rohe und blutige Tat wurde im blinden Rausch begangen. Das Alkoholverbot der reinen Lehre war wie anderwärts in der muslimischen Welt eine Vorschrift, der Reverenz erwiesen, aber nicht die mindeste Beachtung geschenkt wurde.

Das grobschlächtige Leben wurde vom Sänger unter die Herrschaft des Anstands, des guten Tons und auch der modischen Attitüde gezwungen. Wie hoch seine eigene und die spätere Zeit seinen Einfluß einschätzten, läßt sich allein an den langen Detailberichten der Chronisten abmessen.

»Zur Zeit der Ankunft Zirjabs trugen beide Geschlechter ihr

Haar lang; es wurde in der Kopfmitte gescheitelt und bedeckte Schläfen und Brauen. Als nun Lerneifrige beobachteten, daß Zirjab und die Seinen ihr Haar banden, aus der Stirn hielten, in gleicher Höhe mit den Brauen zu den Ohren zurückkämmten und dann erst zu den Schläfen führten . . . fand diese Mode ihren ganzen Beifall« (al-Makkari).

Nicht allein die Haarmode richtete sich nach seinen Vorschriften, auch die Körperhygiene hatte sich zu ändern:»Zirjab unterwies die Mauren im Gebrauch jener Bleiglätte, die . . . wie kein anderes Mittel den Achselgeruch beseitigt. Bisher hatten die maurischen Fürsten zu diesem Zweck Rosenöl, Myrtenblüte und dergleichen konzentrierende und kühlende Mittel benutzt, so daß ihre Kleider die entsprechenden Flecken aufwiesen; Zirjab zeigte ihnen, wie man dieselben durch Borax entfernt . . .« (al-Makkari).

Die Gesellschaft erhielt eine Kleiderordnung, die durch Hofbeispiel und allgemeine Übereinkunft verbindlich wurde:»Seiner Meinung nach mußte man zum Sommerfest . . . die bunten gegen die weißen Gewänder eintauschen. Dann trug man drei Monate hintereinander bis zum 1. Oktober diese weiße Sommerkleidung und legte die bunten Anzüge für den Rest des Jahres zurück. Für die weder heiße noch kalte Jahreszeit, bei ihnen ›Frühling‹ genannt, schrieb Zirjab folgende bunte Robe vor: Westen aus Florettseide, halb- und ganzseidene Kleider und Mäntel ohne Futter, weil fast so dünn wie die weiße Sommerkleidung – die sie bald hernach tragen würden – und fast so bunt wie die volkstümlichen, gefütterten Stoffe. Zu Sommerende und Herbstanfang kamen nach Zirjabs Vorschrift gefütterte Stoffe aus Merw, geschlossene Gewänder und dergleichen an die Reihe: alles noch leichte, wenn auch warm gefütterte, bunte Übergangskleidung, die sich von der Jahreszeit der spürbaren Morgenkühle bis zu einer Zeit zunehmender Kälte hielt; dann erst bevorzugte man dickere bunte Kleidung und trug darunter noch Pelzwerk nach Bedarf« (al-Makkari).

Auch die Art und Weise, wie die Gesellschaft des al-Andalus zu speisen pflegte, mißfiel dem »Sängerfürsten«. Er sorgte für eine neue Ordnung bei der Tafel:»Auch insofern wirkte Zirjab in al-Andalus beispielgebend, als daß man kostbare Gläser [in Cordoba war die Kristallherstellung erfunden worden] den Gold- und Silbergeräten vorzuziehen begann, Tischdecken aus weichem, zarten

Leder an Stelle der früheren Baumwolltücher auflegte und das Essen lieber auf Ledergestellen als auf den alten Holztischen servierte; denn von diesem Leder ließen sich die Flecken mühelos schon dadurch entfernen, daß man nur eben leicht darüber rieb.«

Die Speisekarte wurde durch ihn bereichert: ».. . um den in ihrer Sprache *asfarag (espárrago)* genannten Spargel, ein bislang unbekanntes Gemüse in al-Andalus. Zu den ortseigentümlichen Tunken zählt ihre sogenannte *tafaya*-Brühe, bestehend aus dem Saft frischen Korianders, der den Geschmack von Fleischpasteten und Bratenstückchen angenommen hat; ferner eine unter Zirjabs Namen bekannte Bratensauce« (al-Makkari).

Dieser Zeremonienmeister eines zusammenwachsenden Staates ließ nichts unbeachtet. Er soll die dem guten Ton angemessene Speisenfolge erdacht und eingeführt haben; ein angesehener englischer Orientalist vertritt die Meinung, die Abfolge der Gänge bei höchst formellen Diners unserer Tage gehe letztlich auf Zirjab den Sänger zurück.

Wer Macht bei Hofe hat, und sei es die tänzelnde Macht des Meisters der Etikette, hat Neider. Zirjabs Neider fanden sich vor allem unter den Dichtern, die im Sozialgefüge der arabischen Welt einen bedeutenden Rang hatten. Kunstvolle, uns oft gekünstelt erscheinende Poesie nahm bei den Arabern seit je den ersten Platz unter den Künsten ein. Einer aus der zeitgenössischen Konkurrenz, der wegen seiner biegsamen Gestalt und außerordentlichen Schönheit den Beinamen *al-Ghazal*, Gazelle, trug, mußte schließlich für seine beißenden Satiren, die er in der Stadt vertrieb, teuer bezahlen. Als Ermahnung und Verwarnung nichts fruchteten, wurde er kurzerhand des Landes verwiesen. Er ging in den irakischpersischen Osten, aus dem Zirjab gekommen war.

Des Sängers wirkliche Bedeutung liegt darin, daß er wie kein anderer dem kulturell überlegenen Lebensstil des persischen Ostens auf der Iberischen Halbinsel zur Durchsetzung verhalf, und darin, daß er in der bestimmenden Oberschicht und in der arrivierten städtischen Bevölkerung, die ja durchaus nicht arabischer Abstammung war, so etwas wie ein einheitliches Gefühl für gehobenen Geschmack schuf, eine allseits akzeptierte Übereinkunft, wie das verfeinerte Leben zu gestalten sei. Damit wurde dem Transfer östlicher Fertigkeiten in Handwerk und Gebrauchskunst der Boden bereitet, auf dem sie in Spanien fruchtbar werden konnten. Zum schönen und genußvollen Leben gehörten nicht zuletzt die Bücher, die zu sammeln nicht mehr nur Sache des Hofes war, sondern Bestreben eines jeden Salons der städtischen Oberschichten wurde. Die Verbreitung von Büchern erfolgte so rasch, da die Araber bereits im 8. Jahrhundert von chinesischen Gefangenen im östlichen Winkel ihres Riesenreiches die Kunst der Papierherstellung erfahren hatten. Um das Jahr 800 – Zirjab war noch in der Ausbildung – stand in Bagdad die erste Papiermühle; das technische Wissen wanderte schnell über die klassischen Karawanenwege entlang den Südküsten des Mittelmeeres nach Spanien.

Zirjab des Sängers Reise ins al-Andalus war eine andere Eroberung Spaniens, er selber viel wichtiger als so mancher General und Reiterführer. In dem kulturellen Klima, das er mitgeschaffen hat, beginnen die verschiedenen Quellen ineinanderzufließen – iberisches, griechisches, römisches, westgotisches und byzantinisches, ursprünglich arabisches und dann persisch-arabisches Denken, Sprechen, Formen und Handeln mischen sich und werden allmählich zu einer neuen, anderen und eigenständigen Einheit unter dem Gesamtsiegel des Islam. Erst jetzt wird es möglich, von den »Mauren« zu sprechen.

Der Name wurde den muslimischen Bewohnern des al-Andalus, und sie waren die große Mehrheit, von den Christen gegeben – Erinnerung an die Provinzen des afrikanischen Nordwestens, die zur römischen Zeit die *Mauretania* waren.

»Tritt ein, mein Fürst«

Zirjab, dieser sanfte Befehl zum kunstvollen Leben, war nicht die einzige Schattenmacht am Hofe des Herrschers. Da waren andere, weniger zartbesaitet, gefährlich in ihrem Hunger nach Einfluß: Nasr hieß der oberste Eunuch, Tarub war die herrschende Dame des Harems und Jachja Ibn Jachja, der »Jurist«, *faqi*, der eine heranwachsende Mitsprecherschicht verkörperte. Ein eigenständiges Gespinst von verdeckten Wirkungen und Gegenwirkungen, von Ambitionen und Konkurrenzen zog sich durch Palast, Moschee und Salon. Das Verwirrspiel der Intrigen, die Scharaden wechselnder Hofliaisons, die nun immer deutlicher zum Leben eines Hofes gehörten, konnten kaum noch zu kontrollierende Ereignisse zeitigen, wenn der Mann auf dem Thron die zentrale Macht nicht überlegen in seinen Händen hielt. Dies war nicht mehr die Zeit der letzten Gouverneure und der ersten Emire, als der Mechanismus von Herrschaft und Aufbegehren wesentlich durch kruden Kampf und gepanzerte Macht geprägt war. Es vollzog sich nun endgültig der Übergang von der gewissermaßen allerhöchsten Feldkommandantur des vereinnahmten Landes zur Verwaltungszentrale, die um den Thron gruppiert wurde und ihn dann immer enger einschloß.

Auch hier wird der wachsende östliche Einfluß wirksam. Die Verlegung des Kalifensitzes von Damaskus nach Bagdad, die gewaltsame Ablösung der Omajjadendynastie im Mittelpunkt des arabischen Reiches durch die Abbasiden hatten den Wechsel von der nicht mehr angemessenen Form altarabischer, im Kern vorislamischer Adelsmacht zur Herrschaftstechnik des Verwaltungsapparates persischer und sassanidischer Tradition eingeleitet.

Wiederum holte, wenngleich am Rand der Welt, der Wechsel die Omajjaden ein, jetzt freilich nicht als tödliche Überrumpelung, sondern unter ihrer Kontrolle.

Der Emir Abderrahman II. war kein Schwächling, der sich willenlos im Netz der Einflußnehmer verfangen hätte. Dieser Abderrahman war wie der erste Emir ein Mann der Tat mit früher militärischer Erfahrung. Er hatte deutliche Vorstellungen von einer gegliedert organisierten Verwaltung, die er nach den Schemata des Ostens nun auch in al-Andalus einführte und durchsetzte. Seine klare Erkenntnis wirtschaftlicher Notwendigkeiten schlug sich in einer eigenen Münzprägung und einem erweiterten Programm von Bewässerung und landwirtschaftlichem Anbau nieder. Mit nüchternem Blick begegnete er den Problemen und vordringlichen Aufgaben der äußeren Sicherheit. Als im Jahr 844 die Normannen zum erstenmal in Flottenstärke die Küste zwischen Lissabon und Sevilla bedrohten, konzentrierte er seine militärischen Machtmittel so klug und besonnen, daß er einen eindeutigen Sieg über die seefahrenden Eindringlinge aus dem Norden erzielte. Er beließ es nicht beim einmaligen Sieg, wenngleich der ihm für viele Jahre

Ruhe schaffte, sondern zog die notwendigen Folgerungen, errichtete eine Kette von Beobachtungstürmen und gut ausgestatteten Wachstationen entlang den Küsten und gab Befehl zum kräftigen Ausbau der bisher kleinen Flotte. Sein al-Andalus trat unter ihm entschlossen in die mittelmeerische Seepolitik ein. Gegen die Christen von Mallorca, die ihm den Tributvertrag und damit die Herrschaftsanerkennung aufkündigten, schickte er dreihundert Einheiten; die Christen von Mallorca hatten keine Chance. Was als defensive Maßnahme eingeleitet worden war, diente schon kurze Zeit später als Grundlage aktiver Herrschaftspolitik nach außen, besonders in Richtung Nordafrika, das von seiner Bedeutung als Raum der Sicherung, als Verkehrs- und Nachschubraum für Menschen und Waren wie als Entfaltungsraum möglicher konkurrierender Macht nicht ein Gran verloren hatte. Im Gegenteil, Nordafrika sollte innerhalb kurzer Jahrzehnte zur tödlich drohenden Gefahr für das Maurenreich werden.

Diese politischen Fakten aus der dreißigjährigen Herrschaft des zweiten Abderrahman sind nur eine knappe Bilanz seiner Regierungstätigkeit, im Saldo ein sichtbarer, wenn auch nicht zureichender Stabilitäts- und Sicherheitsgewinn. Das besagt indes noch nichts über das neue »Klima« am Hof und in der Stadt, nichts über die Einfluß- und Entscheidungskräfte, über öffentliche Meinungsbildung oder das Erstarken von Interessengruppen. Angesichts der zunehmenden, wiewohl noch nicht gesicherten Festigung der zentralen Macht, bekommt der Hof ein anderes Gesicht und damit auch andere Funktionen. Zwischen den amtlich abgesteckten Einzelfeldern, in denen delegierte Herrschermacht tätig wurde, dehnten sich unbesetzte Zonen, in die andere Kräfte unkontrollierbar einflossen. Spürbar wird die Macht der Zwischenräume; die Kamarilla formiert sich.

Nasr, der oberste Eunuch, war ein Höflingstyp von scharfer Intelligenz; er besaß die nervöse Witterung ranghoher Bediensteter für das Schwanken von Stimmung und Bedeutsamkeit. Voll Tücke war er, von einem ungezügelten Machttrieb besessen, voll verzehrendem Haß, den er unter der Seide und dem Brokat seines Amtes verbarg. Das mag der Haß des Entmannten gewesen sein, Ausfluß einer zerschnittenen Seele, oder der des *muwallad*, der sich durch seine ungewöhnliche Erhöhung in der neuen Ordnung zur rücksichtslosen Verleugnung seiner Herkunft verführen ließ. Sein Vater war ein Spanier und des Arabischen nicht mächtig gewesen; der Sohn wurde zum grausamen und heimtückischen Widersacher der mozarabischen Christen am Hof und in der Stadt.

Tarub, die Erste Dame des Harems, Hauptgemahlin des Emirs, muß von eindrucksvoller Schönheit gewesen sein und von kalter Berechnung. Die Ersten Damen eines fürstlichen Harems waren keineswegs willenlose Geschöpfe, die in stumpfer Langeweile den gelegentlichen Besuch des erhabenen Herrn erwarteten. Sie wurden oft, sofern sie wollten, zu einflußreichen politischen Kräften nicht nur in der hierarchischen Ordnung der Frauengemächer, sondern in den Staatsräumen des Hofes. Tarub forderte vom Emir Gold für ihre Gunst, fabelhafte Werte gingen in ihren persönlichen Besitz über. Sie hat es jedoch verstanden, die fragwürdige Seite ihres Charakters, die kalte Kalkulation des Gewinns, wahrhaft blendend zu kaschieren: Abderrahman und seine Erste Dame wurden schon früh zu den großen königlichen Liebespaaren der Maurengeschichte gezählt. Im al-Andalus, das nach allen Zeugnissen den Frauen mehr Bewegungsfreiheit einräumte als die stärker in den altorientalischen Traditionen lebenden Teile der muslimischen Welt, geriet das Paar, so müssen wir annehmen, in die Rolle eines literarisch propagierten Liebespaares; in Wirklichkeit war die Leidenschaft eher einseitig, sie erschöpfte sich in der tiefen Ergebenheit des Herrschers.

Aber des Herrschers Liebe war in der Politik wie im Harem keine zuverlässige Größe. Die eigentliche Macht der Ersten Damen des Harems – sie konnten durchaus aus den Reihen der geringsten Sklavinnen kommen – lag in ihren Söhnen. Die Söhne bedeuteten Aufstieg, sie waren Verlängerer der stillen Macht, wenn sie auf den Thron gebracht werden konnten. Das führte zwangsläufig zu Rivalitäten unter den Frauen, zumal es eine geordnete Nachfolgeregelung nicht gab. Der Regierende bestimmte und dies allzu oft nur vage jenen unter den jüngeren Verwandten zum Nachfolger, den er, aus welchen Gründen immer, für den Geeigneten und Richtigen hielt. Das ließ der rückhaltlosen Manipulation den denkbar größten Raum. Die Kampfart des Harems aber war die Intrige mit oft tödlichem Ausgang. Haremsdame und Obereunuch, das klassische Paar der Ränke und Umtriebe, treten am Hof des vierten Emirs zum erstenmal ins Rampenlicht der maurischen Bühne.

Tarub wollte ihrem Sohn Abdullah die Nachfolge sichern; der entscheidende Konkurrent war Muhammad, Sohn einer ebenfalls einflußreichen Dame des Harems. Die dreiundvierzig anderen Söhne des Abderrahman spielten in diesem Machtsicherungskampf keine Rolle. Tarub und Nasr schmiedeten ein Komplott; Nasr erbot sich, den Emir und den Sohn der Rivalin zu beseitigen. Er verschaffte sich von einem aus dem Osten zugewanderten Modearzt einen Gifttrank, für den er tausend Goldstücke zahlte. Der Arzt, dem solche Praktiken natürlich nicht fremd waren, überdachte die fatalen Folgen eines Fehlschlages; er ließ den Emir in gebotener Heimlichkeit über eine jüngere Haremsfrau warnen. Es kam genau so, wie es der klassische Hofroman überall tausendfach erzählt: Der gewarnte Emir hieß, als ihm der Trank unter dem Vorwand dargeboten wurde, dies sei ein Mittel gegen des Herrschers ärgerliche Leiden, den tückischen Obereunuchen zuerst aus dem Becher trinken; dies alles geschah unter dem Austausch höfisch gedrechselter Freundlichkeiten und Versicherungen gegenseitiger Wertschätzung. Der überrumpelte Nasr fiel seiner eigenen Niedertracht zum Opfer. Er starb innerhalb weniger Stunden.

Der Emir hat weder Abdullah noch Tarub dieses Mordkomplott entgelten lassen. Wie sein Vater kannte er Nachsicht und Verzeihung, freilich nur dann, wenn es um Verfehlungen von Angehörigen der arabischen Führungsschicht ging. Beide übten sich in höchst selektiver Großmut; denn andere Missetäter hingen schnell an Galgen oder Kreuz, nicht selten – Ausdruck tiefster Verachtung – zwischen einem Hund und einem Schwein.

Dennoch saß, als der vierte Emir 852 überraschend an einem Schlaganfall starb, plötzlich der Sohn der anderen, eben jener Muhammad, auf dem Thron, obwohl er so recht gar nicht wollte. Die das mit schnellen Winkelzügen, allerdings auch mit einer beachtlichen Portion Wagemut, im Lauf einer kurzen Nacht vollbrachten, waren die Eunuchen. In des Emirs Sterbestunde, da sie als einzige Kenntnis der Lage hatten, ergriffen sie die Chance zur Festigung und Ausdehnung ihrer Macht im Zwischenraum. Sie hievten den Schwächeren an die Spitze.

Die Szene in einer Septembernacht des Jahres 852 war grotesk.

Der Emir hatte noch nicht den letzten Atemzug getan, da verrammelten schon die wissenden Eunuchen die Zugänge zum Stadtpalast gegenüber der Mezquita. Sie hielten Rat mit dem Rest ihrer Amtsgenossen, wer mehr ihren Interessen dienlich sein könne, Abdullah oder Muhammad, und einigten sich zunächst auf den Sohn der Tarub, deren Großzügigkeit nicht allein dem verblichenen Nasr zugute gekommen war. Aber plötzlich tauchte eine andere Überlegung im geheimen Eunuchenkonzil von Cordoba auf: Würde das Volk diesen Personenentscheid honorieren? War nicht Abdullah von lockeren Sitten, mißachtete er nicht allzu demonstrativ die religiösen Bräuche und Vorschriften? War er nicht beinahe, im Rahmen des damals überhaupt Denkbaren, ein Freigeist? Der Eunuchenrat schwankte nur kurz. Das Gegenargument der Befürworter des Abdullah, Muhammads Taschen seien über jedes erträgliche Maß zugeknöpft, wich der Überzeugung, dies müsse sich ändern, da die Herrschaft seine Taschen bald werde überquellen lassen: Sie entschieden sich für Muhammad.

Der Prinz bewohnte jenseits der großen Brücke ein ansehnliches Haus in der Südlichen Vorstadt. Der Eunuch Sadun machte sich auf den Weg, was nicht ganz ungefährlich war. Um über die Brücke zu gelangen, mußte Sadun von der Zitadelle, der herrscherlichen Burg, quer durch den angrenzenden Stadtsitz des Prinzen Abdullah. Der feierte in seinen Räumen gerade ein rauschendes Fest, ohne auch nur das geringste von der Dramatik der Lage zu ahnen. Der Eunuch schlüpfte durch, hastete über die Brücke und erreichte unentdeckt das Haus des Muhammad. Jetzt galt es den zögerlichen Muhammad zu überreden; das gelang, wenngleich unter Mühen. Dann kam die wirkliche Klippe: Muhammad mußte unerkannt in die Stadtburg des Emirs geschafft werden, denn nur wer diesen zentralen Sitz in der Hand hatte, der besaß den Thron und die reale Macht. Auch der Rückweg gelang dem wieseligen Eunuchen. Indes in einer Weise, die des Ausgesuchten Aufstieg zum Thron das letzte Quentchen Würde nahm. Muhammad wurde in den Kleidern seiner Tochter und nach Frauenart tief verschleiert durch Abdullahs weintrunkene Gesellschaft geschmuggelt und vom mächtigen Türhüter nichtsahnend durch die Verbindungspforte vom Stadtsitz des Prinzen in den Palast des Emirs eingelassen. In den inneren Gemächern am Totenlager seines Vaters, über dessen Abschied von Stadt und Reich er nicht eine einzige Träne vergoß, warf Muhammad dann den Schleier zurück. Erst da begriff der Türhüter, ein höherer Beamter, in dessen Vorstellung der Einlaß einer Frau vermutlich soviel war wie der Einlaß eines Nichts, der also nach seinem Verständnis gar keine Tür geöffnet hatte, die tatsächliche Lage, und mit amtsgeschwollener Stimme dröhnte er: »Tritt ein, mein Fürst! Möge Gott dich glücklich machen, und mögen alle Gläubigen es durch dich werden!« Sie wurden es nicht. Aber die geschäftigen Eunuchen standen erst einmal ergeben und sehr zufrieden im Hintergrund.

»So hüten sie ihren Kult und kennen ihre Zeit«

Er war grob, von brutaler Direktheit, in hohem Maß selbstherrlich, und das so unverhohlen, als müsse er die Stadt und das Land täglich neu an die Bedeutung seiner Person und seines Wortes erinnern: Jachja Ibn Jachja, der vierte im Schatten der Macht des Emirs. Mißfielen ihm Person oder Urteil eines vom Herrscher bestallten Richters, rief er ihm nur knapp und herrisch zu: »Fordere deine Entlassung!«, und des armen *qadi* Karriere hatte ein jähes Ende. Gegen den Selbstherrlichen gab es keine Berufung.

Das war eine erstaunliche Ballung von Macht in den Händen eines Mannes, der weder ein festumrissenes Amt bei Hofe noch einen eindeutig definierten Rang in der Amtspyramide des Gemeinwesens hatte, so wenig wie Zirjab, der stille Diktator der schönen Form und der guten Sitte. Zirjab und Jachja hatten zwei völlig verschiedene Wege nach oben beschritten: der Sänger war jeglicher Verwicklung in unfeine Ranküne um Macht und Einfluß aus dem Weg getänzelt, Jachja, der gegen Emir und Hof rebelliert und die Schlupfwinkel der Gejagten und Geächteten geteilt hatte, war schließlich über den schmalen Pfad herrscherlicher Verzeihung bis an die Stufen des Throns von Cordoba gestiegen.

Jachja Ibn Jachja al-Laythi kam aus dem Berberstamm der Masmuda, war Klient des Araberstammes der Beni-l-Laith und Abkömmling eines Tariq-Gefährten aus Nordafrika. Interesse gewinnt seine Geschichte, weil mit ihm und an seiner Selbstentfaltung das Gewicht einer Religionsinstanz, nämlich der des Rechts-gelehrten, im Verbund der muslimischen Großgemeinde und im Leben des einzelnen Staates klarer erkennbar wird: Jachja Ibn Jachja war ein *faqi*.

Der *faqi* war ein Rechtsgelehrter, der sich mit den Gesetzesvor-schriften und ihrer Auslegung beschäftigte; das Recht konnte da-mals wie heute nur in der unauflöslichen Einzigkeit der Religion verstanden werden. Der *faqi* war nicht mit der Rechtspraxis des Alltags befaßt wie der *qadi* oder wie der Herrscher als oberster Wahrer und Garant des Rechts in der jeweiligen Gemeinschaft. Als Rechtsinterpret, als der Kundige, der die Vorschriften des Koran und die Normen der Tradition sowie die Methoden ihrer Begrün-dung und Präzisierung wußte, kontrollierte der *faqi* letztlich die Richter, wenngleich ohne Amtsauftrag. Er konnte sie steuern, so-fern er wirklich wollte – Jachja wollte es – und soweit Rechtsgaran-ten und Rechtsprechende ihm diese Möglichkeit ließen. Diese Möglichkeit zu versagen war schwer, zwar nicht unmöglich, doch nur für kurze Frist aus der Position höchster, nicht mehr bestreitba-rer herrscherlicher Machtfülle denkbar und praktizierbar.

Jachja Ibn Jachja hatte in jungen Jahren der Kargheit der nord-afrikanischen Bergwelt den Rücken gekehrt. Als reinrassiger Ber-ber glaubte er wie alle seines Volkes an die Kraft, das Charisma und die Berufung einzigartiger Personen. Er war nach Medina gegangen. Dort erklärte Malik Ibn Anas einem Kreis von Schü-lern, die aus allen Winkeln der *umma* zu ihm gewandert waren, seine Auslegung der Schrift und der Überlieferung tatsächlicher oder noch vermeintlicher Aussprüche und Entscheidungen des Propheten. Das Offenbarte und das Überlieferte wurde insgesamt zu einem System der Recht- und Rechtsweisung der Gläubigen zusammengefaßt und in feinster Gedankenarbeit begründet. Jach-ja, der junge Mann zu Füßen des hochberühmten Lehrers, muß von auffallender Zielstrebigkeit und Unbeirrbarkeit gewesen sein. Einst sei, so sagt die Legende seines Lebens, ein Elefant durch die sonnenheißen Gassen von Medina gestampft, und jedermann sei aus dem Schatten der Mauern hervorgesprungen, um sich an dem ungewöhnlichen Anblick zu ergötzen; Maliks Schüler machten keine Ausnahme. Nur Jachja hockte ungerührt vor seinem Lehrer und erklärte, nach dem Grund seines Bleibens befragt, mit ernstem Eifer: »Ich habe mein Land verlassen, um dich zu sehen und deinen Unterricht zu hören, nicht um einen Elefanten zu betrachten.« Malik soll ihn seither *akil*, den Klugen, genannt haben. Was war an oder in Malik Ibn Anas, das eine so strenge, eifernde, vielleicht auch glühende Seele wie die des jungen Jachja unter des Alten ausschließliche Herrschaft zwingen konnte? Malik war eine Berühmtheit innerhalb der muslimischen Welt, eine der überragenden Autoritäten in Fragen der Erkenntnis und Deutung der religiösen Vorschriften.

Er schrieb das erste große Rechtsbuch. Die malikitische Rechtsschule – ihre Vorstellungen sind noch heute im Maghreb, Sudan, in Schwarzafrika und in Küstenbezirken des Persischen Golfs bestimmend – versuchte im Grunde, »aus dem Gewohnheitsrecht und der individuellen Praxis der Muttergemeinde Medina ein Modell für andere zu machen«. Malik hat bis zu seinem Tod 795 die Wüstenstadt Medina nur zu Pilgerfahrten ins nahe Mekka verlassen. Er war der Beharrende, der große Konservative, der Geradlinige, den die Erfahrung einer weiten, vielfältigen Welt nicht anfechten konnte, da er sie nicht kannte. Der Mann, der jede Stunde seines Daseins im geheiligten Bezirk verbrachte, mußte eine fordernde Seele wie Jachja Ibn Jachja magisch anziehen.

Aus den unzähligen Diskussionszirkeln um das Religionsproblem entstanden »Rechtsschulen«, und zwar dann, wenn sich geistige Kraft, Inbrunst des Glaubens, Fähigkeit zur gedanklichen Feinheit, Stärke und Entschiedenheit in einem Mann zusammenfanden, der schließlich zum weithin bekannten Lehrer wurde.

Vier der zahlreichen Rechtsschulen, die im Übergang vom 8. zum 9. Jahrhundert entstanden, gewannen großen Einfluß. Sie regelten (und regeln mehr oder weniger bis heute) das Leben der Muslime von der Geburt bis zum Tod. Sie hatten tiefreichenden Anteil an der Formung muslimischer Lebensweise wie an der Ausprägung einer universale Welt und tägliche Existenz gleichermaßen umspannenden und durchdringenden Religiosität.

Die malikitische Rechtsschule in Medina wurde bereits erwähnt. In Bagdad und Kufa disputierte der bescheidene, wegen seiner persönlichen Tugend berühmte Abu Hanifah; er starb 767. Nach ihm benannte sich die Schule der Hanafiten, die sich ostwärts bis nach Indien und Zentralasien ausbreitete.

Ebenfalls in Bagdad lehrte wenig später al-Schafii, dessen Einfluß, als er 822 starb, in Ägypten, Arabien und Ostafrika spürbar war. Seine Schule legte Wert auf eine stärker rationale und argumentative Deutung in Zweifelsfällen wie auch auf die Möglichkeit, neue Gesetze zu erlassen, in diesem Sinn das eigene Urteil einzubringen.

Dagegen wehrte sich eine Gruppe seiner Schüler. Sie folgte einem eigenen Lehrer, Ahmad Ibn Hanbal, der 855 starb. Diese Hanbalitische Schule kehrte sich gegen allzu starken Rationalismus und forderte eine sehr enge Interpretation des Koran getreu den Buchstaben seiner Suren; das später weiterentwickelte Denken der Hanbaliten ist noch heute gültiges Recht in Saudi-Arabien und seinen Einflußbereichen.

Warum nun entstanden die vier überdauernden Rechtsschulen und die vielen kleinen, die längst unter den Schuttbergen der Buchstaben begraben sind, gerade zu dieser Zeit?

Ein islamischer Herrscher hatte die Möglichkeit, Spruch und Doktrin der Rechtsgelehrten durch Herrschaftsentscheid und Verwaltungshandhabung zu ergänzen und zu erweitern. »Regieren im Einklang mit dem geoffenbarten Gesetz« hieß diese Praxis. Dadurch konnte das Recht umgangen und unterlaufen werden. Vollstrecker der Macht des Herrschers war der Verwaltungsapparat, der von der Klasse der »Sekretäre«, vom Wesir bis herab zum Marktaufseher, getragen wurde. Unter den Abbasidenkalifen im östlich geprägten Bagdad fand die uralte Verwaltungskunst und -tradition der persischen und sassanidischen Reiche unter veränderten Namen neues Leben. Das war die Wiederauferstehung einer Beamtenautokratie in einem Glaubenssystem, das nach seinem ursprünglichen und nach wie vor lebendigem Verständnis einen egalitären Charakter hatte. Die Phalanx der insgesamt orthodoxen Rechtsschulen läßt sich *auch* als eine Art sehr lose organisierter, aus der Tiefe des Glaubenserlebnisses stammender »konstitutioneller Partei« verstehen, mithin als Widerpart der Autokraten in den Verwaltungseinheiten der Diwans.

In den abgelegenen Regionen des muslimischen Westens, vom Maghreb bis hinauf in die Marken an Ebro und Duero, gewann das malikitische Rechtsdenken eine fast ausschließliche Geltung. Denn gerade der pragmatische Sinn, das auf Sicherung bedachte

Streben jener, die immer noch Eroberer in der dritten und vierten Generation waren, mußten an der Ursprünglichkeit und dem unverstellten Konservatismus des großen Rechtslehrers von Medina ihren Gefallen finden. Allerdings kam ein sehr weltlicher Umstand hinzu. Malik Ibn Anas haßte die Abbasiden, deren Behörden ihn hart und verletzend behandelt hatten – und Ablehnung der Abbasiden empfahl einen jeden der Zuneigung im omajjadischen Teil der *umma*.

Jachja Ibn Jachja wanderte von Medina nach Cordoba, als der Alte im geheiligten Bezirk ihn für hart und wissend genug zur Führung auf den Wegen Allahs befunden hatte. Er kam in das Cordoba des dritten Emirs, al-Hakam. Der liebte in seinen frühen Jahren das Leben, das Spiel, die Jagd, die Frauen, jegliches ungebundene Vergnügen, bis die Bürde ständiger Machtbehauptung ihn bitter und hart werden ließ. Jachja empörte das ausschweifende Leben in Cordoba. Er setzte sich an die Spitze einer Schar Gleichgesinnter, die dem wahren Glauben und seinen Vorschriften wieder zu neuem Ansehen verhelfen wollte. So entstand in der Stadt eine moralische Opposition gegen den lebensfrohen Emir: ». . . der du in deiner Gottlosigkeit beharrst, der du in deinem Stolz dich widersetzst, der du die Gebote deines Herrn verachtest, rüttle dich auf aus deiner Trunkenheit, in der du versunken bist!«

Das Eifern der neuen Selbstgerechten schlug in Demagogie um; die Straße sah ihre Stunde. Eines Tages, es war im Jahr 805, bewarf der aufgestachelte Mob den dritten Emir mit Steinen. Das geschah nicht allein aus Glaubenseifer, sondern war schon erster Ausdruck des sozialen Unmuts der zwar muslimischen, aber nicht arabischstämmigen *muwalladun,* die inzwischen den Hauptanteil der städtischen Bevölkerung stellten. Der Emir bahnte sich mit dem Säbel rücksichtslos einen Weg durch die Menge. Für Jachja und seine Eiferer war diese Szene Entscheidung und Signal: Der Emir verweigerte sich dem Anspruch der Glaubenswächter. Sie taten den nächsten Schritt; sie verbündeten sich mit einigen arabischen Aristokraten, mehr noch, sie boten einem Vetter des Emirs, der Ibn Schammas hieß, den Thron an.

Der Umworbene ging zunächst auf das Ansinnen ein, verlangte dann aber eine Namensliste der Putschwilligen. Gleichzeitig verriet er das Komplott dem Emir, der zunächst nicht an den Anschlag glauben mochte. Der Beweis wurde in einer der nächsten Nächte geliefert. Des Emirs christlicher Lieblingspage Hyazinth versteckte sich hinter einem Wandbehang im Haus des Schammas und hörte Namen und Pläne der Verschwörerrunde. Ein Schreiber an der Seite des Hyazinth notierte alles Wichtige, ließ aber sein Schreibgerät allzu laut kratzen; er gehörte, wie sich herausstellte, selbst zu Jachjas Gruppe. Die nächtliche Versammlung platzte, die Verschwörer suchten zu fliehen, aber des Emirs Häscher waren schneller. Zweiundsiebzig aus der nächtlichen Runde, darunter sechs der Edelsten aus Cordoba, wurden gefangen; sie starben am Kreuz,

Dem Jachja freilich gelang die Flucht. Er setzte sich nach Toledo ab, das sich gerade gegen den Emir erhoben hatte. Den Ungehorsam Toledos rächte der Emir einige Zeit später auf so grausame und heimtückische Weise, daß die Erinnerung daran noch heute weiterlebt. Toledo wagte lange Jahre nicht mehr, das Haupt zu heben. Jachja hat das nicht erlebt. Er machte sich beizeiten davon, diesmal nach Nordafrika, wo er sich in den Schutz seines Stammes begab.

Schließlich muß ihm die Erkenntnis gekommen sein, daß der zornige Eifer des Gerechten im Glauben wenig zu bewirken vermochte, wenn er gegen den Zorn des Mächtigen stand. Als al-Hakam einige Jahre später die Rechtsgelehrten amnestierte, nahm Jachja die Gnade des Herrschers willig an und kehrte sogleich an den Hof zurück.

Von seinen ehernen Überzeugungen war der *faqi* keinen Deut abgerückt, doch wechselte er aufgrund seiner Erfahrungen den Weg zur Macht. Nicht mehr gegen die Herrschenden, sondern als Teilhaber ihrer Macht versuchte er nun, sie strenger an das Religionsrecht, so, wie er es verstand, zu binden. Er akzeptierte die äußeren Bedingungen seiner Umwelt; er war gezwungen worden, die Herrschermacht so ernst zu nehmen, wie sie sich selbst im Abschiedsbrief des dritten Emir an seinen Sohn Abderrahman darstellte: »Wie ein Schneider sich seiner Nadel bedient, um Zeug zusammenzunähen, habe ich meinen Säbel gebraucht, um meine auseinandergefallenen Provinzen wieder zu vereinigen ... Frage die Schädel meiner rebellischen Untertanen, die wie Coloqintenfrüchte mittendurch gespalten auf der Ebene zerstreut liegen und in den Strahlen der Sonne glänzen; sie werden dir sagen, daß ich auf sie eingehauen habe, ohne ihnen Rast zu lassen ... Also hinterlasse ich dir meine Provinzen in Frieden, mein Sohn! Sie gleichen einem Bett, auf dem du ruhig schlafen kannst, denn ich habe Sorge getragen, daß kein Rebell deinen Schlummer störe.«

Unter diesem Sohn, Abderrahman II., fand der Tribun des Glaubensrechts den Einfluß, den er bislang vergeblich zu ertrotzen gesucht hatte. Er machte sich zum unentbehrlichen Hofmann und Gefährten. Die Stadtbürger unterstützten ihn, weil sie ihn fürchteten. Die Dichter, die dem Hof keineswegs nur als Unterhalter dienten, sondern in einer literarisch aufgeschlossenen Gesellschaft auch die öffentliche Meinung beeinflußten, schmeichelten dem mächtigen *faqi*. Der größte Teil der malikitischen Zunftgenossen wurde zu seinem treuen Anhang, weil er kraft seiner Persönlichkeit ihrer Gruppe zu dem Einfluß auf alles öffentliche und private Leben verhalf, auf den sie meinten, Anspruch zu haben.

Die Klasse der Glaubensjuristen hat später im al-Andalus wechselnde Rollen gespielt. Aus der Zeit, da Cordoba auf dem Höhepunkt seiner Kraft und Herrlichkeit stand, wird dies berichtet: »Außerhalb der Stadt liegen dreitausend *alquerías* [Dörfer, Flekken]. In jedem dieser Landorte existiert eine Kanzel für einen Theologen, der als Rechts- und Gesetzesgelehrter die *kalansuwa*-Kopfbedeckung tragen darf; letztere darf nur derjenige tragen, der das Werk *al-Muwatta* [das Rechtsbuch des Malik] oder – nach anderen – zehntausend Prophetenaussprüche ... auswendig gelernt hat. Diese Privilegierten erscheinen jeden Freitag in der Stadt zum Gebet mit dem Kalifen; sie erweisen ihm Reverenz und setzen ihn über ihre örtlichen Verhältnisse in Kenntnis.« Das war nicht nur Glaubensüberwachung, sondern ein politisches Informationsnetz zusätzlich zum Nachrichtendienst, den der Hof als die andere Seite des öffentlichen Postdienstes unterhielt.

Die Juristen haben oft großen Einfluß genommen, aber immer in der Position der Drahtzieher hinter den Kulissen, denen es gegeben ist, über die Richtung des Weges zu befinden, die aber nie in die Verlegenheit geraten, die endlose Karawane über die Straßen der Zeit zu treiben. Der pragmatische granadinische Staatsminister aus dem 14. Jahrhundert, Ibn al-Khatib, notierte in seiner bitteren Chronik des al-Andalus: »So hüten sie ihren Kult und kennen ihre Zeit – sie beschränken sich auf den Propheten in der rechten Eingebung.«

Rebellen und Grenzer

*»An diesem Tag räumte das Schwert
unter den Vorstädtern auf«*

Am »13. Ramadan des Jahres 202 der Hedschra« (über das Datum herrscht noch immer Uneinigkeit) – nach unserer Rechnung war das der 25. März 818 – stand der Emir am hohen Mittag auf dem flachen Dach seiner Zitadelle. Vor den Mauern tobte seit dem frühen Morgen eine aufrührerische Menge, die über die große Brücke aus der südlichen Vorstadt Shaqunda herangezogen war. Der Emir, sein Hofstaat und seine Leibtruppen waren eingeschlossen. Über diese scheinbar ausweglose Lage berichtet folgende, mehrfach überlieferte Anekdote:

»Al-Hakam, schreckensbleich, verlangte von einem slawischen Pagen die Salbenschüssel. Der ratlose Page sträubte sich: ›Wie kann man jetzt an Salbe denken?‹ – ›Her damit‹, wiederholte al-Hakam mit Nachdruck, ›woran soll man sonst al-Hakams Haupt unterscheiden?‹ Als der Page das Verlangte schließlich brachte, salbte der Herrscher Haupt und Bart und rüstete sich zum Sterben.«

Er starb nicht. An diesem Tag starben jedoch »mehr als zehntausend« Männer und Frauen. Die Shaqunda war das Viertel der Handwerker und Kaufleute, durchweg bewohnt von *muwalladun*, die durch ihren Fleiß diesen Bezirk zu einem der wohlhabendsten der Hauptstadt gemacht hatten.

Der Emir rettete Herrschaft und Leben durch einen grausamen Plan. Ein kleiner Reitertrupp brach aus der Burg hervor. Er hieb sich eine Gasse durch die brüllende Menge und steckte die Vorstadt in Brand. Als die Vorstädter ihre Häuser in Rauch und Flammen aufgehen sahen, gerieten sie in Verwirrung. Der Angriff erlahmte. Genau in diesem Augenblick ließ ein verabredetes Signal den Ausfalltrupp in der brennenden Stadt kehrtmachen. Zur gleichen Zeit schickte al-Hakam die übrigen Soldaten aus der schützenden Burg heraus. Die Menschenmasse geriet in die Zange. Die »Stummen« schlugen gnadenlos zu. Dreihundert Personen von einigem Ansehen wurden vor den Herrscher geschleppt. Noch in der gleichen Stunde ließ er sie längs des Flusses an Pfählen aufhängen, den Kopf nach unten. Sie starben qualvoll langsam.

Noch war nicht über das Schicksal der übrigen Bevölkerung der Shaqunda entschieden. Der Emir wollte alle niedermachen lassen, Männer, Frauen, Kinder. Seine Ratgeber versuchten ihn umzustimmen, was mit Mühe gelang. Das Urteil war dennoch von unnachsichtiger Härte: Die Shaqunda war unverzüglich zu zerstören, die noch lebenden Bewohner hatten binnen drei Tagen bei Strafe der Kreuzigung Spanien zu verlassen. Sie durften nur in kleinen Gruppen ziehen. Auf den Wegen und Saumpfaden des Gebirges fielen sie Marodeuren leicht zum Opfer. Ein für damalige Bevölkerungszahlen riesiger Flüchtlingstreck schob sich von Cordoba über die heißen Berge an die Häfen des Mittelmeeres.

Den Berichten zufolge nahmen etwa achttausend Familien den kürzeren Weg nach Nordafrika. Im heutigen Marokko entstand zu dieser Zeit unter Fürst Idris die neue Hauptstadt Fes. Ihm mögen die fleißigen und kunstfertigen Andalusier höchst willkommen gewesen sein. Doch trennte er sie in weiser Voraussicht innerhalb der Stadtumwallung von dem rein arabischen Bevölkerungsteil. Durch all die Jahrhunderte blieben die entsprechenden Stadtgebiete voneinander geschieden und als unterschiedliche Lebenseinheiten erkennbar. Das andalusische Element wurde nicht von der Umwelt aufgesogen, sondern prägte sie mit.

Weniger Glück hatten etwa fünfzehntausend andere cordobanische Vertriebene, die es an die Küsten Ägyptens verschlug, wo damals ziemlich anarchische Zustände herrschten. Sie schufen sich eine bescheidene Lebensgrundlage in Alexandria, doch diese vorläufige, mühselig ertrotzte Sicherheit brach nur acht Jahre später zusammen. Wieder wurden sie hinausgejagt. Sie setzten nach Kreta über, das zu einem Teil noch den Byzantinern gehörte. Sie eroberten die ganze Insel. Ihr Führer, Abu Khafs Omar al-Balluti, ein islamischer Spanier aus der Gegend nördlich von Cordoba – damals hieß sie *Fakhs al-Ballut* –, gründete eine andalusische Dynastie auf Kreta. Anderhalb Jahrhunderte hatten sie dort ihren Frieden und ihre eigene Herrschaft. Im Jahre 961 kamen die Byzantiner zurück. Für die letzten Nachfahren jener, die Cordoba an dem Tag verlassen mußten, da »das Schwert unter den Vorstädtern aufräumte«, war das Ende gekommen.

Die Partei der Märtyrer

Die Hauptstadt ging über die Tragödie von Shaqunda hinweg. Cordoba wandte sich – das war nun schon unter Abderrahman II. – der Kunst des exquisiten Lebens zu. Doch auch seine Zeit war doppelbödig; sie blieb von inneren Unruhen nicht verschont. In der hauptstädtischen Gesellschaft kündigte sich ein neues Beben an. Der kollektive Fanatismus einer kleinen Gruppe mozarabischer Christen brach sich Bahn.

Eine Reihe mozarabischer Christen in Cordoba, die nach dem *dhimmi*-Recht religiöse Freiheit und Gemeindeselbständigkeit genossen, zwangen den muslimischen *qadi* zur äußersten rechtlichen Konsequenz, dem Todesurteil, indem sie den Propheten öffentlich schmähten und auf der Straße wie vor Gericht den Glauben an Allah als Blendwerk des Teufels verfluchten. Sie suchten nach eigenem, oft wiederholtem Bekunden das »Märtyrertum«. Der *qadi* bemühte sich vergebens, den christlichen Selbstopfern einen Ausweg zu zeigen. Doch die wollten sterben – und starben zu Dutzenden.

Die Anstifter dieser mozarabischen Bewegung, die den Muslimen jener Zeit absurd und bizarr erschien, waren ein junger cordobanischer Priester namens Eulogius und sein Freund, der Laie Paulus Alvarus, beide Söhne aus sehr angesehenen Familien. Ihr blindes Eifern mag von dem in Cordoba verbreitenden Gefühl genährt worden sein, daß der große, angesehene und wichtige mozarabische Bevölkerungsteil in die Gefahr gerate, seine Gruppenidentität durch steigende Arabisierung zu verlieren. Die Sorge gründete vor allem in dem gewaltigen Einfluß der arabischen Sprache.

Spanien war zweisprachig geworden. Neben die heimische ibero-romanische Mundart der Massen, sprachgeschichtlich später als »Mozarabisch« bezeichnet, war nach der Eroberung immer stärker das Arabische getreten, zunächst als Sprache der Herrscher und des siegreichen Glaubens, wenig später schon als Verwaltungs- und Handelssprache. Es wurde im Lauf der Orientalisierung zur Hochsprache, Zeugnis verfeinerter und weit überlegener Kultur. In der Entwicklung zur späteren spanischen Sprache läßt sich eindeutig verfolgen, daß »die Heimsprache, die Substratsprache, die an den Boden gebundenen Ausdrücke [liefert]; die Wörter der Bildung kommen aus der Sprache der auch kulturell überlegenen Herren«. Der Einfluß der arabischen Hochsprache auf die gesamte Formung des muslimischen Spanien kann gar nicht überschätzt werden; die Sprache war womöglich wichtiger und hat viel weiter in die Zeit hinein gewirkt als der Glaube. Fast jeder Bewohner des Landes, gleich welcher ethnischen oder religiösen Abkunft oder Zugehörigkeit, sprach sowohl Mozarabisch wie klassisches Arabisch. Die Beherrschung des Arabischen war der Schlüssel zu jeglichem Aufstieg; der zweite Abderrahman machte die Vergabe von Hofposten und Staatsämtern oft nur davon abhängig.

In einem erhaltenen Brief beklagt Alvarus diese Entwicklung: »Meine Glaubensgenossen lesen die Gedichte und die Erzählungen der Araber gern. Sie studieren die Schriften der Theologen, nicht, um sie zu widerlegen, sondern um an ihnen einen guten Stil zu lernen. Alle durch ihre Begabung hervorragenden jungen Christen kennen nur die arabische Sprache und Literatur. Sie lesen und studieren mit dem größten Eifer arabische Bücher. Sie geben viel Geld aus für riesige Bibliotheken und verkünden überall, wie wunderbar diese Literatur sei . . . Welch ein Jammer! Die Christen haben sogar ihre religiöse Sprache vergessen, und auf tausend findet man kaum einen, der einem Freund einen Brief in annehmbarem Latein schreiben kann. Handelt es sich aber darum, Arabisch zu schreiben, so findet ihr eine Menge Leute, die sich in dieser Sprache richtig und sehr elegant ausdrücken. Ihr werdet sehen, daß ihre Gedichte in künstlerischer Hinsicht sogar die der Araber übertreffen . . .«

Eulogius, Alvarus und ihre meist jugendlichen Gefährten zogen aus der Bedrohung der Gruppenidentität den voreiligen Schluß, auch der christliche Glaube sei zum schnellen und völligen Untergang verurteilt. Haßerfüllt verleumdeten sie den Islam in einer durch nichts zu rechtfertigenden Weise. Alvarus: »Christus hat seinen Jüngern die Keuschheit gepredigt; jener [der Prophet] hat den Seinigen rohe Vergnügungen, unreine Wollust, Blutschande gepredigt. Christus hat die Ehe gepredigt; jener Ehebruch. Christus hat Nüchternheit und Fasten anempfohlen; jener Feste und Tafelfreuden . . .« Es war eine verblendete Entstellung islamischer Religionsgrundsätze. Im unwissenden christlichen Norden, jenseits der Pyrenäen, wäre das nicht überraschend gewesen, hier aber wurde diese Verfälschung laut von Männern und Frauen verbreitet, die die Quellen und die Zeugnisse des Gegenteils täglich vor Augen hatten, selbst in ihren eigenen Familien und unter ihren Freunden und Partnern.

Eulogius, der Priester, entstammte einer alten Familie Cordobas, in der das Christentum hochgehalten wurde. Der Großvater beantwortete, nach dem Zeugnis des Enkels, jeden Ruf des Muezzins mit dem Satz:»O Gott! Bleibe nicht still und schweige nicht! Denn siehe, Deine Feinde stehen auf und die Dich hassen, heben ihr Haupt empor!« Aber solch trotzige Glaubensstärke des Alten hinderte die Familie nicht im geringsten, den jüngsten Bruder des Eulogius als Beamten in den Dienst des Emirs zu geben, dem er treu und aufrichtig anhing; zwei andere Brüder waren erfolgreiche Kaufleute im Basar, respektiert von ihren muslimischen Zunftgenossen und Handelspartnern.

Paulus Alvarus kam aus einem edlen und sehr reichen Cordobaner Haus, erhielt eine glänzende Erziehung, was vor allem Meisterung des klassischen Arabisch und Kenntnis der Schriften hieß. Aber dann schloß er im Hörsaal eines alten, verbissen muslimfeindlichen Abtes namens Speraindeo schwärmerische Freundschaft mit Eulogius. Die Schwärmerei schlug in Fanatismus um.

Einige Jahre später, als die Partei der Märtyrer schon so manches Mitglied freudig auf der Richtstatt verloren hatte, wurde ein Mönch namens Isaak wegen Lästerung des Propheten vor den *qadi* gebracht. Isaak war schon in jungen Jahren ein Meister des Arabischen gewesen, und gerade wegen seiner auffallenden Begabung zur Einfühlung in die andere Kultur hatte Emir Abderrahman II. ihn an den Hof geholt, zum *katib*, zum Regierungssekretär, gemacht und ihm eine glänzende Laufbahn eröffnet. Mit vierundzwanzig Jahren gab Isaak alles auf und ging in das Kloster Tabanos, das sein Onkel oberhalb Cordobas gebaut und zu einem Zentrum düsterer Askese gemacht hatte. Aber das genügte dem Isaak nicht. Er kehrte zurück in die Stadt, lästerte lauthals den Propheten auf dem Markt und kam vor den *qadi*. Der aber hatte Mitleid; er versuchte erst einmal, das vom Gesetz vorgeschriebene Todesurteil zu umgehen, ließ den Mönch in den Kerker sperren und bemühte sich beredt, vom Emir Gnade zu erlangen. Der Emir verweigerte sie, denn die Partei der Märtyrer drohte inzwischen zu einem staatspolitischen Problem zu werden. Der *qadi* überantwortete den Mönch widerstrebend dem Henker. Die Partei jubilierte. Zwei Tage später stellte sich der nächste Selbstopferer, Sancho, ein Franke. Er verließ die Garde des Emirs, in der er jahrelang ehrenvoll und ohne Vorbehalt gedient hatte. In dieser Zeit starben innerhalb von zwei Monaten elf Fanatiker den erzwungenen Märtyrertod.

Flora hieß eine junge, schöne Dame aus Cordoba. Sie wurde durch ihre Geschichte und vor allem durch ihre innige Verbindung mit Eulogius zur vielleicht bekanntesten Anhängerin der Bewegung. Sie entstammte einer Mischehe, galt mithin als Muslimin. Ihr Vater starb früh, ihre Mutter erzog sie still in der christlichen Tradition. Ihr Bruder hingegen wurde ein überzeugter Muslim. Eines Tages stahl Flora sich heimlich fort. Ihr Bruder suchte sie in der ganzen Stadt; er vermutete sie schließlich im Versteck bei mozarabischen Geistlichen, die er mit Anzeige und Gefängnis bedrohte. Flora kam freiwillig zurück, um Schaden von anderen zu wenden. In der Familie ging der Kampf weiter; als der muslimische Bruder einsehen mußte, daß weder gutes Zureden noch Schläge Floras Sinn zu ändern vermochten, brachte er sie vor den *qadi*. Wiederum sperrte sich der muslimische Richter gegen ein Todesurteil. Zur Abschreckung und wohl auch zum Schutz der eigenen Person, denn er verletzte seine Pflicht, und die Juristen waren wachsam, ließ er sie auspeitschen. Der Bruder gab Flora zur Pflege in seinen Harem. Kaum genesen, entfloh sie nachts über die hohe Umfassungsmauer seines Stadthauses und versteckte sich im Haus eines Christen. Dort traf sie auf Eulogius.

Zwei religiöse Schwärmer, zwei aufgeregte Seelen, die sich ständig in mystischen Erlebnissen verloren, faßten eine tiefe Zuneigung zueinander, wie aus einer von Eulogius' Schriften hervorgeht: »Du hast, o heilige Schwester, schon vor langer Zeit dich herabgelassen, mir deinen von Rutenschlägen zerrissenen und seines reichen Haarschmucks beraubten Nacken zu zeigen ... Leise legte ich meine Hand auf deine Wunden. Wie gern hätte ich meine Lippen darauf gedrückt, um sie so zu heilen, aber das wagte ich nicht ... Nachdem ich dich verlassen hatte, war ich wie ein Träumender und mußte unaufhörlich seufzen.«

Im November 851 wurde Flora schließlich hingerichtet. Da sie nicht davon abließ, den Islam öffentlich zu schmähen, blieb dem *qadi* keine andere Wahl: er mußte sie verurteilen. Und wiederum jauchzte die Partei.

Die Partei der Märtyrer war keine nur verschrobene Gemeinschaft blinder Fanatiker. Da mischten sich viele Aspekte: mystische Schwärmerei, Aufbäumen gegen den drohenden Verlust der eigenen Identität, verwirrte Gefühle (des Eulogius Jugendfreundschaft zu Alvarus hat leise Töne von Jünglingsliebe), jugendlicher Trotz, Haß und die Lust an der dramatischen Geste. Absonderlich, wenn die Grenze zwischen Welten mitten durch die Familien und die eigenen Seelen schnitt?

Die mozarabischen Zeitgenossen des Eulogius sahen die Dinge nüchterner. Sie fürchteten um ihre Rechte und Vorteile aus dem *dhimmi*-Status und um ihre relative Geborgenheit innerhalb der muslimischen Gemeinde. Die Emiratsregierung konnte eine solche Verunglimpfung von Glauben und Recht nicht dulden. Sie sah aber ein, daß mit bloßem Einsatz staatlicher Gewalt dem Phänomen nicht beizukommen war. Was also tun?

Das Emirat entschloß sich, die Täter vom Umfeld möglicher Sympathisanten zu trennen. Die Methode mag uns verblüffen, obwohl sie nach dem *dhimmi*-Recht nur zwangsläufig war: Der Emir berief ein Konzil der christlichen Kirche des al-Andalus ein. Da er selbst nicht an der Versammlung der mozarabischen Bischöfe teilnehmen konnte, delegierte er Macht und Stimme an einen angesehenen christlichen Hofbeamten, Gomez, »Sohn des Antonian, Sohn Julians«.

Gemeinsam mit dem Erzbischof Rekkafred von Sevilla setzte Gomez im Interesse des Religionsfriedens ein kirchliches Dekret durch, das das Verhalten der Fanatiker mißbilligte. Der christliche *katib* des Emirs und der Erzbischof kannten ihre Welt; sie ordneten die Einkerkerung der gesuchten Rädelsführer an. Die Partei der Märtyrer antwortete mit gesteigerten Aktionen. Der Erzbischof von Sevilla schritt zur Tat. Eulogius fand sich im Kerker wieder, kam aber bald frei. Er flüchtete aus der Hauptstadt. Die Toledaner wählten ihn etwas später zu ihrem Erzbischof; Eulogius war nun nach überliefertem Verständnis aus westgotischen Zeiten der Primas von Spanien. Zwar verbot ihm der Emir die Annahme dieser Würde, aber die Mozaraber der störrischen Provinz Toledo antworteten ungerührt mit dem Verbot, zu Lebzeiten des Eulogius einen anderen Erzbischof zu wählen.

Aber das Leben des Eulogius währte nur noch kurze Zeit. In Cordoba, das er längst wieder betreten konnte, traf er eine zweite »heilige Schwester«, Leocritia, ein junges Mädchen, das ihn zutiefst fesselte; sie muß der toten Flora ähnlich gewesen sein. Auch sie kam aus einer muslimischen Familie, war insgeheim zum christlichen Bekenntnis übergetreten und verbarg ihren christlichen Glauben zunächst hinter muslimischer Lebensweise. Auch sie geriet unter seinen Einfluß: offen trat sie hervor, um den Märtyrertod herbeizuzwingen. Das Konzilsdekret hatte nicht jeden abschrecken können. Leocritias Haltung besiegelte auch das Schicksal des Eulogius. Ihr Beispiel mag ihn dazu bewogen haben, nicht immer nur andere an den Tod heranzuführen, sondern endlich selber Zeugnis zu geben.

Den Primas von Spanien dem Tod zu überantworten schien selbst dem Emir Muhammad – der inzwischen die Nachfolge des zweiten Abderrahman angetreten hatte – ein bedenkliches Unterfangen. Der Rat der obersten Hofbeamten diskutierte lange mit Eulogius, bot ihm beschwörend jede Möglichkeit des Rückzugs, Eulogius aber wollte nicht mehr. Er zwang die Muslime zum Todesurteil. Im März 859 starben Leocritia und Eulogius auf der Richtstätte am Ufer des Guadalquivir.

Einige Zeit später war die Partei der Märtyrer vergessen. Doch löste sie eine erste Wanderung von Mozarabern in den christlichen Norden Spaniens aus, nicht aus Gründen einer unüberwindlichen Glaubensfeindschaft, sondern weil Mißtrauen die Gemeinsamkeit der Religionsgemeinschaften belastete.

Der Norden Spaniens hat durch die Ankunft der Doppelsprachigen viel gewonnen. Wir werden darüber berichten, wenn wir von den Grenzern erzählen. Vorerst verweilen wir im al-Andalus, wo aus den Felsenbergen des Südens jetzt der Erzrebell des Maurenreiches herabstieg.

Das große Lachen auf Bobastro

Omar Ibn Khafsun wuchs in einem Dorf nordwestlich von Malaga auf. Die Familie entstammte einem alten westgotischen Adelsgeschlecht, war jedoch seit Generationen muslimisch. Sie hätte friedlich und geachtet leben können, wäre nicht Omar gewesen, eitel, stolz, händelsüchtig. Eines Tages schlug Omar im sinnlosen Streit einen Nachbarn tot. Der Vater gab den ererbten Hof auf – dies war der einzige Ausweg – und siedelte sich in dem schroffen Gebirge der Serrania von Ronda an, am Fuß des Berges Bobastro. Es war nutzlos. Sohn Omar schloß sich alsbald streunenden Räuberbanden an, wurde gefaßt, von der Provinzobrigkeit ausgepeitscht und vom Vater aus dem Haus gejagt. Er setzte sich nach Nordafrika ab und ging in der Stadt Tahort bei einem Schneider in die Lehre.

Eines Tages betrat ein würdiger Greis, ein vertriebener Andalusier, die Schneiderwerkstatt und erkannte den abgerissenen Lehrjungen als Omar Ibn Khafsun, von dessen wüsten Händeln er gehört hatte, an seinem abgebrochenen Eckzahn. Der Überlieferung zufolge erging er sich in lauten Prophezeiungen. Von der Pflicht zur Rückkehr war die Rede, von der wartenden Aufgabe, vom notwendigen Kampf gegen arabische Adelsmacht . . . Omar eilte tatsächlich noch zur gleichen Stunde zurück. Doch nicht im Bewußtsein einer unabweisbaren Sendung, vielmehr aus Angst, der Herr von Tahort werde ihn nun, da er entdeckt sei, wegen des ungesühnten Totschlags und anderer Delikte an Cordoba ausliefern.

Die Weissagungen des Alten machten indes Eindruck auf Omars Onkel; bei ihm war der Junge untergekrochen. Der Onkel rief an die vierzig Altersgenossen des Omar zusammen und überredete sie, sich unter dessen Führung zu stellen. Gemeinsam bauten sie – im Jahre 880 – auf dem steilen Felsen von Bobastro die Ruinen einer römischen Festungsanlage zu einem uneinnehmbaren Burgnest aus. Die Bande durchstreifte die Umgebung, plünderte Gehöfte und kleine Siedlungen. Der Erfolg führte ihnen weitere Gesellen zu. Die Beuteritte wurden länger, die Brandschatzungen einträglicher; bald erschienen Omars Marodeure vor den kleinen Städten. Das rief endlich den Provinzstatthalter auf den Plan. Er tauchte eines Tages mit seinen Truppen auf, wurde aber kurzerhand geschlagen. Cordoba enthob ihn seines Amtes. Sein Nachfolger rückte mit frischen Truppen vor Bobastro, war aber über den wilden Widerstand so erschrocken, daß er eilends Waffenstillstand schloß. Der dauerte freilich nicht lange, denn des Emirs Erster Kämmerer Haschim ging nun, da Omars Bande zu einem ernsthaften Sicherheitsproblem geworden war, persönlich zur kunstgerechten Belagerung über. Nach zwei Jahren mußte Omar sich ergeben. Der Kämmerer führte ihn und seine Leute als Gefangene in die Hauptstadt. Der Emir, der in ihm einen begabten Truppenführer witterte, machte ihm auf der Stelle ein lohnendes Angebot, worauf Omar mit all seinen Männern ohne Zögern in den Dienst Muhammads trat. In einer Reihe von Gefechten und Scharmützeln, meist im Norden Spaniens, zeichnete er sich aus; sein Name wurde im Heer bekannt.

Soweit nichts Ungewöhnliches, wenigstens in jener Zeit, und von des Alten wortreicher Sendungsprophetie keine Spur. Dann aber schlug die Geschichte plötzlich um. Der Truppenführer Omar Ibn Khafsun fühlte sich in Cordoba von arabischen Adelsherren abschätzig behandelt, verlangte Recht und Genugtuung, bekam beides nicht und zog innerhalb weniger Stunden mit seinen Leuten ohne viel Federlesens zurück nach Bobastro. Die Festung aber war stärker als zuvor, denn Kämmerer Haschim hatte ihren strategischen Wert wohl erkannt, sie entsprechend ausbauen lassen und mit einer Garnison belegt. Omar Ibn Khafsun – bezeichnend für ihn – nahm davon nicht die geringste Notiz, nutzte seine genaue Kenntnis des Geländes, berannte die Festung, bekam sie in die Hand und jagte die Besatzung so schnell davon, daß des Emirs Burghauptmann sogar seine junge Geliebte mitzunehmen vergaß. Omar übernahm Burg und Mädchen.

Von diesem Tag an war Omar Ibn Khafsun der Held des Südens. Von Bobastro aus rief er zum Kampf gegen den Emir, wobei er keinen Unterschied zwischen Muslimen und Christen machte; jeder Gegner des Emirs war ihm willkommen. Die Religionen haben ihn nicht interessiert. Ihm ging es im Kampf gegen die Zentralmacht schlicht um die eigene Unabhängigkeit als Herr eines immer größeren Bobastros, eines Bobastros womöglich von der Größe Spaniens. Aber zu solchem Vorhaben gehörte auch, den sozialen Abstand zwischen *muwalladun*-Existenz und arabischer Adelsarroganz nicht zur Kenntnis zu nehmen. Sonderlich schwierig war das nicht für ihn; die Zahl der Lanzen und Schwerter war das entscheidende Argument. Diese Zahl war abhängig von der überlegenen Kraft der Führung, von Mut und List, von Gewandtheit, Ausdauer, Nimbus und Erfolg. Das alles machte den Bandenführer schnell zur legendären Gestalt. Er beherrschte das letzte Viertel des Jahrhunderts und den Beginn des nächsten. Drei Emire haben vor ihm gezittert. Immer wieder hat er ihre Heere vernichtend geschlagen, wenn er nicht gerade – auch das kam vor, so es ihm in die Rechnung paßte – in ihnen diente. Selbst nach kräftigen Niederlagen gewann er rasch seine Schlagkraft zurück.

Doch sein Leben erschöpfte sich nicht in kriegerischen Taten. Im Herrschaftsbereich von Bobastro, das wenig zuvor nur ein gut gesichertes Räubernest war, kehrten Sicherheit und Gerechtigkeit ein. Reiche Frauen konnten dort, sagen die arabischen Chronisten, ohne Gefahr auf den Straßen reisen. Omar Ibn Khafsun garantierte das Recht, wenngleich auf seine sehr persönliche Weise, die nicht nach Regeln und Vorschriften fragte. Er muß über Nacht seine wilde Jugend abgeworfen haben; hervor trat ein Mann von gewaltigem Maß. Allein der junge Emir al-Mundhir, Nachfolger des Muhammad, hätte sich mit ihm messen können, wäre ihm die Zeit gegeben worden.

Im Jahr 888 rückte al-Mundhir gegen Omar und seine damaligen Verbündeten zu Feld; er belagerte Bobastro. Der Burgherr schloß trotz der Sicherheit seines Berges einen Waffenstillstand, begab sich als Ehrengefangener in das Lager des Emirs und handelte mit ihm aus, daß hundert starke Maultiere Omars Hausrat abtransportieren sollten. Der junge Emir entließ in gutem Glauben seine Truppen und schickte eine Maultierkarawane auf den Berg, die von einer Reiterkavalkade gesichert wurde. Oben aber geriet sie in einen Hinterhalt und wurde von Reisigen des Omar gefangengenommen. Omar selbst, der Stunden zuvor aus der Haft entwichen war, stand mit dröhnendem Gelächter in seinem Burghof. Das war mehr als bloße List – da zeigte sich ein starker Zug des Spielerischen und des frechen Wagemuts, Lust am Spaß, ein Element des leichthändigen Jonglierens mit den Gewichten des Lebens.

Der junge Emir war wütend, wohl auch ein bißchen fasziniert.

Er hätte das Zeug gehabt, sich mit dem lachenden Herrn von Bobastro erfolgreich anzulegen. Er kam nicht mehr dazu, denn sein gleichaltriger Bruder Abdallah ließ ihn durch einen gekauften Arzt heimtückisch ermorden. Mit ihm nahm ein schwacher Herrscher den Thron von Cordoba ein. In seiner Regierungszeit, die bis 912 dauerte, war das Reich nahe daran, völlig auseinanderzubrechen.

Die Gefahr war seit Jahren ständig gewachsen. Toledo hatte einen republikähnlichen Status ertrotzt und war nur noch durch jährliche Abgaben an die Zentrale gebunden. Im Gebiet der Oberen Grenze hatte eine westgotische, zum Islam bekehrte Familie, die Beni-Casi in Saragossa, ein fast unabhängiges Staatsgebilde aufgebaut. Einer der Fähigsten dieser regierenden *muwalladun*, Musa II., legte sich sogar den Titel »Dritter König von Spanien« zu. Überall im Reich zwischen Mittelmeer und Atlantik nahmen die lokalen und regionalen Herrscher das Recht in die eigene Hand. Zwar fochten die Emire gegen sie, aber ihren Siegen war kein dauerhafter Erfolg beschieden.

Die Szene ist kaum zu überblicken. Die verschiedensten Charaktere tummeln sich, schlagen aufeinander ein, schließen Bündnisse und vergessen sie in der nächsten Stunde. Die Grenzen sind in ständiger Bewegung. Die Glaubenszugehörigkeit spielt so gut wie keine Rolle. Allenfalls ist das alte Unrastpotential der *muwalladun* zu erkennen. Zwischen ihnen und den Arabern schlagen sich die Berber ihre eigene Bahn. Die arabischen Ritter stacheln sich gegenseitig im Ringen um Macht und ausgreifende Herrschaft an. Unter ihnen sind schlimme Blutsäufer, etwa der alte Sauwar, ein völlig versteinerter Mann, der wie ein Würgeengel Allahs über das Land ging, weder Christen noch Muslime schonte, und für den eine Schlacht erst einen Sinn ergab, wenn sie zur Schlächterei entartete. Unter diesen Rittern aber waren auch elegante, hochherzige Kämpfer wie Said Ibn Dschudi aus dem Gebiet um Granada, der als Liebhaber und Poet so berühmt war wie als kühner und geschmeidiger Fechter. Ihm hat es wirklich nicht an Phantasie gemangelt. Eines Tages hörte er in Cordoba den vollendeten Gesang einer Frauenstimme. Er setzte sich in den Schatten eines Mauerwinkels und beobachtete ein erleuchtetes Fenster, doch sah er lediglich eine zarte weiße Hand, die einem unsichtbaren Herrn einen Trunk kredenzte. Said fand bald heraus, daß es die Hand der schönen Dschehane war, die dem Prinzen Abdallah gehörte – unerreichbar also. Er ging fort und kaufte sich für eine enorme Summe die schönste Sklavin, die überhaupt zu finden war, und nannte sie Dschehane. Die große Liebe soll nicht daraus geworden sein. Wohl aber wurde ein Vers geboren, den – höchstes Glück für einen gebildeten Araber – die Zeitgenossen lobten:

Ich durcheile den Kreis der Freuden mit dem Feuer eines Renners, der das Gebiß zwischen die Zähne genommen hat; was auch daraus komme, alle meine Wünsche muß ich befriedigen.

Am Tage des Kampfes, wenn der Todesengel über meinem Haupte schwebt, unerschütterlich – lasse ich mich von zwei schönen Augen jederzeit erschüttern.

Said Ibn Dschudi wurde erschlagen. Allerdings nicht im Kampf. Der Todesengel überraschte ihn im Haus einer Jüdin in Granada. Dort hatte er sich mit der Frau eines anderen arabischen Adligen heimlich verabredet. Der Ehemann war dagegen.

In dieser wirren, ungezügelten Welt, in der jede Beständigkeit zu zerbrechen schien, war der Spieler von Bobastro der unbestrittene Meister. Er verbündete sich mit jedem, der gerade in seinen Plan paßte. Ihn scherte nicht, ob das Araber oder Berber oder *muwallad* war, ob Muslim, Christ oder Jude. Omar Ibn Khafsun hatte keine Hemmungen, schon zu einem frühen Zeitpunkt die aglabidischen Statthalter der Abbasiden – die in Ägypten saßen – um materielle Hilfe anzugehen; es kam zu regelrechtem diplomatischen Kontakt. Zeitweilig tat er sich mit dem christlichen König von Leon hoch im Norden zusammen. Ebensowenig schreckte er vor einem Bündnisversuch mit jener streng muslimischen Bewegung zurück, die sich um diese Zeit im berberischen Nordafrika formierte, den Fatimiden (sie wurden in den folgenden Jahrzehnten als die Herren Nordafrikas und Ägyptens die drohendste außenpolitische Gegenmacht des al-Andalus). Der Erzrebell beherrschte mit wechselndem Glück einen Großteil Spaniens. Das erreichte er durch die Treffsicherheit seines Schwerts in der offenen Schlacht, durch seine ausgeprägte Begabung für blitzartiges Zuschlagen, durch sein verblüffendes Jonglieren mit Allianzen, die einander eigentlich ausschlossen, vor allem durch sein Charisma. Einmal schlug er mit seinen Verbündeten vom Tage – es waren gerade einmal wieder Araber – die Truppen des Emirs in einem Morgenangriff. Seine Bündnispartner drangen in ihn, es bei diesem Erfolg zu belassen. Omar Ibn Khafsun setzte sich darüber hinweg, griff am Abend mit nachgerückten Fußtruppen noch einmal an und verlor. Den endgültigen Erfolg bekam er nie zu fassen. Manchmal hatte er Cordobas Macht auf ein Gebiet, nicht größer als das Weichbild der Stadt, eingeengt. Aber die große Beute entzog sich ihm in den letzten Minuten. Im entscheidenden Augenblick war Abdallah, der tückische und meuchlerische Emir, zwar der Schwächere, aber eben der Glücklichere.

Doch mitten im Spiel um die Macht in Spanien vollzog er neuerlich einen Wandel. So plötzlich, wie er das Banditendasein seiner Jugend aufgegeben hatte, schwor er um das Jahr 900 dem Islam ab – er wurde Christ. Omar Ibn Khafsun verschwand im Schatten der Jahrzehnte, jetzt war er Graf Samuel. Seine Gründe sind unklar geblieben. Nichts deutet darauf hin, daß er je von der Frage der Religion bewegt worden sei. Konnte er politisch viel gewinnen? Kaum. Zwar sagten sich einige arabische und berberische Verbündete von ihm los, aber von Gewicht war das nicht, denn keine Allianz in jener Welt war von Bestand, und unter den Christen stieg sein Ansehen auch nicht. Die *muwalladun* schließlich hatten als die eigentlichen Einwohner Spaniens seit alters ein deutliches Eigenbewußtsein, zur Dokumentation dieses Bewußtseins brauchten auch sie nicht den Ausweis des Christentums; sie waren in ihrer Mehrheit ergebene Muslime und blieben es.

Vielleicht hat inneres Familiengeschehen seinen Glaubenswechsel veranlaßt. Sein Vater hatte den Schritt ein Jahr zuvor getan; seine Tochter Argentea wollte nach dem Tod ihrer Mutter ins Kloster. Innerhalb der Mauern von Bobastro gründete sie ihr Kloster, das für seine Strenge bekannt wurde. Argenteas Idealen war damit noch nicht Genüge getan. Jahre später hat sie dem Beispiel der Partei der Märtyrer nachgeeifert; sie starb als Zeugin ihres Glaubens.

Der Stern des Grafen Samuel sank. Entscheidend besiegt wurde er nie, und Bobastro ist nie erobert worden, solange er lebte. Er starb im Jahr 917. Seine Söhne hielten im Kampf gegen den nächsten Emir, Abderrahman III., noch zehn Jahre aus. Dann fiel Bobastro. Die Gebeine des Erzrebellen wurden aus dem Grab gezerrt und in Cordoba an den Schandpfahl genagelt, einen Hund zur Rechten, ein Schwein zur Linken. Nach Wochen warf man sie in den Guadalquivir.

Ermüdung ist die einleuchtende Erklärung für das Abflauen allgemeiner Kampfwut. Die Recken und Rebellen waren alt geworden. Die Generation der Söhne hatte die Arroganz des arabischen Adels und des Hofes nicht mehr in der vollen Schärfe erlebt. Ihr von der Erfahrung der Anarchie und des Sterbens geprägtes Bild von der Welt machte sie aufgeschlossener für den Ausgleich.

Wie aber war es möglich, daß nur runde zwanzig Jahre nach diesem langen Beben das al-Andalus in seiner vollen Pracht und Sicherheit dastand? Land des Reichtums, Hort der verfeinerten Zivilisation, Forum für Dichtung und Wissenschaft, seine Hauptstadt »die leuchtende Zierde der Welt«, wie in Hildesheim die Nonne Roswitha dichtete – das kann nicht allein an der unbestreitbaren staatsmännischen Leistung des neuen Omajjadenemirs gelegen haben. Die wirtschaftliche und soziale Basis des al-Andalus muß sehr stabil gewesen sein, wenn das tödliche Turnier der Schwerter und Lanzen ihm keinen nachhaltigen Schaden hat zufügen können.

Um die Mitte des nun versunkenen 9. Jahrhunderts, als noch Zirjab, Jachja, Tarub die großen Namen der Hauptstadt waren, priesen die Chroniken schon den steten Fleiß der andalusischen Städte: ». . . so rühmt man Almerias, Malagas und Murcias golddurchwirkte Seidenstoffe, deren tadellose Qualität selbst das Entzücken orientalischer Betrachter hervorruft. In Abanilla stellt man jene Teppiche her, die im Orient so teuer bezahlt werden. Granada lieferte die besonders farbenprächtigen Seidenkleider von der ›Samtschimmer‹ genannten Art . . . Murcia fabriziert wunderschön eingelegte Bettgestelle, herrliche Gewebe, Metallwaren, wie vergoldete Messer und Scheren . . . die als häufige Exportartikel nach Nordafrika gelangen. Aus Murcia, Almeria und Malaga stammt das kostbare Glas- und Goldporzellan. Al-Andalus kennt auch die Herstellung verschiedener Mosaikarten . . .«

Der kometenhafte Aufstieg Cordobas so wenig später wäre ohne diesen Hintergrund städtischen Reichtums nicht möglich gewesen. Das erklärt auch die Faszination dieser muslimischen Welt auf das kalte und ärmere christliche Nordspanien.

Santiago y cierra España!

Magisches Sternenlicht, leuchtend hell und silberglänzend, schwebte um das Jahr 812 über Felder und Eichenhaine vor den Toren von Iria Flavia. Das ärmliche Städtchen lag im galicischen Nordwesten der Halbinsel. Ein Eremit – er hieß Pelayo wie der Westgotengraf des legendären Widerstands der ersten Stunde – sah das Licht Gottes, das die Engel herbeitrugen, eilte mit der Kunde zu seinem Bischof Theodomir und ging mit ihm zusammen dem Zeichen nach. Vom Himmelssilber sanft geleitet fanden sie auf freiem Feld das Grab des Apostels Jakobus. Versteckt lag es unter römischen Mauerresten. Durch all die wirren, friedlosen Jahrhunderte hatte es sich dem Blick entzogen.

Nun aber, in der Stunde der äußersten Verlassenheit, war er gekommen: Santiago, Sankt Jakob, der große Mythos Spaniens.

Die Überlieferungen von der Entstehung des Jakobskultes sind in einer Chronik des 12. Jahrhunderts, der *Historia Compostelana*, zusammengetragen. Sie schildert die religiöse Vorstellungswelt des spanischen Mittelalters. Nicht bloßer Volksglaube spiegelt sich hier, nicht nur ein bunter Heiligenkult – Santiago, das war Spanien.

Der Apostel Jakobus, sagt die Überlieferung, habe sieben Jahre in jener nordwestlichen Ecke der Halbinsel das Evangelium gepredigt; dann sei er in den Orient zurückgegangen, um dort den Märtyrertod zu erleiden. Der geschundene Leib des Apostels wurde von seinen Schülern nach Jaffa getragen, wo wunderbarerweise ein Schiff wartend gelegen habe. Kaum sei die gesegnete Fracht an Bord gewesen, habe das Schiff keiner Bedienung mehr bedurft; von selbst stellten sich die Segel in den Wind, und der Atem Gottes ließ das Schiff ungefährdet über das Mittelmeer gleiten, führte es an den Säulen des Herkules vorbei, über den Atlantik nach Nor-

Medina az-Zahra, »Die Stadt der Blume«
Ruinen der Kalifenresidenz bei Cordoba

In den Trümmern der Palaststadt

Überreste der Außenmauern

Festungsbauten
Zinnen von Almodovar del Rio

Türme von Alcalá de Guadaira

Die Festung Almodovar del Rio am Guadalquivir

Das Fort Alcalá de Guadaira südöstlich von Sevilla (Gesamtansicht)

»Wenn sich einer wider euch erhebt, erhebet euch wider ihn, so wie er sich wider euch erhob, und fürchtet Allah und wisset, daß Allah mit den Gottesfürchtigen ist« (Sure 2, Vers 190)
Almodovar del Rio

den, und trieb es an der galicischen Küste nahe dem Städtchen Iria Flavia, wo der Apostel zuvor gewirkt hatte, behutsam an Land. Dann folgten dunkle und böse Zeiten, sehr früh schon die Christenverfolgungen und später die Araber- und Berberstürme; das Grab sank in den Schutz des Vergessens, bis magisches Leuchten Eremit und Bischof an den Ort auf dem Feld führte – Sternenfeld, *campus stellae,* Compostela. So heißt der Ort seit 1095 nach einer Verfügung Papst Urbans II.

In jenem fernen Gebiet der Iberischen Halbinsel gelegen, das nie fest und auf Dauer in die Hände von Eroberern geriet – weder in die der Römer noch in die der Araber und Berber, selbst die Westgoten hatten immer heftige Mühe mit jenem Landstrich –, wurde die Stätte schon früh zu einem Landesheiligtum und zu dem vielleicht bedeutendsten Wallfahrtsort des mittelalterlichen Europa.

Die Kunde von der Entdeckung des Apostelgrabes wurde sofort an den asturischen König Alfons den Keuschen weitergegeben. Er ließ darüber ein kleines Heiligtum errichten, eine Kirche von bescheidenen Ausmaßen. Ein Jahr vor der Wende zum 10. Jahrhundert befahl dann Alfons III., einer der ersten großen Figuren in der Königsgeschichte des christlichen Spanien, das Heiligtum auszubauen und zu verschönern. Es entstand eine Basilika, die mit ihren vierundzwanzig Metern Länge im Asturien jener Zeit ein sakraler Großbau war. Sie wurde mit Pomp und Prunk eingeweiht. Siebzehn Bischöfe, unter ihnen viele aus den Herrschaftsgebieten des al-Andalus, nahmen an der Zeremonie teil.

Santiago wurde zur Leitfigur des christlichen Spanien. Das Volk sah in ihm oft den Zwillingsbruder Jesu; für die meisten stieg er im Lauf der Zeit zum *matamoros,* zum »Maurentöter«, auf. Immer wieder erschien er christlichen Heerhaufen vor oder während großer Schlachten, auf weißem Roß siegesgewiß dahinsprengend, Held und Heiliger, Sinnbild christlicher Hoffnung, wachsenden Selbstbewußtseins und stolzer Siegessicherheit. *Santiago y cierra España* – »Sankt Jakob und hau drauf, Spanien!« blieb der Schlachtruf königlicher Heere, als der Traum vom muslimischen Spanien schon verweht war.

Die Frage, ob der Apostel Jakobus tatsächlich in Spanien gewirkt habe, hat durch die Jahrhunderte die Gemüter bewegt.

Spitzfindige und ernsthafte Ausdeutungen sind Legion. Eine kam zu der Vermutung, das bedrängte Spanien habe sich hier eine Art Gegenbild zum Propheten Mohammed geschaffen, der alle Muslime einte, gleichgültig, welches ihr irdisches Ziel und Verlangen gewesen sein möge. Für den Lauf unserer Erzählung sind andere Überlegungen wichtiger.

Die frühe Geschichte des christlichen Spanien ist unendlich verwirrend: unablässiger Streit zwischen den Königen der Kleingebiete des Nordens, verschlungene dynastische Abfolgen, ständige und oft starke Verschiebungen der Einflußzonen aufgrund von Erbteilungen, die nicht selten durch Totschlag eingeleitet wurden. Den Menschen, die im Bewußtsein äußerster Gefährdung und Brüchigkeit ihrer Existenz lebten, kann ihre Zeit nur als ein Hexensabbat grobschlächtiger Leidenschaften erschienen sein. Dennoch muß der Heilige aus seinem wunderumrankten Grab ein erstes leises Zusammengehörigkeitsgefühl bewirkt haben: *Santiago y España!* Es grenzte in der Tat an ein Wunder; denn das Bild der *mater Hispania,* einst die Idealvorstellung des heiligen Isidor, Kirchenvaters von Sevilla, war längst unter dem Ruinenschutt der Jahrhunderte versunken.

Im Mittelalter führten vier große Pilgerrouten durch Frankreich über die Pyrenäen nach Santiago de Compostela. Auf einem dieser Wege konnten die Wanderzüge aus Italien und den östlichen Gebieten über Südfrankreich das Gebirge erreichen; die drei wichtigsten Straßen führten die Pilgerströme aus Mitteleuropa und den französischen Zentralgebieten nach Süden. Eine dieser drei Routen begann in Trier, eine andere, die stolzeste und bedeutendste, nahm in Paris ihren Anfang – *Magnum Sancti Jacobi Iter,* des hl. Jakob Großer Weg –, sie folgte über weite Strecken einer alten Römerstraße. Am Südhang der Pyrenäen, rund um die Stadt Pamplona, liefen die Routen zusammen; der nun gemeinsame Weg bog nach Westen, hin zum Ziel leidenschaftlicher Sehnsucht. So entstand am Nordrand der immer noch grobgefügten christlichen Königreiche Spaniens der *camino francés,* die Französische Straße.

Die Bedeutung dieser Pilgerstraße kann schwerlich überschätzt werden. Sie verband Spanien mit dem Europa nördlich der Pyrenäen. Sie wurde zur Hauptverkehrsader, über die in entscheidenden Phasen der Konfrontation zwischen dem christlichen Spanien und dem muslimischen al-Andalus die Glaubensbewegungen, die kirchenpolitischen Vorstellungen, das kulturelle Gedankengut der zentralen mitteleuropäischen Reiche in das asturisch-leonische Gebiet und dann in den kastilischen Raum einflossen. Der glühende Atem der Cluniazenser ist über den *camino francés* in das Land geweht, vor allem die Kreuzzugsidee, die nur anderthalb Jahrhunderte nach der Zeit, in der sich unsere Erzählung jetzt bewegt, den Feuerbrand des Glaubenseifers in die Kampfrituale um Gebietsmacht, Burgenbesitz und Tributhoheit warf. Über die Pilgerstraße wanderten mit den Massen des Volkes die Gerüchte und die Hoffnungen, der Aberglaube und der Wahn.

Das andere Einfallstor war die Spanische Mark im Nordosten, aus der über die Zeiten hinweg das Königreich Aragon, später das eigenständige Katalonien wurde.

Der anhaltende Verkehrsstrom über die Französische Straße hatte noch andere, praktische Auswirkungen: Brücken wurden gebaut, Straßenabschnitte einigermaßen instandgehalten, erste Hospitäler eingerichtet, Herbergen eröffnet. Mit den Pilgern schwärmten die Versorger und Verdiener auf beiden Seiten der Straße nach Westen. Handwerker erschienen, fliegende Händler, Geldwechsler, Gaukler, Kaufleute, Huren und Schnapphähne: der ganze bunte, quirlige Schwarm der Geschäfte und der Geschäftigkeit. Das hatte eine tiefreichende, fast revolutionäre Umformung des Lebens im spanischen Norden und Nordwesten zur Folge. In den Städten entstanden erste »Französische Viertel«, die Städte insgesamt entfalteten schon einen anderen Lebensstil. Ihr Existenzgefühl und ihre Gesellschaft unterschieden sich erkennbar von dem härteren Wehrgeist und der im Grunde »militarisierten« Bevölkerung der Flecken und Burgorte im südlichen Vorland, das in jene unbestimmte Zone auslief, die *La Frontera* war, die eigentliche Grenze.

Alfons III. (866–909), kraftvoller König Asturiens, hatte die Linie grenzraumsichernder Städte langsam nach Südwesten vorgeschoben. Zamora, Simancas, San Esteban de Gormaz gehörten nun dazu. Die weiten, trockenheißen Zonen des Duerobeckens, die einst von Arabern und Berbern, dann von des Königs eigenen Vorfahren entvölkert worden waren, nahmen jetzt allmählich wieder Menschen auf. *Repoblación*, die Wiederbevölkerung, gewann erstmals erkennbare Konturen. Die Kette der grenzraumnahen Städte, Burgen und Klöster war freilich nicht dicht genug, um Schutz vor den Beutereitern und Sklavenfängern beider Seiten gewährleisten zu können. Die Leute des Duero waren letztlich auf sich selbst gestellt. Aber das Land lockte, die weiten Flächen, nach denen man nur zu greifen brauchte. Aus der Sicherheit der Kantabrischen Berge am Nordrand des Duerobeckens stiegen Asturier, Leoner, Navarresen, Basken, Galicier, Südfranzosen in die Weite hinab und nahmen Land. Manchmal wurde das Land den Siedlungswilligen durch einen königlichen Beauftragten zugeteilt; manches Mal, wenn des Königs Macht gar nicht präsent war, übernahmen führende Familien oder Burgherren die Landzuweisung; ebensooft ergriffen Siedler auf eigene Faust Besitz von Land. Zum Duero hinab und weiter über den Fluß hinaus in Richtung Süden entwickelte sich eine harte und zugleich mißtrauisch-verschlagene, eine gewaltgewohnte und gewaltbereite, vor allem aber eine individuelle, fast ungebundene und sehr bewegliche Siedlergesellschaft mit eigenen Orts- und Regionalrechten. Der Anspruch auf solche Eigenrechte, die *fueros,* ist noch heute unter der Oberfläche spanischer Politik sehr wirksam. Diese Siedler waren rauh und zäh, verteidigungsfähig, aggressiv und für jene ferne Zeit in einem erstaunlichen Maß eigenständig.

In diese Landschaft der *frontera,* von da in die mehr nördlichen Zonen entlang dem *camino* bis in die nordöstliche Mark gingen die Auswandererzüge jener Mozaraber, die erstmals wegen der Mißhelligkeiten um die Partei der Märtyrer die gesegneteren Gefilde der Heimat al-Andalus verließen. Nun begann im christlichen Teil der Iberischen Halbinsel ernsthaft, was mit dem Begriff »Akkulturation« belegt wird: die Kenntnisnahme des im weitesten Sinn kulturell anderen, die innere Berührung zweier Welten, die in Lebensweise, Weltanschauung, der Art des Denkens und Fühlens verschieden sind, aber ihr Fremdheitsempfinden mit der Zeit überwinden, sich gegenseitig durchdringen und Eigenes hervorbringen. Dieser Prozeß der Akkulturation kennzeichnet den inneren Verlauf der Reconquista; denn eben dadurch ist Spanien zu etwas Besonderem und anderem geworden.

Die Wanderung der Doppelsprachigen des Südens hat dem Norden der Halbinsel eine erste Verfeinerung kultureller und künstlerischer Ausdrucksfähigkeit gebracht. Das läßt sich an zahlreichen Kirchen und Klöstern zwischen Mittelmeer und Atlantik ablesen, sowohl an Grundrissen als auch an einzelnen Bauformen, etwa dem Hufeisenbogen. In den Worten des Kunsthistorikers: »Voller Originalität und vor allem weitgehend inspiriert durch die Werke der cordobesischen Herrscher der Omajjaden im 8. bis 10. Jahrhundert, besitzt das Mozarabische eine Eigentümlichkeit, die es von allen anderen Kunstäußerungen der Zeit vor und nach der Jahrtausendwende unterscheidet. Für die christlichen Künstler bedeutet sie eine Vermengung einer Vielzahl von Lösungen: mediterrane und arabische Elemente sind verbunden und beeinflußt von Römisch-Nordafrikanischem und Byzantinischem. Letztlich erkennen wir im Mozarabischen das Wiederaufleben alter Formen der iberisch-römischen, der byzantinischen und westgotischen Kunst in einer sozusagen arabischen Version . . . Die kurze Lebensdauer des eigentlichen asturianischen Kunstschaffens der Zeit der ersten Könige . . . und das schnelle Abblühen unter Alfonso III. ist auf den tiefgreifenden Einfluß des Mozarabischen zurückzuführen. Andererseits nahm die mozarabische Kunst viele asturianische Elemente in sich auf und brachte dadurch einen noch mannigfaltigeren Formenreichtum hervor, der dann der nachfolgenden eigentlichen romanischen Kunst Spaniens ein besonderes und originelles Gesicht verlieh.« (Pedro de Palol).

Die künstlerischen Ausdrucksformen von der Architektur bis zur Buchmalerei sind die auffälligen, für uns schnell erfaßbaren Zeichen. Andere kulturelle Auswirkungen des mozarabischen Zustroms sind so selbstverständlich in das Gewebe des nordspanischen Lebens eingegangen, daß sie schwerer, eigentlich nur über Namen und Sachbezeichnungen, über die Geschichte der Sprache insgesamt zu entdecken sind. Nicht von ungefähr wurde die Geschichte der Familiennamen so aufschlußreich; denn unter den mozarabischen Zuwanderern waren »angesehene Personen wie Äbte, Richter, Pröbste und Höflinge«. Sie gingen nicht einfach in der noch ungeschlachten nördlichen Gesellschaft auf, sie bewahrten vielmehr ihren Stand. Sprachhistoriker stellten fest, daß in den »Dokumenten der damals gegründeten Klöster die stattliche Zahl von 170 arabischen Wörtern enthalten« ist; dabei handelt es sich sehr bezeichnend um Wörter, die die zivilisatorische Überlegenheit der zugewanderten Andalusier unter Beweis stellen. Kein Wunder, daß die gebildeten Doppelsprachigen, Träger und Vermittler höherer Fähigkeiten und Fertigkeiten, im zivilisatorisch ärmeren Norden durchweg willkommen waren.

Dies ist eine Grobskizze der ersten Phase der von Norden nach Süden wandernden Grenze. Sie begann mit dem legendären Widerstand rund um die Höhle von Covadonga und dauerte bis etwa in die Jahre, da der Asturier Alfons III. unter dem Druck seiner Söhne von der Bühne abtrat (909), im Süden Omar Ibn Khafsun als Graf Samuel sich zum Sterben niederlegte und der größte der Omajjaden, der verwaiste junge Emir Abderrahman III., die Nachfolge seines tückischen Großvaters Abdallah antrat.

Die späteren Phasen der Grenzraumwanderung lassen sich ziemlich genau bestimmen (siehe Vorsatzkarte). Die großen Vorstöße und Umwälzungen kamen im 11./12. Jahrhundert und erneut im 13. Jahrhundert über das Land. Im ausgehenden 11. Jahrhundert hatte sich der Grenzraum allmählich von Norden bis zur Tajo-Linie vorgeschoben. Zwischen Duero und Tajo dehnte sich jedoch allenfalls ein Raum des machtpolitischen Schwebezustandes. Da wurden muslimische und christliche Herrschaftsbezirke immer wieder durch wechselndes Schlachtenglück durcheinandergeschüttelt. Ein unaufhörliches kurzfristiges Gegeneinander der kleinen Einheiten konnte unvermittelt in vorübergehendes Miteinander umschlagen, je nach Laune und Eigeninteresse kaum kontrollierbarer örtlicher Macht. Die Aktionen im Grenzraum folgten selten einem festgefügten, vorbedachten Plan, sie waren spontan, und ein überdauerndes Muster war nicht erkennbar. Im Jahr 1212 gelang dann der strategische Durchbruch durch die Sierra-Linie in die südlichen Kernlande des al-Andalus, der sich zur schnellen und weitflächigen Eroberung ausweitete. Damit beginnt das Sterben des muslimischen al-Andalus. Noch zweieinhalb Jahrhunderte überdauert die Kleinherrschaft Granada. Späte, seltsam schöne Blüte auf fremd gewordenem Boden, Verwelken in wachsender Einsamkeit, ein *último suspiro del moro,* des Mauren letzter Seufzer. Er ging unter im Paukengedröhn hoch oben auf der Alhambra, wo die siegreichen *Reyes Católicos,* die »Katholischen Könige« Isabella und Ferdinand, die die iberischen Großeinheiten Kastilien und

Aragon zueinandergeführt hatten, unter dem Siegeskreuz standen und ohne Zögern die über Jahrhunderte gewachsene Kraft der spanischen Kriegs- und Kämpfergesellschaft in die Eroberung der überseeischen Welt umlenkten: 1492 starb das müde gewordene Granada, im selben Jahr ging in Sevilla Kolumbus an Bord der Karavelle *Santa Maria*.

Wir kehren zurück an die Grenze am Fluß Duero, wo noch für ein ganzes Jahrhundert nach dem Tod des Asturiers Alfons III. das Kämpfen um feste Orte und wandernde Beute weiterging. Aus der Schar der Sanchos, Ordoños, Ramiros, Fruelas und den anderen dynastischen Vertretern muß einer herausgehoben werden; denn mit ihm beginnt die Geschichte des spanischen Herzlandes Kastilien: Fernán González, Volksheld des spanischen Mittelalters.

Vom Grafen González heißt es, ihm seien die Partner seiner Allianzen stets gleichgültig gewesen. Er war es, der dem Herrn des al-Andalus gestattet hat, kastilisches Gebiet als Aufmarschbasis für einen muslimischen Angriff auf das Königreich Leon und dessen König Ramiro II. zu nutzen. Glaubenseifer war noch nicht die treibende Kraft hinter dem Trachten nach Land und Macht, mochte über dem Apostelgrab auf dem Sternenfeld auch das Kreuz stehen. Santiago war zwar ein großer Glaubensheiliger, aber jetzt erst einmal Träger der Feldbanner der einzelnen Streithaufen.

Die Entstehung Kastiliens ist letztlich in dem asturisch-leonischen Erfolg begründet, die Grenze über den Duero hinauszuschieben. Gegen die Razzien und Truppeneinfälle der Muslime gab es zwei Verteidigungsmöglichkeiten: die harte und zähe Wehrbereitschaft der Grenzergesellschaft, vor allem aber den Bau von Burgen an gefährdeten oder beherrschenden Punkten. Die südlichen Zonen des christlichen Spanien dieser Zeit wurden zum Land der Burgen, das Land der *castellos*, Kastilien. Grafen hielten die Macht im Auftrag des Königs oder der Könige im fernen Asturien-Leon und Navarra. Die Grafen Kastiliens wurden Herren eines Landes von Individualisten; die Eigenständigkeit wurde zum Selbstverständnis.

Fernán González nutzte die Ferne der königlichen Mächte; rücksichtslos nahm er das Geschick seines burgengesäumten Landes in die Hand. Er schlug sich mit den Heeren des Cordobaners;

der Krone von Leon erklärte er den Krieg. Sein Leben war ein unentwegtes Auf und Ab. Ein wenig erinnert er an den Erzrebellen des al-Andalus. Doch am kastilischen Grafen war wenig vom lachenden Spieler auf dem Berg Bobastro. Fernán González war die eiserne Entschlossenheit zum Erfolg. Er hatte Erfolg. Als er 970 starb, wurde Kastilien bereits als selbständige Herrschaftseinheit betrachtet. Die Entstehung Kastiliens, das im Jahrhundert danach, freilich nach einer Kette von Wechselfällen des Geschicks, Leon in sich aufnahm, ist eines der entscheidenden Ereignisse im Werden Spaniens.

Wir halten erneut ein und kehren um – zurück nach Cordoba in die ersten Jahrzehnte des 10. Jahrhunderts. Cordoba stand jetzt unter der Herrschaft des Größten der Omajjaden in Spanien. 912 war der junge Abderrahman III. Emir der Stadt und des Landes geworden. Im Lauf von fast zwanzig Jahren des unentwegten Kampfes befriedete er das zerrissene al-Andalus, brachte den regionalen Araberadel zur Raison. Er begann energisch mit Flotte, Heer und Bündnispolitik, mit Drohung, Bestechung und Diplomatie sein Reich gegen die schnell aufsteigende schiitische Großmacht der Fatimiden im gegenüberliegenden Nordafrika zu sichern. Die Ritter des christlichen Nordens setzten ihm zwar zu, besiegten ihn gelegentlich in Scharmützeln und einzelnen Treffen, aber der Norden hatte trotz Ramiro und Fernán González diesem Abderrahman nichts entgegenzusetzen. Leon und das junge Kastilien vermochten nicht, aus lokalen Erfolgen Entscheidendes herauszuholen; denn sie konnten zu keiner schlagkräftigen Waffenbrüderschaft auf Dauer zusammenfinden. Leon fehlte bei aller Robustheit die innere Stärke, die Interessen der Bergbewohner und der Duero-Grenzer des jungen Landes zu verquicken.

Allen äußeren und inneren Schwierigkeiten zum Trotz – der neue, der nunmehr achte Emir des al-Andalus war im Glück. Er wußte es zu nutzen. Santiagos Feldbanner wehten zwar über den Streithaufen christlicher Ritter der Grenze, aber der Heilige mußte warten. Dies war die Zeit des Herrn des al-Andalus.

Er beschloß, dies der Welt eindeutig kundzutun. Der Emir am Rand der muslimischen *umma* machte seinen Herrschersitz zum Thron eines Kalifen.

Wir sind im Jahr 929.

Der Kalif der Macht

»Des Himmels Gnadenkleid«

An einem Donnerstag des Jahres 929, vor dem gemeinschaftlichen Freitagsgebet in den Moscheen des al-Andalus, erging folgender Befehl an die Gouverneure aller Provinzen und Marken des Landes:

»Wir sind der Würdigste und Beste aller, die auf ihrem vollen Recht bestehen, auf ihren ganzen Anspruch gehen und das Gnadenkleid tragen, das der Himmel für sie ausersehen; wegen des höheren Grades, in dem Gott uns geneigt; wegen der Vorliebe, die er für uns zeigt; wegen der Macht, zu welcher unsereins nach seinem Willen steigt;

wegen des Erfolges, den er unseren Mühen beschert und womit er unsere Regierung beehrt;

wegen der Glorie und Würde, die er uns in aller Welt erlangen läßt; wegen der Zuversicht, mit der er alle Völker an uns hangen läßt; wegen der Neigung, die er die Abtrünnigen wieder für uns empfinden läßt; wegen der Freude, die er sie an unserer Herrschaft wieder finden läßt.

Dank sei dem Himmel für Gnade und Wohltat, die er uns gespendet hat; dem Himmel, der Dank verdient für alles, was er uns gesendet hat!

Wir halten es für angebracht, uns den Titel ›Fürst der Gläubigen‹ beizulegen und ihn auf allen Dokumenten, adressiert von uns wie auch an uns, zu führen. Jeder, der diesen Titel außer uns beansprucht, ist folglich ein Fälscher und Usurpator, der sich nimmt, was ihm nicht gehört. Wir halten es für erwiesen, daß wir bei fortgesetzter Ablehnung des uns wohl Anstehenden ein Recht aufheben und einen sicheren Anspruch aufgeben. Somit befiehl dem Prediger deines Ortes, besagten Titel zu verwenden, auch hast du deine Schreiben so an uns zu senden. Mit Gottes Willen.«

An diesem Donnerstag des Jahres 929 war der achte in der Reihe der omajjadischen Emire in Cordoba, die sich bisher in stolzer Erinnerung ihrer Herkunft »Söhne der Kalifen« genannt hatten, einen entscheidenden Schritt über seine Vorgänger hinaus gegangen: Durch die Übernahme des ehrwürdigen Titels *amir al-muminin* hatte er sich selbst zum Kalifen ernannt. Am Tag darauf, um die Mittagstunde, wurde sein Name mit dem neuen Titel in allen Moscheen im Gebet ausgerufen, der Akt der Erhöhung war formal vollzogen. Nichts wird gemeldet von Widerspruch, gar von Aufbegehren im Land und in der Stadt: ganz selbstverständlich, als sei Unbestreitbares lediglich ausgesprochen, nahm die islamische Welt des 10. Jahrhunderts mit diesem Tag einen dritten Kalifen hin. War das tatsächlich ein politisch notwendiger Schritt? Oder erfüllte sich hier nur die Lust eines Erfolgreichen auf Ausweis seiner absoluten Macht, die Lust eines Mannes, der in den Worten der Proklamation »auf seinen ganzen Anspruch geht«?

Der muslimisch-arabische Gesamtstaat war in den turbulenten Jahrzehnten, da »Gott die Länder öffnete«, als eine gewaltige neue Einheit in die Welt getreten. Aber er hatte sich in eine nur religionsgemeinschaftliche Einheit gewandelt: die *umma* vermittelte nicht mehr als ein Einheitsgefühl, machtpolitisch war ihr der Boden entzogen. Die Teile hatten sich selbständig gemacht. Jetzt dokumentierte ein mächtiger Teil am westlichen Rand der *umma* seine formale Eigenständigkeit, nachdem er lange schon sein Eigenleben geführt hatte. Mit dem Akt der Selbsterhöhung, dem Griff nach dem ehrwürdigen Titel, mit der gleichzeitigen Feststellung des Thronnamens »Siegreicher Verteidiger der Religion Gottes« beanspruchte Abderrahman nicht das universale Recht der Herrschaft oder gar der »Rechtleitung« über alle Muslime. Er verkündete vielmehr die Unabhängigkeit der Herrscher des al-Andalus von jeder höheren muslimischen politischen Einheit.

Die höhere Einheit war bis jetzt das sunnitische Kalifat von Bagdad gewesen; seine abbasidischen Kalifen hatten noch immer eine »sakrale« Stellung inne. Aber das war eben nur noch muslimisches Einheitsempfinden der Welt; politisch hatte Bagdad seine Gesamtführungsrolle, soweit es sie je hatte beanspruchen oder ausüben können, längst verloren. Als Abderrahman den Gouverneuren seines al-Andalus seine Selbsterhöhungsorder durch Kuriere zustellte, war die politische Kontrolle des Kalifen in Bagdad praktisch auf den irakischen Raum eingeschränkt. Wenige Jahre später residierte der Bagdader Kalif in seiner eigenen Hauptstadt nur noch als ein Marionettenherrscher unter der politischen und militärischen Kontrolle der landfremden Bujiden. In Cordoba machte Abderrahman nun auch die Vorstellung der orthodoxen Theologie, das sunnitische Kalifat sei eins und unteilbar, zunichte. Darin lag die Bedeutung des Ausbleibens von Widerspruch und Aufbegehren, als der Emir sich zum Kalifen erhob: ungehindert wurde die Vorstellung der Theologen und Glaubensjuristen von der realen politischen Macht beiseite geschoben. Denn wie die alten Kalifen von Bagdad war auch der neue Kalif von Cordoba ein Sunnit.

Sunna war im alten Arabien das Verhalten nach der Art der Ahnen genannt worden; *sunna* bedeutete die durch Sitte und Brauchtum geregelte Lebensform. In der islamischen Frühzeit verlagerte sich der Begriff; die ständig weiter sich ausformende Tradition unter dem Propheten und seinen ersten rechtgeleiteten Nachfolgern war jetzt gemeint. Die»Tradition«, die sich vornehmlich auf außerkoranische Worte und mündlich überlieferte Taten des Propheten stützte, wurde im 8. Jahrhundert überprüft und von offensichtlich phantasievollen Zusätzen gereinigt. Das angeblich Gesicherte und Bleibende der mündlichen Überlieferung – zusammengefaßt im *hadith,* der Traditionensammlung – bildete zusammen mit dem Koran die Grundlage des Rechts, *scharia.* Koran und Tradition waren somit der Kern einer»orthodoxen« Lehre und Praxis. Sunnit war, wer sich dieser»Orthodoxie« beugte. Die Sunniten bildeten – und sind noch heute – die weit überwiegende Mehrheit der Muslime. Die größte und wichtigste Gruppe Andersdenkender ist die *schia.* Schiiten sehen in dem vierten der rechtgeleiteten Kalifen – Ali, der vom ersten Omajjaden Muawija um sein Recht gebracht wurde – und in seinen unmittelbaren Abkömmlingen die letzten wahren Nachfolger des Propheten; seither vollzieht sich die Nachfolge im verborgenen, bis der letzte Imam aus dem Geschlecht des Ali, der Entschwundene, am Ende der Zeiten wiederkehrt.

Dennoch dürfen wir die machtpolitische Entscheidung des Cordobaners im Jahr 929 nicht als einen einsamen Einspruch gegen die zentrale Religionsinstanz in der östlichen Hälfte der *umma* verstehen. Der Grund dafür lag viel näher, nämlich unmittelbar jenseits der wenigen Seemeilen, die das al-Andalus von Nordafrika trennten. Dort wurden die schiitischen Fatimiden ständig stärker. Am 15. Januar 910 hatte ihr Führer Ubaidallah ebenfalls den Titel des *amir al-muminin* in Anspruch genommen. Für den Fatimiden war das freilich eine grundsätzliche religionspolitische Entscheidung gegen das orthodoxe Kalifat Bagdads. Politik und Religion waren wie überall in der Welt des Mittelalters, so auch hier, nicht voneinander zu trennen. Machtpolitische Entscheidungen von großer Tragweite versteckten sich nicht etwa nur hinter Glaubensfragen. Veränderungen solcher Größenordnung waren an ihrem Beginn ohne Glaubensüberzeugung nicht denkbar, was nicht hinderte, daß sie später in reale Machtauseinandersetzungen umschlugen. Kurzum: Die aufsteigende Macht der Fatimiden in Nordafrika wurde zur ernsthaften Bedrohung des al-Andalus. Zwar schien die Stoßrichtung der schiitischen Fatimiden nach Osten, auf das Kerngebiet um Bagdad, zu zielen: 914 wurde Alexandria zum erstenmal von ihnen besetzt. Aber der Vorstoß ging auch gegen Sizilien und Unteritalien. Da der Eroberungswille nicht allein von der Aussicht auf Beute getragen wurde, sondern in erster Linie aus dem territorial nicht festgelegten Glaubensauftrag erwuchs, war auch das sunnitische al-Andalus vor einer plötzlichen Änderung der fatimidischen Stoßrichtung nicht sicher – von sehr profanen Gründen der Verlockung wie Reichtum und Annehmlichkeit des Lebens im Garten Spanien ganz abgesehen.

Die Entscheidungen in Nordafrika erwiesen sich wieder einmal als bestimmend für die Entwicklung Spaniens. Schon die Emire von Cordoba hatten ihre südlichen Küsten durch Festungsketten, durch Flottenbau wie auch durch politische, militärische, nicht zuletzt finanzielle Einflußnahme jenseits der Meerenge gegen den Maghreb abgesichert. Abderrahman III. verfolgte diesen klassischen Weg weiter, aber er fügte ein jetzt wichtiges Moment hinzu: Kraft seiner Kalifatswürde schuf er für jene Stämme, Schichten, Kleinherrscher, die sich im Maghreb nicht dem schiitisch-fatimidischen Machtsystem einfügen wollten, eine religionspolitische, »orthodoxe« Zentrale in erreichbarer Nähe – anders gesagt, er bot eine »ideologische« Möglichkeit für die Anerkennung andalusischer Hegemonie über Teile im lebenswichtigen Maghreb. Abderrahmans Nordafrikapolitik hatte ihre Erfolge: nur zwei Jahre, nachdem er sich zum Kalifen hatte ausrufen lassen, unterwarf sich ein größerer Teil des Küstenlandes der cordobanischen Vorherrschaft. Sie hatte aber auch Tiefpunkte: 959 drängten die Generale eines Fatimidenkalifen die andalusische Vorrangstellung im Maghreb zurück, bis nur noch Tanger und Ceuta in Abderrahmans Händen waren. Vielleicht wäre es trotz andalusischer Kontrolle dieser strategisch entscheidenden Punkte zu einem nordafrikanischen Sturm über das Meer gekommen, hätte nicht der Fatimidenkalif al-Muizziyya wiederum zehn Jahre später endgültig den Weg nach Osten eingeschlagen. Seine Heere eroberten 969 Ägypten, sein Feldherr Dschauhar, ein Freigelassener aus Sizilien, gründete Kairo, baute die al-Azhar-Moschee und präsentierte 973 seinem einrückenden Herrn ein Zentrum der Glaubenslehre, das in kürzester Zeit fester und beherrschender Mittelpunkt schiitischer Weltsicht wurde. Entsprechend dehnte sich Cordobas Einfluß im Maghreb wieder aus. Das war ein volles Jahrzehnt nach dem Tod des Abderrahman. Seine Politik hatte sich für seine Zeit bewährt. Aber nur etwas mehr als hundert Jahre nach seinem Tod war das alles vertan, vergessen, verschenkt: Spanien wurde doch eine Beute Nordafrikas.

Abderrahman III. war der Kalif der leuchtenden Macht des al-Andalus, der Kalif des sagenhaften Reichtums und der sich häufenden Schätze, der Kalif, der die Anerkennung der Staaten und Herrscher seiner Welt gewann, und der Kalif der höfischen Pracht. Der Alcazar in den Mauern seiner Hauptstadt, errichtet auf römischem Grundriß, war seiner Größe nicht mehr gemäß, der Rusafa-Palast seiner Vorgänger zu schlicht für seine Person und seines Staates Glanz und Herrlichkeit. Der Kalif der leuchtenden Macht baute seinen eigenen goldenen Rahmen: eine Palastanlage am Rand der gesegneten cordobanischen Flußebene, in der sich vor den Mauern der eigentlichen Stadt die kostbaren Villen und Gärten der Reichen und der Edlen und die einundzwanzig Vorstädte mit ihren Hunderttausenden von Einwohnern dehnten. Die Palastanlage wird manchmal das »Versailles des 10. Jahrhunderts« genannt. In einem Punkt trifft der Vergleich: Sie war ein Zeichen für die wachsende Distanz zwischen Herrscher und Gemeinde, für die gewollte Entrückung der nunmehr erhabenen Person. Aber war es anders in Byzanz? Hatten die Kalifen des immer stärker persisch geformten Bagdad nicht auch diesen Weg eingeschlagen?

Die Legende sagt, Abderrahmans Lieblingsfrau mit Namen »Die Blume« habe ihm ihre Schätze mit der Bitte zu Füßen gelegt, er möge einen Palast errichten. Der Kalif baute eine Stadt. Er nannte sie Medina az-Zahra, »Stadt der Blume«.

Die Stadt der Blume

Im Sommer steht der harte weiße Himmel Afrikas über der Flußebene des Guadalquivir. Nach Norden und Nordwesten geht sie allmählich ansteigend in die baum- und strauchbedeckte Sierra de Cordoba über. Dieser Höhenzug ist der Sierra Morena vorgelagert. In den Stunden der Siesta schwimmt südöstlich das Weichbild der Stadt Cordoba in der flirrenden Hitze; sengende Glut liegt über dem Land.

Den Kalifen traf die Härte der Sonne nicht, wenn er den mauernumwehrten Innenbezirk der Hauptstadt verließ und in seine Palastanlage Medina az-Zahra zog. Sie liegt auf halber Höhe der Sierra de Cordoba auf einem Plateau; in jener Zeit hieß es *Djebel al-Arus,* der Berg der Braut. Den Kalifen schützte eine fortlaufende, aus Sonnensegeln gefügte Galerie, die sich über den gesamten Weg hinzog. Leuchtete die Bespannung in tiefem Rot, war der Weg für den Kalifen freizuhalten. Rosa Sonnensegel zeigten jedermann an, daß die vornehmsten Damen des kalifischen Hauses unterwegs waren, die »Große Dame«, wie die Mutter des Thronerben genannt wurde, und ihr Gefolge – in Sänften, die sich zwischen Maultierrücken wiegten.

Heute läuft eine gut ausgebaute Landstraße von Cordoba nach Westen. Etwa sechs Kilometer vom Stadtrand entfernt steht ein kleines Schild: *Las Ruinas;* wer es nicht sucht, sieht es nicht. An dieser Stelle biegt eine schmale Stichstraße fast rechtwinklig nach Norden ab; sie ist drei Kilometer lang. Der Kalifenweg dürfte kürzer gewesen sein, da er den rechten Winkel aussparte und etwas geradliniger verlief. Die Gesamtlänge der Sonnensegelbedachung aus kostbaren Stoffen wird also sechs bis sieben Kilometer betragen haben – nach den Längenmaßen der Zeit eine gute »Parasange«.

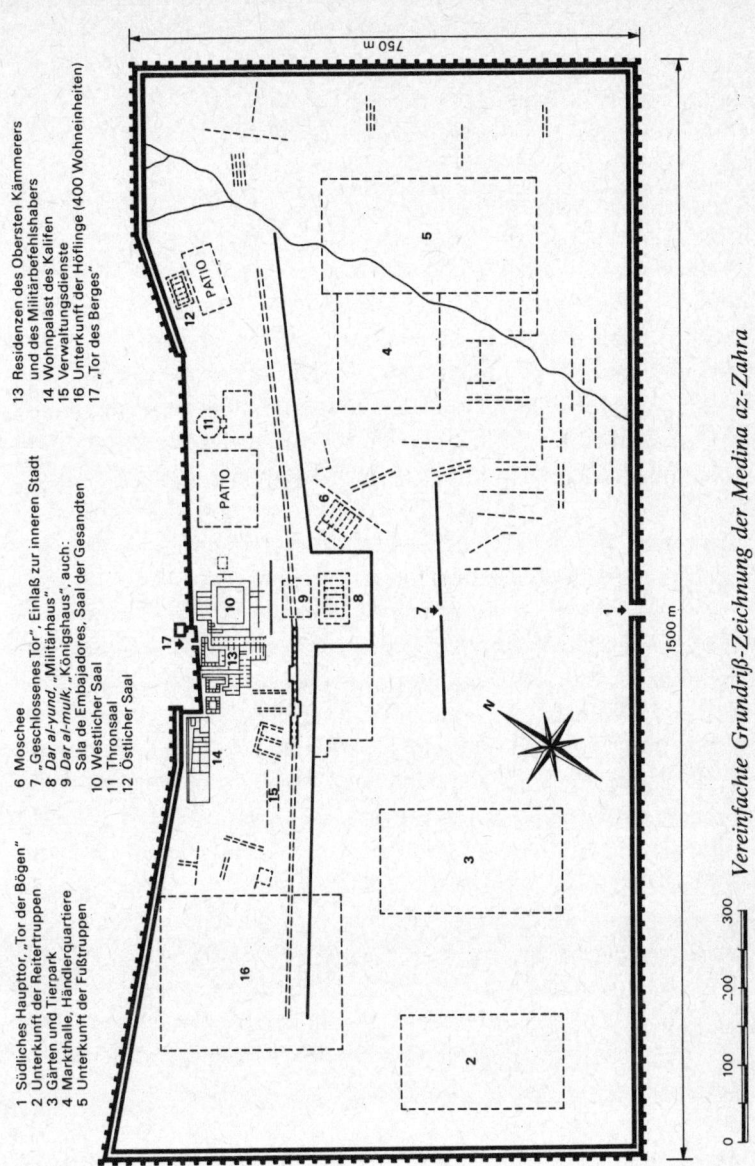

1 Südliches Haupttor, „Tor der Bögen"
2 Unterkunft der Reitertruppen
3 Gärten und Tierpark
4 Markthalle, Händlerquartiere
5 Unterkunft der Fußtruppen

6 Moschee
7 „Geschlossenes Tor", Einlaß zur inneren Stadt
8 *Dar al-yund*, „Militärhaus"
9 *Dar al-mulk*, „Königshaus", auch:
    Sala de Embajadores, Saal der Gesandten
10 Westlicher Saal
11 Thronsaal
12 Östlicher Saal

13 Residenzen des Obersten Kämmerers
    und des Militärbefehlshabers
14 Wohnpalast des Kalifen
15 Verwaltungsdienste
16 Unterkunft der Höflinge (400 Wohneinheiten)
17 „Tor des Berges"

Vereinfachte Grundriß-Zeichnung der Medina az-Zahra

750 m

1500 m

0   100   200   300

Die Stichstraße führt zu vergessener Schönheit. Die Autos bleiben zurück, öffentliche Verkehrsverbindungen gibt es nicht, die Überlandbusse der Touristen sparen sie aus. In den Feldern ringsum sirren die Zikaden; groß und mächtig wölbt sich die Stille über das Land. Die Reste der Medina az-Zahra halten sich lange in der Sonnenschwere verborgen, obwohl sie doch erhöht liegen. Erst allmählich werden zwischen weißlichen Stämmen von Eukalyptushainen große ockerfarbene Mauerteile sichtbar. Zu gewaltigen Kalksteinbastionen wachsen sie heran, je näher man kommt; fünf Meter tief ist die erste äußere Reihe von geschichteten Quadern, die in regelmäßigen Abständen turmartig vorspringen, fünf Meter tief eine zweite innere Reihe und zwischen beiden in der Höhe der Mauerkronen ein umlaufender Weg von fünf Metern – eine Umwallung von fünfzehn Metern Tiefe. Voll erhalten ist sie nur an der südöstlichen, Cordoba zugewandten Ecke, auf vielleicht zwei- bis dreihundert Meter. Hinter der Umwallungslinie erstreckt sich das Gesamtgelände der Medina az-Zahra, fast hundertzwanzig Hektar, in drei riesigen Terrassenstufen zum Plateau hinaufsteigend, ein Ruinenfeld von atemraubender Großartigkeit.

Über freigelegte Grundmauern, über die Stützwände der Terrassen, über die mächtigen Reste von gemauerten Pfeilern wuchern wilde Myrtenbüsche, Bougainvillea-Kaskaden fallen auf die Reste von Steintreppen, in den Schattenwinkeln der zerschlagenen Bögen und Tore klettert die blaue Clematis über feingeschnittene Arabeskentäfelchen, die einzeln und verloren an den Quaderresten hängen. In der Sonnenstille zwischen diesen Wällen, Mauern, Treppen, zwischen geborstenen Portalen, zerbrochenen Brunnenrändern, wiederaufgerichteten Palasthallen leben ganz unmittelbar der Glanz und die Herrlichkeit und die Macht der Residenz omajjadischer Kalifen des al-Andalus wieder auf.

Über Jahrhunderte war die Palaststadt vergessen, das Geröll der Sierra hatte sie wieder bedeckt. 1910 haben die Spanier begonnen, die Fundamente freizulegen. In mühseliger, höchst eindrucksvoller Restaurierungsarbeit sind seither zentrale Bauteile und Gebäudeanlagen wiederaufgerichtet worden, insbesondere das *dar al-mulk*, das Königshaus auf der Mittelterrasse, oft auch *Sala de Embajadores,* Saal der Gesandten, genannt, weil hier die Staatsgäste wohnten; dann wieder heißt es Haus der Wesire, denn unter dem funkelnden Goldglanz seiner Mosaiken wurde über die Staatsgeschäfte beraten.

Nicht minder eindrucksvoll ist die Menge gesicherter Informationen, die dem Boden, den Steinen, den Reitwegen, den Straßen, den zerborstenen Säulen abgewonnen wurden. Sie bestätigen nicht nur die Detailangaben der muslimischen Chronisten, die früher oft als phantasievolles Fabelwerk verdächtigt und abgetan wurden; die Informationen machen es möglich, die lebende und blühende Stadt der Blume wenigstens in großen Zügen zu beschreiben. Was also sah ein fürstlicher Staatsgast, ein fremder Botschafter, der sich im 10. Jahrhundert der Residenz des Kalifen nahte?

Auf den Weiden, die sich vom Fluß allmählich sanft zum Fuß des Berges hoben, grasten des Kalifen berühmte Stuten und die importierten Araberhengste; wahrscheinlich weideten hier auch die vierhundert hochgezüchteten Kamele, die der Hof für Reise- und Transportzwecke brauchte, etwa in der Höllenhitze des Hochsommers, wenn der Kalif kühlende Erholung an der Küste des Meeres nahe Malaga suchte.

Auf der weitgedehnten Ebene vor den äußeren Mauern paradierten Kavallerieschwadronen. Die Fläche vor der Südmauer war zugleich Anfahrts-, Exerzier- und Paradegeländ; von der blitzenden, funkelnden, donnernden Pracht dahinsprengender Kavalkaden ist in den Chroniken oft die Rede. Im Rücken der Kavalkaden ragte das erste große Zeichen der Macht vor dem Besucher auf, jene fünfzehn Meter tiefe doppelte Umfassungsmauer, die sich vor seinen Augen in einer gewaltigen Breite von eintausendfünfhundert Metern von West nach Ost dehnte, an den beiden Enden rechtwinklig abbog und jeweils siebenhundertfünfzig Meter nach Norden den Hang hinaufstieg, die drei Terassen beidseitig einschließend. Nur die Nordmauer, die exakt der Breite der Südmauer entsprach und sich höher am Hang des *Djebel al-Arus* hinter der eigentlichen Kalifenterrasse entlangzog, hatte nicht die enorme Stärke.

In die Mitte der Südmauer war das Haupttor eingelassen, das »Tor der Bögen«, über dem eine wohlgeformte Marmorvenus aus den römischen Ruinen Cordobas stand; das Volk der Hauptstadt hielt sie für ein Abbild der Lieblingsfrau des Kalifen, jener »Blume«. Am Tor der Bögen begann die nord-südliche Hauptachse der Medina auf der untersten Terrasse, die eigentlich ein riesiger Eingangshof nur wenig über dem Niveau des Vorgeländes ist. Auf dieser Hauptachse durchschritt der Besucher zweihundertfünfzig Meter gepflegter Gärten, die von gefaßten künstlichen Bächen durchzogen waren; entlang der Seitenmauern betrug die Tiefe der untersten Terrasse über vierhundert Meter. Die so entstehenden weiten Plätze waren notwendig, da dort der größte Teil der etwa zwanzigtausend Bewohner der Medina lebte und arbeitete. Im Westen lag die Kaserne der kalifischen Gardekavallerie und im Osten die Kaserne der Gardefußtruppen; Unterkünfte der siebentausend Soldaten der *yund,* der Leibgarde des Herrschers, ein jeder Soldat mit goldenem Gurt, mit golddurchwirktem Wappenrock und mit einem glänzenden »sizilischen Helm« ausgestattet. Es gab überdeckte Märkte, einen Zoo mit exotischen Tieren, Textilwerkstätten für die Herstellung feinster und kostbarster Brokatstoffe, aus denen die Gewänder geschneidert wurden, die der Kalif als Ehrengabe und Auszeichnung verschenkte, daneben die Werkstätten für die Herstellung der Sonnensegel für des Kalifen Weg. Hier war vor allem das Heer der mittleren und unteren Beamten tätig, Verwalter, Rechner, Schreiber. Die Bürokratie wuchs allen Überlieferungen zufolge schon damals zu riesigem Umfang heran, und ein gesicherter Platz in einer Beamtenstube galt als höchstes Ziel jener, die – in heutiger Formulierung – den Mittelstand der Städte bildeten. Das einzige Gebäude der untersten Terrasse, dessen Längsachse nicht wie die aller anderen in Nord-Süd-Richtung verlief, war die große Moschee, die der religiösen Vorschrift entsprechend nach Südosten gen Mekka blickte.

Dieser riesige Hofraum war für das Volk geöffnet. Es blieb ausgeschlossen von der zweiten und dritten Terrasse, die innerhalb der mächtigen Gesamtumwallung von einer weiteren zinnenbewehrten Mauer abgeschirmt waren. Noch vor dieser Innenmauer befand sich, genau auf der Nord-Süd-Achse, in einer vorgelagerten, nicht allzu hohen Teilmauer der Einlaß in das eigentliche Palastgelände, das »Geschlossene Tor«. Hier wohnte der *sahib al-madina,* der Gouverneur der Palaststadt; er empfing als erster hoher Beamter den Hofgast und geleitete ihn auf dem Mittelteil der zweiten Terrasse hinauf. Dieser mit dem Aushub des Berghanges aufgeschüttete Mittelteil ist auch heute noch, aller barbarischen Zerstörung zum Trotz, genau das, als was er gedacht war: eine ausladende Bühne für die stolze Geste der Macht. Die Besucher aus fernen Ländern müssen überwältigt vor diesem goldglänzenden Schauspiel kalifischer Kraft und Herrlichkeit gestanden haben, das vom Arrangement der Bauten unterstrichen wurde. Auf den vorderen rund einhundert Metern dieses Mittelteils, Bühne und Bastion zugleich, erhob sich steil das *dar al-yund,* das Militärhaus, so genannt, weil hier wahrscheinlich der Befehlshaber der kalifischen Reiterheere wohnte. Aber von militärischer Strenge oder gar Schlichtheit kann dieses Gebäude nichts gehabt haben: Säulenreihen in Parkanlagen, die eigentlich Teil des Hauses waren, umplätschert vom klaren Bergwasser, das in Zierbächen mit okkerfarbenen Rändern talwärts rann, der Boden aus weißem Marmor, die Decken über den Säulenreihen geschnitzt und in Blau, Silber, Altrot und Gold getönt, alles dies umgeben von schattenspendenden Arkaden. Hier wartete der Hofgast auf die Audienz, hier saß aber auch, waren die Tage frei vom diplomatischen Zeremoniell, der Kalif und beobachtete die Kavallerieübungen und Reiterspiele auf dem Vorgelände.

Das alles kann man so nicht mehr sehen. Besichtigen aber kann man das Hauptgebäude dieser Staatsbühne der zweiten Terrasse, das *dar al-mulk,* das Königliche Haus, Palast in der Palaststadt, aber noch immer nicht Residenz des Kalifen, nur Vorhof der allerhöchsten Gegenwart. Das Königliche Haus liegt hinter dem *dar al-yund;* getrennt waren beide durch einen großen Zierteich, dessen Maße, klassisch ausgewogen, äußerste Harmonie der Umrandung für das kristallklare Bergwasser schufen, in dem sich die Fassaden der Bauten spiegelten.

Die volle Wiederherstellung dieses Königlichen Hauses wird noch lange dauern. Auf dem Marmorboden liegen Hunderte ungeordneter Arabeskenfragmente, erdig, grau und schwarz, Patina von fast tausend Jahren Vergessenheit im Boden des Berghangs. Aber über dem jetzt noch unvollständigen Gitterwerk der Wände erhebt sich schon wieder die große Halle auf Säulenreihen von bläulichem und rötlichem Marmor, auf deren exquisiten Kapitellen die Hufeisenbogen ruhen. Manche der Zwischenflächen, auch Teile der Wände, werden bereits von den gesäuberten Arabeskenplatten übersponnen, jede Platte eine Kostbarkeit geschnittenen Steines; oder von gold- und silberglänzenden Mosaiken, deren langgezogene, in endloser Reihung dahinfließende arabische Schriftbänder den starken byzantinischen Einfluß nicht verleugnen können. Umgeben ist die Halle von Alkoven, die als Schlaf- und Ruhegemächer für die Staatsgäste dienten, von eleganten Brunnenräumen, in denen die hohen Räte die rituellen Waschungen vor Beginn ihrer Zusammenkünfte vollzogen. Etwas entfernt, respektvoll abgesetzt, die kleineren Häuser, in denen Staatsschreiber und Übersetzer die Papiere besorgten, die durch einen gedeckten Gang zum Ratssaal gebracht wurden. Überhaupt ist ein verzwicktes System gedeckter, dem schnellen Blick entzogener, teils geheimer Gänge ein auffallendes Merkmal dieser Regierungsstadt.

Die ursprüngliche Bauzeit des Königlichen Hauses betrug nur fünf Jahre. Die ganze Stadt, obwohl eine kunstvoll ausgeklügelte Anlage, ist dennoch vitaler, kraftvoll lebendiger Höhepunkt des spanisch-muslimischen Bau- und Dekorationsstils. Hier findet sich noch nichts von der Dekadenz der granadinischen Alhambra, über deren Patios schon ein Hauch von Sterbensblässe schwebt. Die künstliche Stadt am Hang der Sierra de Cordoba war einfach Schönheit, ohne Zaudern geschaffen aus denkbar größtem Selbstbewußtsein – und doch hat sie nicht einmal einhundert Jahre gelebt. Auf den drei Terrassen der Medina az-Zahra, deren jede eine herrscherliche Geste über der weiten und gesegneten Talebene des »Großen Flusses« ist, wird der plötzliche Untergang des kalifischen Reiches nur drei Generationen nach Abderrahman III. noch rätselhafter.

Auf dieser grandiosen Bühne der Mittelterrasse stand der Hofgast noch immer nicht dem Fürsten der Gläubigen gegenüber. Das wurde ihm erst auf der dritten, der obersten Terrasse gewährt. Ihr östlicher Teil, von der Mittelachse der Stadt gerechnet, hieß die »Glänzende Terrasse«. Auf ihr erhoben sich drei Palastgebäude, in denen sich das offizielle Hofleben abspielte. Hier empfing der Herrscher. Die freigelegten Fundamente lassen Lage und Ausmaß der Gebäude erkennen, geben aber von der Pracht des Inneren natürlich kein Zeugnis; wir müssen sie anhand der zeitgenössischen Chroniken uns vorzustellen suchen.

Das unter den Zeitgenossen berühmteste Gebäude war der

»Thronsaal«, der von den beiden anderen Bauten durch weite Flächen abgesetzt war. Beschrieben wird er als ein Oktogon (sehr genau sind die Quellen hier nicht) mit acht großen Einlässen, jeder von Bögen aus Elfenbein und Ebenholz überwölbt. Die Edelhölzer waren mit Intarsien aus Gold und Juwelen verziert. Die Wände bestanden aus verschiedenfarbigem Marmor und aus Jade, so dünn geschliffen, daß sie wie Glas durchsichtig war. Die Kuppel deckten Ziegel aus Gold und Silber; innen war sie mit den feinsten Mosaiken ausgelegt. Dies endlich war der Ort der Begegnung mit dem großen Herrscher, der Ort der Anschauung des Erhabenen. Und während drinnen die Audienzen abliefen, wanderten draußen die Fassaden der Bauten langsam umeinander: eine ausgeklügelte optische Täuschung, hervorgerufen durch das Spiegelbild der Fassaden in einem Quecksilberteich, der ebenfalls auf der »Glänzenden Terrasse« angelegt war – etwas tiefer als die Hauptgebäude – und in den das Sonnenlicht seine tägliche Bahn zeichnete. Wie mag der Widerschein des Quecksilberteiches auf dem Marmor, dem Gold und dem Silber und den funkelnden Juwelen geglänzt haben, wenn in warmen Nächten der Mond leuchtend rund über der reichen Ebene des »Großen Flusses« stand, ganz sanft und ohne die Härte des Tages?

»Voller Stolz befragte [der Kalif] einst Wesire und Höflinge über sein Werk und seine aus aller Welt erworbenen Herrlichkeiten: ›Kennt ihr wohl, auch nur vom Hörensagen, einen Herrscher, der vor mir gelebt und ähnliches wie ich hier vollbracht hat oder wenigstens hätte vollbringen können?‹ – ›Nein, bei Gott, Fürst der Gläubigen, unvergleichlich bist du in deinem ganzen Tun; in dieser deiner Gründung kam dir kein Herrscher zuvor, den wir gekannt oder den man uns genannt‹ … da trat plötzlich der Richter Mundir Ibn Said hinzu, das Haupt in kummervollem Schweigen gesenkt. Nachdem er seinen Sitz eingenommen hatte, legte Abderrahman dieselbe Frage über das goldene Dach und den Wunderbau vor. Dem Richter traten die Tränen in die Augen und tropften in seinen Bart. ›Bei Gott, Fürst der Gläubigen‹, antwortete er, ›ich konnte nicht wissen, daß der Satan – Gott verfluche ihn – dich schon so fest in den Klauen hat und daß du ihm soviel Gewalt über dich einräumst: Du hast dich mit den Ungläubigen auf eine Stufe gestellt, nachdem dich Gott begnadet und bevorzugt hat vor aller

Welt!‹ Abderrahman erstarrte: ›Sieh zu, was du sprichst! Wieso stellst du mich mit den Ungläubigen auf eine Stufe?‹ – ›Ja doch! Lautet nicht das Gotteswort: Wäre es nicht, daß die Menschen dann ein einziges Volk sein würden, so würden wir denen, die nicht an Gott glauben, silberne Dächer für ihre Häuser zubilligen und Stiegen, worauf sie emporsteigen.‹ Als der Richter an das Ende dieses Koranverses gekommen war, schwieg der Herrscher bestürzt und senkte für eine ganze Weile sein Haupt; aus Scham vor Gott und Schuldgefühl tropften ihm die Tränen in den Bart . . . [er] hob die Sitzung auf, bat Gott um Verzeihung und ließ das Kuppeldach zerstören; die Glasurziegel wurden auf seinen Befehl durch Erdziegel ersetzt.«

Auf dem westlichen Teil der oberen Terrasse, enger aneinandergeschoben, lagen die persönlichen Residenzen des *hadjib,* des obersten Staatsbeamten, und des militärischen Oberbefehlshabers, schließlich der Wohnpalast des Kalifen. Am äußersten Westrand, von den Wohnpalästen wiederum durch einen weiten Platz und eine Reihe von Arbeitsräumen der Spitzenbürokratie getrennt, ein Viertel mit rund vierhundert Wohneinheiten für das ganz persönliche kalifische Gefolge.

Auf den Mauergängen der »Glänzenden Terrasse« paradierten ständig Wachen. An Empfangstagen wurde das große Zeremoniell entfaltet: Die Soldaten standen Mann an Mann, alle in golddurchwirkten Tuniken; Schützen mit umgehängten Bogen, mit Hellebarden und Streitäxten; dazwischen die Träger der Standarten, auf denen zumeist furchterregende Drachen aufgemalt oder aufgestickt waren; die Offiziere im leichten Panzer, mit silberblitzenden Helmen, der Schwertknauf juwelenbesetzt; ringsum bis herunter zum *dar al-mulk* oder bis zum »Geschlossenen Tor« die Scharen der Höflinge in seidenen und brokatenen Ehrengewändern und über der ganzen wohlgeordneten Szene die Rufe, die Paukenschläge und die dröhnenden Kampfgesänge der militärischen Formationen: grandiose choreographische Selbstdarstellung des unermeßlichen Reichtums und der unbedrohten Macht in der Welt.

In der sonnenschweren Stille des Ruinenfeldes, auf den Stützmauern der Terrassen, selbst in der verletzten Schönheit des Königlichen Hauses steigen die Bilder ohne Mühe herauf. Vor ihnen verblaßt dann schnell die Überlieferung, Abderrahman habe die

Stadt als kostbares Angebinde für seine Lieblingsfrau errichten lassen. Dies war die Stadt des Herrschers, des Kalifen mit dem Beinamen *an-Nasir Lidinillah*, »Siegreicher Verteidiger der Religion Gottes«.

Der Fürst der Gläubigen hatte freilich sehr irdische Sorgen, als an den Bauarbeiten die immensen Kosten ablesbar wurden. Er ließ in der Moschee verkünden, seine Suchtrupps, die in den Ländern der Ungläubigen die noch gefangenen Muslime mit hohen Lösegeldern freikaufen sollten, seien ergebnislos zurückgekehrt, denn – Allah sei gepriesen! – muslimische Gefangene gebe es nicht mehr. Also lasse sich die Lösegeldsumme anders anlegen. Riesige Goldmengen wird er gebraucht haben, nachdem der Bau am 19. November 936 begonnen war und in verblüffendem Tempo voranging. In vier Jahren stand die große Moschee. Sechstausend mächtige, genau zugehauene Kalksteinblöcke wurden täglich verbaut; herangeschafft wurden sie von eintausendfünfhundert Lasttieren und von den vierhundert Kamelen des Kalifen. Christliche und afrikanische Sklaven stellten nur einen kleinen Teil der Arbeitskräfte; weitaus in der Mehrzahl waren die freien Arbeiter, die einen beträchtlichen Tageslohn erhielten; jeder Arbeiter bekam die Hälfte der Bezahlung eines Aufsehers. Die viertausend Säulen der Medina wurden zu einem Teil aus dem lichtblauen Marmor der Sierra de Cordoba geschnitten, eine entsprechend große Zahl aus dem weißgeäderten hellrötlichen Marmor der Sierra de Cabra, knapp hundert Kilometer im Süden der Hauptstadt. Wie in der Mezquita wechselten in den Hallen und Sälen der Medina blaue und rote Säulen. Entsprechend dem Brauch der Zeit und zum Ruhm des Bauherrn wurden an die tausend Säulen von berühmten Stätten in weiter Ferne herbeigeschafft, aus Karthago und Narbonne, aus Tunis und Tarragona. Der Kaiser in Byzanz allein schenkte einhundertvierzig kostbare Säulen. Ibn Junis – nur einer der namentlich bekannten zahlreichen Oberaufseher der Bauleitung – war ausschließlich für den reibungslosen Schiffstransport des wertvollen Materials verantwortlich. Nicht nur Säulen kamen aus Byzanz, sondern auch Zentnerlasten von Mosaiksteinen und für des Kalifen Privatgemächer eine überaus kostbare, riesige Wanne aus Goldbronze, die mit feinsten Skulpturen versehen war. Zum Erwerb dieser Wanne wurden zwei Sondergesandte nach Byzanz geschickt, einer von ihnen ein mozarabischer Bischof (dem wir in Kürze in gänzlich anderem Zusammenhang wiederbegegnen werden). Der höchste Bauleiter war des Kalifen Sohn, der als al-Hakam II. sein Nachfolger wurde.

Neun Jahre nach Baubeginn muß die Wasserversorgung bereits gesichert gewesen sein. Ein Aquädukt von fünzehn Kilometern Länge brachte frisches Quellwasser aus der bewaldeten Sierra heran; aus einem Umkreis von fünfundzwanzig Kilometern wurde dem Aquädukt Wasser zugeleitet. Der Hauptzufuhrkanal war eine ein Meter zwanzig hohe, festgemauerte Rinne, die oben gedeckt war. Sie wurde über Täler und Schluchten, wo notwendig, sogar durch den Berg hindurch geführt, manchmal in einer Tiefe von hundert Metern. An der Nordmauer der Medina teilte sich der Quellwasserstrom in zahlreiche künstliche Bäche auf, die von Terrasse zu Terrasse niedersprudelten, teils offen in Zierrinnen, teils in unterirdischen Bleikanälen. Was nicht verbraucht wurde, lief durch ein unterirdisch verlegtes Rohrsystem in die sieben Kilometer entfernte Hauptstadt; ein zweites, ebenfalls unterirdisches System führte die Abwässer in den Fluß, der im Süden das weite fruchtbare Tal durchzog. Und viele tausend Brote, sagen die Chroniken, habe allein die tägliche Futterration für die Zierfische betragen, die sich in den rosengesäumten, von Zypressen und Lorbeerbäumen beschatteten Teichen und Seen tummelten.

Die Blumenstadt war Verwaltungszentrale und politisch-diplomatisches Nervenzentrum einer Großmacht des 10. Jahrhunderts. In alle Welt gingen die Geschenke und Sendschreiben, die mit den köstlichsten Miniaturen verziert waren, aus aller Welt kamen die Gesandten, und nie kamen sie ohne Geschenke. Besonders eindrucksvoll und glänzend ausgestattet waren die Gesandtschaften aus Konstantinopel, nicht nur weil al-Andalus und Byzanz über längere Zeit gemeinsame außen- und sicherheitspolitische Interessen hatten, sondern eher noch weil beide eine über alle Grenzen des Glaubens und der Politik hinausreichende Gemeinsamkeit verband: Das spanisch-muslimische al-Andalus stand auf dem Boden römisch-griechischer Kultur, die diesen äußersten Westen des Islam so tiefreichend mitformte, wie der persische Lebensgrund den Osten des Islam prägte. In der Hauptstadt des Kalifen im Westen waren einst Seneca und Lukan zur Welt gekommen, und

Kaiser Trajan blieb auch in Rom ein Sohn der Baetica. Die kleinen Zeichen: Der Hauptweg, der durch das »Tor der Bögen« in die Medina az-Zahra führte und auf der Mittelachse weiterlief, hatte genau die klassische Breite römischer Staatsstraßen. Und wo blieb das koranische Gebot, keine Bilder des Erschaffenen zu fertigen? Skulpturen überall, über dem Tor, an den Beckenrändern, auf geschnitzten Elfenbeintruhen.

Aus der Chronik des Ibn al-Khatib: »Dem Gesandten des byzantinischen Kaisers, der Abderrahman um einen Freundschaftsvertrag bat, erteilte dieser die berühmte, nie dagewesene Audienz: Der Byzantiner trat vor und überreichte, geblendet vom Glanze dessen, was er sah, sein Schreiben; letzteres steckte in goldener, reich bebilderter Schatulle, war mit goldener Tinte auf himmelblauem Papier aufgesetzt und trug ein goldenes Siegel mit dem Bilde des Messias auf der einen und des Kaisers Konstantin auf der anderen Seite.«

Das war im Jahr 949, dreizehn Jahre nach dem Baubeginn der Medina. Bei einem der ersten byzantinischen Gesandtschaftsbesuche hatte der orthodoxe Mönch Nicolas im Auftrag seines Herrschers, des Kaisers Konstantin VII., Porphyrogennetos, eine Kostbarkeit dargeboten: in juwelenbesetzter Schatulle eine Kopie der *Materia medica* des Dioscurides, der berühmten medizinischen Enzyklopädie des alten Griechenland. Der Kalif ließ sie alsbald ins Arabische übersetzen.

Wenige Jahre später erschien am »Tor der Bögen« ein anderer Mönch, schwarzgewandet, bescheiden, ohne Gefolge, statt blendender Geschenke nur einen reichlich groben Brief seines Herrn mit sich tragend – der Gesandte Ottos des Großen aus Deutschland.

Eine Gesandtschaft aus Deutschland

Kalif Abderrahman hatte 951 versucht, zu Otto I., damals noch König, diplomatischen Kontakt aufzunehmen. Über die mühevollen Wege der Unterhandlungen berichtet eine Chronik, die *Vita Johannis Abbatis Gorziensis*, die in Metz niedergeschrieben wurde, als das Abenteuer vorüber war. Ein nüchterner Bericht, indes lesenswert, denn selten haben nichtmuslimische Augen so genau auf das Leben jener Jahre »der vollen Blüte« in al-Andalus geschaut.

Darin heißt es: »Als der Ruf von König Ottos, des nunmehrigen Kaisers, Ruhm und Großtaten zu den verschiedenen Völkern drang, schickte an ihn auch der Herr Spaniens, Abderrahman, eine Gesandtschaft und Geschenke, wie sie der Freigibigkeit eines Königs entsprachen. Die Gesandten, deren Haupt ein Bischof war, wurden, wie es sich für die Majestät eines Königs gebührte, feierlich empfangen, aber lange zurückgehalten.«

Die cordobanische Gesandtschaft hatte drei volle Jahre ausharren müssen, bevor sie vom König empfangen wurde. Während dieser Zeit starb vor einer der Pfalzen der Leiter der Gesandtschaft, ein mozarabischer Bischof, dessen Namen wir nicht kennen. Die lange Wartezeit legt die Vermutung nahe, daß Otto zunächst wenig Interesse an der diplomatischen Annäherung des Kalifen hatte. Was Abderrahman wollte, läßt sich nur aus der politischen Gesamtlage folgern: Otto hatte 951/952 seinen ersten Italienzug unternommen und sich ohne Wahl König der Franken und Langobarden genannt. Durch den Erwerb Reichsitaliens, also des gesamten Nordteils der Apenninhalbinsel mit Ausnahme eines adriatischen Küstensaumes, war er plötzlich zu einem bedeutenden Gewicht in der mittelmeerischen Politik geworden. Ein weiterer Italienzug war abzusehen (er begann tatsächlich im Jahr 961 und führte 962 zur Kaiserkrönung Ottos in Rom). In Süditalien operierten schon zur Zeit des ersten Italienzuges die ägyptischen Fatimiden mit offensichtlicher Ausdehnungstendenz nach Norden. Gegenüber seiner politischen Hauptkonkurrenz aus Nordafrika mußte der Herr des al-Andalus ein Absicherungsinteresse durch Absprache mit anderen Mächten haben, insbesondere dann, wenn eine der anderen Mächte so kraftvoll erschien wie das aufstrebende Reich Ottos.

Drei Jahre Warten vor den Pfalzen des Königs, Tod des Gesandten, der Kalif noch immer ohne Antwort – irgend etwas mußte geschehen. Die ottonische Chronik berichtet: »Als man nun unsererseits zur Erwiderung eine Gegengesandtschaft in Erwägung zog, einigte man sich, nachdem eine Zeitlang mancherlei Maßnahmen angeregt worden waren, schließlich dahin: Da der spanische

König, als Sarazene des wahren Glaubens verlustig, ein gottloser Frevler sei, da er zwar um die Freundschaft eines christlichen Königs geworben, gleichwohl sich aber nicht entraten habe, in seinem übersandten Brief manche Schmähung gegen Christum auszustoßen, Gesandte an ihn zu schicken, die ihm ein königliches Schreiben überbringen, außerdem aber ein ernstes Wort mit ihm reden sollten, um ihn, falls Gott irgend es gewähren möchte, von seinem gewissenlosen Verhalten abzubringen.«

Für solcherart Auftrag einen Gesandten zu finden war offenbar unmöglich. Schließlich erhielt der Bischof von Metz die Weisung der königlichen Kanzlei, einen geeigneten Mann auszumachen, »denn er habe sehr viele ausgezeichnete Männer an der Hand, welche offenkundig mit der Welt bereits abgeschlossen hätten und darum sich durch keinen Schrecken dieser Erde einschüchtern ließen«. Die vielen ausgezeichneten Männer im Bistum Metz sträubten sich indes nachhaltig – bis auf den Mönch Johannes im Kloster Gorze, wo er als Verwalter amtierte. Dieser Johannes von Gorze (oft Johannes von Görz genannt), den es »nach dem Märtyrertode, wenn es so sein sollte, zu verlangen« schien, wurde des Königs Gesandter.

Johannes brach im Jahr 953 mit einer bescheidenen Gruppe auf. Nichts zeigte sie von der Macht und der Pracht des Königs, die zu beweisen ein politisches Ziel des ottonischen Hofes gewesen sein muß. Das mag Otto geschmerzt haben, wenn er es gewußt hat; dem Mönch Johannes schien strenge Bescheidenheit die einzige angemessene Art, der prunksüchtigen Welt des Unglaubens entgegenzutreten. Begleitet wurde er von Bruder Garaman aus dem heimischen Kloster, »der aber ein durchaus brauchbarer Mensch war«, von einem Kaufmann aus Verdun, Ermenhard, »welcher Stadt und Land in Spanien kannte«, und von einem Mitglied der cordobanischen Gesandtschaft, einem mozarabischen Priester, der zum Auslöser späterer Ränke und Schwierigkeiten werden sollte. Das Kloster Gorze, nicht etwa der Hof Ottos, bestritt die Reisekosten; vielleicht gab es deshalb nur »fünf Pferde zum Reiten und zur Gepäckbeförderung«.

Über Dijon und Beaune ging es nach Lyon; eine Rhone-Barke nahm dort Reisende, Pferde und Gepäck an Bord. Aber schon wenig weiter stromabwärts wurde das Fahrzeug von Flußräubern überfallen. Die Gesandtschaft des Königs »erlitt eine nicht unbeträchtliche Verzögerung, da . . . sie dabei einen großen Teil ihrer Habe einbüßte. Erst nach notdürftiger Ergänzung zogen sie nach Spanien weiter. In Barcelona angelangt, rasteten sie fünfzehn Tage, bis ein Bote nach Tortosa geschickt wurde: Das war nämlich die erste Sarazenenstadt.«

Barcelona war Hauptstadt der Spanischen Mark, Außenposten des westfränkischen Reichs. Die Grenze zum maurischen Herrschaftsgebiet verlief etwa auf halber Strecke zwischen Barcelona und der Ebromündung. Dort liegt Tortosa, bis in das späte Mittelalter als Heimat der besten Bogenschützen Spaniens bekannt. Der Bote aus Barcelona hatte Erlaubnis zum Grenzübertritt einzuholen. Zwar wurde sie vom örtlichen Befehlshaber sofort erteilt, dennoch hielt er die Königsgesandtschaft einen vollen Monat zurück, was weniger Ehrenbezeigung und Gastfreundschaft als vielmehr notwendiger Aufschub war, um genaue Weisungen Cordobas anzufordern. Der Hof in Cordoba legte den Reiseweg wie auch die Übernachtungsstätten fest und bestimmte die jeweiligen Gastzeremonien »entsprechend der Freigibigkeit des Kalifen«. Das ist die einzige Bemerkung der Chronik über die folgenden Reisewochen. Kein Wort über die Empfindungen und Gedanken, die den Mönch bei seinen ersten Schritten in die Welt des anderen Glaubens und der fremden Kultur, die ihn geblendet haben muß, sicherlich befielen; keine Andeutung einer natürlichen Neugier.

Noch in Tortosa geschah, was später zu Ungemach und diplomatischen Schwierigkeiten führen sollte. Der begleitende mozarabische Priester bekam es mit der Angst; »aus Furcht um sein Leben« wollte er nicht mit leeren Händen an den Kalifenhof zurückkehren. Vom arglosen Mönch Johannes erbat er unter Vorwänden Einblick in das Schreiben der ottonischen Kanzlei, dann verschwand er in der Nacht, um den Kalifen über den Inhalt des königlichen Schreibens zu informieren. Johannes zog weiter nach Süden. Wovon er nichts ahnte: Wie eine unübersteigbare Schranke stellte sich die Ausschließlichkeit des Glaubensanspruchs zwischen Kalif und Königsgesandten, der ja auftragsgemäß »ein ernstes Wort mit dem Kalifen reden sollte, um ihn von seinem gewissenlosen Verhalten«, seinem Glauben, abzubringen.

Nach insgesamt dreimonatiger Reise traf Johannes mit Bruder

Garaman und dem landeskundigen Kaufmann aus Verdun in Cordoba ein; dort wurde ihnen »ein Haus angewiesen, welches von dem Palast etwa zwei römische Meilen entfernt war. Hier lieferte man ihnen zwar allen Bedarf in Fülle und üppigster Zurüstung, ließ sie aber ihrer Wünsche ungeachtet eine ganze Reihe von Tagen warten.«

Aus den Tagen wurden Wochen, aus den Wochen wurden Monate. Nichts tat sich. Als Begründung wurde geltend gemacht: »Da die Gesandten unseres Kalifen bei euch drei Jahre festgehalten sind, so hat man beschlossen, euch hier dreimal soviel, das heißt, neun Jahre, hinzuhalten, ehe man euch vorläßt.«

An dieser Stelle beschreibt die ottonische Chronik das peinliche Dilemma am Hof des Kalifen. Abderrahman hatte offenkundig ein politisches Interesse an Informationen über Ottos Haltung und Meinung, aber natürlich konnte er von einem christlichen Bekehrungsversuch nichts wissen wollen. Das wurde zwar dem Johannes bei Besuchen ungemein zuvorkommender Hofbeamter immer wieder angedeutet, aber auf seine standhafte Klosterseele machte es nicht den geringsten Eindruck.

Die Chronik spiegelt die damalige christliche Vorstellung der moslemischen Herrschaftsauffassung: »Sie leben nämlich im Banne eines unerbittlichen Gesetzes: Was einmal in alter Zeit für das ganze Volk als Regel aufgestellt ist, davon darf unter keinen Umständen wieder abgewichen werden; und der Kalif unterliegt dabei demselben Zwang wie das Volk: Jede Übertretung wird mit dem Tode bestraft, und zwar hat jeden Verstoß des Volkes der Kalif zu ahnden, jeden Verstoß des Kalifen das ganze Volk. In diesem Gesetz steht nun obenan die furchtbare Vorschrift: Niemand soll sich unterstehen, auch nur durch ein Wort die Religion anzutasten; jeder Frevler dieser Art, mag es nun ein Bürger oder ein Fremder sein, wird ohne Gnade hingerichtet. Und wenn der Kalif selbst von einem solchen Verstoß vernimmt und die Hinrichtung nur einen Tag verschiebt, dann ist er selbst dem Tode verfallen, und keine Gnade kann ihn davor retten.«

Der Kalif tat den nächsten Schritt. Er schickte nun »seinen Juden mit Namen Hasdeu . . . und das war nach dem Zeugnis unserer Landsleute der klügste Mann, den sie jemals gesehen und gehört«. Hasdeu, des Kalifen Jude, brachte den Mönch zwar zum Reden und erfuhr alle Einzelheiten, konnte ihn aber nicht von seiner starren Haltung abbringen, nicht einmal die geringste Andeutung eines Entgegenkommens bewirken. (Hasdeu wird uns noch beschäftigen: Ohne es zu ahnen, war der fränkische Mönch mit einem der bedeutendsten Menschen des al-Andalus »in der Zeit der vollen Blüte« zusammengekommen.)

Die Überredungsversuche zogen sich durch die Monate, bis der Kalif schließlich zur unverhüllten Drohung überging: »In der Annahme, daß jener durch die Besorgnis für die Christen, welche unter sarazenischer Herrschaft Freiheit in ihrem Gottesdienst wie im Handel und Wandel genossen, eher eingeschüchtert werden könnte, schickte [der Kalif] ihm an einem Sonntag einen Brief, der voll Drohungen steckte. Nur an Sonntagen nämlich und den höchsten christlichen Feiertagen, wie Weihnachten, dem Epiphaniefest, Ostern, Himmelfahrt, Pfingsten, am Tage des Heiligen Johannes, dem Apostel Petrus und Paulus und anderer hervorragender Heiliger hatte er die Erlaubnis, zu beiden Seiten von zwölf Trabanten, welche Sagionen heißen, eskortiert, die nächstgelegene Kirche, die dem Heiligen Martin geweiht war, zu besuchen. Als er nun an jenem Sonntag auf dem Kirchengange begriffen war, wurde ihm noch auf dem Hinwege der Brief überreicht. Da ihn nun schon das große Format – es war ein mächtiges viereckiges Stück Pergament – in Schrecken setzte, verschob er die Öffnung des Briefes, um nicht in seiner beabsichtigten Andacht gestört zu werden, bis man nach Beendigung des Gottesdienstes nach der Herberge zurückkehren würde. Als er das Schreiben entfaltete, fand er darin furchtbare Gewaltmittel angedroht, und er gestand, niemals sonst durch eine Drohung so schwer getroffen worden zu sein.«

Auch die Mächte des Mittelalters setzten, zum Teil schon höchst verfeinert, die ganze Palette des diplomatischen Instrumentariums, von der Zermürbung durch Warten über die Drohgebärde bis zum Imponiergehabe, für ihre politischen Zwecke ein. Respektiert aber war immer die aus der Antike überkommene Regel von der Unverletzlichkeit der Person des Gesandten. Welcher Art die Drohung des Kalifen war, ist nicht auszumachen. Der Mönch, in Furcht versetzt, raffte sich dennoch auf, erinnerte sich des 55. Psalms »Wirf deine Sorgen auf den Herrn . . .« und antwortete dem Herrscher der Gläubigen in einer beredten Epistel, er sei nicht einzuschüchtern und werde eher die schrecklichsten Martern erdulden, er könne nicht anders, denn »da seines Herrschers Majestät ihm den Brief unversiegelt anvertraut habe, so habe er gar nicht das Recht, ohne diesen Brief sich von dem Kalifen empfangen zu lassen oder dabei auf die Verlesung des Schreibens zu verzichten. Wenn der Kalif ihm das zubillige, werde er im übrigen sich nicht den geringsten Verstoß zuschulden kommen lassen.«

Die scharfe schriftliche Konfrontation hatte den Vorteil, daß sie eine baldige Lösung des vertrackten Problems unumgänglich machte. Der cordobanische Hof verstand sich nach eingehender Beratung dazu, den Mönch still und unauffällig zu fragen, was denn nun geschehen solle. Der Mönch, dem in seiner diplomatischen Prunkhaft vor den Toren der Medina zusehends unheimlicher wurde, riet dem Hof ebenso still und unauffällig, einen kalifischen Sondergesandten zu Otto zu schicken und den König um Abwandlung seiner Weisung zu bitten. Der Rat wurde angenommen, aber nun war es in Cordoba schwierig, einen geeigneten und willigen Mann zu finden.

Rekemund hieß der Beamte des Hofes, der sich schließlich für eine ansehnliche Belohnung bereitfand, »dem Kalifen seine Seele zu verkaufen«, was in der Formelsprache jener Zeit hieß, seinen Auftrag auszuführen. Rekemund war Mozaraber, Nachfahre einer alten westgotischen Adelsfamilie, des eleganten Arabisch so mächtig wie seiner eigenen Sprache, ein bekannter Astronom, »welcher in christlicher wie in der arabischen Landeswissenschaft gleich heimisch war«. Aus diesem Rekemund wurde jener Bischof Rabi Ibn Zayel, den der Kalif bei anderer Gelegenheit nach Byzanz schickte, wo er die kostbare, skulpturengeschmückte Wanne für die herrscherlichen Gemächer erwerben sollte. Für die Bereitschaft, die heikle diplomatische Mission zu übernehmen, wurde dem Rekemund für den Fall seiner Rückkehr jetzt der freigewordene Bischofssitz von Elvira in der granadinischen Provinz versprochen. So machte er sich im Jahr 955 – Otto schlug gerade die Schlacht auf dem Lechfeld gegen die Ungarn – »mit königlichem Aufwand ausgerüstet« auf den Weg nach Norden und langte nach zehn Wochen im lothringischen Gorze an, wo er den halben Winter zubrachte.

Am 2. Februar 956 erschien er vor Otto »in der Pfalz zu Franconofurde«, lobte den standhaften Mönch über alle Maßen, richtete seine Botschaft aus, bewirkte in der Tat eine mildere Fassung des Königsbriefes an den Kalifen und konnte, ein volles Jahr nach seinem Aufbruch zurückgekehrt, dem wartenden Mönch in Cordoba eine neue Weisung Ottos des Großen überbringen:»Johann erhielt die Weisung, den ersten [Brief] zu unterdrücken, und den Befehl, nur mit den Geschenken sich zum Kalifen zu begeben, Freundschaft zu schließen, Ruhe vor den feindlichen Überfällen der räuberischen Sarazenen unter allen Umständen zu erwirken und seine Heimkehr zu beschleunigen: *Amicitiam pacemque de infestatione latrunculorum sarracenorum quoquo pacto conficitat.* ..« Dies ist in der Vita der einzige Hinweis auf ein konkretes politisches Ziel des ottonischen Hofes. Um ihn zu verstehen, ist ein Rückblick notwendig.

Im Jahr 889 setzte sich eine Schar sarazenischer Korsaren in Fraxinetum fest. (Der Ort heißt heute La Garde-Freinets; er liegt in der Nähe von St. Tropez an der französischen Côte d'Azur.) Für die Menschen des 10. Jahrhunderts waren Festung und Stützpunkt Fraxinetum schwere Plage und Bedrohung. Von hier stießen sarazenische Streifscharen über viele Jahrzehnte weit in den Alpenraum vor. Eine Zeitlang war Grenoble in ihren Händen. 924 überfielen sie das oberitalienische Pavia und äscherten es ein. Sechs Jahre später tauchten sie vor St. Gallen auf, gleichzeitig auf den sanften Kuppen Burgunds, immer wieder am Genfer See, in den Hochtälern Savoyens, im Engadin. Ist der Name Pontresina ein Echo der Jahre, in denen die Sarazenen über die Brücke ritten?

Gegen Fraxinetum wurden immer wieder beträchtliche regionale Machtmittel eingesetzt. 943 kam es zu einer Zangenoperation gegen den Stützpunkt: Der Provenzale Hugo von Vienne, für einige Jahre »König von Italien«, rückte mit einer Streitmacht zu Lande an; von See her unterstützte ihn eine byzantinische Flotte. Das Unternehmen scheiterte, denn in diesem Augenblick zog von Norditalien der lombardische Herrscher Berengar gegen Hugo zu Felde; dem blieb nichts anderes übrig, als sich kurzerhand mit den belagerten Arabern in Fraxinetum gegen den Rivalen um die oberitalienische Vorherrschaft zu verbünden. Die byzantinischen Kampfschiffe drehten ab. Die Bedrohung durch den festen Platz Fraxinetum blieb.

In der Tat war der Platz mehr als nur ein küstennaher Stützpunkt für gelegentliche Inlandrazzien im Raum zwischen Rhone, Genfer See und Genua. Er blockierte wichtigste Zugangswege in die Poebene und die Toskana zu einer Zeit, da das Machtvakuum Oberitalien politische und militärische Kräfte aus Norden und Westen anzog. Höchst ärgerlich war auch die Tatsache, daß die Fraxineter Sarazenen die Rompilger durch Zoll, Wegsteuer und Überfall kräftig zur Ader ließen. Unsicherheit auf den Überlandwegen, Störung von Handelslinien, Gefahr für Leib und Leben machten es zunehmend schwerer, in einen zentralen machtpolitischen Entscheidungsraum zu gelangen. Der ottonische Hof mußte ein lebhaftes Interesse an der Lockerung, wenn möglich an der Aufhebung der unliebsamen Blockade haben. Sollte der Mönch das in Cordoba erreichen? Es ist zu vermuten.

Wir kehren nach Cordoba zurück. Die Vita des Johannes sagt nichts darüber, ob dem Mönch, bis dahin nur ein braver Klosterverwalter in Lothringen, die gesamtpolitischen Hintergründe überhaupt vor Augen standen. Der Lebensbericht, der auf den Erzählungen des Heimgekehrten beruht, beschreibt lediglich Bedrängnis und Seelenstärke des tapferen Christenmannes in der Fremde und, wenngleich in knappen Zügen, das menschliche Abenteuer der Begegnung mit dem geheimnisvollen, so lange verborgenen großen Herrscher in seinem Blumenpalast. Aber erst stand noch das Protokoll im Weg: »Johann, seiner nunmehr fast dreijährigen Haft ledig, erhielt den Befehl, vor dem Kalifen zu erscheinen. Als ihm aber von den Boten bedeutet wurde, er habe sich mit geschorenem Haar und reingewaschenem Körper in einem Festkleide einzufinden, um vorgelassen zu werden, und er sich dessen weigerte, meinten jene, er habe wohl kein Festkleid anzuziehen und meldeten es dem Kalifen. Sofort übersandte dieser ihm 10 Pfund Silber zu einem Kleide, in welchem er sich vor ihm sehen lassen konnte; denn es gilt dort nicht für schicklich, im Alltagsgewande dem Kalifen unter die Augen zu treten.«

Das Ehrengewand war nicht nur eine Frage der Schicklichkeit oder des protokollgerechten Auftritts. Ehrengewänder waren sowohl Belohnungen für besondere Leistungen – immer wieder wird berichtet, daß zum Beispiel Dichter für einen einzigen Auftritt mit Ehrengewändern geradezu überhäuft wurden – wie vor allem offizielle Auszeichnungen, etwa den europäischen Ordensverleihungen vergleichbar. Je kostbarer die Ehrengewänder (und die kostbarsten Stoffe wurden in Cordoba hergestellt), um so höher Auszeichnung und Ansehen in der Gesellschaft. Wer bei Hofe noch kein Ehrengewand hatte, setzte alles daran, eines zu erlangen, denn wer keine sichtbare Auszeichnung trug, galt wenig in der kalifischen Gesellschaft. Der Mönch aus Lothringen hat das vielleicht nicht gewußt, was freilich nach so langem Aufenthalt in Cordoba kaum anzunehmen ist; wahrscheinlich widersprach golddurchwirkter, perlenbesetzter Brokat seinem Klosterdenken. Er blieb ein weiteres Mal halsstarrig. Kein Prachtgewand, nicht einmal ein farbiger Überwurf, nur die schwarze Kutte, und die zehn Pfund Silber, eine wahrhaft stattliche Summe, zwar dankend angenommen, aber stracks als milde Gabe an die Armen verteilt. Des Herrschers Auszeichnung abgelehnt – eine Brüskierung in der Tat, aber selbst das nahm der Kalif hin. Ihm muß sehr daran gelegen haben, den merkwürdigen Kuttenmann aus dem fernen Norden kennenzulernen.

21. Juni 956: »An dem für seinen Empfang festgesetzten Tag bot man nun an ausgesuchtestem Schmuck alles mögliche auf, um eine wahrhaft königliche Pracht zu entfalten. Die ganze Straße von der Herberge bis zur [Palast-]Stadt und innerhalb derselben bis zum Palast des Kalifen hielten zu beiden Seiten Truppen verschiedener Gattung besetzt: hier stand Fußvolk mit Lanzen bei Fuß, dann kamen weitgedehnte Reihen, welche ein Scheingefecht aufführten, indem sie ihre Speere und Wurfspieße schwangen und damit zustießen, darauf die leicht bewaffnete Maultier-Reiterei und endlich die gepanzerten Reiter, welche ihre Rosse zu wilden und mannigfachen Sprüngen anspornten. So also wurden sie, schon durch der Mauren fremdländisches Äußere in Schrecken versetzt, noch unter Kampfspielen mancher Art, mit welchen jene zu imponieren glaubten, durch des Weges furchtbaren Staub, wovon die Trockenheit der Jahreszeit – es war um die Sommersonnenwende – schon an sich genug aufwirbelte, bis zum Palast geleitet. Von dem gesamten Hofstaat wurden sie draußen vor der Pforte empfangen, wo selbst der ganze Estrich mit den kostbarsten Teppichen und Stoffen belegt war.« Johannes der Mönch betrat die Medina az-Zahra.

Ein Gesandter war Auge und Ohr seines fernen Königs. Sein Bericht allein, denn andere gab es nicht, allenfalls die blumigen Fabeln der Handelsleute, legte den Grund für die Entscheidung über Wert und Unwert einer politischen Interessenverwebung, über die Bedingungen einer möglichen Bindung. Ein Gesandter war also zu beeindrucken durch Prunk und Pracht, durch Macht oder auch Milde, in jedem Fall durch die absolute Erhöhung, die Entrückung des Audienz gewährenden Herrschers in den blendenden Glanz.

Der Kalif ging unvermittelt von der Demonstration der Macht zur Demonstration von Milde, Weisheit und Güte über. Er fand den kürzesten Weg zum Herzen des tapferen Mönchs. »Dann erfolgte der Einlaß in das Gemach, wo der Kalif fast unnahbar wie ein Gott thronte. Hier war alles mit den seltensten Hüllen bedeckt, so daß zwischen Estrich und Wänden jeder Unterschied verschwand. Der Kalif selbst hatte auf einem blendend ausgestatteten Diwan Platz genommen . . . Als nun Johann nähertrat, reichte [der Kalif] ihm die innere Handfläche zum Kusse dar. Denn es ist unzulässig, daß er selbst Untertanen und Fremde küßt; er läßt sich auch außerhalb seines Palastes von keinem einzigen untergeordneten oder unbedeutenderen Manne küssen, und von den Höchstgestellten auch nur bei einem feierlichen Empfang mitten auf die geöffnete Handfläche.

Darauf winkte er Johann, auf einem bereitgestellten Sessel sich niederzulassen. Nachdem sich beide eine Zeitlang schweigend gemustert, begann der Kalif: ›Ich weiß, dein Herz ist gegen mich aufgebracht gewesen, nämlich gerade solange, als ich dich nach meinem Empfange habe schmachten lassen. Aber du weißt es ja selbst sehr wohl: Ich habe nicht anders handeln können. Ich habe dabei deinen Mut und deine Weisheit kennengelernt; dich auch von Angesicht zu Angesicht zu schauen und mir dabei deinen Brief überreichen zu lassen, haben mich Verhältnisse gehindert, welche ich nicht meistern kann. Ich möchte dir aber den Argwohn nehmen, als sei Haß gegen dich der Grund gewesen . . .‹ Johann hatte sich zwar vorgenommen, wie er uns später gestand, den Kalifen etwas von der Bitterkeit empfinden zu lassen, welche eine so lange Leidenszeit in ihm angesammelt hatte; er wurde aber nun plötzlich so vollkommen umgestimmt, daß er wie nur irgendeiner frei von

Voreingenommenheit war... Er wünsche sich jetzt nur noch
Glück zu dem prächtigen Empfang, welche des Kalifen Gnade ihm
bereitet; er preise einen Fürsten, in dessen Charakter er aus eigener Erfahrung unermüdliche Beharrlichkeit mit äußerst seltener,
die rechte Mitte einhaltender Mäßigung vereint wisse.«

Eine zweite Audienz folgte kurz darauf. Austausch von Freundlichkeiten, gegenseitiges Beteuern der Kraft und Stärke jeweiliger
Heeresmacht, Plaudereien über die politischen Verhältnisse rechts
und links des Weges, der Otto zum Kaisertum führte – was aus
dem Auftrag wurde, läßt sich nur aus Fakten folgern; denn die
Schlußteile der Vita des Johannes sind verloren: Noch 972, zwölf
Jahre nach diesen Tagen von Cordoba, fingen Fraxineter Streifscharen auf den eisigen Höhen des Großen St. Bernhard den Abt
Majolus von Cluny. Nur gegen horrendes Lösegeld kam er wieder
frei. Der lothringische Mönch hatte die unmittelbaren Interessen
seines Königs und Kaisers nicht durchsetzen können.

Die Juden von Cordoba

Des Kalifen Jude Hasdeu, nach dem Zeugnis des Mönchsgesandten Johannes »der klügste Mann, den sie jemals gesehen oder
gehört«, hieß mit vollem Namen Chasdai Ibn Schaprut. Er war
Arzt des Hofes, zugleich hochgestellter Verwaltungsfachmann, als
Ratgeber des Kalifen so etwas wie ein politischer Planer, Sonder-
botschafter in heiklen Missionen im Ausland und daheim Ge-
sprächspartner fremder Gesandter – ein ungemein wichtiger Herr
bei den Beratungen im *dar al-mulk*. Er beschreibt einige seiner
Aufgaben in einem Brief, über den gleich zu sprechen sein wird:
»Durch meine Hände kommen der Gesandten Gaben ein, und
durch meine Hände gehen die Gegengeschenke hinaus.« Dem
Chasdai unterstand die Zollverwaltung der inzwischen bedeutsamen Handelsmacht al-Andalus: »Seine [des Kalifen] alljährlichen
Einkünfte sind ... einhunderttausend Goldstücke; dies sind seine
Einkünfte von fremden Kaufleuten, deren Geschäfte alle durch
meine Befehle gehen (Lob sei dem Herrn für seine Gnade gegen
mich!).«

Dem Diplomaten Chasdai gelang ein Meisterstück. Im christlichen Nordspanien, das durch die inneren Machtkämpfe so zerrissen war wie je, verlor König Sancho im Jahr 958 sein Reich Leon. Er wurde verjagt und zog sich nach Pamplona, der Hauptstadt Navarras, zurück, wo seine ehrgeizige Großmutter Tota regierte, obwohl ihr Sohn Garcia längst im herrschaftsfähigen Alter stand. Die Ehrgeizige schwor, ihren Enkel wieder auf seinen leonischen Thron zu heben, was freilich schwierig werden mußte, denn nicht nur hatte Sancho sich den Adel Leons zum Feind gemacht, nicht nur fehlten ihm und der Regentin Tota die militärischen Machtmittel, um Leon und Kastilien allein anzugreifen – Sancho litt, dies war sein übelstes Hindernis, an Fettsucht. Der aufgedunsene König, am Arm der Helfer durch Hof und Straßen wankend, war zum Gespött der Menge geworden, die ihn verächtlich *el gordo,* Fettsack, rief. Allein bei den berühmten Ärzten Cordobas, glaubte Großmutter Tota, gebe es Hilfe. Sie überwand ihren Stolz, erbat vom Kalifen Heilung für den Enkel und im gleichen Atemzug eine kalifische Armee für die Offensive gegen die christlichen Vettern. Der Kalif nutzte die Lage.

Chasdai Ibn Schaprut reiste nach Pamplona, untersuchte den hochgestellten Patienten und versprach vollständige Heilung, sofern sich Sancho nach Cordoba begeben wolle; sollte er sich dort auch zur Abtretung von zehn Festungen verstehen, zu übergeben nach erneuter Thronbesteigung, müßte das der Stellung einer Hilfsarmee förderlich sein. »Durch den Zauber seiner Worte, durch die Macht seiner Weisheit« bewirkte er, was dem Kalifen ungeheuren Zuwachs an Ruhm, vor allem an Ansehen bei den Massen seines Reiches einbrachte: Gestützt auf Chasdai stapfte der feiste christliche König, neben sich die stolze Königin Tota, hinter sich Onkel Garcia, ebenfalls im Königsrang, dann die Großen von Navarra und Erzpriester seiner Kirchen nach Cordoba hinein. Sie wurden mit erlesener Höflichkeit und raffinierter Eleganz auf der obersten Terrasse der Medina az-Zahra empfangen und dann im *dar al-mulk* als Staatsgäste untergebracht. Drei christliche Könige lebten auf einer goldenen Insel, Geiselgästen gleich, dem Gefallen des Kalifen anheimgegeben.

In den weißen Gassen des hauptstädtischen Judenviertels, nur wenige Kilometer entfernt, ging ein Preislied auf Chasdai um:

Grüßet, ihr Berge, den Häuptling Juda's! Lachen wohne auf aller Lippen! . . . Die Wüste freue sich, sie blühe und bringe Frucht hervor, denn er kommt, das Haupt der gelehrten Schule, er komme mit Jauchzen und Gesang! Solang er nicht da war, lag die Stadt, die anmutig gebaute, düster und traurig. Ihre Armen, die sein Antlitz nicht mehr gleich den Sternen leuchten sahen, waren betrübt. Die Stolzen herrschten über uns . . . sie brüllten wie die jungen Löwen, und wir waren erschrocken, denn unser Verteidiger war nicht da . . . Aber wenn er vorübergeht, wagt niemand, den Mund zu öffnen . . .

Kunstlose Zeilen. Nichts wird mit poetischer Eleganz verhüllt. Der Blick geht ungehindert auf die überbordenden Gefühle der Juden von Cordoba: ein kecker Stolz, in den sich schon ein überspannter Hochmut mischt, und dennoch, alles durchziehend und alles wieder verwirrend, Zagheit, Angst und Furcht, die Bürde jüdischer Jahrhunderte. Die Hoffnung scheint allein auf einen Mann gebaut: Chasdai Ibn Schaprut, Haupt der gelehrten Schule und aus der Fülle seines hohen persönlichen Einflusses zugleich Verteidiger der Gemeinde. Die Verse mögen durchaus das subjektive Empfinden der Juden von Cordoba spiegeln, aber werden sie der tatsächlichen Lage der Gemeinde unter der Herrschaft des ersten Kalifen des al-Andalus gerecht?

Die Lage der Juden in al-Andalus hatte sich bemerkenswert verbessert. Das gilt sowohl im Vergleich zur vorislamischen Zeit, insbesondere zur organisierten Unterdrückung und Verfolgung während der Spätphase westgotischer Herrschaft, wie auch im Vergleich zu den wirren, meist chaotischen Anfangsjahrzehnten des muslimischen Spanien. Bedeutsam war jetzt die grundsätzliche Sicherung nicht allein jüdischer Einzelexistenz in den Städten des Kalifats, sondern der hebräischen Gemeinde innerhalb der muslimischen Glaubens- und Kulturgemeinschaft. Drei Bedingungen, die ineinander verwoben waren und aufeinander einwirkten, hatten zu dieser grundsätzlichen Besserung geführt.

Zunächst und vor allem der Status der *dhimmi*, der – wie wir gesehen haben – den religiösen Gruppen der »Schriftbesitzer«, also den Christen und den Juden, eingeräumt wurde. Diese durch koranisches Gebot untermauerte und durch die muslimische *umma* umgeformte Protektion hatte – zweite wesentliche Bedingung – erhebliches Gewicht für die Staatsfinanzen, die nicht zuletzt von der Kopfsteuer der *dhimmi* abhängig waren, um so abhängiger in der Tat, je größer die Zahl der *dhimmi* im Staatsverband und je höher ihre wirtschaftliche Leistungsfähigkeit. Letztere wiederum setzte eine Mindestsicherung ihrer Existenz voraus.

Dieses Gemeinwesen war ein kompliziertes Gebilde eines ungefähren gesellschaftlichen Gleichgewichts, einer gesellschaftlichen »Koexistenz«, für die im Spanischen das treffende Wort *convivencia* steht. Es war praktizierte Toleranz, ohne daß dieser Begriff unmittelbar anwendbar wäre. Diese Zeit war keine Zeit kühl-rationaler Überlegungen, wie sich aus solchen Maßnahmen folgern ließe, sondern zunächst eine Zeit der Leidenschaften, des bebenden Glaubens an die Macht der Sterne und das dunkle Walten der Geister, der rücksichtslosen Durchsetzung eigener Interessen, des ungehemmten Verfügens über das Leben anderer, des Vertrauens auf rohe Kraft und Waffengewalt. Die langen Jahrzehnte bis zur allmählichen Stärkung der muslimischen Zentralmacht in Cordoba hallen von endlosem Kriegs- und Waffenlärm wider, und stets liegt der Ruch des Blutes über der Szene: viele heftige Jahrzehnte der Formation eines Gemeinwesens aus höchst gegensätzlichen Elementen und Kräften. Ein so kompliziertes, zugleich so ausgewogenes System gesellschaftlicher Koexistenz wie das abgestufte System der muslimischen Protektion bedarf – das ist die dritte und entscheidende Bedingung – des unbeschädigten Selbstbewußtseins der führenden, staatstragenden Kraft, es bedurfte, mit anderen Worten, der Gewißheit der Muslime, daß nunmehr die Blütezeit ihrer kulturellen und gesellschaftsgestaltenden Fähigkeit gekommen sei. Stetig war dieses Selbstbewußtsein gestiegen; unter den Kalifen von Cordoba erreichte es die Höhe seiner Selbstverständlichkeit. Wirrwarr, Chaos und Schrecken der Vergangenheit begannen zu verblassen. Die dritte Bedingung war erfüllt.

Die Juden trugen indes ihre besondere Erinnerung in sich. Die geschichtliche Erfahrung der jüdischen Weltgemeinde hieß Hinnahme von Unterdrückung, Versuch des Überlebens. Ängstliches Mißtrauen gegenüber dem nunmehr rechtlich gesicherten Status scheint nur langsam gewichen zu sein; noch im Preislied auf Chasdai Ibn Schaprut hat das Mißtrauen sein Echo. Überdies waren die Juden in Spanien bislang nicht so zahlreich, daß aus bloßen machtpolitischen Erwägungen große Rücksicht angezeigt gewesen wäre: ihre Zahl war eher klein, und politische Bedeutungslosigkeit hätte eine schwere Existenzgefährdung sein können. Im al-Andalus soll die jüdische Gesamtgemeinde, neueren Schätzungen zufolge, bis zum 10. Jahrhundert wenig mehr als ein Prozent der Gesamtbevölkerung ausgemacht haben. Anders sah es freilich mit ihrer wirtschaftlichen Bedeutung aus. Al-Andalus war zu einer führenden Wirtschaftsmacht der damaligen Welt aufgestiegen, und die Juden hatten beträchtlichen Anteil an exportwirksamen Tätigkeiten wie Textilherstellung und -handel, ferner an der Ledererzeugung und -verarbeitung, einer Spezialität Cordobas, an der Arzneimittelherstellung, dem Nah- und Fernhandel mit Spezereien und Parfüms, mit Metallen und anderen gewinnbringenden Waren. In seiner wirtschaftlichen Aktivität, bei der Erzeugung wie im Vertrieb, genoß dieses Judentum volles bürgerliches Ansehen – im Gegensatz zum christlichen Europa, wo dem Judentum schließlich schmähliche und verdächtige Randberufe als nahezu einzige Existenzgrundlage zugewiesen wurden; ganz zu schweigen von der widerwilligen Duldung als mißachtete und beargwöhnte Minderheit in der christlichen Gesellschaft. Ein Jude in Cordoba wie in anderen Städten des al-Andalus konnte jeglicher Tätigkeit nachgehen und frei umherziehen. Er lebte, wozu er freilich nicht verpflichtet war, im Viertel seiner Gemeinde, dessen Zugänge nachts verschlossen wurden. Indes war diese Übung keine Diskriminierung, denn jedes Viertel einer muslimischen Stadt lebte so. Gettos gab es nicht im muslimischen Spanien.

Die *judería* lebte nach innen entsprechend den hebräischen Gesetzen. Der jüdische Gemeindevorsteher war richterliche Instanz in allen zivil- und familienrechtlichen Fragen; niemand mischte sich von außen hinein, weder in die innergemeindlichen Lebensregeln noch in die Speisegesetze, noch in die religiösen Bräuche. Die rechtliche Eigenständigkeit der jüdischen Schutzbefohlenen stieß an ihre Grenzen, wenn ein Rechtsfall auf dem Innenhof der Moschee vor dem muslimischen Richter, dem *qadi,* anhängig wurde, weil der Streitgegner ein Muslim war; hier wurde den Leuten der

Vereinbarung, den *dhimmi,* die Möglichkeit versagt, wider den Rechtgläubigen Zeugnis zu geben. Die Juden waren, wiewohl nicht volle Staatsbürger, so doch Mitbürger, ihre Gemeinden, wiewohl nur Verbund von Teilgläubigen, doch Teile des Staatswesens und in bemerkenswerter Weise darin einbezogen.

Die Juden durften Ländereien besitzen, und sie besaßen seit der Eroberung meist verlassenes Land des geflohenen westgotischen Adels. Dennoch wandelte sich die jüdische Lebensweise zunehmend zur städtischen Existenz. Diese langsame Umstellung war aber keineswegs Folge vermeintlich »jüdischer Talente«, etwa für das Geldgeschäft oder bestimmte Handelsformen, sondern fast beiläufige Anpassung an die sich ändernde Umwelt: Die islamische Welt war eine Welt der Städte, und auch die Geschichte des al-Andalus ist eine Geschichte seiner Städte.

Weitgehende politisch-soziale Sicherheit der Gemeinde und ihrer Glieder, wirtschaftlicher Aufstieg, Übergang zur hauptsächlich städtischen Lebensweise, dies alles war möglich geworden vor dem Hintergrund muslimischen Selbstbewußtseins – erst auf diesem Boden konnten hervorragende Persönlichkeiten über die jüdische Gemeinde hinaus und dadurch mittelbar für die Gemeinde wirkend in der Politik des Reiches tätig werden. Chasdai Ibn Schaprut ist der erste in einer langen Reihe großer jüdischer Namen in der Staats- und Geistesgeschichte des al-Andalus und später des ganzen Spanien.

Chasdai war kein Dichter und auch nicht Philosoph, weder ein großer Naturwissenschaftler, obwohl kundiger Arzt, noch einer der Geschichtsschreiber, denen in der muslimischen Welt so große Bedeutung zugemessen wurde. Er war, abgesehen von seinen Ämtern in der Staatsbürokratie, lediglich das »Haupt der Gelehrten Schule«, einer *jeshiva,* einer Talmudschule, die allerdings sehr bald so etwas wie die erste Akademie des spanisch-sephardischen Judentums wurde. Am Beginn des historisch so bedeutsamen Sephardentums stand mit Chasdai ein hochgradiges Organisationstalent. Ihm gelang durch die Berufung eines berühmten, aus Italien stammenden Gelehrten, Mosche Ben Hanoch, an die cordobanische Schule, die religionsgesetzliche Ablösung vom bisher kaum bestrittenen geistlichen und geistigen Übergewicht der babylonischen Gemeindeführer, der *geonim.*

Man kann Chasdai als einen der großen Mäzene ansehen, der aus seiner machtvollen Stellung bei Hof die Mittel und Möglichkeiten für die Entfaltung wissenschaftlichen und künstlerischen Wirkens bereitstellte. Er holte hebräische Sprachwissenschaftler, Dunasch Ben Labrat und Menachim Ben Saruk, die für einen kräftigen Aufschwung der Sprachwissenschaft an der hebräischen Akademie von Cordoba sorgten. Aber auch hier zeigt sich hinter dem Mäzen wieder der politische Organisator. Denn als Gemeindehaupt der Juden stand Chasdai vor einem ähnlichen Minoritätsproblem wie vor ihm der fanatische christliche Priester Eulogius: Auch die Juden – sie vielleicht noch mehr als die Christen des Landes – ergaben sich der arabischen Kultur, ihrer Lebensweise, ihren Sitten, vor allem der arabischen Sprache, dem größten Einigungsfaktor der islamischen Welt.

Wir haben uns bisher gesperrt, den Begriff der »Toleranz« ohne weiteres auf die muslimische Gesellschaft jener Zeit anzuwenden. Hier scheint er sich anzubieten: In der abgestuften pluralistischen Gesellschaft der Zeit war nun die Bereitschaft des Herrschenden und Führenden zu erkennen, fremdartige Gemeinden nicht nur zu dulden, sondern sie »konstruktiv«, mitformend, mitschaffend, in die Gesamtgestaltung des Lebens einzubeziehen, solange sie sich nicht anschickten, die vorgegebene soziale Ordnung umzustoßen, die natürlich aus der Gnade der Allmacht Allahs kam.

Für die Gruppen der anderen, der Christen wie der Juden, bedeutete diese Einbeziehung Chance und Gefährdung zugleich, denn was sich bei ihnen vollzog, war mehr als nur äußerliche Übernahme von Sprache und Verhaltensweisen. Es war der spürbare Beginn tiefreichender Umformung von Fühlen, Denken, Handeln und somit zumindest vorstellbarer Beginn des Verlusts von Identität. Hier liegt auch, um es vorwegzunehmen, einer der triftigsten Gründe für das eingewurzelte christlich-spanische Mißtrauen gegenüber den befreiten und heimgeholten Glaubensgenossen und Neugetauften, das um so stärker wucherte, je weiter die Reconquista voranschritt, bis dann bei der Vollendung der Wiedervereinigung Spaniens der schwelende Verdacht zum überragenden Problem der »Inneren Sicherheit« wurde.

Chasdai Ibn Schaprut war nicht auf Vermutung und Theorie angewiesen. Er hatte ein deutliches Beispiel in Ägypten vor Augen. Dort hatte die fortschreitende kulturelle Angleichung schon im anhebenden 10. Jahrhundert ein jüdisches Gemeindehaupt dazu gebracht, die Bücher des Alten Testaments ins Arabische zu übertragen und den Gemeindemitgliedern eine arabisch verfaßte Anleitung zum Gebrauch der hebräischen Grammatik an die Hand zu geben. Das Mäzenatentum des Chasdai in Cordoba hatte einen ausgeprägt religions- und gemeindepolitischen Hintergrund: Nicht Bewahrung vor dem Verlust von Leib und Leben war jetzt das Problem der Juden Spaniens, sondern Bewahrung vor dem Verlust der Identität.

Warum aber, wenn so vieles sich zum Besseren gewandelt hatte, der Ton der Verzagtheit im Preislied auf den Rückkehrenden: ». . . wenn er vorübergeht, wagt niemand den Mund zu öffnen«?

Geblieben war das aus mehr als tausend Jahren des Exils stammende Gefühl der Vorläufigkeit jeglicher jüdischen Existenz in der Fremde. Al-Andalus war inzwischen zur gerechten Diaspora für die Juden geworden, es war auf dem Weg zur »goldenen« Diaspora, aber es blieb Ort der Fremde selbst für den hochgerühmten jüdischen Teilhaber kalifischer Hofesmacht. Auch der politische Organisator Chasdai Ibn Schaprut hörte nicht auf, von den Herrschaftsterrassen der Medina az-Zahra Ausschau nach einer politischen Heimat Israel zu halten. Eines Tages glaubte er, sie an den fernen Ufern der Wolga gefunden zu haben. Dorthin sandte er einen ergreifenden Brief, der einer verhüllten, dennoch flehentlichen Bitte um die Möglichkeit einer Unterwerfung unter eines jüdischen Königs Macht gleichkommt: das stolze Haupt der unbedrohten Gemeinde auf der Suche nach innerer Geborgenheit. Der Adressat des Briefes war der »Jüdische König« Joseph, Kagan der Chasaren im südlichen Rußland.

Im Gegensatz zum iberischen Reich der Westgoten hatte Chasarien im beginnenden 8. Jahrhundert den Ansturm arabischer Heere überstanden – zu groß und tief war der chasarische Raum für die in alle Weltrichtungen vorstoßende arabische Kraft gewesen. Das Reich der Chasaren wich nach Norden aus und dehnte sich auf dem Höhepunkt seiner Macht – das war die Zeit, in der al-Andalus Gestalt gewann – im nördlichen Vorland des Kaukasus, vom Kaspischen zum Schwarzen Meer, zwischen Wolga und Don; geographisch ein Riesenreich.

Das Reich der Chasaren war auch politisch von erheblicher Bedeutung. Den osteuropäischen Völkerschaften diente es als ein Schild gegen arabische Angriffe. Für Byzanz wurde es geradezu lebensnotwendig, da es über lange Zeit starke arabische Kräfte band und somit die weitgesteckten Grenzen des Byzantinischen Reiches vom arabischen Druck entlastete. Das hat Byzanz freilich nie an dem Versuch gehindert, sich reiche Teile des chasarischen Nachbargebietes am Schwarzen Meer zu unterstellen.

Chasarien mit seiner Hauptstadt Itil, die im Wolgadelta gelegen haben muß (die genaue Lage konnte bis heute nicht bestimmt werden), war ein Gewicht, das die prekäre Machtbalance zwischen Byzanz und der islamischen Welt nachhaltig beeinflussen konnte. Auffallend war es aber als staatliche Konstruktion: Die Chasaren, ursprünglich ein heidnisches Turkvolk, beherrschten ethnisch verschiedenartige Stämme und Völkerschaften, einten sie in einem einigermaßen ausgewogenen Verbund, schufen dem Verbund eine tragfähige wirtschaftliche Grundlage und ließen in Glaubensdingen eine bemerkenswerte Freizügigkeit walten. Zum Ende des 8. Jahrhunderts wurde das Problem einer einheitlichen Staatsreligion dringlicher; der Religionsentscheid wurde zur politischen Lebensfrage, weniger aus innenpolitischen Gründen als vielmehr jener außenpolitischen Zwangslage wegen: Eine Entscheidung für das orthodoxe Christentum war ein Votum gegen das Kalifat, ein Votum für den Islam eine Entscheidung gegen Byzanz. Jeder der beiden Wege führte aus der Eigenständigkeit in eine nicht gewollte Abhängigkeit. Der Ausweg war die Annahme des mosaischen Glaubens.

Sie vollzog sich in verschiedenen Phasen, beginnend schon im Jahr 730, als ein Kagan, Bulan mit Namen, noch während der Araberkriege zum mosaischen Bekenntnis übertrat; diesem persönlichen Akt des Herrschers folgte ein längeres Schwanken in der religionspolitischen Haltung des Kaganats. Endgültig, wenn auch nur für die herrschende Schicht verbindlich, wurde die Annahme des mosaischen Glaubens unter dem Kagan Obadja um 800. Ein Nachfahre des Obadja war der Kagan Joseph, der Adressat des Briefes aus Cordoba.

In den ersten Jahrzehnten des 9. Jahrhunderts wurde die Lage der Christen im Kaganat unerfreulich bis schwierig. Das führte zu einer als Glaubensdisput getarnten diplomatischen Aktion: Um 860 kam der orthodoxe Patriarch Kyrill, der später mit seinem Bruder Methodios als »Apostel der Slawen« in die Kirchengeschichte einging, auf Befehl seines Kaisers einer sehr geschickten Einladung des Chasarenkagans zum Glaubensgespräch mit einem *qadi* und einem Rabbi nach: Der Ausgang des Disputs sollte die Entscheidung über die Endgültigkeit der religionspolitischen Position bringen – der Rabbi siegte im Wettstreit der Argumente, Kyrill kehrte erfolglos zurück, die Feindschaft der Byzantiner gegen Itil war besiegelt.

Wie immer der Disput im einzelnen verlaufen sein mag, die Kunde vom jüdischen Königreich weit im Osten wanderte durch die jüdischen Gemeinden Europas, und die Geschichte vom Kampf der Argumente, in dem der Rabbi Meister geblieben, wandelte sich zum jüdischen Traum von eigener staatlicher Größe und eigenständiger Gemeinschaftsmacht, der noch in vielen Generationen durch das Hoffen, Denken, Empfinden vor allem der spanischen Judengemeinden wehte. Der erhaltene Brief des Chasdai Ibn Schaprut ist ein beredtes Zeugnis. Der Brief beginnt: »Von mir, Chasdai, Sohn Isaak's, Sohn Esra's, von den Nachkommen der Verbannten Jerusalems in Spanien, dem Sklaven meines Herrn des Königs ... Es sei meinem Herrn, dem König, kundgetan, daß das Land, wo wir wohnen, in der heiligen Sprache Sepharad, in der Sprache aber der Ismaeliter, der Einwohner des Landes, al-Andalus heißt. Der Name der Residenz ist Kurtubah, deren Länge 25 000 und deren Breite 10 000 Ellen sind ... Dies alles sage ich nur deshalb, weil ich mich anfangs sehr wunderte, warum wir bis jetzt gar keine Nachrichten über Euer Königreich hatten; wir erklären es uns aber dadurch, daß die weite Entfernung die Ursache dessen war, daß wir bis jetzt keine Kunde von dem Ruhm der Herrschaft meines Herrn, des Königs, hatten.«

Aus dem Antwortschreiben des Kagan Joseph ist ersichtlich, daß Chasdais Erkundungsbrief nach mehreren vergeblichen Beförderungsversuchen schließlich durch einen deutschen Juden, Itzhak Ben Eleazar, der wohl aus Mainz stammte, über Prag, Krakau und wahrscheinlich Kiew an die Wolga getragen wurde. Der Brief enthält einen Katalog von Fragen nach der Entstehung, der Macht, der Zukunft eines eigenen jüdischen Königreiches. Den

Fragen vorangestellt sind eingehende Auskünfte über al-Andalus, auf die wir in anderem Zusammenhang zurückgreifen. Hier bewegt uns die Sehnsucht eines jüdischen Großen, der im strahlenden Glanz und in der Macht des Kalifen stand, aber seine geheime Hoffnung auf ein anderes Israel warf.

Sehnsucht und Erwartung dringen übermächtig durch die Gitter höfisch kunstvoller Sprache: »Die Gesandtschaften, die die Geschenke überbringen, fragte ich beständig über unsere israelischen Brüder, die Übriggebliebenen der Verbannten, ob sie, die Gesandten, nichts von der Unabhängigkeit derer gehört haben, die da schmachten in Knechtschaft und keine Ruhe finden – bis endlich die Gesandten von Chorasan und die Kaufleute mich benachrichtigten, daß die Juden ein eigenes Reich besäßen unter dem Namen al-Chasar. Ich glaubte anfangs ihren Worten nicht ... Da kamen die Gesandten von Konstantinieh [Byzanz] mit einem Geschenk und einem Schreiben von ihrem König an den unsrigen, und ich fragte sie über diese Angelegenheit. Sie antworteten mir, daß die Sache sich in Wahrheit solchermaßen verhalte: daß zwischen Konstantinieh und jenem Land 15 Tagreisen auf dem Meer seien, auf dem Lande aber seien viele Völker dazwischen.

... Als ich dies vernahm, ward ich erfüllt von Kraft, meine Hände stärkten und meine Hoffnung befestigte sich. Ich neigte und bückte mich vor dem Gott des Himmels und wandte mich nach allen Seiten, um einen getreuen Boten zu finden ...«

Chasdai beschreibt die Schwierigkeit der Beförderung seines Schreibens. Dann heißt es weiter: »Er, der Herz und Nieren prüft, Er weiß es, daß ich alles dies nicht um meiner Ehre willen getan habe, sondern nur, um die Wahrheit zu erforschen und zu erfahren, ob es einen Ort gebe, wo die Verbannten Israels ein Reich besäßen, wo niemand sie unterjocht und beherrscht habe. Wüßte ich, daß dem so sei, so würde ich meine Ehre vernachlässigt, meine Größe verachtet und meine Familie verlassen haben. Ich wäre dahingezogen über Berg und Hügel, über Land und Meere, bis ich nach dem Ort gekommen wäre, da mein Herr, der König, residiert, um anzuschauen seine Majestät und Würde, den Sitz seiner Untertanen, den Zustand seiner Diener und die Ruhe der Nachgebliebenen Israels. Und wenn ich seine Größe und seinen Ruhm sähe, so würden meine Augen leuchten, meine Nieren aufjauchzen und meine Lippen den Herrn lobpreisen, der Seine Gnade den Armen nicht vorenthalten hat . . .

Noch eine außerordentliche Bitte an meinen Herrn: mich zu benachrichtigen, ob bei Euch Spuren von einer Berechnung des Endes aller Wunder [der Ankunft des Messias], worauf wir schon so viele Jahre warten, übergehend von Gefangenschaft zu Gefangenschaft und von einer Verbannung in die andere. Wo soll man die Kraft hernehmen, um noch länger zu harren? Und wie kann ich vergessen, daß unser gerühmter Tempel zerstört worden ist, daß die dem Schwert Entronnenen durch Feuer und Wasser umkommen, so daß wir von vielen nur zu wenigen übriggeblieben, unserer Ehre beraubt worden sind und in der Verbannung verharren müssen; und wir können nicht denjenigen antworten, die immer zu uns sprechen: ›Jedes Volk hat seine Regierung, ihr aber habt kein Andenken einer Herrschaft auf Erden!‹ Als wir aber den Ruf meines Herrn, des Königs, die Macht seines Reiches und die Menge seiner Heerscharen vernommen haben, da verwunderten wir uns freudig, denn das Reich meines Herrn kann uns zum Öffnen des Mundes dienen . . . Gelobt sei Gott, der Herr Israels, der uns nicht den Retter genommen und der die Leuchte und das Reich unter den Stämmen Israels nicht zerstört hat!«

Der Brief des Chasdai schließt mit dem glühenden Wunsch: »Viel Frieden meinem Herrn, dem König, seinen Kindern, seiner Familie und seinem Throne ewiglich! Möge er und seine Nachkommen lange Zeit in Israel herrschen!«

Chasdai Ibn Schaprut hatte an eine Hoffnung geschrieben, die schon im Sterben lag. Zwar ist der Antwortbrief des Kagan an »seinen lieben und gebliebten Rabbi Chasdai, den von uns Verehrten und Geachteten (möge Gott ihn, den mit Weisheit Gekrönten, beschützen und bewachen!)«, eine aufwendige Beschreibung chasarischer Größe, aber doch nur eine blumenreiche Erinnerung an verblichene Herrlichkeit. In Wirklichkeit war das Reich der Chasaren unter dem steten Ansturm von Petschenegenhorden schon geschwächt; es starb wenig später unter den Schwertstreichen der Rus von Kiew. Am Ende des 10. Jahrhunderts notierte der arabische Chronist al-Mukkadasi über die geflohenen Bewohner der einstigen Hauptstadt Itil: ». . . jetzt sind sie zurückgekehrt und wurden Muslims, nachdem sie Juden gewesen waren.«

Chasdai in Cordoba muß seinen Traum mit in sein Grab genommen haben; er starb 975. Etwa um diese Zeit ging auch das Reich der Chasaren in den Tod.

Aber der Traum lebte weiter und erreichte volle philosophischliterarische Blüte in einem Buch des größten der jüdischen Dichter des al-Andalus: Jehuda Halevi schrieb rund hundertfünfzig Jahre später sein Werk *Kusari* (arabisch *al-Chasar*), das den angeblichen Disput zwischen dem Kagan und dem Rabbi als Anlaß und zum Muster für eine Darstellung jüdischen Glaubens und jüdischer Bestimmung unter den Völkern nimmt. Jehuda Halevi stammte aus Toledo, trug den arabischen Namen Abul Hassan Allawi, kam nach Cordoba und starb 1141 wohl in Ägypten. Er war auf dem Weg nach Jerusalem. Die Legende sagt, er habe seine Lebenssehnsucht Zion erreicht, sei aber beim Gebet an der Klagemauer von den Hufen eines arabischen Soldatenpferdes zertrampelt worden.

Jehuda Halevis dichterisches und philosophisches Schaffen gilt als einer der Höhepunkte im »Goldenen Zeitalter« der Juden Spaniens. Den Grund dieses Zeitalters aber festigte der politische Organisator Chasdai Ibn Schaprut, Höfling und Berater des mächtigsten der Kalifen.

Noch in der andalusischen Heimat schrieb Jehuda Halevi die Verse:

Mein Herz im Osten, und ich selber am westlichsten Rand . . .
Spreu meinem Aug alles Gut spanischen Bodens, indes
Gold meinem Aug der Staub, drauf einst das Heiligtum stand.

Bürokraten und andere

Die Medina az-Zahra wurde erdacht, errichtet, ausgestattet als leuchtendes Zeichen der Macht der herrscherlichen Person. Sie war zugleich Sitz und Zentrale einer nachgeordneten Macht, die im Namen und im Auftrag des Kalifen rastlos tätig war: einer das gesamte Leben umspannenden Bürokratie.

Der Begriff wird immer wieder zur Charakterisierung des durchorganisierten Verwaltungsapparates des al-Andalus verwendet. Das geschieht zu Recht und ist dennoch irreführend. Bürokratie in der damaligen muslimischen Welt kann nicht nur im abwertend modernen Sinn verstanden werden, etwa als rigides, gesichtsloses System lückenloser, formalisierter Anwendung ständig wachsender Paragraphenfülle. Die Bürokratie jener muslimischen Welt trug sicher schon die Merkmale eines Amtssystems, wahrscheinlich sogar – das entzieht sich noch immer der präzisen Erkenntnis – in beträchtlichem Maß. Aber das darf nicht darüber hinwegtäuschen, daß die »Bürokratie« zugleich eine weiter gespannte Funktion für die Gemeinschaft hatte. Sie war entscheidendes Gerüst für die Kultur jener Welt. Das gab ihr jenseits der absolutistischen Macht des Kalifen hohe Eigenständigkeit und sicherte ihr hinter allen Wechselfällen persönlicher Macht eine überdauernde Eigenexistenz.

In der Zeit, da die Einheit der gesamtmuslimischen Welt immer deutlicher zerfiel, gab es über alle partikularen Herrschaftsgrenzen hinaus wenigstens zwei Elemente bleibenden Einheitsempfindens. Sie banden ungeachtet aller machtpolitischen Gegensätze und aller regionalen Rivalitäten auch das selbständige Kalifat im äußersten Westen an die zentrale Welt des Islam. In den Worten des Orientalisten von Grunebaum: »Damals wie später lebte der Muslim gleichsam in einer einzigen islamischen Kultur, die sich jedoch zumindest in zweierlei (einer arabischen und einer iranischen) Gestalt manifestierte. Der Blick des Durchschnittsgläubigen aber war von jeher mehr auf die verbindenden als die trennenden Elemente gerichtet, der Schleier der Entfernung beförderte paradoxerweise noch das Erlebnis der muslimischen Einheit. Objektiv gesehen, fußte das Einheitsempfinden auf zwei Grundlagen: der arabisch formulierten Lehre in ihren theologisch-rechtlichen Ausgestaltungen und der arabischen oder persischen, religiös neutralen Bildung der Sekretäre und Literaten, die ebensosehr als Lebensstil wie als Summe der literarisch-historischen Kenntnisse verstanden werden konnte.«

Dennoch formte auch damals schon der Stand seine Mitglieder auf direkte und sehr menschliche Weise. »Sekretär«, *katib,* zu werden war ein erstrebenswertes Lebensziel, denn der Posten des *katib* bot die wirtschaftliche Sicherheit des Staatsdienstes, die politische Geborgenheit im großen Apparat, Ansehen in der vorwiegend städtischen Gesellschaft und nicht unbeträchtlichen Schutz vor den Stürmen der Zeit. Den Soldaten, den Händler und Handwerker, den Fernkaufmann, nicht zuletzt den höherstehenden Teilhaber der Hofesmacht konnten diese Stürme unversehens vernichten. Der *katib* der mittleren und unteren Ebene überlebte fast immer in der festen, wenn auch engen Welt der Schreib- und Rechenstuben, Zollämter und Steuerbüros.

An der Spitze des Beamtenapparates des al-Andalus stand der *hadjib,* der Oberstkämmerer, wichtigste Person des Hofstaates, Mittler zwischen der entrückten Erhabenheit des Herrschers und dem Rest der Welt. Seine Funktion entsprach der des Wesirs in den Ostteilen der islamischen Welt; lediglich die Bezeichnungen hatten sich verschoben. Wesire im al-Andalus der Kalifen waren Beamte der zweiten Ebene, jeder von ihnen mit der Kontrolle eines besonderen Verwaltungszweiges betraut (Finanzen, Zoll, Außenbeziehungen, Versorgung, Heeresausrüstung und so weiter), alle zusammen waren Mitglieder des Staatsrates, der manchmal unter der persönlichen Leitung des Herrschers, meist unter dem Vorsitz des *hadjib* tagte. Mit der Zeit wurde der Titel des Wesirs zum Ehrentitel, der Heereskommandeuren und verdienten einzelnen verliehen wurde, sofern sie gute Verwalter und von entsprechender literarischer Bildung waren; beide Elemente, Verwaltungskompetenz und Bildungsmacht, finden sich in dem später gar nicht seltenen Auszeichnungstitel »Inhaber der beiden Wesirate«.

Bedeutung und Verfügungsgewalt der Wesire in der hohen Zeit des cordobanischen Kalifats lassen sich an ihren Zuständigkeitsbereichen ablesen. Die für die Steuern und Wirtschaftsbelange Verantwortlichen verwalteten die Erträge eines Landes, das Chasdai Ibn Schaprut dem König Joseph so beschrieb: »Es ist ein fettes Land, mit vielen Flüssen, Quellen und Teichen, ein Land von Korn, Wein und Öl, mit vielen Früchten und allem Angenehmen, mit Obst- und Fruchtgärten, mit allen Baumarten, fruchttragenden Bäumen und Seidenbäumen, daher bei uns auch viel Seide vorhanden ist. In unseren Bergen und Flüssen werden viele Purpurwürmer gesammelt. Wir besitzen Berge von Safran verschiedener Sorten, Minen von Gold, Silber, Kupfer, Eisen, Zinn, Blei . . . Schwefel, Marmor und Glas; ebenso besitzen wir das, was die Araber *lulu'un* [Perle] nennen. Die Kaufleute aller Länder und entfernten

Inseln versammeln sich bei uns, von Ägypten und anderen oberen [südlichen] Ländern, und führen uns Aromate und Edelsteine zu. Unser Land treibt mit Königen und Fürsten Handel, und alle ägyptischen Kostbarkeiten finden sich da . . .«

Das al-Andalus des Kalifen galt als eines der reichsten, wenn nicht gar als das reichste Staatengebilde der damaligen Welt. In der Verwaltung dieses reichen Staates war der Wesir der erste und selbständig führende Beamte eines *diwan* genannten Amtsbereiches – *diwan* ist das Ausgangswort für das spanische Wort *aduana*, der Zoll, und für das französische *douane*.

Den Wesiren zugeordnet waren genau gestaffelte Funktionspyramiden von »Sekretären« mit sehr unterschiedlichen Bezeichnungen, aber gemeinsamen Zunftmerkmalen. Ein *katib* der oberen Ebene war zum Beispiel der »Sekretär der Schreiben«, der die offiziellen Dokumente und Staatspapiere besorgte oder durch seine Armee von unteren Schreibsekretären besorgen ließ. Es verstand sich von selbst, daß er ein Meister der Kalligraphie und des formgerechten literarischen wie des treffenden theologisch-rechtlichen Ausdrucks war. Seiner herausragenden Bedeutung kam der Sekretär der Staatsfinanzen sehr nah. »Die Steuereinkünfte verteilten sich unter Abderrahman auf drei Ausgabenposten: einen für das Heer, einen für Bauten und einen Vorratsposten für Notfälle«, heißt es lakonisch bei Ibn al-Khatib. Ganz so einfach scheint es nicht gewesen zu sein. Dem Sekretär der Staatsfinanzen oblag vor allem die Beitreibung der Schutzsteuern, die die *dhimmi* zu entrichten hatten, und die Veranlagung des Budgets, während der Schatzmeister für die persönlichen Schatztruhen des Kalifen und seine Goldkisten verantwortlich war und zugleich ein Dritter, dem hohes Ansehen zugemessen wurde, die Münze beaufsichtigte. Allein die Besoldung der *katib* auf allen Ebenen muß ein erheblicher Ausgabenposten gewesen sein. Ähnliche Funktionspyramiden lassen sich für die anderen Sektoren des öffentlichen Lebens schildern, für das Rechtswesen, das Bildungswesen, für das wichtige und kostspielige religiöse Stiftungswesen zum Unterhalt der Moscheen, die ja nicht lediglich Beträume, sondern Gemeindeinstitutionen mit vielfältigen Aufgaben waren.

Zwei Positionen auf der dichtbesetzten oberen und mittleren Sekretärsebene werfen Licht auf die Verwaltungstechnik und die

Kontrolle des Alltags. Beide waren nicht eine Besonderheit des al-Andalus, sie entsprachen parallelen Einrichtungen in den anderen Teilen der islamischen Welt; Schlüsselpositionen im weitgespannten, zugleich engmaschigen Netzwerk kalifischer Machtausübung.

Der *sahib al-barid*, etwa mit dem Begriff »Generalpostmeister« wiederzugeben, besorgte nicht nur auf organisatorisch ausgeklügelte Weise die Beförderung von Nachrichten im gesamten Land, er sammelte vor allem Informationen. Er leitete einen inneren Nachrichtendienst, der die Spitze des Hofes laufend mit Erkenntnissen über die politische Lage, über Stimmung und Bewegung der öffentlichen Meinung, über Pläne für Verschwörungen, über machtpolitische Gruppenbildungen, über eigenständige Verhandlungen entfernter Provinzgrößen mit fremden Mächten, kurz, über Keimzellen der immer zu befürchtenden Rebellion versorgte. Bedenkt man die technische Seite der Nachrichtenbeschaffung, kompliziert sich das Bild der Ausgabenposten ein weiteres Mal. Schon der Emir al-Hakam I. (796–822) unterhielt auf den Koppeln von Cordoba eintausend Pferde, die ausschließlich dem Nachrichtendienst des Generalpostmeisters zur Verfügung standen.

Noch unmittelbarer griff ein anderer Beamter der mittleren Sekretärhierarchie in das Alltagsleben der Städte ein: der *muhtasib*, der Inspektor der Märkte. Er kontrollierte Maße und Gewichte in den Basaren; er überwachte Preis und Warenqualität und amtierte als eine Art Schiedsrichter bei Geschäften, die die Grenzen angemessenen und erwarteten Feilschens verletzten; er überprüfte Nahrungsmittel, Getränke, selbst Kleidungsstücke, die zum Verkauf angeboten wurden, auf Qualität und Reinlichkeit; er sorgte für die Sauberkeit auf Straßen, Plätzen, in Moscheen und anderen öffentlichen Gebäuden, an den Ufern des Flusses und unter den Brücken. Der einstmals begrenzte Auftrag dieser alten Institution hatte sich erweitert; jetzt oblag dem *muhtasib* auch, die öffentliche Moral vor Anstößigkeiten zu bewahren und kleinere Gefährdungen der öffentlichen Sicherheit auszuschließen. Das war nicht ohne Strafbefugnisse zu bewältigen. Der *muhtasib* hatte die Möglichkeit, an Ort und Stelle Strafen zu verhängen und vollziehen zu lassen, wobei es sich zunächst, nach angemessener Verwarnung, um Geldstrafen zu handeln pflegte. Bei wiederholten Verstößen lag es durchaus in seiner Macht, den Schuldigen auspeitschen zu lassen oder gar aus der Stadt oder der Ortsgemeinde zu verbannen. Der *muhtasib* kontrollierte die Anpassung, er war der beamtete Zensor des Alltags der öffentlichen Moral.

Aller Amtsmacht zum Trotz war der *muhtasib* doch nur der Aufsichtsbeamte für den Tagesbetrieb auf Straßen und Plätzen, er war nicht die erste Autorität innerhalb der Mauern oder Gemeindegrenzen. Er blieb dem *sahib al-madina*, dem Stadtpräfekten, unterstellt. Der Präfekt war zugleich der *sahib al-schurta*, der Chef der eigentlichen Polizei, die eingesetzt wurde, wenn Störungen der öffentlichen Ordnung die Möglichkeiten des Marktaufsehers und seiner Büttel überforderten. Welche Macht der *sahib al-schurta* verkörperte, erhellt schon aus der Tatsache, daß auf der obersten Terrasse der Blumenstadt seine Residenz neben dem Wohnpalast des Kalifen lag. Die Straf- und Vollzugskompetenz dieser Beamten darf freilich nicht so verstanden werden, als sei die Masse der Bevölkerung ohne Sicherung ihrer Rechte und Interessen der Willkür der Beamten der mittleren Ebene ausgeliefert gewesen – es gab durchaus, und zwar sehr ausgeprägt, die Eigenständigkeit der *qadi*, der Richter. Dieses Verwaltungssystem, das hier nur durch die knappe Zeichnung weniger Amtsfunktionen angedeutet ist, dieser in der Tat mächtige Apparat der Bürokratie fand sich im entsprechend verkleinertem Maßstab in jedem der städtischen Zentren draußen in den etwa zwanzig Provinzen.

Als das al-Andalus dieser leuchtenden Jahrzehnte längst in Trümmer gefallen war und spanisch-christlicher Rückeroberungswille nur noch dem Kleinkönigreich Granada als muslimische Herrschaftserinnerung eine Schonfrist belassen hatte, überdachte Ibn al-Khatib, zeitweise ein Mächtiger auf dem Königshügel der Alhambra, die Gründe des Zerfalls der zentralen Herrschaft und der gesellschaftsgestaltenden Kraft des Islam. In seiner Chronik *Amal al-Alam* (dem *Buch der Taten Tüchtiger*) hat er eine Einteilung der Gesellschaft des al-Andalus vorgenommen, die mit spürbar bitterem Unterton geschrieben ist. Bitternis über den Verlust von Herrschaftsfähigkeit, die nach seiner und der Zeit festen Überzeugung an die überragende Kraft, den Entscheidungswillen und das Gestaltungsvermögen jeweils nur eines Menschen gebunden bleibt, denn nur ein einzelner, so die Summe seiner historischen Einsicht wie auch seiner persönlichen Erfahrung, kann sich der Verstrickung in die Interessen der Kasten, Klassen, Gruppen und Zirkel entziehen und unbehelligt Herrschaft ausüben. In seiner Beschreibung der Zeit des schwächlichen Abderrahman-Enkels, des unmündigen Kalifen Hischam II., findet sich ein längerer Abschnitt, der mit dem Satz beginnt: »Damals bildete – nein, zu jeder Zeit bildet – das [seinem Fürsten] huldigende Volk sechs Schichten«.

Des Ibn al-Khatib Beschreibung dieser Schichten liest sich wie ein Katalog der Kräfte, deren Aufstieg und schließliches Wuchern den Verfall der Macht bewirkten. Eine dieser erstickenden Kräfte ist in seinen Augen das immer satter und fetter werdende Beamtenkorps, dessen relative Sicherheit vor den Stürmen der Zeit zum Selbstzweck gerann. Er setzt denn auch die Beamten an die zweite Stelle seiner Verdammungsliste. Das Urteil lautet: »Die zweite Schicht steigt empor aus dem (diwan-)Beamtenstand. Ob erlaucht oder obskur, dieser Verband schickt sich in das Los, das ihm der Himmel zugesandt; trachtet nicht nach mehr, doch auch die Furcht vor weniger ist unbekannt. Unter allen Dynastien leben die Beamten als die gleichen, da ihre Ambitionen nur bis Gehalt und Pflichtteil reichen. Ob Kind, ob Mann regiert, bedeutet für sie weder Akquisition noch Verlust einer Position. Ein Leben der Stille und Ruhe ist ihnen beschieden, sie halten sich an die Partei für den Frieden.«

Den dritten und vierten Platz nehmen die Nörgler, Quertreiber, Glücksritter und Protektionshascher ein, die sich im Bündnis mit unzufriedenen Aristokraten bis zur Rebellion vorwagen, wenn ihren egoistischen Ansprüchen nicht genügt wird (». . . sie legt, wenn sie kann, Feuer an . . .«), und andererseits die islamischen Juristen und Theologen, denen mangelnde Tatkraft und Hang zur rein theoretischen Erörterung der staatlichen und gesellschaftlichen Existenzprobleme vorgeworfen wird.

Die fünfte Schicht hingegen ist nichts als eine »schuldige Schicht«. Das ist die Masse, das Volk, kaum der näheren Beschreibung wert, in wenigen Zeilen abgetan, bloßer »Ausschuß der Marktstraßen« und, von den Zinnen der Macht betrachtet, nur ein lautes, schreierisches Nichts, das keinen Dank für die Wohltat der Versorgung kennt. Die sechste Schicht schließlich ist klein, ohne praktische Bedeutung für den Alltag der Geschichte, nur der Vollständigkeit wegen erwähnt, immerhin – das räumt Ibn al-Khatib ein – »kommt sie in jedem Land vor; sie verkörpert Gottes Segen unter den Menschen. Gottes Heilige entstammen dieser Schicht.« Aus Ibn al-Khatib, einem der bedeutsamen Geschichtsschreiber dieser westlichen islamischen Welt, sprechen Trauer und Zorn des Enttäuschten, der im Spätglanz des kleinen Hofes von Granada auf die Trümmer der einstigen islamischen Macht Cordobas, Sevillas, Toledos blickt – er sucht die Schuldigen. Im Grunde sind alle schuldig, die Fürsten nicht ausgenommen, da sie ihre Nachfolge ungenügend regelten, so daß oft Unmündige auf den Thron gehoben wurden, den auseinanderstrebenden Kräften das Feld überlassend, dem Eigennutz, der faulen Sattheit, der dürren Frömmelei, der vergiftenden Heuchelei. Die wahrhaft Schuldigen sind in seinen Augen jedoch die anderen, die Fremden, die die arabisch-islamische Führungsschicht durch Unterwanderung und Verdrängung bedrohen. Dagegen nichts oder zuwenig unternommen zu haben ist denn auch der Hauptvorwurf gegen die islamischen Juristen und Theologen, die Wahrer des rechten Weges – aber auch sie »richten sich nach der Oberschicht aller Muslime in den Kapitalen: (slawische) Pagen und Hofschranzen, Eunuchen und Kastraten bilden diese Oberschicht, Barbaren, mit denen man nur durch Dolmetscher spricht, Weibertand!«

Folgerichtig stehen die anderen, die Fremden, auch an der Spitze des Katalogs der Schuldigen; sie bilden die erste Schicht. Zu ihr gehören »Gefolgsleute, Dienstmannen, Chargen, Pagen, Höflinge, kurz, jeder von ihm [dem Herrscher] Abhängige, der sich anderen Herrschern [den Nachfolgern] gegenüber fremd fühlt; wenn er nicht mitläuft, trachtet man ihm nach Eigentum und Leben. Diese Schicht, ein brausendes Meer, wetteifert mit Kieseln und Wassertropfen. Zu ihr kommen noch die Mitglieder einer alten, früheren, oder neuen, erst jetzt entstehenden Partei, die sich auf den Prinzregenten bezieht . . .« – das ist die Beschreibung des inneren Hofkreises, der alten oder neuen Hofpartei, die unmittelbar am Herrscher hängt und gänzlich von ihm abhängt. Ihre Mitglieder sind in der Mehrheit die anderen, die Fremden. Für den arabischen Historiker auf der letzten muslimischen Herrschaftsinsel Granada sind die »slawischen Hofpagen« die wahrhaft bösen und verderberischen Kräfte in der Glanzzeit des kalifischen Cordoba, das seinen

Anspruch auf Herrschaft in diesem Teil des *dar al-Islam* auf Dauer nicht einlösen konnte. Cordoba nahm – das ist der Kern des Vorwurfs – zu viele jener fremden Kräfte in sich auf, die für die *umma* keinen Blick hatten, aber jeden Blick ihres Eigentümers, des Kalifen, auffingen, die sich ihm blind unterwarfen. Freilich ist dieser Vorwurf ungerecht, sofern er sich nur auf das al-Andalus bezieht, denn was hier klagend beschrieben wird, ist nichts anderes als die bitterste historische Erfahrung der gesamten arabisch-islamischen Welt: Die muslimische Gemeinde war zunehmend unter eine ihr innerlich fremde Führungsschicht geraten. Das Cordoba des großen Kalifen nicht ausgenommen.

Die Leute aus dem Nichts

»Zur Zeit, da Abderrahman starb, betrug die Zahl der slawischen Hofpagen in az-Zahra dreitausendsiebenhundertundfünfzig und diejenige der Frauen sechstausendsiebenhundertundfünfzig, welche insgesamt mit Fleisch, Brot, Geflügel und Fischen und anderen laufenden Bestellungen und Gebrauchsgütern versorgt werden mußten« – so die nüchtern klingende Bestandsaufnahme in der Chronik des Ibn al-Khatib. Neuere Forschung hält diese Zahlen keineswegs für übertrieben; ältere Quellen machen weit höhere Angaben. Der kühle Satz, aus dem Zusammenhang der Chronik gelöst, läßt nicht ahnen, mit welch heftiger Ablehnung der arabische Autor diesen Bestand vermerkt hat. Der Widerstand der Araberstämmigen gegen die »Slawen«, *saqalibah* genannt, wurde innerhalb sehr weniger Jahre nach der Glanzzeit des Kalifats zu einem der gefährlichen Sprengsätze, die schließlich das Haus der Kalifen zerrissen.

Die Auffüllung der Armeen der Emire von Cordoba, ebenso die Verstärkung der Streithaufen regionaler und lokaler Herrscher durch Fremdstämmige galt seit je als etwas Selbstverständliches: Sklaven aus Afrika, der Levante, den nördlichen Anrainerländern des Mittelmeeres, Gefangene aus den christlichen Ländern südlich und nördlich der Pyrenäen, Gekaufte aus Nord- und Mitteleuropa waren seit Beginn der Omajjadendynastie feste Bestandteile ihrer

Regimenter, Garden und Milizen. Unter ihnen taten sich die Militärsklaven aus den Gebieten jenseits der Pyrenäen hervor; sie wurden die bevorzugten Kämpfer. Der Name »Slawe« bezeichnete schließlich unterschiedslos die Herkunft aus allen west- und osteuropäischen Ländern: Franzosen, Engländer, Deutsche fielen ebenso darunter wie jene aus den eigentlich slawischen Gebieten Osteuropas, vom Balkan und aus Südrußland.

Die *saqalibah* wurden meist als Knabensklaven eingekauft. Die Wege des mittelalterlichen Sklavenhandels sind bekannt. Eine der Linien des Menschennachschubs, gewissermaßen die »Südlinie«, lief aus dem Balkan und aus dem Schwarzmeergebiet nach Venedig, einem der großen Umschlagplätze des Sklavenhandels, und weiter in die aufstrebenden Seehäfen Bari, Amalfi, vor allem Genua und Pisa. Im Einzugsgebiet der Südlinie waren jüdische und byzantinische Aufkäufer tätig. Doch Venedig, immer um seine Wirtschaftsinteressen besorgt, verbot die Übernahme jüdischer Kaufleute und ihrer Ware an Bord der Schiffe San Marcos. Im Norden gab es eine bedeutende zweite Linie, die sich aus den osteuropäischen Ländern und aus dem nördlichen Balkan durch Deutschland und Frankreich zog. Die kaufmännischen Agenten auf der Nordroute waren fast ausschließlich jüdische Fernhändler, vornehmlich wohl die der jüdischen Gemeinden in Regensburg, Mainz, Metz und Verdun. In mittelalterlichen Zollordnungen, etwa aus dem Donaugebiet zwischen Regensburg und dem Waldviertel, sind die Einfuhrabgaben, die der jüdische Fernkaufmann für jeden Sklaven zu erlegen hatte, genau festgeschrieben. Den Juden war nach kaiserlichen und königlichen Verordnungen der Sklavenhandel als Monopol vorbehalten, wobei Sklaven nur in nichtchristlichen Gebieten gekauft werden durften.

Mainz und mehr noch Verdun müssen eine besondere Bedeutung als Drehscheibe des Fernhandels zwischen Mitteleuropa und der Iberischen Halbinsel gehabt haben; Zeugnisse aus dem 10. Jahrhundert lassen als sicher erscheinen, daß sich in der Nähe von Verdun eine von Juden betriebene Eunuchenanstalt befand; nicht von ungefähr wurde dem Mönchsgesandten Johannes von Gorze ein Begleiter aus der spanienerfahrenen Kaufmannschaft von Verdun beigegeben.

Die fremdstämmigen *saqalibah,* ein seit über einem Jahrhundert im al-Andalus gewohnter Bevölkerungsteil, gewannen herausragende politische Bedeutung erst unter Abderrahman III. Jetzt wurden sie zu einem zentralen politischen Element. Diese Entwicklung erklärt sich aus dem vornehmlichen und erfolgreichen innenpolitischen Bestreben Abderrahmans, den aufsässigen arabischen Adel des al-Andalus in die Knie zu zwingen. Dessen von Gier nach Macht und Reichtum bestimmten Eigeninteressen und sein flammender Stolz auf Familie und Herkunft hatten ja stets die cordobanische Zentralmacht bedroht. Die Verachtung des Kalifen gegenüber solchen arabischen Adelsansprüchen wird aus einem Schreiben deutlich, das er 937 einem arabischen Befehlshaber der Reiterei, Verwandten seines Hauses, einem der wenigen noch Geachteten, voll glühenden Zornes zuschickte, da dieser ihn bei der Ausführung einer militärischen Aufgabe als Statthalter der Oberen Grenze offen im Stich ließ und gleichzeitig um die Erhebung zum Kalifennachfolger nachsuchte: »Da Wir nur das wollten, was Dir angenehm wäre, haben Wir Dich bis jetzt immer mit dem äußersten Wohlwollen behandelt; aber nun sind Wir überzeugt, daß es unmöglich ist, Deinen Charakter zu ändern. Was allein für Dich paßt, ist Armut; denn da Du vorher den Reichtum nicht kanntest, hat er Dich jetzt mit unerträglichem Stolz erfüllt. War Dein Vater nicht einer der geringsten Reiter des Ibn Khaddschadsch, und hast Du vergessen, daß Du selbst in Sevilla nichts weiter denn ein Eselhändler warst? Wir haben Deine Familie immer unter Unseren Schutz genommen, wenn sie ihn erbat; Wir haben ihr geholfen und sie reich und mächtig gemacht ... Ja, auf Dich und Deine Familie sind jene bekannten Verse anzuwenden: ›Ihr seid Leute von niederer Herkunft. Wie kann der Hanf sich mit der Seide vergleichen!‹ ... War Deine Mutter nicht die Zauberin Khamduna? War Dein Vater nicht ein einfacher Soldat? War Dein Großvater nicht Türhüter im Haus des Hauthaxa Ibn Abbas? Fertigte er nicht Taue und Matten in der Halle des Herrn? ... Möge Gott Dich verdammen, Dich und diejenigen, die Uns eine Falle gestellt haben, als sie Uns rieten, Dich in Unseren Dienst zu nehmen! Niederträchtiger, Aussätziger, Sohn eines Hundes und einer Hündin, komm und demütige Dich zu Unseren Füßen!«

Abderrahman wollte sich nicht auf die Berber als Gegenmacht stützen; er setzte sein Vertrauen in die *saqalibah*. Sie wurden mehr als nur eine Garde. Sie waren allein auf seine Person eingeschworen und nur seinem Hause zur Loyalität verpflichtet. Wie war das in solcher Zeit möglich, da die Eigeninteressen verschiedenster Bevölkerungsteile sich zwar nicht mehr in offener Rebellion Bahn brachen, nicht mehr im hemmungslosen Zugriff ihren Weg suchten, aber keineswegs tot und vergessen waren, allenfalls verborgen, mühsam gezügelt, in dauernder Kleinintrige sich hervorwagend?

Entscheidend war, daß die *saqalibah* in sehr jungen Jahren, als Knaben, oft noch als halbe Kinder, nach Monaten oder Jahren des Marsches über die Handelsstraßen und Sklavenmärkte Europas ins al-Andalus kamen. Dort setzte dann, wie wir heute sagen würden, ein Prozeß der Entpersönlichung ein. Wer kam, verlor seinen Namen und seine Identität. Er war abgeschnitten von jeglicher Bindung an Heimat und Familie, die mit den Jahren in gesichtslose Nebel versanken. Ohne Zugeständnis an seine frühere Existenz wurde er in die arabische Welt eingebunden, in ihren Glauben, ihre Sprache, ihr Denken, ihre Sitten. Binnen kurzem erstand ein »neuer Mensch« mit neuem Namen, neuer Sprache, neuem Denken, neuer Heimat. Unter den Emiren und bei den Regionalpotentaten mochte nur der jeweilige Heerhaufen zur neuen Heimat geworden sein, jetzt aber, im Kalifat, wurde nicht mehr nur die Armee, sondern der Hof und vor allem die Gnade und das Vertrauen des Herrschers, der Kalif selbst die Heimat der »neuen Menschen« – sie waren Prätorianer des Großen und Siegreichen, den Allah liebte.

Die Disziplin war streng. Aber Disziplin oder gedankenlose Gewalt waren sicher nicht die einzigen Werkzeuge der Umformung der Person: Die Auslöschung der Herkunft war der Ansatz für die Formung der »neuen Menschen« und restlose Hingabe das Ergebnis unter den Bedingungen des Kalifats.

Trauriger und schwerer waren die Schicksale der christlichen Gefangenen oder der Lösegeldgeiseln, die von den Kriegszügen zurückgeschleppt wurden. Sie brachten, anders als die Knabensklaven, ihr bewußtes erwachsenes Leben mit. Sie hatten die Möglichkeit, sich dem anderen Glauben zu unterwerfen und ihre persönliche Existenz gewissermaßen einzutauschen. Oft aber wollten sie das nicht. Tod war die Folge, häufiger freilich eine Sklavenexistenz, die für den Sieger Erwerb von Arbeitskraft bedeutete, sofern nicht Austausch oder Freikauf den Weg zurück möglich machten.

Das Leben der *saqalibah* war kein gewöhnliches Sklavendasein. Als Militärsklaven bildeten sie eine eigene Kaste, wurden in sehr vielen Fällen freigegeben, stiegen zu hohen und höchsten militärischen und zivilen Ämtern auf, besaßen häufig ausgedehnte Ländereien, auf denen ihre eigenen Sklaven arbeiteten. Sie erwarben Freiheit, Reichtum, Bildung – stetig wachsenden Einfluß. Ihre Zahl stieg ständig. Ibn al-Khatib gibt die Zahl der Hofpagen mit 3750 an, während andere von 13 000 oder gar 16 000 *saqalibah* zu dieser Zeit sprechen. Innerhalb der Großgruppen der *saqalibah* waren die »slawischen Hofpagen« wiederum eine eigene Schicht – die Elitekadetten in der persönlichen Nähe des Kalifen.

Die Geschichte der *saqalibah* reizt nicht allein dazu, den oft bewegten menschlichen Schicksalen nachzuspüren. Ihre Geschichte auf dem Weg zur Macht verleitet zur historischen Spekulation. Es war keineswegs eine Sonderentwicklung des al-Andalus, daß eine Gruppe oder Klasse von Fremdstämmigen als politisch oder militärisch bestimmendes Element die Bühne betrat, das Wort ergriff und das Spiel führte. Ähnliches geschah in viel größerem Umfang in den östlichen Teilen der islamischen Welt. Im abbasidischen Reich Bagdads übernahmen in verwickelten Abläufen Turkstämmige die Macht. In Ägypten begann noch unter den Fatimiden ähnliches wie im al-Andalus mit der Folge, daß anderthalb Jahrhundert später die Mamluken – nur ein anderer Name für die *saqalibah* – das Reich vollständig in ihrer Hand hatten; die *saqalibah* gewannen nicht die Herrschaft über das al-Andalus.

Wir greifen den Ereignissen für einen Augenblick voraus: Der Despot al-Mansur, der das Reich im Namen des unfähigen Enkels dieses ersten Kalifen führte, brach gewaltsam die Macht der *saqalibah* und ersetzte sie durch Berber. Aber die *saqalibah* verschwanden nicht von der Bühne. Wir werden sie später wiedertreffen als unabhängige Herrscher in den Kleinkönigreichen von Denia, Tolosa, Valencia und auf den Baleareninseln.

Für die »Zeit der Blüte« muß betont werden, daß sich in der scharfen Spannung zwischen arabischen Großen und *saqalibah*-Mächtigen nicht etwa ein Glaubensgegensatz spiegelt, allenfalls hier und da der stets vorhandene unterschwellige Verdacht gegen die Ehrlichkeit der Konversion. Arabische Chronisten nennen die *saqalibah* manchmal »Leute ohne Vater und Ahn«. Der arabische Volksteil, der aus seiner Heimat und seiner Geschichte den Stolz auf die Herkunft nach Stamm und Geschlecht mitgebracht hatte und daraus einen Großteil seiner Lebenskraft zog, für den der persönliche Name bloßer Bestandteil in der endlosen Reihung der Väter- und Vorväternamen war, der fast ausschließlich in den Bindungen des Stammes und der Familie existierte, kaum aber in der Bindung an höhere politische Einheiten – ein solcher Volksteil konnte gegenüber Menschen, an deren Anfang im al-Andalus das pure Nichts stand und deren Leben mit dem Vergessen begann, nur Verachtung hegen. Sie wurde zur heftigen Feindschaft, als den Leuten aus dem Nichts Macht gegeben wurde und der Reichtum ihnen als Beute der Macht zufiel.

Zehn Jahre nach der Ausrufung des Kalifats bereitete Abderrahman III. einen Feldzug gegen den König von Leon vor. Er nannte ihn im voraus den »Feldzug der Höchsten Gewalt«. Die aufgebotenen »hunderttausend« Mann unterstellte er dem Oberbefehlshaber Nadschda, einem Slawen. Die zutiefst verletzten arabischen Truppenkommandeure heckten eine kalkulierbare Niederlage ihrer Truppen aus, um so dem Kalifen seine Mißachtung heimzuzahlen. 939 machte sich die kalifische Armee auf den Marsch nach Norden. Sie traf auf den Leonier Ramiro II. und die navarresische Regentin Tota. Die arabischen Kommandeure ließen sich in den ersten Gefechten planmäßig schlagen, zogen sich zurück, verloren dann aber die Kontrolle über das militärische Geschehen; offenbar hatten sie die Möglichkeit einer Verfolgung durch die christlichen Truppen ausgeschlossen. Der Rückzug geriet nun zur haltlosen Flucht. Nadschda, der *saqalibah,* fiel im Kampf. Der Kalif verlor seinen Koran, seinen Panzer und seine Garde bis auf neunundvierzig Mann – die Christen hatten die Schlacht von Simancas gewonnen.

Die letzten Toten der Schlacht von Simancas hingen in Cordoba an jenen dreihundert Kreuzen, die wenige Tage nach der Schlacht in der Gluthitze des August an den Ufern des Guadalquivir aufgerichtet worden waren. Diese Gekreuzigten trugen die großen Namen des arabischen Adels. Die Rache, die sie am Kalifen hatten nehmen wollen, hatte sich in des Kalifen Rache gewendet.

Die Zahl der *saqalibah* in der Medina az-Zahra aber wuchs weiter.

Die Kälte der Erhabenheit

Mittelgroß soll der Herr des Reiches gewesen sein, berichten die arabischen Chronisten, gut gewachsen, doch mit ziemlich kurzen Beinen, so daß er zu Pferde eine bessere Figur gemacht habe als zu Fuß. Über die Farbe seiner Haare haben sich die Chronisten nicht einigen können; schwarz seien Haar und Bart gewesen, sagen die einen, von leichtem bis mittlerem Braun, behaupten die anderen. Seine Haut indes war von reinem Weiß, darüber herrscht Einigkeit, und seine Augen strahlten in einem durchdringenden, kräftig-dunklen Blau – schwerlich die klassische Vorstellung eines arabischen Herrschers. In den Adern dieses Größten der Omajjadendynastie kann nicht mehr viel arabisches Blut geflossen sein; zu stark war in der langen Linie der Ahnen, nicht nur auf spanischem Boden, der Anteil fremden Blutes. Ausschlaggebend in der allgemeinen Vorstellung wie im Selbstverständnis des Herrschers blieb jedoch die Vaterlinie mit all ihren arabischen Merkmalen.

Den Omajjaden wurde immer übertriebener Araberstolz nachgesagt; seit ihren frühen syrischen Herrschaftstagen galten sie als eine Sippe mit scharfer Ausprägung der herrischen Wesenszüge altarabischen Adels. Mitunter meint man, in ihnen habe sich die Existenz der Vorzeit, die Erfahrung der Wüste, unverändert erhalten. Erfahrung der Wüste heißt, sich behaupten in der Endlosigkeit des Raumes: stolze, in sich selbst ruhende Erhabenheit.

Keine Schilderung vom Blühen und Prangen seines Cordoba vermag es zu verhüllen: In Abderrahman III. brach sich das omajjadische Sippenerbe rücksichtsloser und verachtender Grausamkeit Bahn. Im Jahr 950 ließ er einen seiner begabtesten Söhne, weil er ihn des Verrats verdächtigte, in einem der oberen Räume der Blumenstadt hinrichten. Auch die Bitten des designierten Thronfolgers al-Hakam um das Leben des Bruders hatten ihn nicht umstimmen können – das war ganz in der Art omajjadischer Familientradition. Mit dem widerspenstigen, störrisch-eigensüchtigen arabischen Adel seines Landes ging er, sobald er sich die Machtgrundlage geschaffen hatte, hart ins Gericht, was in seinem auf die Staatsräson ausgerichtetem Denken begründet gewesen sein mag; aber dahinter steht fraglos ein unerbittlicher, unduldsam fordernder, dem Alltag entrückter Anspruch. Auch die Grenzkriege, die er in den ersten Jahrzehnten seiner Herrschaft gegen die nördlichen Christen mit Erbitterung und oft unbarmherziger Wut führte, hatten nichts mit Glaubensgegensätzen zu tun, sondern richteten sich gegen die gepanzerten Recken und Haudegen aus Leon, Navarra und Kastilien, die den schimmernden kalifischen Heeren so manche schmähliche, wenngleich keine entscheidende Niederlage beibrachten, deren jede aber des Kalifen Selbstgefühl tief verletzen mußte. Während seiner fast fünfzigjährigen Herrschaft ließ er die Menschen seiner persönlichen Umgebung, seine Frauen, seine Sklavinnen, auch einen jungen, als Geisel behaltenen Christenknaben sofort hinrichten, wenn sie ihm nicht zu Willen waren; das ist selbst in arabischen »Anekdoten« überliefert:

»Blut zu vergießen war Abderrahman durchaus bei der Hand; seine Heftigkeit erregte allgemeine Furcht, seine Strafen und Zorneswallungen trafen schwer. Einst wurde der Polizeimeister – so berichtet dieser selbst – nächtlicherweile aufs Schloß bestellt, wo Abderrahman ihm eine unvergleichlich schöne Sklavin zur Hinrichtung vorführte. So sehr sie auch um Erbarmen flehte, der Herrscher blieb ungerührt. ›Ich hörte‹, erzählt der Polizeimeister, ›als das Schwert ihren Nacken traf, einen eigentümlichen Laut, den ich mir nicht erklären konnte. Als ich dann das Blutleder über dem Leichnam zusammenraffte und mich anschickte, ihn zur Grube zu tragen, fiel mir ein unschätzbares Halsband in die Hand, worauf ich umkehrte, Meldung erstattete und zu hören bekam: Behalte es nur, es sei dein.‹«

Später ist solches Verhalten als neronische Verblendung durch unumschränkte und absolute Machtausübung gewertet worden. Unbestreitbare persönliche Charaktermerkmale zeigen sich hier, aber sie verlieren das ganz und gar Außergewöhnliche vor dem Hintergrund einer Zeit, in der das kleine Einzelschicksal mit steinerner Gefühllosigkeit unter den Anspruch der Macht gezwungen wurde. Ein Sieg galt als dokumentiert, wenn die Köpfe der Erschlagenen in Säcken gesammelt heimgebracht und als Pyramide des Triumphs aufgehäuft wurden. »Der Kalif konnte dem Volk eine Masse von Glocken, Kreuzen, abgeschnittenen Köpfen zeigen; einmal, im Jahr 955, zählte man fünftausend Köpfe . . .« Solche Grausamkeit war keineswegs Vorrecht nur der einen Seite. Die Ritterhaufen aus Leon, Kastilien und Navarra verfuhren kaum anders. Auch der Mönchsgesandte Johannes aus dem Kloster Gorze scheint daran keinen Anstoß genommen zu haben: Er war in jenem Jahr 955 in Cordoba, doch in seiner Vita findet sich über die Pyramide der fünftausend Köpfe nicht ein einziges Wort.

Dieser eisigen Selbstherrlichkeit gegenüber steht eine der großen staatsmännischen Leistungen jenes fernen Jahrhunderts: Sicherung des al-Andalus vor der Bedrohung der in Nordafrika aufsteigenden Fatimiden, vor dem zähen Vorwärtsdrängen der nördlichen Christen sowie vor der größten Gefahr, seiner inneren Zerrissenheit. Drei elementare Sicherungen, kunstvoll ausbalanciert, getragen und garantiert durch die übermächtige Person eines einzigen Mannes, dem die frühislamische Vorstellung eines egalitären Gemeinwesens, trotz persönlicher Frömmigkeit und Unterwerfung unter das Gesetz des Koran und der Tradition, fremd geworden war. In diesem Punkt war er jedoch nur Vollender eines überall längst beschrittenen Weges.

Der politische Verstand und die Tatkraft dieses Mannes machten denn auch möglich, was noch heute seine erstaunliche Leistung genannt werden muß. Das Selbstbewußtsein muslimischer Macht, das unter den von ihm geschaffenen Bedingungen einen Gipfel erreichte, aber nicht allein als Macht des äußeren Erfolges, sondern als unbestrittene Kraft zur Lebens- und Gesellschaftsgestaltung zu verstehen ist, schuf die Grundlage für ein ausgewogenes und nach Maßgabe jener Jahrhunderte fortgeschrittenes System des gesellschaftlichen Miteinanders grundsätzlich widerstreitender Glaubensgemeinden und ethnischer Schichtungen. Spätere christlich-spanische Könige legten sich manchmal und nicht zu Unrecht den Titel »König der Drei Religionen« bei – der Kalif von Cordoba war der erste in dieser Reihe und wohl der Größte.

Bedrohung und Zuflucht
Landschaft des Kleinkriegs

Berge – Der Schutz Granadas

Die Kälte der Erhabenheit
Im Bergland Andalusiens

Las Navas de Tolosa
Andalusien – Landschaften der mathematischen Strenge

Die Mauern von Toledo

Averroës-Denkmal vor den Mauern von Cordoba

Der Verlust der Größe

Mummenschanz im Goldbrokat

Im Oktober 961 trug Cordoba den Größten seiner Omajjaden zu Grabe. Ohne Verzug gingen Reichsmacht und Würde des Kalifen Abderrahman an seinen schon alternden Sohn al-Hakam II.

Im Oktober 976, fünfzehn Jahre später, wurde Abderrahmans Enkel, Hischam II., in goldenem Glanz durch die Straßen Cordobas geleitet. Vater al-Hakam war wenige Tage zuvor beigesetzt worden. Und nun ritt durch seine Hauptstadt ein dünner elfjähriger Knabe, der sich kaum zu Pferde halten konnte. Mühsam trug er die »Hohe Mütze«, das kalifische Rangabzeichen. Aber ihn umgab das Riesengefolge der Großen des Reiches, große Namen, gesammelte Würde – ein Staatsschauspiel, dem reichen und satten Volk zur Freude.

Die prachtvolle Einführungsparade Hischams war in Wirklichkeit ein vorweggenommener Leichenzug. Fast auf den Tag genau fünfzehn Jahre nach dem Hinscheiden der grauen, einsamen, alles beherrschenden Größe auf der obersten Terrasse der Blumenstadt begann das öffentliche Sterben des spanischen Kalifats: der noch Unmündige in den farbigen Seidengewändern schon ein Ohnmächtiger; eine Puppe, behängt mit gleißenden Juwelen; ein bleiches Kindergesicht, das selbst im Alter nicht die Züge eines Mannes haben sollte. Die Regierungszeit des Kalifen Hischam II., die gar nicht so genannt werden kann, allenfalls seine Amtszeit heißen dürfte, ist eines der grotesken und bizarren Kapitel in der Herrschaftsgeschichte – das Kalifat zur Posse verkommen, des Kalifen Leben ein würdeloser Mummenschanz im Goldbrokat.

Der Vater des Hischam, Kalif al-Hakam II., von dessen staunenswerten Leistungen im Reich der Bildung und der Wissenschaft während der fünfzehn Jahre zwischen Großvater und Enkel noch zu erzählen ist, war Sohn eines Gewaltigen, selber aber Fremdling auf den Straßen der Macht. Die Mutter: eine schöne, zarte Baskenprinzessin mit rotblondem Haar, die die Reiter einer maurischen Razzia in den Harem des al-Hakam gebracht hatten, wo ihr der arabische Name Subch gegeben wurde, Aurora, die Morgenröte. In Widerspruch zu ihrem lieblichen Namen war sie eine kalte Rechnerin, die ihren Einfluß genau zu dosieren und die Chancen zur Ausübung der Macht folgerichtig zu nutzen verstand. Sie beherrschte al-Hakam, den Kalifen der Bibliotheken, weniger durch rückhaltlose Verschwendung ihrer Schönheit und ihrer Reize als vielmehr durch die artistische Manipulation ihres Sohnes. Kalif al-Hakam, obwohl der gebildetste Mann seines Jahrhunderts, ließ sich von magischen Zeichen und Prophetien beherrschen. Ein altes Wahrsagerwort hing über ihm und drückte ihn nieder: Die omajjadische Dynastie werde zerfallen, sobald die direkte Nachfolge unterbrochen sei. Die rotblonde Baskin gebar ihm, der schon alterte, zwei Söhne, Abderrahman (962) und Hischam (965). Abderrahman starb im Kindesalter, Hischam blieb ihm. Die Macht der Ersten Dame über den Herrn des Throns war von nun an ungeheuer – soweit eine nahezu klassische Konstellation; wir erinnern uns des Beispiels der Dame Tarub und ihrer Herrschaft über den Emir Abderrahman I.

Die Baskentochter Subch durchbrach das Schema. Sie wollte mehr als die Sicherung der Thronfolge für ihren Sohn. Sie verlangte nach direkter Teilhabe an Macht und Herrschaft, was in jener Zeit einer Frau nur bedingt möglich war. Dazu brauchte sie einen mit ihr verbündeten »starken Mann«. Sie fand ihn bald. Er hieß Muhammad Ibn Abi Amir. Wir nennen ihn schon jetzt mit dem Namen, den er sich später zulegte und unter dem er in die Geschichte eingegangen ist: al-Mansur, der Siegreiche, der spätere Reichsverweser des al-Andalus, der Mächtigste seiner Zeit überhaupt, Geißel der spanischen Christen, der »Almansor« der mittelalterlichen Legendenwelt, bei dessen Tod ein Mönchlein im Norden den kürzesten aller denkbaren Nachrufe schrieb: »Im Jahr 1002 starb Almansor; er wurde in der Hölle begraben« – *mortuus est et sepultus in Inferno*.

Die Geschichte seines Weges zur höchsten Macht im al-Andalus liest sich wie ein Lehrbuch für politische Aufsteiger oder, weniger nüchtern formuliert, wie der Lebensweg eines italienischen Renaissancefürsten.

Al-Mansur war ein noch junger Beamter der mittleren Amtshierarchie der cordobanischen Residenz, als er der Ersten Dame vorgestellt wurde. Subch suchte einen Vermögensverwalter für ihren Sohn und muß den Willen, die Fähigkeiten und Geschmeidigkeit dieses arabischen Adligen instinktiv erfaßt haben; sie waren verwandte Charaktere. Aus der Zusammenarbeit der Ersten Dame und des jungen *katib* wurde in kurzer Zeit eine Allianz und wohl auch eine Liaison.

Die Hauptpersonen sind vorgestellt, die Erzählung vom beinahe närrischen Sterben des Kalifats der spanischen Omajjaden kann beginnen.

Vater al-Hakam, Herr unermeßlicher Reichtümer und der größten Bibliothek der Welt westlich von Bagdad, richtete sein Lebensinteresse auf zwei Ziele: die Sicherung der Thronfolge und die religiöse wie literarische Erziehung seines Erben Hischam. Die Erziehung überwachte er persönlich. Nach Bekunden seines Lehrers besaß Hischam eine klare Auffassungsgabe und gute Urteilsfähigkeit. Freilich ist nichts bekannt von einer ebenso intensiven Schulung in militärischen, kampftechnischen, ritterlichen Dingen; die Medina az-Zahra war trotz Garden und Kasernen zum Zentrum einer wissenschaftlich-literarischen Welt geworden. Allmählich gewann die Sorge um die Nachfolge immer größere Dringlichkeit: al-Hakam in vorgerücktem Alter, Hischam noch ein Kind, die Prophezeiung drohte sich zu erfüllen, wenn sich die Großen seines Reiches und das Volk der Thronbesteigung eines Unmündigen widersetzten. Die Bevölkerung des maurischen Reiches hatte inzwischen eine eigene Identität gewonnen und ihr Schicksal an die Kraft des Führenden gebunden. Am 5. Februar des Jahres 976 ließ der Kalif in feierlicher Staatsversammlung ein Aktenstück unterzeichnen, das Hischam zum Thronerben erklärte. Aus Angst vor der Macht des Throns wagte niemand, die Unterschrift zu verweigern. Kopien gingen sofort in die Provinzen des al-Andalus und in die von Cordoba kontrollierten Gebiete Nordafrikas. Überall waren erneut Unterschriften zu leisten, bezeichnenderweise auch von Männern des einfachen Volkes. Die Entscheidung war nicht zu früh gefällt. Am 1. Oktober 976 starb der Kalif des Reichtums und der Bücher.

Er starb allein. In den letzten Minuten waren nur die beiden vornehmsten Eunuchen seines Hofes bei ihm, zwei mächtige *saqalibah*, der eine »Aufseher der Garderobe«, der andere der »Großfalkner«. Sie befehligten am Hof ein Korps von eintausend Eunu-chen-Slawen, allesamt reiche Besitzer von Ländereien, Palästen und persönlichen Arbeitssklaven. Sie hielten sich für die Mitte des Reiches. Der Aufseher der Garderobe und der Großfalkner faßten sofort den Plan, den Erben Hischam zu beseitigen, um einen Omajjadensprößling ihrer Wahl auf den Thron zu bringen. Dieser Plan wurde von den obersten *katib,* unter die inzwischen auch al-Mansur aufgerückt war, gerade noch vereitelt, aber keineswegs aus Respekt vor dem erklärten Willen des soeben Verstorbenen, sondern aus kühler Berechnung: Mit knapp elf Jahren war Hischam eine leicht zu lenkende Marionette, zugleich Symbol der Legitimität der Macht, die in seinem Namen ausgeübt wurde. Die innere Bindung der Menschen des al-Andalus an das Haus der Omajjaden, das ihnen nach all den Blutwirren schließlich Wohl-stand und Sicherheit gebracht hatte, war inzwischen so gefestigt, daß ein Usurpator vor dem Volk zumindest den Schein der Legiti-mität zu wahren hatte. Legitimität zu dokumentieren, indes aus-schließlich nach dem Willen anderer, wurde die einzige Aufgabe Hischams. Er selbst geriet zum willenlosen Objekt.

Die Mutter des Kalifen und al-Mansur, der jetzt dabei war, die obersten Stufen der Macht zu erklimmen, schlossen Hischam gänzlich von der Außenwelt ab. Seine erkennbaren, aber sicher nicht überragenden Fähigkeiten wurden in der Isolierung systema-tisch ausgehöhlt und erstickt. Sein intellektuelles und psychisches Fassungsvermögen wurde mit religiösen Übungen zielbewußt überfrachtet. Entscheidender war, daß er praktisch im Harem ein-geschlossen wurde. Er lebte in seinem goldenen Kerker Medina az-Zahra, in einem schimmernden Gefängnis der Illusionen, ge-kettet an den üppigsten Luxus und gebunden an seine Träume. Hischam, der Kalif, war bald ein psychisches Wrack, aber er blieb das Symbol der Legitimität.

Al-Mansur wurde *hadjib,* Erster Minister, Träger der faktischen Macht. Er zog die Verwaltungszentralen aus der Blumenstadt ab und verlegte sie in einen eigens für ihn errichteten Palast an der anderen Seite der Stadt. Der *hadjib* ließ auch seine einstige Gön-nerin Subch fallen; die frühere Verbündete wurde nun zur erbitter-ten Feindin, die ihre eigenen Ränke schmiedete. In oppositionel-len Zirkeln der Stadt kamen Spottgedichte auf: »Ich kann meinen

Augen nicht trauen und glaube mich zu täuschen. Wie denn! Noch existiert die Familie Omajja, und doch regiert ein Verwachsener dieses Reich! Die Soldaten umgeben einen Palankin, worin ein roter Affe sitzt! . . . Söhne Omajjas, die ihr früher glänztet wie die Sterne um Mitternacht, wie kommt es, daß man euch jetzt nicht mehr sieht? Früher waret ihr Löwen, aber ihr seid es jetzt nicht mehr, darum hat dieser Fuchs die Macht an sich reißen können!«

Auf der Höhe seiner Macht mußte al-Mansur handeln, um die Legitimität der Macht öffentlich abzusichern. Im Frühjahr 997 – im Herbst desselben Jahres zerschlug er mit Heeresübermacht das christliche Heiligtum Santiago de Compostela – sah er sich gezwungen, vom Kalifen den offiziellen Auftrag zur Führung der Regierungsgeschäfte zu verlangen. Hischam unterschrieb. Um die Unruhe in der Stadt zu beschwichtigen, der er mit Polizeigewalt allein nicht beikommen konnte, ließ al-Mansur den Kalifen dem Volk vorführen. Wieder einmal ritt Hischam II. durch die Straßen der Stadt, behangen mit goldenem Brokat und auf dem Kopf die Hohe Mütze seines Amtes. Der Reichsverweser konnte beruhigt in den Krieg gegen Santiago ziehen, denn nun war seine Macht vor aller Augen als rechtens ausgewiesen. Der stumme Kalif hatte seine Rolle als politisches Ausstellungsstück gehorsam gespielt.

Kurz nach der Jahrtausendwende starb al-Mansur: Ein befähigter Sohn übernahm die geliehene Macht. Und Hischam spielte seine Rolle weiter. Schon sechs Jahre später starb al-Mansurs Sohn (1008). Ein jüngerer Halbbruder, »Sanchuelo« genannt, da seine Mutter die Tochter eines christlich-spanischen Kleinkönigs namens Sancho war, übernahm die Macht und verspielte sie bald, da ihm jedes politische Augenmaß fehlte. Er verlangte vom stummen Kalifen, daß er ihn in einem Staatsdokument zum Thronerben erkläre – das Prinzip der Legitimation wurde zur Farce. Hischam unterzeichnete auch das und ging zurück zu seinen Frauen und seiner abstrusen Devotionaliensammlung – »wie manches Brett, das von der Arche Noah stammen sollte, fand sich in seinem Schatz, wie manches Horn, das angeblich von Isaaks Widder kam, wie mancher Huf von Uzairs Esel und Salihs Kamelin . . .«

Nun überschlugen sich die Ereignisse. Die Stadt und mit ihr der Staatsverband spalteten sich auf. Doch nicht mehr in die altgewohnten Blöcke von arabischem Adel und *muwalladun,* sondern nach sozialen Schichtungen, Cliquengeist und persönlichen Rivalitäten; unmöglich, jede einzelne Entwicklung nachzuzeichnen. Was zunächst wie grober Parteienhader aussah, schlug ab 1009 in einen regelrechten Bürgerkrieg um. Anarchie griff um sich. Die Stadt litt. Eroberung und Verlust, Feuer über den Vierteln, Blut in den Straßen, nur von kurzen Atempausen unterbrochen.

Kaum war Sanchuelo gestürzt, bald zu Beginn des Bürgerkrieges, stürmte ein zusammengewürfelter Haufe unter einem Prätendenten aus der weitverzweigten Omajjadensippe das goldene Gefängnis des Hischam. Die Breschen in den Mauern waren eben geschlagen, als der stumme Kalif plötzlich beredt wurde. In einer Notiz tat er dem Prätendenten kund, er werde abdanken, so man ihm nur das Leben lasse. Eine Abdankungsurkunde wurde aufgesetzt, Hischam unterschrieb eilends. Der Prätendent – er hatte sich den Zunamen *al-Mahdi Billah*, der von Gott Geleitete, beigelegt – verfeindete sich in wenigen Wochen mit allen und jedem und mußte fürchten, der Name Hischam könnte unversehens doch zu einem Fanal für die Feinde werden. Also ließ er Hischam, der mittlerweile so etwas wie ein Staatsgefangener war, öffentlich für tot erklären. Um seinen Tod zu dokumentieren, befahl er, den Leichnam eines gerade gestorbenen mozarabischen Christen, der Hischam ähnlich sah, heimlich in die Medina zu schaffen. Entsprechend hergerichtet, zeigte er ihn dann in offener Zeremonie einigen Personen, die bezeugten, der Tote sei der Erhabene. Der Leichnam wurde mit allen muslimischen Totenehren beigesetzt.

Die Macht des Mahdi war dennoch binnen weniger Wochen erschüttert. In einem letzten Versuch, sich zu retten, holte er den echten Hischam aus dem geheimen Gewahrsam. Ohne Erfolg. Ein Sulaiman verdrängte ihn und zwang den wiedererstandenen Hischam zur erneuten Abdankung. Dies alles geschah im Lauf des Jahres 1009.

Im Jahr darauf – die Flut der Anarchie stieg weiter – zogen *saqalibah*-Truppen in die Stadt, legten Hischam den goldnen Brokat um, setzten ihn wieder auf den Thron und übernahmen die Macht.

Dann griffen die Berber an, und neue Machthaber kamen und mit ihnen Hunger und Pest. Sulaiman gewann schließlich noch einmal die Oberhand. Wieder wurde Hischam abgesetzt und verschwand irgendwo im Dunkel der geschundenen Stadt. Nur an sein Leben wagte sich keiner. Vielleicht schützte ihn noch immer der Schatten seines mächtigen Großvaters.

Seltsames geschah: Zwar war Hischam der Lächerlichkeit preisgegeben, für die Slawensoldaten aber wurde sein Name so etwas wie ein geheimes Feldzeichen . . . *saqalibah*-Erinnerung an die Großen der Omajjaden, deren Prätorianer sie gewesen. Hischam besaß nichts, was diese rauhen Kämpfer auch nur im geringsten zur Loyalität hätte verpflichten können. Dennoch: 1016 kamen die *saqalibah* in die Stadt zurück, diesmal in einem kurzatmigen Zweckbündnis mit Berbereinheiten. Sie suchten nach Hischam, sie fanden ihn nicht. Sulaiman, nunmehr Gefangener in der Hand der Slawen, nannte ein Grab. Es wurde geöffnet. Ein alter Diener sollte bezeugen, daß der Tote Hischam sei, Sohn des al-Hakam, Enkel des Abderrahman. Ein schwarzer Zahnstummel galt als Beweis für die Identität. Die Angst, so wird berichtet, habe dem Diener falsches Zeugnis abgepreßt, wiewohl er gewußt habe, daß Hischam noch lebte. Der *saqalibah*-General ließ den vermeintlichen Kalifen mit allen Ehren neu bestatten. Das war Hischams zweite feierliche Beisetzung. Wo er tatsächlich seine letzte Ruhe fand, weiß niemand genau. Legende und Überlieferung sagten schon sehr früh, Hischam habe sich aus seiner letzten Haft fortgeschlichen, sei als Tagelöhner in den Gassen Cordobas untergetaucht, später aber in den Osten der arabischen Welt gegangen, aus der sein Vorfahr einst gekommen war. Dort irgendwo habe ihn der Todesengel Izrail geholt.

Das war das Ende des letzten maurischen Kalifen in direkter Nachfolge, nicht aber das Ende des Kalifats von Cordoba; das sollte erst fünfzehn Jahre später kommen.

Siegel der Schönheit

Noch vor der Jahrtausendwende soll Cordoba 1600 Moscheen gehabt haben, ferner 900 öffentliche Bäder, 60300 Herrenhäuser für die Edlen, die Wesire, die *katib* der oberen Ränge, die höheren Offiziere, die *qadi,* Dichter und Gelehrten, dazu 213077 Wohnungen für die breite Bevölkerung und 80 455 Läden und Geschäfte aller Art. Ganz zu schweigen von den Wundern der Mezquita, der Medina az-Zahra und des al-Mansur-Palastes Medina az-Zahira, von gepflasterten und beleuchteten Straßen, die ständig gereinigt wurden, von Parks, Gärten, Alleen, Plätzen und Kanälen. »Die Stadt« – das war nicht lediglich das Areal innerhalb der Wehrmauern. Sie dehnte sich über einundzwanzig sogenannte Vorstädte aus, die sich längs des großen Flusses durch die gesegnete Ebene zogen: Vorstadt der Pergamentmacher, Neuer Garten, Vorstadt der Residenz Rusafa, Illbiris Bad, Vorstadt der Höhlenmoschee – eine Kette poetischer Namen.

Diese immer wieder zitierten Zahlen stammen aus einem Buch des Nordafrikaners al-Makkari, der 1631 starb. Sein Bericht *Nafh al-Tib* über das al-Andalus, der sich auf eine Vielzahl älterer Quellen stützt, entstand auf Drängen der Gelehrten von Damaskus. Dieser Umstand mahnt zur Skepsis gegenüber den Zahlen. Das al-Andalus und insbesondere seine Hauptstadt, des Reiches Herz und Seele, hatten seit den Tagen des dritten Abderrahman zunehmend ein Bewußtsein der kulturellen, literarischen und wissenschaftlichen Eigenständigkeit entwickelt. Die lange Zeit, da das Land gemäß den Sitten, Gedanken, Traditionen, dem Wissen und den Fertigkeiten aus dem muslimischen Osten gelebt hatte, neigte sich dem Ende zu, die Waage senkte sich zugunsten des al-Andalus; der östliche Islam begann, das Besondere des Westens zu begreifen und zu bestaunen. In den Berichten der Nachkommen ist ein gut Teil Verklärung zu vermuten; sie sind oft Hohelieder auf den Garten Spanien.

Zu einer gewissen Zurückhaltung gegenüber den so präzisen Zahlenangaben rät aber auch rechnerische Überlegung. Entsprechend den Angaben des al-Makkari müßte gut eine Million Menschen in Cordoba gelebt haben. Das ist unwahrscheinlich. Vielleicht waren es vierhundert- oder sechshunderttausend. Wie auch immer, Cordoba war nach den Maßen der Zeit eine ungeheure Größe. Keine der Städte zwischen Bosporus und Nordsee konnte sich entfernt mit ihr vergleichen; weder Rom noch Paris, auch nicht Köln, Mailand oder Florenz.

Der Kalif al-Hakam II. war alles andere als eine stattliche Erscheinung; ein schwerer, fast plumper Körper wurde von kurzen, dicken Beinen getragen. Bei aller außenpolitischen Sicherung des Reiches, die unter ihm noch ausgebaut wurde – ein Ritter nach der klassischen Vorstellung, ein Kriegsheld war er nicht. Er war Gelehrter, und sein wirklich geliebtes Reich war die Bibliothek in der Medina az-Zahra. Vierhunderttausend Bücher soll sie umfaßt haben, sagen die Berichte. Auch hier ist Skepsis angebracht. »Bücher« waren nach den Begriffen der Zeit die Teile eines geschlossenen Werkes; vermutlich müssen wir auch hier eine Reduzierung vornehmen, vielleicht auf achtzig- bis hunderttausend »Bücher« nach unserem Verständnis. Solche Einschränkung ist keine Minderung des Außergewöhnlichen in einer Zeit, da nördliche Klosterbibliotheken, die über einige Dutzend, vielleicht einige hundert Bücher verfügten, als herausragende Stätten umfassender Gelehrsamkeit galten.

Kalif al-Hakam muß Unsummen Geldes auf den Erwerb von Büchern verwendet haben; seine Aufkäufer, die nebenbei auch nach schönen Frauen Ausschau hielten, bereisten alle Winkel der muslimischen Welt und brachten immer neue Schätze in die Medina az-Zahra. Dort studierte sie der König der Bibliophilen ziemlich unbehelligt – Fernán González, der rauhe Kämpe Kastiliens, war 970 gestorben –, er versah fast jedes Werk mit seinen Anmerkungen, die später noch von den Autoritäten des gelehrten al-Andalus anerkannt wurden, und gab fast jedem Werk eine Genealogie des Verfassers bei. Man würde ihm nicht gerecht, wollte man in al-Hakam nur einen versponnenen Stubengelehrten sehen. Er betrieb, was wir heute eine »aktive Bildungspolitik« nennen würden. Elementarschulen waren schon vor ihm in Stadt und Land weitverbreitet; ihm genügte das nicht. Allein in Cordoba gründete er siebenundzwanzig Elementarschulen, in denen Kinder der Unvermögenden unterrichtet wurde. Für die Kosten und die Gehälter der Lehrer kam der Kalif auf. Die »Universität« von Cordoba – der Begriff ist nur als Chiffre zu verstehen, als Andeutung für die völlig anders organisierten Stätten höchster Bildung und Ausbildung in der muslimischen Welt – zog Gelehrte und Studenten aus allen Ländern an. Auch junge Christen aus den Reichen nördlich der Pyrenäen wanderten zum Studium nach Cordoba, unter ihnen Gerbert von Aurillac aus der Auvergne, der spätere Papst Silvester II., dem seine außergewöhnlichen Kenntnisse der Naturwissenschaft und der Mathematik den Ruch der Zauberei einbrachten. Nicht auszuschließen ist, daß der Papst ein Studiengenosse des andalusischen Reichsverwesers war.

Des Kalifen Bibliothek in der Medina war kein literarischer Elfenbeinturm. Zum guten Ton in den besseren Häusern gehörte es, Büchersammlungen anzulegen, wobei Mode und Snobismus ganz sicher eine Rolle spielten. Al-Makkari berichtet, daß Bücherbesitz zum sichtbaren Ausweis von Ansehen, Rang und öffentlichem Gewicht wurde, und eine jede führende Persönlichkeit, sofern sie ohne formale Bildung war, streng darauf achtete, sich eine Hausbibliothek mit besonders ausgewählten Werken zuzulegen, »weniger, um zu sagen, man habe ein Buch, sondern um herausstreichen zu können, daß dieses oder jenes Buch anderswo nicht zu finden sei«. Literarisch-gesellschaftliche Salons in den »60 000« Häusern der Arrivierten waren etwas Selbstverständliches.

Literarisches Stutzertum hin oder her – immer mehr versammelte Cordoba Intelligenz und Bildung, intellektuelle Innovationskraft und wissenschaftliche Qualität an den Ufern des Guadalquivir. Die Philosophie, unter der damals vornehmlich die naturwissenschaftlichen Disziplinen verstanden wurden, begann eine öffentliche Freiheit zu nutzen, die zuvor oft durch strenge Glaubensvorschriften beengt war. Es hob jetzt, wenngleich noch in den Formen des Gewohnten, die Zeit an, in der die Gesellschaft und mit ihr die Künste des Wissens und des Erfahrens aus den noch gültigen politischen Formen des Islam herauswuchsen. Festzuhalten ist, daß sich in diesem letzten Drittel des 10. Jahrhunderts deutlicher herauszubilden beginnt, was die wenige Jahrzehnte danach heraufziehende Spätphase des maurischen al-Andalus zu einer so sonderbar irrlichternden Zeit macht: hinter rapidem Verschleiß und Zerfall jeglichen politischen Zusammenhangs die staunenswerte Bindungskraft der arabisch-islamisch geprägten kulturellen Einheit. Das al-Andalus war über viele Entwicklungsstufen zu einer kulturell-zivilisatorischen Eigenmacht geworden. Dieses kulturelle al-Andalus überlebte das politische Gemeinwesen al-Andalus um lange Zeit.

Auf den ersten Stufen ihrer Ausprägung mag die kulturelle Selbstsicherheit gegenüber dem muslimischen Osten der Welt noch schwankend gewesen sein. Gegenüber dem christlichen Norden war dieses Problem nicht vorhanden. Ibn Hazm, geboren in der Zeit des al-Mansur, der *muwallad* aus Niebla, der seine christlichen Ahnen nicht mehr kennen wollte, brillantester Geist des al-Andalus, Religionsgelehrter und Systematiker, Verfasser des meisterlichen Erzählwerkes *Das Halsband der Taube* und empfindsamer Poet, der auch die zarte romantische Liebe pries, dichtete zwar noch in der Zeit des Bürgerkrieges:

> Die Sonne bin ich am Firmament des Wissens,
> mein Ungemach, daß im Westen ich den Lauf begann . . .

Aber nur wenige Jahre danach schrieb er: »Ich bin zufrieden mit meinen Perlen aus Spanien.«

Die Stadt war quirlig, nervös, sehr geschwätzig und lebendig, in ihrer prangenden Größe und farbigen Vielfalt die symbolhafte Verkörperung der besonderen muslimischen Kulturleistung: Urbanisierung des Lebens. Dieser Stadt gab al-Hakam ein Siegel der Schönheit, das noch heute stumm macht. Auf seine Order und unter seiner persönlichen Aufsicht wurde bei einer erneuten Erweiterung der Mezquita die große *mihrab*-Gebetsnische in die südliche Richtungswand eingebaut.

Sie ist pures Licht, glühendes Gold an der äußersten Grenze des regungslosen Dämmerhains. Auf ganz lapidare Weise wird hier einsichtig, welch Gefühl der Einzigkeit und Unwandelbarkeit diese letzten großen Kalifenjahrzehnte geprägt haben muß.

»Selbst die Pferde schienen ihre Pflicht zu kennen«

Al-Hakam starb. Die unwandelbar scheinende Macht des Kalifen wurde in kürzester Frist zur bloßen Legitimationsfassade. Hinter ihr erschien al-Mansur, der Mann der ruchlosen Machteroberung, der alle Konkurrenten um den ersten Platz rücksichtslos beiseite schaffte.

Kaum war seine faktische Alleinherrschaft erreicht und gefestigt, zeigte sich der eindrucksvolle Organisator des Staatsverbandes und der militärischen Schlagkraft, der Herr mit der Leidenschaft für harte Disziplin, schließlich der Feldherr immer neuer Razzien und Waffenzüge, siebenundfünfzig an der Zahl, die meisten gegen den christlichen Norden. Sie dienten nicht einer endgültigen Eroberung der Halbinsel, allenfalls der Vorfeldbereinigung und der Tributsicherung – fast will es scheinen, als habe al-Mansur, der reine Arabersproß, den Razziakrieg zum gültigen Ausdruck seines Willens gemacht.

Er war auch der Kopf, der den Wandel der Zeit begriff und überlieferte Institutionen der muslimischen Einheit al-Andalus radikal umbaute, der die Wirtschaft förderte und neue Straßen baute. Unter ihm hat al-Andalus den Gipfel äußerer Machtentfaltung erreicht. Unmittelbar nach ihm brach der Bau zusammen. War er also nicht der Große, der die Dauer sicherte, sondern nur der Außergewöhnliche, dessen Kraftakte lediglich den schon im Schwinden begriffenen politischen Zusammenhalt eine Regentschaft lang verdeckten? Al-Mansur, ein glanzvolles Zwischenspiel?

Dieser Mann kam aus dem Gebiet von Algeciras, wo der arabischen Sippe aus dem Stamm der Moafir das Herrenhaus Torrox gehörte. Urahn Abdalmelik hatte es als Lohn für seine Verdienste im Expeditionskorps des Berbers Tariq bekommen. Seither hatte sich die Familie über Generationen durch provinzielle Bedeutungslosigkeit hindurchgelebt, wenngleich der eine oder andere aus diesem Kleinadelsgeschlecht mittlere Posten bei Hof hatte ergattern können. Unbedeutend begann auch die Laufbahn des Sprosses der siebten Generation. Er studierte in Cordoba vor allem die Religionsjuristerei. Nach dem Studium hockte er neben dem Tor der kalifischen Stadtburg und fertigte für Unkundige auf Bestellung Bittschriften an den Herrscher aus, öffentlicher Schreiber auf dem Marktplatz, nicht mehr. Ein erster kleiner Posten als Angestellter des *qadi* folgte – und so ging es weiter, bis die Subch ihn zum Vermögensverwalter ihres Sohnes machte. Das war der Wendepunkt. Steil ging es jetzt nach oben, denn die schöne Subch hatte ihren Partner gefunden: Verwalter der persönlichen Güter der Ersten Dame des Harems, Aufseher der Münze (einige unangenehme Finanzzwischenfälle wurden leise und unauffällig geregelt), Befehlshaber des zweiten Regiments der Leibwache, das zugleich als Stadtpolizei fungierte – und immer stand die Gönnerin

Subch im Hintergrund, planend, lenkend, steuernd. Der Chronist merkt an: »Er schien ein Wunder Gottes in seiner instinktiven Schläue.«

Der Aufsteiger hatte sich schließlich aller Konkurrenten entledigt. Zwar hatte er nicht Thron und Titel inne, doch hielt er die Macht in Händen. Er war Alleinherrscher des al-Andalus. Der Usurpator entfaltete beachtliche Talente als Schausteller der Macht. Die prunkvolle Palastanlage, die er am Ostrand Cordobas hatte bauen lassen, trug wie zum Hohn den Namen az-Zahira. Sie wurde der Sitz der Verwaltungsbehörden, eine unübersehbare, herrische Geste der Distanzierung vom Kalifen. Beim Erweiterungsbau der Mezquita konnte das Volk ihn als einfachen Arbeiter bewundern, der zum Ruhm Allahs Mörtel schleppte und Lasten trug. Die orthodoxen Glaubensjuristen, deren Einfluß sprunghaft wuchs und deren Mißtrauen gegen den der religiösen Lauheit Verdächtigen nicht schwinden wollte, überzeugte er von seiner Strenggläubigkeit mit einem barbarischen Akt der Vernichtung: die Bücherschätze des al-Hakam gingen in Flammen auf. Bericht eines Chronisten: »Er ließ sich die verschiedensten Abhandlungen in Gegenwart führender Theologen vorlegen und beschäftigte letztere mit der Aussortierung aller Schriften des Altertums über Logik, Astrologie und so weiter, nur medizinische und mathematische Werke blieben verschont. Nachdem besagte Bücher von wissenschaftlichen Schriften und Abhandlungen über Lexikographie, Syntax, Poesie, Geschichte, Medizin, Recht, Tradition und so weiter geschieden waren – letztere bildeten den geringeren Bestandteil –, ließ al-Mansur sie teils verbrennen, teils dadurch vernichten, daß man die Bücher in die Schächte der Schloßbrunnen warf und mit Erde und Steinen bedeckte, bis sie verfaulten . . .«

In späteren Jahren hat er die »Philosophen« dann doch unterstützt, wenngleich nicht öffentlich.

Hinter den persönlichen Kämpfen, Intrigen, Schleichereien, Unnachsichtigkeiten wird ein anderes Muster sichtbar: Al-Mansurs folgenreichste Aktionen waren die Verdrängung der *saqalibah* aus dem Herrschaftszentrum und, dadurch bedingt, der außergewöhnlich hohe Import von Berbern aus dem nordafrikanischen Maghreb. Soldaten, die ihm als Kader persönlich zur Verfügung standen, weil sie nicht an die traditionellen Gruppierungen des al-

Andalus gebunden waren. Damit wurde nicht nur eine andere Rekrutierungspolitik in Gang gesetzt, sondern sehr plötzlich entwickelte sich eine neue Bevölkerungspolitik, was offenbar nicht erkannt, jedenfalls in den Konsequenzen nicht bedacht worden war. Die dritte folgenschwere Entscheidung des al-Mansur, die grundlegende Reform der Streitkräfte, wäre ohne den organisierten Zustrom von Berbern nicht durchzuführen gewesen. Der Import des fremden Elementes wurde zur notwendigen Voraussetzung seines politischen Handelns.

Die Reform der Armee brach mit der bisherigen inneren Geschichte des al-Andalus. Die aus der arabischen Heimat mitgebrachte Stammes- und Sippenzugehörigkeit als Organisationsprinzip für Offiziere und Soldaten des Heeres und der jeweiligen Kriegsaufgebote wurde abgeschafft – ein Jahrhundert zuvor wäre das undenkbar gewesen. Die alte, nach Stämmen gegliederte Heeresordnung wurde durch die Einteilung in regimenterähnliche Einheiten ersetzt, wobei die Herkunft keine Rolle mehr spielte. Strikte Disziplin war erste und oberste Forderung des Mächtigen. Bemerkung des al-Makkari: »Selbst die Pferde schienen ihre Pflicht zu kennen; selten nur hörte man eines von ihnen wiehern . . .« Die Reform der Streitkräfte war zunächst, ganz im Sinn des ungewöhnlichen Organisators, eine Entscheidung zugunsten größerer Schlagkraft. Aber dahinter wird etwas deutlich, was über das Problem rein militärischer Leistungsfähigkeit weit hinausreicht: Die maurische Bevölkerung des al-Andalus hatte einen beachtenswert hohen Grad gesellschaftlicher Homogenität erreicht, der in der Tat so verbindlich war, daß die früher so entscheidenden Kategorien Araberadel, *muwalladun*, Mozaraber, Juden ihre scharfen Konturen verloren: man war in erster Linie Maure des al-Andalus. Ohne diese Voraussetzung wäre solch einschneidende Umgestaltung einer staatstragenden Institution nicht möglich gewesen, nicht einmal unter dem stählernen Willen des al-Mansur. Der Reichsverweser war auf seine Art und aufgrund eigener Interessen der Vollender des politischen Strebens des dritten Abderrahman, des Kalifen der Macht.

Der häufige Aufruf zum *djihad* war unter al-Mansur weniger ein Akt glaubenseifernder Entschlossenheit als vielmehr Motivationstechnik. Damit stellt sich die Frage nach der Funktion des Krieges im politischen Denken des Mächtigen: Weitere Eroberung bis an den Hang der Pyrenäen war offensichtlich nicht das Kriegsziel. Glaubenskrieg war es auch nicht. War ständige Kriegführung jetzt, abgesehen von Ruhm und Mehrung der Staatseinnahmen, die wesentliche politische Klammer der maurischen Gemeinschaft?

Über das Militärwesen der Jahrtausendwende gibt es aufschlußreiche Beschreibungen. Aus dem *Amal al-Alam* des Ibn al-Khatib: ». . . Die Gesamtstärke der regulären Amiriden-Truppen – das heißt nur die Kavallerie ohne die anderen Gattungen und ›Freien‹ –, deren Soldliste im Heeresamt *(diwan)* geführt und deren Bekleidung, Ausrüstung, Bewaffnung, Unterbringung, Versorgung und Stallfutter nach verschiedenen Rangstufen bestritten wurde, betrug damals zwölftausend oder zwölftausendeinhundert Mann. (Der Gewährsmann) sagt: Auf einem vollzähligen Sommerfeldzug erreichte al-Mansurs Kavallerie eine Effektivstärke von sechsundvierzigtausend Mann. Die Wachtmeister für Troß- und Heeresdienst zählten sechshundert, die Polizei- und Erkundungstruppe im Heeresdienst zweihundert und das Trommlerkorps hundertdreißig Reiter. Hierzu kamen dann sechsundzwanzigtausend Mann Infanterie . . .

(Der Gewährsmann) sagt: Auf einem vollständigen Sommerfeldzuge benötigte al-Mansur zu Transportzwecken für sich und seine Pagen in der Regel zweitausend Tragtiere; hundert dienten außerdem zum Transport von Handmühlen, welche die Kornration der Truppe zu mahlen hatten. Bisweilen genügte das Aufgebot nicht für diese Fracht, und man kam ohne Requisitionen unterwegs nicht aus.

(Der Gewährsmann) fährt fort: Man beachte folgende Aufstellung – er nennt hier al-Mansurs Privatpavillon, die Kochvorrichtungen und Waschbecken, die Reparaturwerkstatt, Handschellen für Strafgefangene, die Kriegskasse, Sänften für die Teilnehmerinnen am Zuge und Zelte für die Pagen –: hundert Zelte bildeten al-Mansurs Pavillon, hundertvierundneunzig wurden für Unbelehnte mitgeführt, dreihundert standen den Infanteristen, dreißig überzählige den Gästen und Besuchern zur Verfügung. Er zählt sodann allerhand Transportgut auf: Bettzeug, Küchengerät, Trinkgeschirr, Waschbecken, Speisetische, Truhen für Kleider und Ehrenroben, Teile von Belagerungsmaschinen, Kisten für Pfeile, Schanzzeug,

Öl, Naphta, Pech und Werg nebst Zubehör, Kettenpanzer und Rüstzeug, Sattelzeug für Treiber und Profos. Und das alles, fährt er fort, vervollständigte lediglich die Anzahl an requirierten und gemieteten Tieren, die al-Mansur zur Grenzmark vorausgeschickt und für den Transport folgender Gegenstände vorgesehen hatte: sechshundert amiridische Rundschilde, tausend sultanidische Rundschilde, zweitausend fränkische Piken, zweitausend Steinschleudern, vierhundertzweiundzwanzig Zelte, hundertsiebenundsiebzig Zelte der Art *furud*, fünfzig Arroben Öl, sechs Belagerungsmaschinen aus Medinaceli, zweihunderttausend Pfeile, fünftausend sultanidische Rundschilde aus Medinaceli, zweihundert Paar Mühlsteine und Eisengerät. Jeder Transportführer erhielt ein Reit- und Tragtier mit Sattelzeug zugewiesen, dazu Monatsgeld für Verpflegung und Futtermittel und eine Anweisung auf sein Quartier . . .«

Es braucht keine große Phantasie, sich auszumalen, welch ungeheuerliche Energie das al-Andalus alljährlich aufwenden mußte, um eine gewaltige Streitmacht über Hunderte von Meilen trockenheißen Landes nach Norden zu schicken, die wenigen Flußübergänge zu sichern, die geballte Kraft zum Schlag zusammenzuhalten und wieder denselben beschwerlichen Weg in den Süden zurückzuführen. An die viertausend Lastkamele rasteten zwischen den Feldzügen auf abgesteckten Weiden in der Provinz Murcia. Und die Menschen? Von ihnen ist wenig die Rede. Wohl aber von den Waffenschmieden – oder sollten wir schon sagen, von der Rüstungsindustrie?

»Die jährliche Leistungsquote (der Schildmacherei in Cordoba) betrug: an Rundschilden dreizehntausend, an Bögen zwölftausend. Diese Bögen wiesen in gleicher Anzahl zwei verschiedene Macharten, eine arabische und eine türkische, auf: sechstausend aus der Werkstatt des großen Bagdader Meisters Abul Abbas in Cordoba und ebensoviele aus der Werkstatt des Slawen Talha in az-Zahra. Die Produktion an Pfeilen belief sich monatlich auf zwölftausend Stück . . .

Im Zeughaus sah ich versilberte und vergoldete Steigbügel, Gurte und Riemenzeug, Sättel und Zügel in reichster Auswahl und anderes – in seiner Menge und Vielfalt sinnverwirrendes – Stapelgut. Und alles das – o welche Katastrophe! – fiel, als Ibn Abd al-

Gabbar [Muhammad II., der sich al-Mahdi nannte, im Jahr 1009]
den Thron usurpierte, in *einer* Stunde der Plünderung anheim,
wobei der Usurpator selbst leer ausging.«

Wechsel des Geschicks: Heute noch die Szenen der glänzend-
sten Macht, morgen schon hilflose Anarchie – heute noch der
durchorganisierte Staat, morgen schon das Chaos. Nur sieben Jahre lagen zwischen dem Tod des al-Mansur und dem Ausbruch der
fitna, des sich wütend steigernden Bürgerkrieges.

Wechsel des Schlachtenglücks: Siebenundfünfzig Feldzüge des
al-Mansur, die meisten nach Norden in das Christengebiet, perfekt
geplant, fast immer perfekt durchgeführt, Frühjahrsrazzia, Herbst-
razzia; die weiten Ränder des Christengebietes unter Tributherr-
schaft; Eroberung und Brandschatzung Barcelonas im Jahre 985;
Eroberung und Zerstörung der geistlichen Hauptstadt der Christen: 997 brennt Santiago de Compostela und was nicht brennt,
wird zerschlagen, nur die Grabstätte des Heiligen bleibt auf Befehl
al-Mansurs unangetastet; die Einwohner der Stadt auf dem Skla-
venmarsch nach Cordoba, das Geläut ihrer Wallfahrtskirche auf
bloßen Rücken in die Mezquita schleppend; da dienen die Glok-
ken, umgekehrt aufgehängt, als Zusatzgefäße für die Hunderte
schwimmender Öllichter:

> Sieh dort die Lampen, wie sie nächtlich leuchten,
> und Flammen aus den Glasgebilden springen:
> Sie züngeln Schlangen gleich, vor Hitze fliehend
> und, toll geworden, nicht zur Ruh zu bringen

Nur zwölf Jahre danach war eine Lage entstanden, in der die aufrührerischen Berberteile des Andalus-Heeres den Grafen Sancho
von Kastilien um Bündnishilfe angingen und von ihm mit fünftausend Hammeln, tausend Ochsen und tausend Wagen voller Le-
bensmittel vor dem Hunger gerettet wurden, bevor er mit seinen
Streithaufen zu ihnen stieß. Eine innerandalusische Gegenpartei
flehte zur gleichen Stunde um die Waffenhilfe katalanischer Grafen und versuchte dann ihr innenpolitisches Glück mit einem katalanischen Heer von sechstausend Mann. Die noch vor kurzem Tribut für Cordoba erzwungen hatten, boten jetzt Pferde, Maulesel,
kostbare Gewänder, Geld und Edelsteine, wenn nur die Bedräng-

ten von gestern ihnen, den Bedrängten von heute, zu Hilfe kommen möchten.

Und alle stritten sie um Cordoba. Wie begrenzt das einzelne Kampfgeschehen auch immer gewesen sein mag, dies waren die ersten deutlichen, wahrhaft drohenden Zeichen, daß sich das Glück von al-Andalus abkehrte, die Sicherheit der muslimischen Vormachtstellung auf iberischem Boden dem Zwang zur Verteidigung weichen mußte, der Zenith unbestrittener Macht endgültig überschritten war.

Was blieb vom hochfahrenden Stolz und der unbegrenzten Selbstherrlichkeit des Mannes, der das Reich eisern zusammen- und die Christen des Nordens in Schach gehalten hatte? Nichts blieb mehr vom Hochmut des Herrschers, der die ihm unliebsame Freilassung eines Gefangenen mit dem Satz verfügte: »Dieser Mensch verdankt seine Freiheit Gott, und al-Mansur hat nur wider Willen nachgegeben.«

Das Zerbrechen der Form

Orkanböen, die über die Stadt und das Land fegen, plötzliche Wirbelstürme, schwer zu durchschauende Wirrnis – so muten die zwei Jahrzehnte an, in denen die Machtzentrale des maurischen Reiches in den Unruhen der *fitna*, des Bürgerkrieges, zusammenbrach.

Jetzt traten die Berber auf die Bühne.

Der Reichsverweser hatte sie in großer Zahl aus Nordafrika ins Land geholt. Als seine persönlichen Soldaten, Verfügungstruppen, lebten sie ohne jede Verwurzelung im al-Andalus. Der eiserne Wille, der sie in die Armeedisziplin gezwungen und eingebunden hatte, war nicht mehr da. Der selbsternannte Kalif Mahdi konnte mit ihnen nicht fertig werden; durch offene Verachtung und unverhüllten Haß reizte er sie auf. Das Zerstörungspotential der Berber, kulturlose räuberische Gesellen in den Augen der geschliffenen Andalusier, machte sich selbständig. Ohne Bindung an eine Institution des maurischen Reiches lebten und handelten sie in einer Umwelt wachsender Feindschaft. Aus der Sicht der Berber war es schierer Existenzkampf, den sie allerdings mit rücksichtsloser Brutalität austrugen. In wütenden Ausschreitungen zerschlugen die ruhelosen Nordafrikaner die letzte Form geschlossener maurischer Macht in Cordoba.

Im Herbst des Jahres 1010 belagerten die Berber den befestigten Kern der Stadt. Anderthalb Monate rannten sie gegen die Mauern an – vergeblich. Sie gaben auf, wandten sich nach Nordwesten und stürmten gegen die Riesenmauern der Medina az-Zahra. Der Sturm der belagerungstechnisch unerfahrenen Berber wäre auch hier gescheitert, hätte nicht ein Offizier der Palasttruppen ihnen am dritten Tag heimlich ein Tor geöffnet. Am 4. November 1010 fluteten die Berberscharen in die Stadt der Blume. Vielleicht hatte ihnen die mauergeschirmte Medina nur als Zuflucht dienen sollen vor der aufgebrachten Bevölkerung, die inzwischen auf eine mörderische Berberjagd gegangen war. Aber nun machten sie alles nieder, was sich in dem riesigen Geviert befand: Männer, Frauen und Kinder, Offiziere und Höflinge, Diener, Handwerker und Schreiber. Nicht einmal die Moschee des Kalifen bot Schutz. Auf das Töten folgte das Plündern, auf das Plündern die restlose Zerstörung. Schwarze Brandwolken standen über einer Stätte erlesener Schönheit und erhabener Pracht. Als der Herbstwind die Brandwolken hinweggetrieben hatte, lag die glanzvollste Palastanlage diesseits von Bagdad und Konstantinopel in Trümmern. Vierundsiebzig Jahre nach dem Baubeginn.

Blühen und plötzlicher Tod der Medina az-Zahra: Wie in einem Brennspiegel stellt sich uns das Schicksal des Omajjadenreiches in Spanien dar – die in das weite Land hineingestellte Schöpfung eines großen, mächtigen, selbstbewußten Willens, für eine kurze Spanne zu einem die ehemalige Welt überragenden Gebilde geformt, verloren in der Stunde, da der mächtige Wille dahinschwand. Das Erbe eine glanzvolle Erinnerung, bis auch die Erinnerung stumpfer und schließlich blind wurde. Schon zu der Zeit Philipps II. war die einstige Bedeutung der Blumenstadt vergessen; *Las Ruinas,* das seien die zerbrochenen Überbleibsel einer alten Römerstadt, hieß es damals. Ihre kostbaren Säulen waren längst in andere Städte geschafft. In Sevilla wurden sie in die berühmte Giralda eingebaut, im nordafrikanischen Marrakesch als Konstruktionsmaterial verwendet. Die Stätte der Macht war für jeden, der Bedarf hatte, zu einem Steinbruch geworden. 1405 – das Land war lange schon unter der Herrschaft der christlichen Könige – verkaufte der Rat der Stadt Cordoba das Gelände an christliche Mönche; sie holten sich die Steine für den Bau ihres Klosters aus den Trümmern der Moschee, der Brokatwerkstätten, der kalifischen Gemächer. Das Kloster San Jeronimo blickt seither auf die Blumenstadt herab, von der Höhe des »Berges der Braut«.

Die Berber plünderten das gesegnete Land um Cordoba und verbrannten es. Sie schnitten die Stadt von jeglicher Nahrungszufuhr ab. Mit dem Winter hielt der Hunger seinen Einzug, die Not wuchs. Aus der Umgebung waren die Menschen in der Stadt zusammengeströmt; die Einwohnerzahl soll sich zeitweise verdoppelt haben. Der Sommer brachte dann die Pest, sichtbares Zeichen, daß der Zorn Allahs auf der Stadt lag.

Der 19. April 1013 war ein Sonntag. An diesem Tag drangen die Berber durch das Tor der Südlichen Vorstadt, aus der einst so viele *muwalladun* vertrieben worden waren, in Cordoba ein. Wieder hatte Verrat ihnen Zugang verschafft. Und wieder das schon gewohnte Bild: Zerstörung, Feuer, Blut, schwarze Brandwolken über den Straßen. Die Berber ließen sich zunächst in der Südlichen Vorstadt nieder, griffen aber bald nach dem Herzen der Stadt. Sie brandschatzten die schönsten und stattlichsten Häuser und hausten in den Trümmern, bis sie sich erneut auf die Pferde warfen und abrückten.

Die Stadt hatte auch Atempausen; es gab kurze Versuche der Stabilisierung – doch ohne wirkliche Chance. Die immer schon ruhelose Hauptstadt kannte keinen inneren Zusammenhalt mehr, auch fehlte ein Angelpunkt wahrhafter Loyalität. Sie zerstörte sich von innen her. Die schnell wechselnden Inhaber des cordobanischen Kalifenthrones geboten zum Schluß nur mehr über fünf urbane Einheiten im Land, zu denen außer Sevilla keines der bedeutenden Zentren des al-Andalus gehörte, weder Toledo noch Saragossa, noch Valencia, noch Granada. Die Teile des Maurenreiches machten sich selbständig. Sie kamen nie wieder zusammen.

Gründe für den Kollaps des al-Andalus, das geschlossene Reich unter arabischer Führung, lassen sich benennen.

Die Dynastie der maurischen Omajjaden, die über mehr als

zwei Jahrhunderte außerordentliche Männer hervorgebracht hatte, war endgültig erschöpft. Die Araberdynastie des al-Mansur – er sah sich als den Beginn eines Hauses der »Amiriden« – trat schon in der zweiten Generation ab. Dem sozialen Gebilde des einheitlichen maurischen Reiches war jene entscheidende Fähigkeit abhanden gekommen, die in den drei Jahrhunderten des Anfangs, des Aufstiegs, der Blüte zur Grundlage von Größe und Sicherheit geworden war: die Fähigkeit zur gesellschaftlichen Integration der verschiedensten ethnischen und religiösen Gruppen. Der Import der Berberkontingente unter al-Mansur zerstörte das soziale Gleichgewicht, das unter den Bedingungen jener fernen Welt ohnehin eine einsame, staunenswerte Leistung war. Das Kalifat von Cordoba ging, wie auch das Kalifat von Bagdad, zugrunde, weil es die zur Herrschaftssicherung ins Land gerufenen Fremden nicht mehr in den Sozialverband einzugliedern vermochte. Die Gemeinschaft war überfordert, sie brach auseinander.

Der Reichtum des al-Andalus der Emire und Kalifen war das Wunder des verflossenen Jahrhunderts. Reichtum und Wohlstand, vornehmlich in den blühenden Städten zu finden, haben aber offenbar Klassengegensätze verschärft und insbesondere in der Oberschicht ein starkes Element des Familien- und Cliquenstrebens nach Einfluß und ungehemmten Wachstum ihrer materiellen Überlegenheit wirksam werden lassen. Die Intellektuellen, die zahllosen ausgehaltenen Dichter, die wahrhaften Poeten, die Wissenschaftler, die Gelehrten, vor allem die traditionsgebundenen, streng orthodoxen *faqi*, standen abseits; allenfalls lebten sie in wachsender Abhängigkeit von der Herrschergruppe. In der Stunde, da die rigorose Belastung begann, die Risse sich im Gefüge zeigten, der Zusammenbruch als Möglichkeit schon über dem Horizont stand, reichten die verbindenden Elemente nicht mehr aus. Letztlich war es wohl das Unvermögen, das aus Prophetentagen in die Zeit getragene Denken in religiösen Gemeinschaftsvorstellungen einer sich wandelnden sozialen Welt anzupassen. Hatte sich dieses al-Andalus des Stolzes und der Selbstherrlichkeit dem Wort des Koran entzogen? »Sie werden dich über die Beutestücke fragen. Sprich: Die Beute gehört Allah und dem Gesandten. Drum fürchtet Allah und ordnet dies in Eintracht; und gehorchet Allah und seinem Gesandten, so ihr gläubig seid. Siehe, nur das sind

Gläubige, deren Herzen, wenn Allah genannt wird, in Furcht erbeben und deren Glauben wächst, so ihnen unsere Zeichen vorgelesen werden, und die auf Allah vertrauen.«

Das 10. Jahrhundert und die Jahrtausendwende sind nicht mehr die Zeiten schlichter Überzeugung oder brennender Glaubenskraft. Der Glaube des einzelnen war vielleicht noch unversehrt. Die Glaubensgemeinde jedoch, die einst die Welt jenseits der Grenzen des *dar al-Islam* überrannt und in sich aufgenommen hatte, war starr geworden und satt in ihrem Gold. Sie hielt dem Binnendruck der veränderten sozialen Existenz nicht mehr stand.

Die Sterbestunden des al-Andalus der Emire und Kalifen sind erbärmlich. Ein Tod ohne Würde, bar jeden Hauchs von Erhabenheit.

Usurpatoren hatten im fortschreitenden Bürgerkrieg die Reste der bröckelnden Zentralmacht übernommen, wenn auch stets nur für kurze Zeit. 1027 wandte sich das Volk, als sei in der Erinnerung an den Namen der Großen von gestern ein Trost für das Heute zu finden, ein letztes Mal einem Omajjaden zu. In den östlichen Regionen des al-Andalus, wohin er sich aus Angst vor Meuchelmord zurückgezogen hatte, spürten die Cordobaner einen Hischam, älteren Bruder eines kurzlebigen omajjadischen Zwischenkalifen, auf. Sie leisteten dem Alten den traditionellen Treueid, dem dieser aber nicht recht trauen wollte. Zwei Jahre lang irrte er von Stadt zu Stadt – wohl auch, weil die Kommandeure marodierender Truppenteile sich seinem Einzug in die nur noch nominelle Hauptstadt des Maurenreiches widersetzten. Schließlich kam er doch nach Cordoba. Durch das Tor ritt ein armer alter Mann auf einem schlecht gezäumten Klepper: Hischam III. Diese Szene begab sich genau einhundert Jahre nach dem Tag, da des großen Abderrahman Eilkuriere durch die Tore gesprengt waren, um dem Reich und der Welt die Selbsterhöhung des Kalifen zu verkünden: »Wir sind der Würdigste und Beste aller, die auf ihrem vollen Recht bestehen!«

Das Volk jubelte, ungeachtet aller Absurdität der Szene, seinem dritten Hischam zu. Der alte Mann, der jeden Zolls eines Herrschers entbehrte, machte einen ehemaligen Webergesellen zum *hadjib*. Nicht nur seine Herkunft trug dem Webergesellen die Verachtung der Oberschicht der Stadt ein, sondern vor allem die Brutalität, mit der er für Hischam und sich den Staatsschatz aufzufüllen trachtete. Die Wesire und einige Reiche in der Stadt suchten bald nach einem anderen Omajjadennachfahren, um das alte Spiel erneut zu beginnen. Irgendwo in der Provinz fanden sie einen eitlen Hohlkopf, der als Werkzeug brauchbar schien; aber daraus wurde nichts mehr. Das inzwischen wieder aufsässige Volk war mit der Behauptung aufgewiegelt worden, alles Elend sei allein der Geldgier des *hadjib* zuzuschreiben. Der Verhaßte wurde im Dezember 1031 auf offener Straße erschlagen. Kalif Hischam III., Letzter der Omajjaden, floh auf einen Turm der cordobanischen Stadtburg; bei ihm waren nur noch einige Frauen seines Harems, eine kleine Tochter, vier Slawen.

In der Moschee gegenüber fällte der Staatsrat zusammen mit angesehenen Bürgern den Beschluß, der Kalif habe die Stadt zu verlassen und sei auf einer sicheren Feste gefangenzusetzen. Der alte Mann fügte sich wortlos, bettelte noch um ein Stück Brot für seine Tochter und verließ unter Bedeckung die Stadt. In der Mezquita, Moschee des herrscherlichen Stolzes, verkündete zur selben Stunde der Staatsrat unter dem Bürger Ibn Dschawar, der nun so etwas wie einen Präsidenten darstellte, das Kalifat sei auf alle Zeiten abgeschafft, und der Staatsrat werde jetzt die Zügel in die Hand nehmen. Cordoba hatte sich eine Oligarchenregierung gegeben.

Hischam der Vertriebene verdämmerte fünf Jahre später. Niemand nahm Kenntnis von seinem Ende. Dem Land war sein Tod zutiefst gleichgültig. Die Stadt hatte den letzten Kalifen schon vergessen.

Die Trauer der Stadt galt ihrer eigenen zerbrochenen Größe. Aus einem zeitgenössischen Klagegedicht:

In manchen Tagen hoch auf ihren Höhn, in manchen Nächten, verbanden wir in unserer Lust die Sonne mit dem Mond...

Teil 3

Vom unendlich langsamen Sterben

Ich fühle nur
eiskalte Trauer in mir steigen
al-Makkari

Nur eine Frage der Zeit

Der Lärm der Zaunkönige

Das Jahr 1031 kennzeichnet im Ablauf des äußeren Geschehens das Ende des Kalifats al-Andalus. Tatsächlich aber war die Zeit des von arabischen Herrschern zentral geführten Großverbandes al-Andalus spätestens an dem Tag des Jahres 1009 abgelaufen, da der große Bürgerkrieg in Cordoba ausbrach. Der Zerfall der Macht in der Zentrale und die Verwüstung der herrlichen Stadt haben die Neugier stets gefesselt. Darüber wird oft vergessen, daß zur gleichen Zeit das gesamte von Cordoba geführte Reichsgebilde zwischen der Oberen Grenze und den Küsten des Südens, zwischen Lissabon und Coimbra am Atlantik und Valencia und Alicante am Mittelmeer auseinanderfiel. An diesem Zerfall ist nicht die Geschwindigkeit, mit der er sich vollzog, das wahrhaft Erstaunliche, sondern die Selbstverständlichkeit, mit der er ablief.

An dem Tag, als Cordoba die Tore hinter dem letzten Omajjaden zuschlug, wurde die Bewahrung des Gestern mehr und mehr zur Beschäftigung der Empfindsamen, die das intellektuelle und ästhetische Erbe weitertrugen. Sicher hielt sich im Volk eine unbestimmte Sehnsucht nach einem Fixpunkt. Bewahrung und Bewußtsein der jüngsten Vergangenheit waren jedoch nicht Elemente des politischen Verhaltens und Handelns.

Ganz plötzlich verschwanden die alten Herrscherbezeichnungen, so schnell und selbstverständlich, als hätten sie schon lange keine Gültigkeit mehr gehabt. Wenn nun gelegentlich von einem Emir gesprochen wird, dann ist im ursprünglichen Sinn der Macht- oder Befehlshaber einer Stadt oder einer Region gemeint, nicht mehr der Herrscher des Reiches. Von einem Kalifen des al-Andalus ist hinfort überhaupt nicht mehr die Rede. Diesen Titel der eigenständigen höchsten Macht hat es offiziell im muslimischen Spanien nur einhundert Jahre gegeben; in Wirklichkeit hatten nur zwei Männer Anspruch auf ihn: der Kalif der Macht und der Kalif der Bildung. Die Herrscher der Teilreiche legten sich jetzt einen anderen Titel zu. Sie nannten sich *muluk*, Könige.

Einmal noch wurde die Erinnerung an Gewicht und Würde des Kalifenamtes als zusätzliches Mittel der Legitimierung einer neuen regionalen Macht genutzt. Erste und entscheidende Legitimierung kam aber in jedem Fall aus dem sichtbaren Erfolg äußerer Stärke und Durchsetzungskraft. Die arabisch-andalusische Familie der Abbadiden, die sich nach dem Zusammenbruch Cordobas zu Alleinherrschern des Regionalreiches Sevilla aufschwang, nutzte in den Jahren, da ihr Anspruch noch nicht völlig gesichert war, die allgemeine Ungewißheit über den Verbleib des stummen Kalifen Hischam II. Die Abbadiden stellten einen armen Mattenflechter, der dem Verschwundenen von Ferne ähnelte, in Sevilla öffentlich als den wiedergefundenen Kalifen aus und sorgten so für einige Aufregung in Stadt und Land, denn die rastlose Phantasie der Massen griff die Kunde begierig auf und trug sie weiter. Aber die Hanswurstiade, die 1035 spielte, war kurz darauf nur noch Episode. Der alte Mattenflechter ging als »Pseudo-Hischam« in die Geschichtsfolianten ein. Eine Arabeske, die ein Schlaglicht auf die ungewiß schweifende, jederzeit erregbare Stimmung dieser Jahrzehnte des Zerfalls wirft.

Die drei Grenzmarken des al-Andalus mit den wichtigen Städten Badajoz, Toledo und Saragossa bewiesen für geraume Zeit ein höheres Maß inneren Zusammenhalts; denn die dauernde Notwendigkeit der Verteidigung hatte den Mächtigen der Grenzmarken seit je eine gewisse Sonderstellung im Vergleich zu den übrigen Provinzgouverneuren gegeben. Sonst aber präsentierte sich das al-Andalus um die Mitte des 11. Jahrhunderts als ein loses, zufälliges Gebilde von knapp dreißig Teilreichen (eine verbindliche Zahl gibt es bis heute nicht). Die Reichweite regionaler und lokaler Herrschaft war selten verläßlich definiert. Grenzen verschwammen, und zwischen ihnen dehnten sich Grauzonen unbestimmter Hoheiten. Gewichte verschoben sich von heute auf morgen. Ein ständig wechselndes Kaleidoskop bunter Bruchstücke, die sich nur einen Atemzug lang zum erkennbaren Muster ordnen, bevor die nächste Drehung alles wieder durcheinanderwirbelte. Die regionalen, manchmal nur lokalen Potentaten waren im Grunde Häupter von Parteien der Macht, und so heißt denn auch ihre Zeit im Spanischen die Zeit der *reyes de taifas* (aus dem arabischen Wort für Parteien, *tawaif*, entstanden).

Die »Parteienkönige« waren eine schillernde, laute Schar, bunten Zaunkönigen gleich, die ihre kleine Welt mit endlosem Lärm erfüllen und vom geringsten Geschehen aufgescheucht werden. Kaum einer überragte die anderen. Einen zu beschreiben genügt, weil sich an seinem Schicksal alle Besonderheiten und Absurditäten dieses Umbruchjahrhunderts ablesen lassen.

Auf dem politischen Trümmerfeld, das sich seit 1009 auf dem muslimisch-iberischen Boden auftat, schob sich sehr schnell eine andere Kraft nach vorn: Der einzelne begann, die Szene oder vielmehr die Unzahl der kleinen Szenen zu beherrschen – der Verschlagene, der Rücksichtslose mit der ungezähmten Kraft, der Listenreiche mit der raschen Anpassungsfähigkeit, der Despot mit dem eisernen Willen. Aufsteiger und Usurpatoren, alle mit dem Drang zur vollkommenen Entfaltung der Macht und der Pracht in ihren Herrschaftsbereichen. Keiner jedoch verfügte über die Begabung, den Willen, die unbeugsame Entschlossenheit, keiner auch über die Mittel, das Zerbrochene zu einem neuen Ganzen zusammenzufügen. Der einzelne und seine engste Familie, der Individualverband, machten die »Partei« aus. Dem einzelnen diente, wen er bezahlen konnte. Christliche Reiter- und Infanteriescharen aus Kastilien und Katalonien standen im Sold andalusischer Kleinherrscher Seite an Seite mit Andalusiern, Berbern, Negern und Slawen und kämpften für die Partikularinteressen ihres Zaunkönigs gegen andalusische, christliche, berberische Streithaufen im Sold eines anderen Kleinherrschers. Das war nicht die Ausnahme, sondern die Tagesordnung im Land der Zaunkönige.

Eine übergeordnete Gruppierung, sofern sie überhaupt sichtbar wurde, bestand in einer groben geographischen Verteilung nach ethnischer Herkunft. Die Berber, die zu al-Mansurs Zeiten ins Land gekommen waren, griffen zuerst nach den Städten und deren Umland im Süden und Südosten. Einer der wenigen nennenswerten Berberführer war Zawi Ibn Ziri, der aus der Gegend von Tunis stammte; in den Jahren des cordobanischen Zusammenbruchs zog es ihn nach Nordafrika zurück. Doch die Bevölkerung in der Gegend um Granada überredete ihn zum Bleiben. In wenigen Jahren brachte er mit seinem rücksichtslosen Neffen Habbus ein Kleinkönigtum zusammen, das Granada, Jaen, Malaga und Teile der Provinz Granada umfaßte. Danach beschloß Ibn Ziri, endgültig in die

Heimat jenseits des Meeres zurückzugehen. Er hinterließ eine Nachfolgeregelung, der zufolge ein Ältestenrat, aber keiner seiner Söhne, das Herrschaftsgebiet regieren solle. Er war kaum an Bord seines Schiffes, da galt das alles nichts mehr. Sein Neffe Habbus riß die Macht an sich. Für Granada begann die berberische Herrschaft der Ziriden.

Auch Toledo, die ewig unruhige Stadt, die stets aus dem inneren Widerstand gegen die Zentralmacht Cordoba gelebt hatte, geriet unter berberische Familienherrschaft. Die Dhu-l-Nun, die ebenfalls unter al-Mansur aus Nordafrika gerufen worden waren, übernahmen das Regiment.

Zwischen Toledo und Sevilla lag das Königtum Badajoz. Während einer kurzen Spanne unversehrter Eigenständigkeit gehörten zu ihm bedeutende Städte wie Merida, Lissabon, Santarem und Coimbra. Ein Sklave des stummen Hischam II. hatte in der allgemeinen Wirrnis das Gebiet um Badajoz an sich gebracht; ein berberischer Unterführer übernahm, kaum war der ehemalige Sklave gestorben, die Gewalt. Auch hier versuchte eine einzelne Familie, die Herrschaft an sich zu bringen.

Die zweite ethnische Gruppe, die *saqalibah,* die Slawen, schwangen sich zu Herren vornehmlich in den östlichen Teilen des Landes auf. Dort saßen sie in den Küstenbereichen des Mittelmeeres und auf den Balearen. Bei ihnen war das Verlangen oder das Vermögen, Familienreiche aufzubauen, nicht so kraß ausgeprägt.

Bei der dritten ethnischen Gruppe stellt sich das Problem einer klaren Abgrenzung. Diese Gruppe war früher eindeutig arabisch oder arabisch dominiert. Ausgerechnet unter dem größten der arabischen Herrscher, dem dritten Abderrahman, der noch einmal die Wesenszüge des Omajjadenadels auf eindrucksvolle Weise verkörpert hatte, verlor das bis dahin erkennbare arabische Element seine klaren Konturen. Diese Gruppe war ebensowenig von den einstigen *muwalladun* beherrscht. Auch der Begriff »Maure« ist zu weit gefaßt, denn er bezeichnete in den Augen der Christen alle Nichtchristen im Süden, die Juden ausgenommen. Eine verwandelte, neue Einheit war entstanden, eine Gruppe von Muslimen, in der sich Arabisch- und Iberischstämmige, bis zu einem gewissen Grad auch Abkömmlinge der ganz frühen Berbertruppen, unauflöslich mischten – »Andalusier«. Was verband die Andalusier miteinander? Islamisches Denken, zwei Sprachen, Arabisch und Romance, ein eigenes Zivilisations- und Landesbewußtsein waren für sie selbstverständlich geworden.

Andalusier herrschten über die größeren Gebiete Sevilla, Cordoba, Saragossa und eine ganze Reihe von Splitterreichen. Den einzelnen zum Teil kurzlebigen, oft unterbrochenen Entwicklungslinien nachzuspüren, hieße bereits in die Anfänge spanischer Provinzgeschichte abschweifen. Die Hud von Saragossa werden für einen Augenblick unseren Weg kreuzen, wenn Spaniens Volksheld, der Cid, in Kürze die Bühne betritt. Die Abbadiden von Sevilla werden uns etwas länger festhalten, denn aus dieser Provinzfamilie kam der König al-Mutamid, die wahrhaft tragische Figur im Land der Zaunkönige: »Stürze dich auf das Leben wie auf eine Jagdbeute; denn es dauert nicht länger als einen Tag.«

Renaissance – vorweggenommen?

Die Zaunkönige schmückten ihre Namen mit hochtrabenden und klangvollen Ehrenbezeichnungen, als seien sie allesamt kleine Kalifen: »der Sieger« und »der Siegreiche« nannten sie sich, »der Helfende«, »der Eroberer« oder »der Freudenspender«, Beinamen, die meist in großspurigem Gegensatz zu ihrer tatsächlichen Bedeutung standen, »die Katze, die den Löwen keck vertritt«. Die kleinen und größeren Höfe überall im Land wetteiferten in der Nachahmung des großen Hofes, der vergangen war.

Eine kurze Chronistennotiz über eine königliche Schloßanlage zu Toledo, die zu dieser Zeit errichtet wurde, zeichnet ein klares Bild: »Als ich von Abderrahmans III. Audienzsaal zu az-Zahra las, gedachte ich unwillkürlich der häufigen Beschreibungen jenes Prachtschlosses, das der König al-Mamun von Toledo aufführen ließ: Er schuf damit ein hervorragendes Kunstwerk unter erheblichen Kosten. Genau in der Mitte legte er einen Teich an und hier wiederum in der Mitte – aus buntem Glas und goldenem Stuck – einen Pavillon; zur Spitze dieses Pavillons leitete er durch eine kunstvolle Anlage das Wasser in einer Weise hinauf, daß es rings herunterfloß, den Pavillon in einen dichten Schleier hüllend. Während so das Wasser ständig hinter der Glaswand entlangströmte, saß al-Mamun in diesem Pavillon, ohne behelligt und benetzt zu werden, bei Kerzenschimmer: ein selten wundersames Bild.

Er und seine Sklavinnen hörten bei dieser Gelegenheit eines Nachts einen Dichter folgende Verse sprechen:

> Du baust, als ob du ewig leben würdest,
> wo deines Bleibens von so kurzer Dauer?
> Wer täglich scheiden kann, begnüge sich
> mit einem Schatten des Arak-Gesträuchs.

Tief bestürzt rief der König aus: Gott empfehle ich meine Seele, ich muß gewiß bald sterben.

Und tatsächlich hatte er nicht ganz einen Monat bis zu seinem Ableben, nachdem er diesen Pavillon kein einziges Mal mehr aufgesucht.«

Die Kleinhöfe müssen über die Jahrzehnte Unsummen Geldes verschlungen haben, denn die Hofhaltungen waren womöglich noch prächtiger und aufwendiger als die kapriziösen Bauten. Nicht allein der Glanz der Anlagen mußte den hochfliegenden Anspruch des Regional- oder Lokalherrschers spiegeln, das eigentliche Echo seiner angemaßten Größe und Bedeutung waren die Lieder seiner gekauften Sänger und Musikanten, die Oden seiner Hofdichter, die Werke der bezahlten Gelehrten, die grellen Späße seiner Narren, die Tändeleien seiner Spielleute und die Zurufe seiner Trink- und Tafelgenossen. Die Kosten für Bauten, Hofhaltung und Söldnertruppen ließen sich nur durch erhöhte und außergewöhnliche Steuern decken, die von den orthodoxen Religionsjuristen zunehmend als unvereinbar mit den koranischen Vorschriften interpretiert wurden. Die Verdammung der Steuern durch die Glaubenswächter wurde im Lauf der Jahrzehnte zur scharfen politischen Waffe.

Diese Zeit der kleinen Höfe und großen Selbstdarstellung ist mit den Stadtstaaten Italiens zu Beginn der Renaissance verglichen, sogar als eine Vorwegnahme des italienischen Quattrocento gedeutet worden. Parallelen drängen sich auf. So kannte im 11. Jahrhundert das al-Andalus schon die Renaissancefigur des Condottiere, der unbekümmert um Legitimation und Diensttreue durchs Land reitet und die Herrschaft allein durch seine Kraft und seinen Ehrgeiz dort erzwingt, wo er die Chance findet. *Routiers,* »Kompanien« marodierender und bindungsloser Soldaten, unter fähigen, aber rücksichtslosen Truppenführern zogen allein um des eigenen Vorteils willen fechtend und sengend, raubend und mordend durch die Zonen der Ungewißheit zwischen den andalusischen Kleinstaaten. Im 13. und 14. Jahrhundert waren Routiers die Geißel Frankreichs und Italiens. Vergleichsmerkmal jenseits der äußeren Erscheinungen ist jedoch das Zerbrechen von Staats- und Gemeinschaftsformen und das Überschreiten der Grenzen, in denen das Individuum bisher verharrte. Nicht nur für die Herrscher gilt, daß sich die Einzelperson ihr Recht nimmt. Sie läßt sich in ihrer Entfaltung nicht mehr hindern, sie ist bereit, ihren eigenen Weg zu gehen.

In Cordoba geschah Bezeichnendes. Die Dichterin Wallada, Tochter eines omajjadischen Kalifen der Bürgerkriegszeit, lebte dort ihr eigenwilliges Leben. Sie machte ihr Haus zum führenden Treffpunkt der Poeten und Literaten samt dem geschwätzigen Anhang – ein Aufstand gegen jegliche Tradition. Wenn auch die Frauen des al-Andalus seit geraumer Zeit schon nicht mehr strikt an die muslimische Praxis der nahezu völligen Abschirmung gebunden waren und die Frauen der Unterschicht größere soziale Freiheiten als ihre Schwestern im islamischen Osten gehabt haben mögen, galt doch für die Frauen der oberen Schichten außerhalb ihrer Herrschaftszone, die im Inneren der Privathäuser lag, ein ähnlich engherziger Verhaltenskodex wie in den orientalisch bestimmten Ländern des Islam. Die Prinzessin Wallada, stadtbekannte Schönheit, eine Dichterin und Meisterin der arabischen Sprachkunst, sprengte den Rahmen so auffallend, daß es gezielter Demonstration gleichkam und auch so empfunden wurde. Die Ärmelsäume ihrer Robe soll sie mit Versen bestickt haben, um damit jedem auf der Straße ihre Ansicht kundzutun. Auf einem Ärmel stand:

> Ich bin, bei Gott, der edlen Dinge fähig
> und schreite stolz dahin.

Auf dem anderen war zu lesen:

Meinem Liebhaber gebe ich das Recht,
die Wange mir zu streicheln,
meinen Kuß geb ich jedem, der ihn will.

Kein Geheimnis war, daß sie ihre Küsse bevorzugt dem Dichter
Ibn Saidun schenkte. Ibn Saidun (1002–1070) war eine Berühmtheit; er galt in seiner Zeit als unbestrittener Meister des klassischen arabischen Stils. Die Liebesgeschichte zwischen der Prinzessin und dem Dichterfürsten, ihre Eifersucht und der Zorn, mit dem
sie den Dichter, der sich gleichwohl in andere Gärten der Lust
verirrte, quälte, dann des Gescholtenen Reue, in klassischen, vollendeten Versen dargebracht, waren Tagesgespräch der Stadt. Sie
nahm großen Anteil, als Wallada ihren Zorn so wenig zügeln
konnte, daß Ibn Saidun die Flucht ergriff und sich in der verlasse-
nen Ruinenstadt az-Zahra versteckte.

Die Zeit der Zaunkönige ist eine Zeit der Dichter. Ihre höchst
angesehene Kunst stand wie eh und je im Dienst der Höfe. Sie
waren hochbesoldete Instrumente zur Ausschmückung der Thron-
säle, Propagandisten des Herrscherruhms, gehätschelte Zeitver-
treiber und Spielleute der Silben und Verse. Dies ist aber auch die
Zeit einiger, denen überlegenes Wort- und Stilgefühl gegeben war
und die die Kunst der gebundenen Sprache und der durch Tradition vorgegebenen Wortbilder verfeinernd weiterentwickelten.
Metaphern und Strukturen dieser Literatur- und Dichtungsschritte
in die Zukunft sind uns fremd. Auch die Übersetzungen, so ge-
konnt und elegant sie sein mögen, geben uns lediglich äußere Hin-
weise; in die Empfindungswelt hinter den Wortbildern von damals
können wir selbst mit ihrer Hilfe kaum eindringen. Die Urteile der
Fachgelehrten sind heute noch widersprüchlich. Unbestritten ist,
daß jetzt eigenständige andalusische Entwicklungen aufsprossen,
deren Keime schon in den Jahren der letzten großen Omajjaden
gelegt worden waren. Die zweite Sprache des al-Andalus, das Romance, gewinnt an Bedeutung und ist nicht mehr nur Umgangs-
sprache. Neue Strophenformen treten neben die klassischen Vers-
formen der arabischen Dichtung. In welchem Maß und wo im
einzelnen diese literarischen Entwicklungen Anstoß und vielleicht
Grundlage für die provenzalische Troubadourdichtung waren, be-
schäftigt noch immer die moderne Literaturwissenschaft. Für uns

Zuschauer des historischen Geschehens, die wir den Feinheiten der Sprachverwebungen und der poetischen Modelle kaum folgen können, ist die summarische Einsicht wichtig, daß sich eine Richtungsänderung andeutet. Nicht zu übersehen sei, sagen die Experten, daß sich jetzt uraltes iberisches Erbe der mündlich überlieferten Volksdichtung, Worte und Bilder, in eine sprachliche und inhaltliche Formen- und Begriffswelt hineinschiebe, die bisher geschlossen war – wenigstens was die »offizielle«, gesellschaftlich anerkannte Dichtkunst anlangt. Sie war fast ausschließlich von der klassischen Tradition der Araber beherrscht. Ob andere Bilder, Figuren oder Themen, ob neue Vers- und Strophenformen, ob betonter und wachsender Sinn für Schattierungen und Halbtöne oder zunehmende Verwendung lyrischer Elemente, »entscheidend ist, daß sich andalusische Literaturpraxis da, wo sie sich von der Literaturpraxis des Orients abzuheben beginnt, in eine Richtung bewegt, die dem europäischen Literaturgeschmack eher entgegenkommt«. Erkennbarer wird, mit einem Wort, die wachsende Bedeutung des al-Andalus als Kontakt- und Vermittlungszone zwischen der muslimischen und der lateinisch-abendländischen Welt.

Das Blühen des geistig-kulturellen Lebens in der Zeit der Zaunkönige und selbst in den Folgeperioden der Besetzung des Landes durch nordafrikanische Berbermacht ist undenkbar ohne die vorausgegangenen kulturellen Leistungen der omajjadischen Emire und Kalifen des einheitlichen al-Andalus: Öffnung gegenüber dem Osten, kulturelle Wechselbeziehungen in relativer politischer Stabilität, erster Aufbau von »Gelehrtenakademien« am Hof von Cordoba, Übernahme künstlerischer Fertigkeiten, bewußte Pflege wissenschaftlich-technischer Bemühungen, Einrichtung von allgemein zugänglichen Bildungsinstitutionen und Bibliotheken – nur auf diesem breiten und festgefügten Fundament waren die Ausbreitung und das Wachsen kultureller Lebendigkeit und beginnende Differenzierung möglich. Die renaissancehafte Betriebsamkeit der Königshöfe des 11. Jahrhunderts – im Grunde Miniaturmodelle des cordobanischen gebildeten und verfeinerten Hofes – sorgten für die Ausdehnung über die Weite des Landes.

Die neuen politischen Bedingungen hatten allerdings eine sehr direkte Wirkung auf die kulturelle Mittlerrolle des muslimischen Spanien. Seine täglich deutlicher werdende Schwäche, die immer tieferen Einbrüche christlicher Heere verwandelten die Mitte und selbst den Süden des Landes innerhalb weniger Jahrzehnte in eine Mischwelt. Kontakt und längeres Miteinander hinter allem blutigen Gegeneinander wurden erst vereinzelt, dann immer schneller zum Gewohnten. Die Verbreitung östlichen Wissens und technischen Könnens im Westen wurde im folgenden 12. Jahrhundert zum erstenmal in feste organisatorische Form gebracht: christliche Obrigkeiten gründeten »Übersetzerschulen« und institutionalisierten das Lernen. Über die Vermittlung philosophischen und naturwissenschaftlichen Gedanken- und Erkenntnisgutes werden wir noch berichten.

Die Zeit der Zaunkönige hatte ihre Geistesgrößen: die Dichter, angeführt von Ibn Saidun und dem Sevillaner König; die bedeutende Schar der Mediziner und der Geographen, Mathematiker, Astronomen, von denen nicht wenige ihre Erkenntnisse in praktisches Ingenieurwissen umsetzten; die Religionswissenschaftler, Theologen und Pädagogen, unter denen der bedeutendste Ibn Hazm (994–1064) war. Ihm werden an die vierhundert Werke über die verschiedensten Wissensgebiete zugeschrieben. Es gibt keinen Bereich des Lebens, zu dem er sich nicht geäußert hat. Er begann als Dichter der romantischen Liebe; später entwickelte er sich zum eigenwilligen theologischen Systematiker und Dogmatiker, der an zwei geistigen Fronten focht. Ibn Hazm entstammte einer ehemals christlichen Familie aus der Gegend von Sevilla. Er wurde ein erklärter Gegner des Christentums und gleichzeitig zum kritischen Gegner der aus schlichtem Konservativismus gewachsenen Orthodoxie der malikitischen Religionsjuristen, die um so stärker wurden, je mehr die Zaunkönige in moralische und politische Haltlosigkeit abglitten. Ibn Hazm, der Größte, der Fruchtbarste und vor allem der Unabhängige, überragte diese rastlose, gewalttätige und glitzernde Zeit der kleinen Herrschaften – italienischer Stadtstaaten im Turban, wie sie manchmal genannt worden sind.

Treffend charakterisiert der Orientalist von Grunebaum die Ära der andalusischen Zaunkönige: »Der Glanz raffinierter Lebensformen, ein Hang zum Genuß, der sich über die vom Religionsgesetz geforderten Beschränkungen sorglos hinwegsetzte, eine ziselierte Delikatesse der Sitten, die den oft nur allzu brutal ausbrechenden Leidenschaften den Schein des Spielerischen verlieh, ein stilvoll verschwenderischer Aufwand, dessen steigende Kosten bei der nur noch durch Tributzahlungen und Söldneranwerbungen aufrechtzuerhaltenden Unabhängigkeit mit jedem Jahr weniger zu rechtfertigen war, dieser Rausch von Sensibilität erhielt seinen bitteren Reiz durch das Wissen vom nahenden Ende . . . Wie in der italienischen Renaissance gehen Bildung, Kunstverständnis, Selbstzergliederung, der Sinn für die Geste und die ausgeklügelte Courtoisie mit gnadenloser Intrige und perfider Grausamkeit zusammen. Der Herrscher legt nicht nur in Ketten (und wird, wenn gestürzt, selbst in Ketten geschmiedet), er tötet im Jähzorn Staatsverbrecher mit eigener Hand . . . Auch das Kaleidoskop der Kleinstaaten gemahnt an das Quattrocento. Desgleichen die Vielfalt der Formen, in die die Gemeinwesen schlüpfen, und die Scheinhaftigkeit der Macht, die beim ersten äußeren Anstoß in Stücke fällt. Doch was die Periode der *reyes de taifas,* der Könige der Teilreiche, von der Renaissance unterscheidet, ist das Flache der geistigen Bewegung, der es nicht um Neudefinierung des Menschenbildes und um das befreiende Meistern gedanklicher, künstlerischer, technischer Probleme geht, sondern um verfeinernde Ausschöpfung des Überkommenen, freilich immer unverkennbarer mit einer andalusischen Note, die sich deutlich von der orientalisch-arabischen Tradition abhebt.«

Diese Muslime Spaniens, die sich in den Ränken und Lüsten der kleinen Reiche verfangen hatten, begriffen den Verlust von Größe und Sicherheit erst in dem Augenblick, als die christlichen Reiter die Grenzräume durchstießen und vor die schimmernden Städte des Südens rückten.

Der Spieß wird umgedreht

In den Köpfen der ganz Alten muß noch die Erinnerung an den Tod des al-Mansur lebendig gewesen sein. Von seiner letzten großen, erfolgreichen Razzia in den christlichen Norden kehrte er im Jahr 1002 zurück. In der Stadt Medinaceli (Soria) ereilte ihn der Tod inmitten seiner Truppen. Santiago de Compostela lag immer noch in Schutt und Asche, und Barcelona hatte die furchtbare Schändung noch nicht vergessen. Solche Erinnerungen halten sich lange in Gesellschaften, die vorwiegend von mündlicher Überlieferung leben.

Die gepanzerten Reiter des Kastilierkönigs Ferdinand I. zerrissen diesen Schleier der Erinnerung, als die Christen auf die Stadt Badajoz vorstießen. Das geschah im Jahr 1057, nicht einmal zwei Menschenalter nach al-Mansur. Dann rückten Ferdinands Reiter gegen Toledo vor (1062); im Jahr darauf standen sie vor den Mauern von Sevilla. Zwischendurch waren sie vor Valencia erschienen. Der muslimischen Seite fehlte die Kraft zu ernsthafter Gegenwehr, die Fähigkeit zu konzentrierter Abwehr oder gar zur Gegenoffensive; da war kein einigender Wille eines muslimischen Staatsmannes oder Heerführers. Zwar gab es gelegentlich heftigen regionalen Widerstand, im ganzen aber nur taktisches Ausweichen, diplomatisches Besänftigen oder nahezu willenlose Hinnahme aus dem Gefühl der Schwäche und Unterlegenheit.

Atemberaubend war die von den nördlichen Christen mit scharfem Kalkül gehandhabte und mit Präzision ausgeführte Umkehrung der alten arabischen Razzia-Kriegführung: Vorstoß in die Tiefe des Raumes, Belagerung fester Plätze, Erzwingen von Tribut, Rückzug, Verharren, Vorstoß in anderer Richtung. Sie war von einem Jahr auf das andere zur militärischen Taktik geworden, um Allahs und des Propheten Beute stückweise zurückzuholen. Ferdinand I., König von Kastilien und Leon, war der erste Christenherrscher, der die Sicherheit der eigenen Grenzräume hinter sich ließ, und in das Herz des al-Andalus vordrang. Ferdinand (1037–1063) machte als erster mit der ausgreifenden, weiträumigen Reconquista ernst. Die Muslime hatten das augenscheinlich noch nicht erkannt. Vielleicht war es nach den Jahrhunderten eigener Überlegenheit und nach dem gewohnten Schauspiel christlicher Unzulänglichkeit in Kampfführung, Lebensweise und Staatskunst unmöglich, sich auf einmal eingestehen zu müssen, daß die Initiative – zumindest die Initiative im Einsatz gepanzerter Macht – auf die andere Seite übergegangen war.

Die volle Erkenntnis ihrer Unterlegenheit dämmerte den Andalusiern, als Alfons VI., Sohn und Nachfolger Ferdinands, die Razziakriege verstärkt fortsetzte. Er zwang selbst Sevilla, bedeutendste politische Einheit unter den Kleinreichen, zur Tributzahlung. Auf einem seiner Ritte stieß er bis Tarifa vor, der äußersten Landspitze im Süden Spaniens, die den Namen des ersten Berberkundschafters in arabischem Auftrag, Abu Zora Tarif, für die Geschichte bewahrt hatte. Alfons trieb sein Pferd hart an die Wellen des Mittelmeeres, rief seinen Truppen zu: »Mit diesem Boden habe ich die äußerste Grenze Spaniens erreicht!« – und zog mit seinem Heer über Hunderte von Meilen in die Gegend um Toledo zurück.

Ferdinand und Alfons hatten beide, wie fast alle ihre Vorfahren und die meisten ihrer Nachkommen, im Beginn ihrer Regierungszeit unnachsichtig um die Durchsetzung ihrer Machtansprüche in ihrer Heimat zu kämpfen. Die überall geläufige Erbteilung zwang die Erben gestückelter Herrschaft zu Entscheidungskämpfen um die Herstellung der vollen, nach Möglichkeit noch erweiterten Macht. Solche Auseinandersetzungen konnten sich über Jahre hinziehen. Die Thronkämpfe des spanischen Hochmittelalters sind eine verwirrende Folge erbarmungslosen Bruder- und Vetternstreits. Ferner: Der christliche Norden Spaniens war nach wie vor eine Arena rivalisierender Königreiche, denen freilich die schwerste Hypothek des muslimischen Südens, das Zerreißpotential ethnischer Gegensätze, erspart blieb. Königreiche, Grafschaften, Herrschaftszonen gingen ständig wechselnde Allianzen ein. Navarra, Kastilien, Leon, Asturien, Galicien, Aragon und Barcelona stritten um Vorteil und Vorrang; erst allmählich und unter extremer Anstrengung bildeten sich parallele Führungsreiche wie Kastilien-Leon oder Aragon heraus. Die Züge Ferdinands und Alfons' in den Süden waren zuerst militärische Einsätze zur Festigung und Ausdehnung ihrer regionalen Macht mit der Tendenz zu einem überregionalen Führungsanspruch, nicht aber Waffenfahrten, die die Vertreibung der Fremdgläubigen von geheiligtem spanischen Boden zum Ziele hatten. Die Züge gegen Sevilla, Badajoz, Cordoba, Toledo, Valencia, Granada und Dutzende von Städten, Burgen, Herrschaftssitzen waren zuvörderst Unternehmen zur Beschaffung jenes Materials, das der Krieg vor allem braucht – Gold.

Gold, Silber und Juwelen flossen nun Jahr für Jahr in breiten Strömen aus den muslimischen Schatzhäusern in die Kassen der christlichen Könige: Die vertraglich abgesicherten Tributleistungen waren Teil des Erbes, das ein sterbender Herrscher seinen

Nachfolgern hinterließ. Als Ferdinand I. verschied, hatte er in seinem Testament verfügt: seinem Sohn Sancho Kastilien und die *parias* (Tributleistungen) des muslimischen Kleinkönigtums Saragossa, seinem Sohn Garcia die Herrschaft von Galicien und die *parias* von Sevilla und Badajoz, seinem Sohn Alfons das Königreich Leon und die *parias* von Toledo. Ein Graf von Barcelona, Ramón Berenguer I., konnte in einer Spanne von nur zehn Jahren immerhin 10 000 Unzen Edelmetalle zum Ankauf jener Ländereien, Burgen und Rechte ausgeben, mit denen er die Vorherrschaft im katalanischen Raum an sich brachte. Seiner Tochter hinterließ Ramón weitere 1000 Unzen zur persönlichen Verfügung und noch einmal 1600 Unzen, die sie zur Rettung seiner armen Seele einzusetzen hatte. Für christliche Krieger ein wahrhaft Goldenes Zeitalter, das mit Ferdinands Panzerreitern begonnen hatte. Stockte der Fluß der auferlegten Zahlungen, brach die christliche Strafrazzia über den Säumigen herein. Kurzum, was Ferdinand, Alfons und die anderen Fürsten des Nordens praktizierten, war die Umkehr des Bereicherungsverfahrens, das die Araber seit den Tagen ihres Einfalls in Spanien konsequent angewandt hatten.

Die Ausweitung des festen, auf Dauer gehaltenen Gebietes in Richtung Süden konfrontierte auch in dieser Zeit den vorrückenden Norden mit der alten Schwierigkeit: dem Mangel an Menschen. Ein besonderes Merkmal der Reconquista ist noch in späterer Zeit, daß die Besiedlung und bevölkerungspolitische Durchdringung, also die Umformung hinzugewonnener Regionen, erst mit spürbarem Abstand der militärischen Eroberung folgte.

Die kastilischen, leonischen, aragonischen und katalanischen Ritter und Reiter sowie ihre gelegentlichen Verbündeten aus dem südlichen Frankreich werden sich kaum je die Köpfe über die verschiedenen Kampfmotive und politischen Triebkräfte zerbrochen haben. Ihnen ging es in erster Linie um Siegesehre und Beute; das Nationalepos der Spanier, *Cantar de Mio Cid*, liest sich oft wie der poetisch verfaßte Bericht eines Buchhalters, der Art, Umfang und Wert der Beute säuberlich verzeichnet. Kampf um Städte und Burgen war vor allem Kampf um die Sicherung strategisch wichtiger Punkte, von denen die Kontrolle der Razziawege in die Tiefe des südlichen Raumes abhing. Diese Reconquista war noch keineswegs der christliche »Heilige Krieg«, ein umgekehrter *dji-*

had, als den ihn die Späteren summarisch ausgegeben haben, jene, die den Begriff der »Wiedereroberung« eines entheiligten und geraubten Landes fanden und ihn bedenkenlos über die ganze Geschichte ausdehnten. Von nun an ging allerdings die Zeit der gegenseitigen Glaubensduldung immer schneller ihrem Ende entgegen.

1085 nahm Alfons VI. den Mittelpunkt der Iberischen Halbinsel endgültig ein: Toledo fiel nie wieder an die Muslime zurück. Für die Zaunkönige wurde dieser Verlust zum Alarmsignal, das eine radikale und folgenschwere Änderung ihrer bisherigen Politik des bezahlten Nachgebens auslöste. Doch welches Toledo war »wiedererobert« worden? Das Toledo römischer Frühzeit, das der westgotischen Könige, der katholischen Kirche, der Metropoliten und Konzile? Allenfalls das Toledo einer Erinnerung. In Wirklichkeit ergab sich eine Stadt, die trotz ihrer nimmermüden Bereitschaft zur Auflehnung gegen die Führungsmacht in Cordoba ein Ort gemeinsamer Existenz beider Welten unter Einschluß der Juden war. In mehr als dreihundert Jahren muslimischen Denkens und Lebens mußte zwangsläufig etwas anderes entstehen, das sich wesensmäßig zutiefst von dem unterschied, was den nordafrikanischen Razziareitern des Tariq und des Musa Ibn Nusair bei ihrem ersten Sturm auf Iberien in die Hände gefallen war.

Der Fall Toledos war in jeder Hinsicht ein Wendepunkt in den Beziehungen zwischen dem muslimischen und dem christlichen Spanien. Die Kapitulation der »Stadt der Könige« – eine Bezeichnung aus einer muslimischen Chronik, die über Toledo auch sagt, »Salomo, Christus und Alexander haben Toledo betreten« – war so etwas wie die erste Öffnung eines gewaltigen Tores in den Süden. Sie veränderte das Bewußtsein der Andalusier und Berber in ihren Kleinreichen und führte geradewegs zur Intervention des streng islamischen Nordafrika in Spanien. Der Fall Toledos war der Auftakt des großen Vermischungsprozesses. Dieser Prozeß stellte die christlichen Eroberer vor ein Problem, das ihnen bisher, von kleinen Ausnahmen abgesehen, erspart geblieben war. Wie sollten sie sich gegenüber einer Bevölkerung verhalten, die anderen Glaubens, anderer Sprache, anderen Denkens, anderer Lebensart und Sitte war und dennoch überwiegend aus Menschen des gleichen »Volkes« bestand?

Die christlichen Führer handelten aus persönlicher, sehr haut-
naher Erfahrung des »anderen« im selben Land. Das wird am
Leben, den Reaktionen und Entscheidungen dreier Männer erkennbar, deren Schicksalsjahre parallel verliefen – Alfons VI.,
König von Kastilien und Leon, Rodrígo Díaz de Vivar, der »Cid«,
El Campeador, der von seinem König Verbannte und sein treuer
Gefolgsmann, vorweggenommener Condottiere und späterer Na-
tionalheld Spaniens, sowie der Graf Sisnando Davídiz, mozarabischer Diplomat, Grenzgänger und königlicher Ratgeber, ein fast
Unbekannter, der die Bedingungen seiner Zeit und ihre Erforder-
nisse klar erspürte und die Ereignisse durch die Kraft des Argu-
mentes zu steuern suchte.

Grenzerfahrungen

Cid Rodrigo seufzt, und Kummer
würgt ihn tief in seiner Kehle.
Langsam fängt er an zu reden,
ruhig und gerecht wie immer:
»Dank sei Dir, mein Herr und Vater,
der Du bist im Himmel oben!
Böse Feinde, mir zum Unheil
haben diesen Tag geflochten.«
Und sie spornten ihre Rosse,
locker ließen sie die Zügel.
Als sie aus Bivar geritten
war der Dohlen Flug zur Rechten.
Doch als sie nach Burgos kamen,
flogen Dohlen auf zur Linken.
Sieht der Cid das, zuckt die Achseln,
schüttelt seinen Kopf bedenklich,
sagt darauf zu Alvar Fáñez:
»Wie sie uns aus unserer Heimat,
aus Kastilien, heute treiben,
so mit großen Ehren, kehren
eines Tages wir zurück.«

So nimmt mitsamt seinen hochgemuten Rittern der Cid Abschied von der Heimat.

Ist man bereit, die Legende des gottgefälligen Helden beiseite zu stellen, läßt sich das anders sagen.

Zu den Lanzen und Schwertgesellen spricht der *capitán* der freibeuterischen Kompagnie:

> Wir verdienen uns das Leben
> mit der Lanze, mit dem Schwerte.
> Geht in diesem schmalen Lande
> das nicht länger an, dann bleibt uns
> übrig nichts als weiterziehen.

Und noch einmal an anderer Stelle:

> Ritter, klar will ich euch sagen:
> lebt man stets an einem Orte,
> sieht man seine Habe schwinden.
> Ich glaub, mit der Morgenröte
> ist es Zeit für uns zu reiten.
> Dann verlassen wir das Lager.
> Weiter ziehn wir, immer weiter!

Das spanische Epos *Cantar de Mio Cid,* das im 12. Jahrhundert entstand, ist erfrischend direkt, lebensnah, erdgebunden. Nichts findet sich da von den mythischen Überhöhungen und Ritterphantasien der französischen Epen, der *chansons de geste.*

Das spanische Epos ist jenseits aller sprachlich-dichterischen Größe und Eindringlichkeit der nüchterne Bericht über das Grenzerdasein eines Unbezähmbaren aus dem niederen Adel Altkastiliens, der seinen Lebensunterhalt bestreiten muß und sein Glück versuchen will, nachdem sein König Alfons ihn im Jahr 1081 wegen unliebsamer Vorfälle bei Hof in Acht und Bann getan hatte. »Der Kämpfer«, *El Campeador,* reitet mit seiner zusammengewürfelten Freischar in die Welt der spanischen Muslime. Seine Not wird für ihn zur großen Chance.

Das war kein Ritt in unbekanntes Land. Zwei Jahre vor seiner Verbannung war Rodrígo Díaz de Vivar im Auftrag des Königs tief im Süden zwischen Granada und Sevilla unterwegs, um mit einer königlichen Hilfstruppe dem muslimischen Herrscher von Sevilla gegen den Machthaber von Granada beizustehen, damit dem Sevillaner von seinem *taifa*-Konkurrenten nicht solcher Schaden zugefügt werde, daß er daraus einen Vorwand für die Unterbrechung vertraglich geregelter Tributzahlungen an den kastilischen König konstruieren könne. Der Truppenführer aus Vivar regelte die Angelegenheit und brachte den sevillanischen Jahrestribut auftragsgemäß heim.

Rodrígo (Ruy) de Vivar, »der in guter Stund geboren und von Sternen auserwählt«, muß damals gut dreißig Jahre alt gewesen sein. Als Geburtsjahr wird das Jahr 1040 genannt, aber nicht belegt. Ein Berufskämpfer im besten Mannesalter also, der schon in frühen Jahren seine Erfahrungen mit den »anderen« machte; sein König wird keinen gänzlich Unerfahrenen auf eine so wichtige Mission mitten ins al-Andalus geschickt haben.

Sein Ritt in die Verbannung führte Rodrígo ins benachbarte Saragossa, wo er bei der herrschenden Familie der Hud Aufnahme fand. Er wurde ihr geschätzter und wohlgelittener Freund, später ihr Protektor, wohlwollend zwar, aber auf einem angemessenen Schutzgeld bestehend. Zunächst beriet er den muslimischen König, zugleich lernte er von ihm. Sein Wissen um die »anderen« wuchs. Die Verse des *Cantar* schildern immer wieder seine genaue Kenntnis muslimischen Denkens und Verhaltens in Kampf oder Verhandlung, eine Kenntnis, die ihm schließlich in Verbindung mit Mut und ungebrochenem Selbstvertrauen den Preis aller Mühen, allen Reitens und Schlagens einträgt, die Stadt Valencia mit ihrem ungeheuren Reichtum.

> Großer Jubel allenthalben
> herrscht dort, als er endlich einzieht.
> Die zu Fuß noch eben waren,
> sitzen schon auf edlen Rossen,
> um vom Golde und vom Silber,
> von den Waffen nicht zu reden,
> Zeit fehlt, um den Schatz zu zählen.
> Alle sind sie reich geworden,
> die in diese Stadt gekommen.

Und den fünften Teil der Beute
läßt der Cid beiseite schaffen,
dreißigtausend Mark in Münzen
und noch andre reiche Schätze.
Wer vermag soviel zu zählen?
Oh, wie freute sich der Cid da,
alle auch, die bei ihm waren,
als auf des Alcázars Spitze
aufgepflanzt sie seine Fahne.

Das war im Jahr 1094. Es gab sehr wohl Beauftragte unter den
Reitern des Cid, die »soviel zu zählen« vermochten. Sie waren
eigens ausgewiesen und trugen die Amtsbezeichnung *quiñoneros*.
Sie hatten die Beute nach festen Regeln zu verteilen, die an die
arabischen Regeln erinnern: ein Fünftel für den Führer, für Ritter
und Reiter das Doppelte wie für den Fußkämpfer. *Parias*, Gold
und Edelsteine und Sklaven blieben nicht die einzige Beute; Land
und Städte, sofern zu erobern und zu halten, hatten letztlich doch
höheren Wert.

Das Lied vom Cid berichtet, wenngleich nicht in breiter Aus-
führlichkeit, von den Allianzen des kastilischen Condottiere mit
muslimischen Kleinherrschern und Regionalfürsten, die nicht nur
politisch-militärische Verbündete auf Zeit sind, sondern wahrhafte
Freunde. Ihre Haltung, ihre Zuneigung und persönliche Treue, mit
knappen Strichen deutlich gezeichnet, heben sie oft vorteilhaft von
den christlichen Neidern und Widersachern des Cid ab. Daß Rodrígo de Vivar mit den Muslimen der eroberten Flecken und Landstriche nach der Laune des Siegers oft auch rücksichtslos und unbarmherzig verfahren konnte, wird nur angedeutet.

Haben wir die Burg genommen,
groß ist mit ihr unsre Beute.
Denn die Mauren sind geschlagen,
nicht mehr viele sind am Leben.
Diese Mauren, Maurenweiber
können wir hier nicht verkaufen,
wenig nützt auch, sie zu töten.
Sind wir hier doch jetzt die Herren,

sollen sie uns fürder dienen,
leben wir in ihren Häusern.

Wenn manchmal barbarisches Siegerverhalten weniger deutlich gezeichnet ist als so manche Kampf- und Beuteszene, liegt das sicher nicht daran, daß hier Beschönigung oder idealisierender Sinn am Werk waren; noch weniger sind moralische Bedenken zu vermuten. Es scheint, als sei das Schicksal der Besiegten von ihrer Zahl und ihrer Nützlichkeit abhängig gewesen. Einige Dutzend, einige Hundert Muslime in Dörfern und Weilern am Wegesrand konnte man, vor allem, wenn man weiterziehen mußte, töten oder als Sklaven verkaufen – was aber, wenn bei der Eroberung von Städten und Landstrichen ihre Zahl in die Zehntausende, gar in die Hunderttausende ging? Dann war Töten, Versklaven, selbst Vertreiben keine praktikable Lösung mehr. Dies ist ein neues, ein entscheidendes Problem der vorrückenden christlichen Herren.

Da steht also am einen Ende der christlichen Phalanx Rodrígo Díaz de Vivar, der Cid der Geschichte und der Cid des Epos, rauh und selbstbewußt, indes durchaus offen und empfänglich für den menschlichen Wert des anderen; zugleich aber fähig, ganze Dorfgemeinschaften und Burgbesatzungen niederzumetzeln oder in alle Winde zu zerstreuen – der rücksichtslose, Chancen witternde und nutzende Kriegsmann der Grenze, den die staatspolitischen Probleme seine Zeit wenig kümmern. Die Anrufung der Hilfe Gottes steht nicht viel höher als die Ausrufung seines eigenen Namens, der einem Feldzeichen gleichkommt:

Schilde, die am Arme hingen,
heben sich am Gurt vors Herze.
Senken ihrer Lanzen Spitzen,
deren Quasten aufgewickelt.
Die Gesichter neigen tiefer
sich herab zum Sattelbogen.
So, das Herz voll Glut im Leibe,
sprengen sie dem Feind entgegen.
Der, der unter guten Sternen
einst zum Glück geboren, ruft noch,
ruft mit Donnerstimme: »Schlagt sie!

Schlagt sie mir um Gottes Liebe!
Folgt mir alle, folgt Ruy Díaz,
Campeador, der aus Bivar kommt!«

Wie die »Geißel des Propheten« war al-Mansur am Ende des
10. Jahrhunderts über die Christen Spaniens gekommen. Für die
Muslime Spaniens am Ende des 11. Jahrhunderts war al-Kantibur
(aus *el campeador*) »des Gottesfeindes Hundswut«.

Am anderen Ende der christlichen Führungsphalanx stand ein
Mann, der nicht das Panzerhemd des Ritters trug, ein behutsamer
Mann im bunten Kleid des Höflings. Den Grafen Sisnando Davídiz hat kein Epos, nicht einmal das Lied eines Spielmanns gefeiert.
Er starb 1091 in der selbstgewählten Abgeschiedenheit von Coimbra, vielleicht mit dem bitteren Gefühl, der Verlierer in einer Frage von grundlegender Bedeutung zu sein.

Als er noch ein Kind war, hatte ihn eine muslimische Beute-
streife, die auf christlichem Territorium operierte, aufgegriffen und
nach Sevilla verschleppt. Dort wurde er wie ein Araber guten
Standes erzogen, jedoch nicht gezwungen, seinem christlichen
Glauben abzuschwören: Sisnando Davídiz wurde ein typischer
Mozaraber von feinster muslimischer Bildung. Seine literarischen
und politischen Fähigkeiten erregten bald die Aufmerksamkeit des
taifa-Hofes von Sevilla; sie bewogen den Herrn von Sevilla, ihn
zum Ratgeber zu bestellen. »Große Erfahrung der Grenze und der
Verbindungen erwarb er sich«, urteilte ein muslimischer Chronist,
»und [er] wurde zum Beherrscher der Geheimnisse von Politik
und Regierung.«

Einige Zeit darauf wechselte der Graf auf die christliche Seite,
nichts Ungewöhnliches in dieser Mischwelt. Die Gründe sind nicht
bekannt. Aus dem Ratgeber des Maurenkönigs wurde der Ratgeber des Christenkönigs von Kastilien und Leon. Die dem Grafen
zugeschriebene Beherrschung »der Geheimnisse von Politik und
Regierung« war nichts anderes als die aus intimer Erfahrung beider Seiten gewonnene Einsicht, daß neue, den veränderten Verhältnissen wie den umgekehrten Machtgewichten angepaßte Formen einer längerfristigen *convivencia* gefunden werden müßten.

Dem berberischen Ziridenkönig Abdallah von Granada führte
er in langen Gesprächen, gewiß auch in der Hoffnung, seine Argu-

mente würden von Granada aus weitergetragen, die Sinnlosigkeit ständigen Widerstands vor Augen. Er verwies auf die Kraft und erstarkende Einheit, die nunmehr auf seiten der Christen seien, und drängte zum vertraglichen Arrangement. Seinen eigenen König hingegen mahnte er eindringlich vor den Konsequenzen übermäßiger Härte in der Behandlung muslimischer Kleinherrscher und vor einem allzu rigorosen Eintreiben der Tribute. Sein Kernargument stützte er auf die Warnung, ungezügeltes Vorgehen müsse die muslimischen Herrscher zwingen, eine »dritte Partei«, eine auswärtige Macht also, zu Hilfe zu rufen. Diese dritte Partei, so können wir das Argument fortsetzen, werde zu einer Stabilisierung des muslimischen Teils Spaniens führen und somit zur unnötigen Gefährdung christlichen Anspruchs werden. Des Grafen Warnung wurde innerhalb weniger Jahre durch die Ereignisse bestätigt.

Zwischen diesen beiden Verkörperungen unterschiedlichen politischen Denkens und Verhaltens stand der König. Er war wie der Cid und der Graf mit der Lebensweise der anderen vertraut. Eine späte Erfahrung ist wohl tiefer in sein Leben eingedrungen als alles, was dem Cid auf seinen Reiterwegen je begegnete.

Als Alfons, der Sohn Ferdinands, mit seinen Brüdern um die Vormachtstellung in den geteilten Erblanden kämpfen mußte und dabei in Bedrängnis geriet, suchte er Zuflucht am maurischen Hof von Toledo. Dort blieb er zwei Jahre. Er wurde ganz in das Leben der »anderen« und in die *convivencia* zwischen Muslimen, Christen und Juden integriert, die gerade in Toledo eine besondere Ausprägung erfahren hatte, da sich hier die drei Gruppierungen in auffälliger Konzentration begegneten. Als er schließlich die Herrschaft über seines Vaters geteiltes Land errang und sie auf andere Gebiete auszuweiten begann, hatte er eine intensive Lehrzeit in der Kunst der *convivencia* hinter sich. Sie blieb nicht ohne Wirkung auf seine Entscheidungen.

Der Mann, der sich den bezeichnenden Titel »Herrscher der Beiden Religionen« zulegte, hat sein persönliches Glück immer nur außerhalb der offiziellen ehelichen Verbindungen gefunden. Er war in erster Ehe mit einer Herzogstochter aus Aquitanien vermählt, die vier Jahre nach der Hochzeit starb. Sie hatte dem König eine Tochter geboren. Auf diese Verbindung folgte eine Ehe mit Constance, hochmögender Tochter des Herzogs Robert von Burgund. Diese Ehe, offenbar aus rein dynastischen Erwägungen geschlossen, blieb kinderlos. Die Verbindung mit dem Haus Burgund hatte jedoch außerordentliche politische Konsequenzen, denn mit der Burgunderin kamen verstärkt die Mönche von Cluny ins Land und bald, unter der zielstrebigen Patronage der Königin, in beherrschende Positionen. Neben Constance lebte an der Seite des Königs seine Geliebte Doña Jimena Muñoz, die ihm die Tochter Teresa gebar, spätere Stammutter des Königshauses von Portugal, das nun allmählich in die Geschichte eintritt. Constance starb im Jahr 1093. Danach ging Alfons eine dritte, sehr kurze Ehe mit einer Doña Berta, über die fast nichts bekannt ist, ein.

Noch zu Lebzeiten der burgundischen Constance wurde Alfons VI. seine große Liebe buchstäblich geschenkt. Sie war eine Tochter des Königs al-Mutamid von Sevilla. Der Maurenherrscher, halb Freund, halb Widersacher des Christenkönigs, trug sie Alfons als Maitresse an, zweifellos in der Absicht, den Widersacher zu beschwichtigen, dem Freund zu schmeicheln. Al-Mutamid gab seiner Tochter eine stattliche Mitgift, die den Christenkönig beeindrucken mußte: neun wichtige Festungen und Schlösser zwischen dem Oberlauf des Rio Tajo und des Rio Guadiana. Zaida hieß die Arabertochter aus Sevilla. Alfons war ihr bald in tiefer und aufrichtiger Liebe zugetan. Zaida muß ihn verzaubert haben: *más de oida, que no de vista* – mehr durch ihre Stimme als durch ihrer Erscheinung Bild. Zuletzt hat der gewaltige Christenkönig, der die Zaunkönige unbarmherzig gejagt und ihnen riesige Tribute abgepreßt hatte, bis er durch die dritte Partei aus Nordafrika aufgehalten wurde, die sevillanische Araberprinzessin geheiratet. Isabel hieß sie nach ihrer Eheschließung, aber sie blieb Zaida. Sie hatte dem König einen Sohn Sancho geboren, der offenbar das Idealbild eines Prinzen war. Manchem im Land galt er als Symbol der *convivencia*, für die burgundische Partei hingegen, die den christlichen Absolutheitsanspruch gefährdet sah, wurde er zum Ziel ihrer Obstruktionspolitik. Dies war schon die Zeit des ersten Kreuzzugs. Die innerchristlichen Fronten wurden deutlicher.

Der spanisch-arabische Prinz Sancho fiel kurz nach 1100 auf dem Schlachtfeld. Sein inzwischen fast siebzigjähriger Vater hat den Tod des Sohnes, der Hoffnung seines Lebens, nicht mehr verwunden.

Die Muslime werden zur Beute

Die Stadt Toledo wurde 1085 nicht im Sturm genommen. Sie überantwortete sich dem Christenkönig. Alfons VI. hatte eine gewaltsame Eroberung nicht gewollt, solange der muslimische Herrscher,
der dem jungen Christenprinzen in den Jahren der Bedrängnis
Zuflucht und Helfer gewesen war, noch lebte. Daß Toledo dann
nicht den Widerstand beschloß, sondern sich ergab, ist wohl dem
bedeutenden Einfluß des Grafen Sisnando Davídiz und einiger
reicher mozarabischer Familien in Stadt und Umland zu verdan-
ken. Als Alfons eingerückt war, blieben Muslime, Mozaraber und
Juden in der Stadt. Sisnando wurde königlicher Statthalter; eine
Politik vernünftig ausgeglichener Beziehungen schien möglich, sie
wurde zumindest angestrebt. Die Ruhe war jedoch trügerisch. Der
offene Konflikt ließ sich nicht aufhalten. Er wurde zum typischen
Konflikt dieser Zeit des Umbruchs, weil in ihm die verschiedensten Strömungen unausweichlich aufeinanderstießen.

In den Übergabeverhandlungen war mit dem König vereinbart
worden, die Hauptmoschee, die auf dem Grund der christlichen
Hauptkirche Iberiens vor dem Eroberungssturm des Islam stand,
solle den Muslimen erhalten bleiben. Kurz danach wurde der Clu-
niazensermönch Bernard de Sédirac, Abt des wichtigen Klosters
Sahagun im Leonischen, zum Erzbischof von Toledo gewählt. Hinter ihm stand, ihn stützend und steuernd, des Königs Gemahlin
Constance von Burgund. Constance und Bernard beschlossen in
einem Augenblick, da der König nach Leon geritten war, Toledos
Hauptmoschee in eine christliche Kiche zu verwandeln. Unter
Schutz und Geleit christlicher Ritter und Söldner betrat Bernard die
Moschee, ließ sogleich Altäre aufstellen und Glocken im Minarett
aufhängen. Das war klarer Bruch der Übergabebedingungen, ei-
genmächtige Proklamation einer harten Politik, die in offener Ab-
kehr von Sisnandos mozarabischer Schutz- und Ausgleichshaltung
die Durchsetzung der eigenen Ziele verfolgte. Der König, voll
Zorn über die schmähliche Verletzung seines Wortes, das er den
Muslimen gegeben hatte, drohte, »er werde Bernard und die Königin ins Feuer werfen«, und galoppierte »in drei Tagen nach Toledo«. Die Auseinandersetzung zog sich hin, Sisnando blieb seiner
Überzeugung treu, leistete Königin und Erzbischof Widerstand,

verlor aber. Entmutigt gab er schließlich seinen Auftrag dem König zurück.

Das war mehr als nur eine Machtprobe positionsbewußter Hofzirkel. Bernard kam aus einem französischen Adelsgeschlecht des Angenais; als Abt von Sahagun war er in Spanien vielleicht der einflußreichste Vertreter des jetzt mächtigen Reformklosters Cluny, das – von allen geistlichen, liturgischen und disziplinarischen Reformzielen hier abgesehen – die zentralen politischen Bestrebungen des Papstes in Rom vertrat. Der Graf Sisnando war in den Augen des Cluniazensers und der Burgunderin nicht nur der Verfechter mozarabischer Ausgleichspolitik, sondern vor allem der zähe Verteidiger des mozarabischen Selbstbewußtseins, das insbesondere im Kirchenritus seinen Ausdruck fand. Auf dem Höhepunkt der westgotischen Zeit hatte der hl. Isidor von Sevilla, einer der großen Kirchenlehrer, einen Ritus geschaffen, der dem westgotisch-spanischen Reich nicht nur zu kirchenpolitischer, sondern im weitesten Sinn zu kultureller Eigenständigkeit gegenüber Rom und dem übrigen Europa verholfen hatte. Aus diesem Erbe zog das mozarabische Christentum, das sich nach der islamischen Eroberung bildete, einen Großteil seiner bemerkenswerten Existenzkraft.

Jetzt unterlag der Graf auch in dieser weiter gespannten Auseinandersetzung: Im Jahr 1080 beschloß ein Konzil in Burgos unter cluniazensischem Einfluß die Einführung des römischen Ritus. Der König scheint wenig Interesse an dieser Angelegenheit genommen zu haben. Die Ausbreitung des römischen Ritus mit allen ihren Konsequenzen, die bis in die Gestaltung der Schrift hineinreichten, ging anfangs nur zögernd voran; die kirchenpolitischen Sonderrechte, die dem König seit je zugestanden hatten, hat er weiterhin ziemlich unbekümmert wahrgenommen. Dennoch, für das weitere Zusammenleben von Christen, Muslimen und auch Juden bedeutete diese religionspolitische Änderung, daß ein wesentliches Element von Gewohnheit und gegenseitiger Kenntnis allmählich wegbrach und durch größere Distanz ersetzt wurde. Das gesellschaftliche Klima änderte sich. Der Graf Sisnando Davídiz, des Königs treuer Ratgeber, muß angesichts dieses Wandels resigniert haben.

Wenngleich höchst bedeutsam für das gesellschaftliche Zusammenleben, war dies dennoch ein Geschehen im Hintergrund. Überschattet wurde es von erheblichen militärischen Zusammenstößen, in denen eine andere Zeit sich noch deutlicher ankündigte. Kreuzzugsstimmung ist schon auf spanischem Boden zu finden, bevor Papst Urban II. auf dem Konzil von Clermont die Gläubigen des Abendlandes zum ersten Kreuzzug ins Heilige Land, zur Befreiung Jerusalems, aufrief.

Im Nordosten der Iberischen Halbinsel lag die mächtige Festung Barbastro; sie kam unter die Befehlsgewalt der muslimischen Hud von Saragossa. Ein knappes Jahr nach Ferdinands Tod rückte ein christliches Heer gegen Barbastro. Der Anlaß – ein fanatisierter Araber hatte den Herrn von Aragon in dessen Zelt heimtückisch erdolcht – wie auch die militärischen Einzelheiten sind uninteressant. Wichtig ist hingegen, daß sich zum erstenmal in diesem christlichen Heer nichtspanische Kontingente in größerer Zahl zusammentaten und den Marsch über die Pyrenäen in Richtung Barbastro bereits im Geist der Kreuzzüge unternahmen. Das war 1064, ein ganzes Menschenalter vor dem großen Aufbruch nach Palästina. Ganz deutlich wird das in den Worten eines italienischen Zeitgenossen, des Amatus von Montecassino: »Damit die christlichen Glaubenspflichten erfüllt und der verruchte Wahnsinn der Sarazenen vernichtet würden, vereinigten sich durch Eingebung Gottes die Könige, Grafen und Fürsten in einem Willen und einem Plan. So wurde eine große Truppenmenge versammelt, ein starkes Ritterheer von Franzosen, Burgundern und anderen, und mit ihnen waren die tapferen Normannen. Sie zogen nach Spanien ... und sie riefen die Hilfe Gottes an, darum war Gott gegenwärtig zur Unterstützung derer, die ihn gebeten hatten. So siegten die Gläubigen in der Schlacht, und ein großer Teil der Sarazenen wurde getötet; und sie dankten Gott für den Sieg, den er seinem Volk gab.«

Unter den Kontingenten der Nichtspanier, die vom Papst Ablaß für diesen Feldzug nach Spanien erhielten, stellten die französischen und burgundischen Ritter den weitaus größten Anteil. Für die französische Ritterschaft – wesentlicher Träger des ersten großen Kreuzzuges über das Meer – war Spanien schon vor Clermont und nicht allein bei Barbastro ein Feld kreuzzüglerischer Betätigung mit Billigung und Segen des Papstes. Für Rom hatten die frühen Züge nach Spanien durchaus den Charakter des Heidenkrieges. An ihrer Wichtigkeit auf spanischem Boden hielt der Papst auch dann fest, als sich Europa schon auf dem ersten Kreuzzug nach Jerusalem befand. Bernard, der Erzbischof von Toledo, meldete sich im Frühjahr 1099 in Rom zur Waffenfahrt über das Meer – Papst Urban II. schickte ihn umgehend nach Spanien zurück. Spanien war und blieb in den Augen Roms wie in den Augen der Ritter Frankreichs Kreuzzugsgebiet wie Palästina.

Allein die Spanier hielten sich auf ihre Weise abseits der immer breiter werdenden Straße des Kreuzzugs: Natürlich akzeptierten sie die militärischen Interventionen und Hilfeleistungen, sofern sie nicht gerade in einem flüchtigen Bündnis mit dem einen oder anderen Muslimfürsten standen, aber sie teilten noch keineswegs die Auffassung der nördlichen Abendländischen, daß der »gerechte Krieg« nicht nur Krieg, sondern auch »Gericht des Gerechten Gottes« über die Ungerechten sei. Erstaunlich lang hat es gedauert, bis die Kriege im eigenen Land zu Waffenzügen des brennenden Glaubens wurden. Santiago war Heiliger und willkommene himmlische Unterstützung, wenn er auf seinem weißen Roß hoch in den Wolken über einem Schlachtfeld ritt, aber er war zunächst einmal Held und Spanier. Die allgemeine Vorstellung, die Reconquista sei hauptsächlich heilige Wiedergewinnung verlorengegangenen Christenlandes, von Beginn an so gedacht und dann über die Jahrhunderte geschlossen als Unternehmen der Bibel gegen den Koran ausgetragen, ist nicht zu halten. Das war sie nur in wenigen Phasen ihrer Geschichte.

Spaniens christliche Herrscher, ob Kastilier oder Aragonier, standen wieder allein, sobald die alliierten Kreuzzugsscharen über die Pyrenäen zurückzogen, wobei sie nicht selten nach den Siegen über die Ungläubigen die wohltuenden Annehmlichkeiten heidnischen Herrenlebens in langen Wagenzügen mit sich in das südliche Frankreich führten, die Gewänder und Geräte, die Singmädchen und die Tänzerinnen, die Musiker und die Spielleute (so muß man sich auch wohl die Entstehung provençalischer Troubadourkunst vorstellen: Begegnung und Übernahme). Die spanischen Herrscher aber standen vor der Aufgabe, für das innerspanische Problem des Zusammenlebens eine praktikable Lösung zu finden. Stets führen die Wege unserer Erzählung zu diesem Punkt zurück:

Was geschah mit den Muslimen, die von nun an in immer größerer Zahl unter christliche Herrschaft gerieten, wobei unerheblich bleibt, daß gelegentlicher regionaler Vorstoß aus dem Süden einige von ihnen für kürzere oder längere Zeit wieder heimholte?

War es denkbar und möglich, auf die Dauer der Zeit in Umkehrung zu wiederholen, was den Muslimen des al-Andalus einst, wenngleich unter Mühen und Irrungen, gelungen war? Sie hatten – wir erinnern uns – geschlossene christliche Gemeinden rechtlich geduldet. Die Christen des al-Andalus, die den Religionswechsel ablehnten, lebten daraufhin in einer Mehrfachexistenz: dem Glauben nach Christen, dem Recht nach Fast-Vollbürger, nach Sprache, Sitte und Brauch aber Arabisierte. Sie waren zu Mozarabern geworden.

Jetzt muß ein neuer Gruppenbegriff eingeführt werden – *mudéjares*. So hießen die Muslime Spaniens, die seit dem Augenblick, da sich die wandernde Grenze immer schneller nach Süden vorschob, unter christliche Herrschaft gerieten, aber an ihrem angestammten Glauben festhielten. *Mudéjar* ist spanische Umformung eines arabischen Wortes, das soviel wie »geduldet, eingefriedet, gezähmt« bedeutet. Vertreibung der Muslime, schon einmal im Ebrogebiet versucht, war keine allgemein anwendbare Lösung. Einer generellen Vertreibung stand das überkommene *convivencia*-Empfinden, das durch die Jahrhunderte der Nachbarschaft gewachsen war, ebenso entgegen wie ein Bündel praktischer Erwägungen. Da war zunächst die Erkenntnis, daß die muslimische Bevölkerung ein durchweg höheres, noch nicht zu ersetzendes Niveau wirtschaftlicher Betätigung erreicht hatte, sowohl in der intensiven Bewirtschaftung ihrer kleinen agrarischen Einheiten wie in Warenproduktion, Bautechnik und Kunsthandwerk; da war ferner der durch die muslimische Bevölkerung garantierte Anschluß des Nordens an die Handelswelt des Südens und Ostens; da war nicht zuletzt die große Zahl.

Der Anteil der verbleibenden Muslime an der Gesamtbevölkerung in den eroberten Landstrichen und Städten war höchst unterschiedlich. Aus Toledo zogen sie, nachdem der Graf Sisnando seinen Kampf verloren hatte, fast allesamt aus; es blieben die Mozaraber, die im Weichbild der Stadt die christlichen Zuwanderer weit überwogen, und die Juden. In der Ebrogegend hielten sich die

Muslime trotz einer schon früh versuchten Massenvertreibung. Ihr Anteil an der Bevölkerung Aragons, der erstarkenden zweiten Königsmacht neben Kastilien-Leon, muß zwischen dreißig und fünfunddreißig Prozent betragen haben. Im südlichen Katalonien dürfte es nicht sehr viel anders gewesen sein.

Zunächst wurde für die *mudéjares* ein dem der arabischen Frühzeit ähnliches System verbindlich: *mudéjares* zahlten Steuern für das Recht, in ihrer Heimat, auf ihrem Besitz zu bleiben, sich nach den Vorschriften ihres Glaubens organisieren und in ihrer sprachlichen, kulturellen Tradition leben zu können. Freilich gab es für diese Regelung keine übergreifende »religionsrechtliche« Begründung, die dem *dhimmi*-Recht des islamischen al-Andalus entsprochen hätte. Vereinbarungen und Rechtsgewährung gründeten lediglich auf dem Zwang der Verhältnisse. Zwang, Praktikabilität und Nutzen waren starke Motive, und sie erhielten das System erstaunlich lange Zeit. Dennoch war es eine gewissermaßen schwebende Regelung, die von jedem Windstoß politischer, religiöser oder massenpsychologischer Erregung weggeblasen werden konnte.

Im Süden des Landes, wo immer noch große Landesteile unter der Herrschaft der Zaunkönige standen, gerieten die Mozaraber mehr und mehr in ein gespanntes Verhältnis zur Masse ihrer muslimischen Nachbarn. Je weiter die Christenheere vordrangen, je öfter die Razziaritter im al-Andalus auftauchten, um so mehr wurden die Mozaraber in ein Kräftefeld hineingezogen, in dem nicht die Frage einer »nationalen« Zugehörigkeit ausschlaggebend war (diesen Begriff gab es nicht), sondern die nun scheinbar endlose Kette von Kollisionen zwischen Christentum und Islam. Diese Kollisionen erwuchsen zunächst nicht aus dem Glaubensgegensatz, sondern entstanden aus rein machtpolitischen Gründen. In ihrem Verlauf jedoch wurde die Religionszugehörigkeit zu einem politischen Unterscheidungsmerkmal. Religion wurde zu einer Waffenfarbe.

Entsprechendes widerfuhr den *mudéjares* in den schon eroberten Gebieten des Nordens und der Mitte. Sie erlitten die Unbill im Gefühl wachsender Ohnmacht gegenüber der neuen Zeit. Beide Gruppen, Mozaraber wie *mudéjares,* waren Einwohner, Mitbewohner, »Bürger« des jeweiligen Herrschaftsverbandes, indes

»Bürger«, die jetzt zunehmend und heftiger denn je zuvor unter den Verdacht der verhüllten Illoyalität gerieten. Das unablässige Wachsen und Wuchern dieses Verdachts wurde zum großen Problem in der Zeit bis zum Erlöschen des al-Andalus; der Verdacht, die »anderen« seien illoyal, blieb das Problem Spaniens weit über das Ende muslimischer Herrschaft hinaus. Dieser Verdacht manifestierte sich in den Begriffen des Glaubens. Er wucherte gerade dann, wenn die »anderen« sich beugten und ihren Glauben wechselten, sei es aus Gründen des Überlebens, der die Existenz erleichternden Anpassung oder der inneren Überzeugung.

Im 11. Jahrhundert, das mit dem schlagartigen Zusammenbruch der Größe und Sicherheit ihres Reiches begonnen hatte, machten die spanischen Muslime eine neue und entscheidende Erfahrung: Zum erstenmal seit den Glanztagen der Emire und Kalifen fielen Gläubige Allahs in sehr großer Zahl unter christliche Herrschaft – und verloren dort langsam, aber unaufhaltsam ihre Identität. Die Nutznießer der Beute Allahs wurden Zug um Zug zur Beute der Christenkönige des spanischen Nordens, die schon bis zur Mitte des gemeinsamen Landes vorgedrungen waren. Die Christen konnten nicht mehr zurückgeworfen werden. Muslimische Schlachtensiege, die es auch später noch gab, wurden zu dem, was die Siege der Christen ein Jahrhundert zuvor gewesen waren – Feldzeichen einer Hoffnung. Nur stand echte Hoffnung nicht mehr auf den Bannern der Muslime.

Der König des Abschieds

So selbstvergessen lebte Sevilla um die Mitte des 11. Jahrhunderts, so trunken von der Gewißheit, hier vollende sich das erlesene Filigranwerk muslimischer Lebensweise, daß die Signale der sich wandelnden Zeit – so scheint es – zunächst nicht wahrgenommen wurden. Die Sevillaner müssen die ersten Panzerreiter des Christenkönigs Ferdinand für die grauen Fliegen gehalten haben, die mitunter aus den Wäldern kommen; man pflegte sie lässig mit dem Fächer oder einem Blütenzweig zu verscheuchen. Sie waren lästig, aber in keiner Weise gefährlich.

Die alte Stadtrivalin Cordoba war geschwächt; Teile des weiten

Landes lagen dem eigenen Zugriff offen; die Herrschaft der sevillanischen Familie der Abbadiden schien gesichert: »Ständig werden hier Märkte gehalten, und die Handelsware bringt hohen Gewinn, vor allem hat der außerordentlich wohlhabende Sevillaner das Olivenöl des Saraf zu bieten. Dieser Landstrich as-Saraf bedeckt einen Terrarossa-Hochgrund von vierzig Meilen im Geviert, wo man den Schatten der Öl- und Feigenbäume nicht verläßt und wo – nach einigen Berichten – zahlreiche Dörfer liegen und jedes einzelne Dorf blühende Märkte, hübsche Villen, Warmbäder und andere Einrichtungen besitzt.«

Ob die Tage auch der niederen Sevillaner Bevölkerung so sehr von stetem Glück erfüllt waren, mag in der Tat bezweifelt werden. Die herrschenden Abbadiden, deren jemenitische Vorfahren schon 740 nach Spanien gekommen waren, hielten ein gutes Drittel des Grund und Bodens der Stadt als persönliches Eigentum und zogen ihren vollen Nutzen daraus. Jener Abbadide, der den armseligen Mattenflechter in die geborgten Kalifengewänder gehüllt hatte, war zwar ein Dichter von Talent, auch ein guter Baumeister, aber zugleich ein Despot von abartiger Grausamkeit, der die gebleichten Schädel seiner Feinde in kostbaren Schränken sammelte oder als Blumenschalen auf den Terrassen seines Herrschersitzes arrangieren ließ. Dennoch, Sevilla lebte in Schönheit, es sang, es spielte, als sei ringsum im al-Andalaus nichts geschehen. Sevilla rundete seinen Besitz ab. Es wurde zum ausgedehntesten der *taifa*-Reiche.

Durch zuviel Luxus und Sicherheit abgelenkt, übersah man nur allzu leicht die Kampfzeichen nördlich der Sierraketten. In dieser Atmosphäre der Unbekümmertheit wuchs der älteste Sohn des Schädelsammlers auf. Geboren wurde er im Jahr 1040, in dem auch der Cid zur Welt gekommen sein soll. Der Vater hatte ihm die feinste arabisch-literarische Bildung zuteil werden und ihn in den Staatsgeschäften unterweisen lassen. Auch hatte er die Fertigkeiten ritterlichen Kämpfens erlernt, freilich nicht, um sich gegen die kastilischen Panzerreiter zu wehren, sondern um durch Eroberungen sein *taifa*-Reich zu vergrößern. Der Zwölfjährige mußte die Statthalterschaft in Huelva übernehmen; als Dreizehnjähriger kommandierte er eine sevillanische Belagerungstruppe vor Silves (im späteren Portugal).

1068 starb der Schädelsammler. Der schöne Prinz, der stets von den Damen umschwärmt war und dies über die Maßen genoß, wurde der *taifa*-Herrscher von Sevilla: König al-Mutamid Muhammad – »er ist jener Großmütige, Tapfere, Redegewandte, von dem die berühmten Geschichten, alt überliefert, berichten«, so sagte später Ibn al-Khatib.

Die Geschichten über al-Mutamid sind Legion. Dieser König hat die Phantasie der Spielleute und Geschichtsschreiber seiner Zeit gefangengenommen. Da er an der entscheidenden Wende des andalusischen Schicksals auftauchte, wurde er so etwas wie ein König des Abschieds vom Glanz, von der Größe und der Selbständigkeit des al-Andalus. Er war der König, der mitsamt dem Reich in erhabener Pose unterging, doch davon steht in den Berichten der Zeitgenossen kaum etwas. Ganz zu schweigen von zeitgenössischer Einsicht oder auch nur Ahnung, daß nicht allein das eigenständige al-Andalus an sein Ende gekommen war, sondern die islamische Vorherrschaft an zentralen Punkten des mittelmeerischen Raumes bald abgelöst werden sollte. Nicht ein einziger Hinweis, daß im Jahr des Herrschaftsantritts des al-Mutamid weiter östlich die Normannen unter Robert Guiscard die entscheidende Schlacht bei der Eroberung des muslimischen Sizilien gewinnen, daß im Jahr 1091, als König al-Mutamid seine Stadt Sevilla und mit ihr das alte al-Andalus verliert, die normannische Eroberung Siziliens abgeschlossen ist und auch Malta sich den Kampfschiffen Rogers I. ergibt. Mit keinem Wort wird erwähnt, daß in diesen Jahrzehnten bereits die Galeeren und Kampfsegler der mächtig gewordenen italienischen Städte Genua und Pisa die Handelsrouten im westlichen Mittelmeer bis an die Häfen der nordafrikanischen Küste kontrollieren.

Es ist allein das Bild des Liebenswürdigen, das die Phantasie fesselte, die Person strahlender Unbeschwertheit, die noch einmal den Zauber muslimisch-andalusischer Existenz voll auskostete und sie in zierlich gesponnene, fein ziselierte Worte zu fassen verstand. Vielleicht ist die Ausschließlichkeit der Betonung dieser Charakterzüge des Königs al-Mutamid ein verhüllter Beweis, daß sich in die Bewunderung der Gebildeten auch eine Ahnung des nahen Todes mischte – es ist, als hätte man nichts sehen wollen außer der schimmernden Eleganz dieses Lebensstils.

Nur schemenhaft wird im oft gesungenen Lob des freundlichen Königs die andere Seite seines Charakters wahrnehmbar: der Hang zur Selbsttäuschung, seine andalusische Großspurigkeit, die das Urteil des Regierenden trübt und das Ende drastisch beschleunigt, die Anfälle unbezähmbarer Wut, in denen plötzlich der Schatten des Vaters wiederkehrt.

Als al-Mutamid noch prinzlicher Statthalter im linden, zärtlichen Silves war, tauchte aus dem Nichts der erste der beiden Weggefährten seines Lebens auf: ein abgerissener, dürrer junger Mann, der halb verhungert und in schäbiger Kleidung durch das Land zog. Er hieß Ibn Ammar. Seine große Gabe war das literarische Wort, der geschmeidige Vers. Die beiden jungen Männer, eigentlich noch Knaben, wurden unzertrennlich; erotische Beziehungen sind offensichtlich, indes in dieser Gesellschaft ohnehin zu vermuten. Als al-Mutamid den Thron von Sevilla bestieg, hob er Ibn Ammar auf den Sessel des Wesirs, wobei dichterische Eleganz, Fähigkeit zur innigen Freundschaft und politische Begabung gleichgewichtige Gründe für seine Berufung waren. Ibn Ammar hat dem freundlichen König über lange Jahre ergeben gedient und heikle Aufgaben geschickt gelöst, etwa in der diplomatischen Behandlung des Kastiliers Alfons, den er des öfteren auf einfallsreiche Weise von allzu harschen Maßnahmen gegen Sevilla abzuhalten wußte. Dann aber trat die Versuchung an Ibn Ammar heran. Die ungeordnete staatliche Existenz des al-Andalus der Zaunkönige bot zahlreiche Verlockungen für einen Mann mit Machtinstinkt und -gelüsten. Er hatte nicht das Format zum Condottiere wie sein Zeitgenosse Rodrígo Díaz de Vivar, der Cid, auf christlicher Seite. Ibn Ammar war der nach Macht lechzende Intrigant, ein verschlagener Ränkespinner. Der freundliche König hat das lange Zeit nicht wahrhaben wollen; denn zu sehr hatte er sich in seine Traumwelt vom Freundschaftsglück eingesponnen. Als ihm die Verrätereien des Ibn Ammar nicht mehr verborgen bleiben konnten und drastische Maßnahmen angezeigt gewesen wären, kam es statt dessen zu schnellen Versöhnungen und heißen Tränen neuen Glücks. Ein paar elegante Verszeilen, in den richtigen Ton gesetzt und von Ibn Ammar in schönster Schrift zu Papier gebracht, genügten.

Ibn Ammar aus der Fremde an al-Mutamid, den König: »Soll

ich meinen eigenen Vorgefühlen glauben oder dem Rat meiner Gefährten ein williges Ohr leihen? . . . Will ich dem Zuge meines Herzens folgen, so schreite ich vorwärts und bin gewiß, die Arme des Freundes zu meinem Emfpang offen zu finden; aber wenn ich nachdenke, kehre ich sofort wieder um . . . Wie sonderbar sind des Schicksals Wege! Wer hätte mir früher gesagt, daß mir einst lieber sein würde, von dir getrennt als bei dir zu sein? Ich fürchte dich, weil du das Recht hast, mir das Leben zu nehmen – ich hoffe auf dich, weil ich dich von ganzem Herzen liebe.«

Al-Mutamid, der König, der weiß, daß er hintergangen wurde, an Ibn Ammar, seinen Freund: »Komm und nimm Platz an meiner Seite! Komm, ohne irgend etwas zu fürchten, denn Güte erwartet dich und kein Vorwurf . . . Ich werde dich wie in vergangenen Zeiten mit Wohlwollen behandeln und dir deinen Fehltritt verzeihen, wenn es denn überhaupt ein Fehltritt war. Denn der Ewige gab mir kein hartes Herz, und es ist nicht meine Art, einer alten und heiligen Freundschaft zu vergessen.«

Die Heimkehr des Ibn Ammar in die Arme seines Königs war zugleich Rettung aus Not und Beginn neuer Täuschung, denn der Hunger nach eigener Macht trieb ihn immer wieder in Ränke und Verräterei. Täuschung und Versöhnung, die wiederum Täuschung war, wiederholten sich mehrmals. Schließlich zerbrach des Sevillanerkönigs blinde Liebe an der Erkenntnis, daß nichts den einstigen Freund und Günstling ändern werde. Das Ende des Ibn Ammar kam heran. Eines Tages – er war wieder außer Landes gegangen – wurde er von einem Burgherrn im östlichen Andalus, den er seines Besitzes berauben wollte, überlistet und festgesetzt. Der Burgherr machte dem König ein Angebot, und der König ersteigerte kurzerhand die Burg mitsamt dem Gefangenen, der nach Sevilla verbracht und in einem Gemach der Residenz eingeschlossen wurde. Ibn Ammar versuchte noch einmal den literarischen Versöhnungstrick, benahm sich aber ungeschickt und lieferte so der Schar seiner höfischen Neider die Gelegenheit, den König zum Zorn zu reizen. In einem Anfall berserkerischer Wut griff al-Mutamid ein prächtiges Beil, das Alfons VI. ihm geschenkt hatte, und erschlug mit wilden Hieben seinen Freund vor aller Augen. Dann weinte er.

Der andere Weggefährte des al-Mutamid war eine Frau. Sie hat

268

alle Freuden und Wonnen, die das Leben an einem prachtvollen *taifa*-Hof bieten konnte, in vollen Zügen genossen, und sie blieb bei ihrem König, als er alles verloren hatte und im bitteren Elend starb. In der Blütezeit seiner Freundschaft zu Ibn Ammar, als er sich auf der sogenannten Silberwiese an Sevillas Flußufer im glühenden Licht des Abends erging, hatte er sie gefunden. Der junge König und sein Wesir spielten ihr übliches literarisches Spiel. Der König gab einen schön gedrechselten Vers vor, der Wesir parierte in gleicher Eleganz des Bildes und des Wortes. An diesem Abend wollte dem Wesir zum königlichen Vorvers »Der Windhauch hat das Wasser in einen Kürass verwandelt . . .« nicht gleich das Passende einfallen. In die Verlegenheitspause tönte plötzlich eine helle Mädchenstimme mit einer vollendeten Versreplik. Al-Mutamid blieb wie angewurzelt stehen, wartete einen Augenblick, drehte sich langsam um und sah vor sich eine braungebrannte Maultiertreiberin, die ihn strahlend anlächelte. Sie werde Romaijka genannt, sagte sie auf des Königs Frage, denn ihr Besitzer, ein Viehhändler, heiße Romaijk. Der König kaufte sie auf der Stelle, nahm sie zur Hauptfrau und machte sie zur Königin Itimad. Sie wurde eine Berühmtheit ihrer Zeit. Ihr Ruf stand dem der Wallada, der Sappho von Cordoba, nicht nach. Al-Mutamid und Itimad wurden eines der gefeiertsten Liebespaare des al-Andalus.

Itimad muß ein bezauberndes und höchst kapriziöses Geschöpf gewesen sein. An einem kalten Vorfrühlingstag soll die Sevillanerin aus einem Fenster der Residenz von Cordoba (der König hatte die Stadt zwei Jahre nach dem Regierungsantritt seinem Besitz zugeschlagen) voller Entzücken beobachtet haben, wie Schneeflocken herniederrieselten. Itimad schalt ihren verliebten König in gespieltem Ärger, hier zeige sich, daß er nichts für sie tue, denn Schnee, solch blendendes Wunder des Allmächtigen und Allerbarmers, habe er ihr schnöde vorenthalten. Auf der Stelle versprach al-Mutamid ihr Schnee in jedem Jahr – in Cordoba fast unmöglich. Noch im gleichen Monat ließ der König die Sierrahänge ringsum mit Mandelbäumchen bepflanzen. Itimad hatte fortan in jedem Frühjahr den Schnee der rieselnden Blüten. Gleich nach dem letzten leichten Frost brechen sie auf.

Die Liste solcher Anekdoten ist lang. Landauf, landab wurden sie erzählt. Aber hinter der Fassade von Spiel und Tändelei, von

Traum und Schönheit gingen die Jahre unabwendbar auf die große Entscheidung zu. Der Druck der Ritterheere des sechsten Alfons auf die südlichen *taifas* verstärkte sich zusehends; die Tribute wurden immer höher, und die Grenze rückte näher, wenngleich noch nicht in großen Schritten, so doch stetig. Toledo fiel. Der Zwist unter den *reyes de taifas* wuchs. Einheitlicher Wille zum Widerstand war nirgends zu spüren. Mörderische Unbedachtheiten verschärften die Lage: Ein jüdischer Tributerheber, offizieller Gesandter des kastilischen Alfons, wurde in Sevilla vom König al-Mutamid erschlagen, als er die Echtheit der Prägung einer bereitgestellten Goldmünzenlieferung anzweifelte.

Ebenso gewichtig, vielleicht folgenschwerer war die Entwicklung der Stimmung im Inneren der *taifas*. Für die Tributzahlungen an die christlichen Herrscher mußten ungeheure Gelder aufgebracht werden. Riesige Summen verschlangen auch die vielen Höfe mit ihrem hohlen Machtgepränge, mit dem Troß hochdotierter Dichter und den Scharen der mit Geschenken überhäuften Spielleute, den unablässigen Prunkfesten mit Singmädchen und zahllosen Tanzsklavinnen. Die Steuerlast der Bevölkerung wuchs; immer neue Steuern wurden erfunden. Mit den strikten koranischen Abgabevorschriften waren sie allesamt nicht mehr in Einklang zu bringen. Das zahlende Volk erhielt keine Gegenleistung. Die Sicherheit auf den Straßen des Reiches, einstmals sein Stolz, war dahin; an Beschirmung gegen die streifenden christlichen Ritterscharen dachte niemand; die öffentliche Moral zerfiel. In dieser Lage kam die Stunde der orthodoxen, streng konservativen Religionsjuristen der Malikiten. Die *faqi* wurden wieder einmal und jetzt deutlicher denn je zuvor zur bestimmenden Macht. In den Moscheen und auf den Plätzen geißelten sie immer schärfer die Verschwendungssucht der Herrschenden, sie machten die höfische Libertinage für die allgemeine Unsicherheit verantwortlich und nannten die Itimad die Große Sünde, die die Strafe des Allgewaltigen über das Land heraufbeschwöre. Ihre Worte trafen offenbar auf ein unterschwelliges Verlangen der Bevölkerung nach Sicherheit und der, wenn auch engen, Geborgenheit der rechtgeleiteten muslimischen Gemeinde der Tradition. Die *faqi* blickten nach Nordafrika, ganz unverhohlen und ohne jede Tarnung. Dort rückte aus der Tiefe der Sahara und über die kalten Höhen des Atlas eine berberische Glaubensmacht heran, die nur eines kannte: die Genauigkeit, Disziplin und Härte des wahren und standhaften Gläubigen. Von dieser Macht wußte man, daß sie schnell und unerbittlich zuschlug.

Nach Nordafrika blickten, freilich aus ganz anderen Gründen, auch die Zaunkönige. Sie sahen in der nordafrikanischen Berbermacht der Almoraviden einen möglichen militärischen Schutzschirm gegen die christlichen Ritter; sie meinten die Glaubensbrüder in der Stunde der Bedrängnis herbeirufen, aber wieder heimschicken zu können, sobald das al-Andalus gerettet und wieder gesichert sei. Es war eine gewaltige Selbsttäuschung. Am stärksten unterlag ihr al-Mutamid; er war denn auch die treibende Kraft in der schließlich zustande kommenden Allianz der Blinden. Er bewog die *reyes de taifas,* die Berbermacht unter ihrem kalten und entschlossenen Führer Jussuf Ibn Taschfin über das Meer herbeizurufen. Die Berber kamen in hundert Booten über dieselbe Route, die schon Tarif und Tariq genommen hatten – von Ceuta über Tarifa nach Algeciras. Sie griffen ein und kehrten wieder nach Nordafrika zurück. Als sie ein zweites Mal, diesmal von al-Mutamid persönlich, um Unterstützung gebeten wurden, kamen sie wieder. Und sie blieben.

Die Würfel waren gefallen. Das alte al-Andalus der Emire und Kalifen, selbst das al-Andalus der Zaunkönige war dahin. Es hatte bald seine ureigene Lebensform eingebüßt. Al-Mutamid verlor sein Leben.

Vom Berberführer Ibn Taschfin, einer weiteren bedeutsamen Figur in der spanischen Arena des 11. Jahrhunderts, und der Intervention seiner fanatisch frommen Almoraviden wollen wir im nächsten Kapitel erzählen. Vorher ist noch vom armseligen Ende des Königs al-Mutamid und seiner Itimad zu berichten. Vielleicht waren es seine Seelenstärke und die resignative Gelassenheit, sein Mut zur Ergebung, die ihm, all seinem Leichtsinn, aller politischen Schwäche und Torheit zum Trotz, das getreue Gedenken seiner Andalusier bewahrten.

Nach der zweiten Landung (1090) hatte sich Ibn Taschfin in kurzer Zeit zum Schiedsrichter der Zaunkönige gemacht, die sich im Feldlager des Berberführers gegenseitig verdächtigten und einander auszustechen versuchten. Al-Mutamid, der seinen Fehler bald einsah und auf Distanz zum neuen Oberherrn ging, wurde das Opfer der Harten und Gerechten aus der Sahara. Alfons VI. versuchte zwar, ihm zu Hilfe zu eilen, aber sein Reitergeneral Alvar Fáñez, der kurz zuvor noch Unterführer des Cid gewesen war, kam zu spät. Das Unheil nahm seinen Lauf.

Die Berber schlossen Sevilla ein; unterstützt wurden sie durch Unzufriedene in der Stadt. Am Dienstag, dem 2. September 1091, schlugen die Berber zum erstenmal eine Bresche in die Mauer. Al-Mutamid führte persönlich einen scharfen Gegenangriff; er trieb sie zurück. Am Nachmittag desselben Tages verbrannten die Berber die Flotte, die auf dem Guadalquivir lag und die Stadt unterstützte. Dennoch hielt die immer dünner werdende Abwehrkette bis zum Sonntag. Dann aber drangen die Berber in hellen Haufen in die Stadt ein. Die Trommeln dröhnten; mit ihren Wirbeln, Schlägen, Rhythmen wurden die Säulen der Sturmtruppen dirigiert.

Al-Mutamid war noch in der Burg. Itimad und die anderen Frauen weinten. Seine Freunde rieten ihm, sich zu ergeben. Er lehnte ab: Nicht den Tod fürchte er – den suche er –, nur die schimpfliche Hinrichtung. Wie ein Rasender stürzte er sich mit ein paar Übriggebliebenen auf die Truppenspitze der Berber, die schon im Burghof stand, schlug auf sie ein und trieb sie zum Fluß hinab. Sein Sohn Malik fiel neben ihm; ihm selbst wurde nicht einmal die Haut geritzt. Es war, als verschmähe ihn der Tod. Nach dem Rückzug in die Burg überfiel ihn für einen Augenblick der Gedanke an Selbstmord, aber er glaubte, das sei Sünde wider den Allmächtigen und Allseienden. In der Nacht ergab er sich den Berbern.

Großmut gegen Widersacher war nicht des Berberführers hervorstechende Eigenschaft. Al-Mutamid, seine Frauen und Töchter wurden gefesselt auf Lastschiffe gebracht und nach Nordafrika transportiert. Sevillas Bevölkerung stand in schriller Klage am Ufer des Guadalquivir. Ein zeitgenössischer Dichter, Ibn Labbana, hat die Szene mit Worten beschrieben, die wenigstens in einigen Sätzen das übliche stilistische Gittergeflecht durchbrechen: »An den Ufern des Flusses drängte sich die Menge. Die Frauen hatten sich entschleiert und zerfleischten ihr Gesicht vor Trauer: Welches Geschrei, welche Tränen im Augenblick des Scheidens!

Alhambra, »Die Rote», Festung von Granada

Patio de los Arrayanes, »Der Myrtenhof«, auf der Alhambra

Patio del Mexuar auf der Alhambra

»Siehe, Allah führt jene, die glauben und Gutes tun, in Gärten, durcheilt von Bächen«
(Sure 22, Vers 23)

Im Generalife, dem Garten der Alhambra

Szenen aus dem granadinischen Krieg
Reliefschnitzerei am Chorgestühl der Kathedrale von Toledo, entstanden um 1500

Maurische Fürsten – Deckengemälde in der Alhambra

»Ich die Königin, ich der König«
Wappen der Katholischen Könige Isabella von Kastilien und Ferdinand von Aragon am
Lettner der Capilla Mayor, Granada

Was bleibt uns jetzt noch? Geh von hinnen, o Fremdling! Sammle dein Gepäck, nimm deinen Vorrat, die Wohnstätte der Großmut ist nun verödet. Der du die Absicht hattest, dich in diesem Tal niederzulassen, wisse, daß die Familie, die du suchst, nicht mehr hier wohnt und die Dürre unsere Ernte zerstört hat . . .«

Al-Mutamid und seine Familie mußten sich monatelang unter scharfer Bewachung durch Nordafrika schleppen. Schließlich wurde der Gedemütigte und Entehrte in der Stadt Agmat, nicht weit von Marrakesch, ins Gefängnis geworfen. Manchmal wurden ihm die Ketten abgenommen, dann wieder angelegt, ganz willkürlich, ohne erkennbaren Anlaß. Itimad und die Töchter verdienten ein kümmerliches Brot durch Spinnen. Itimad verließ ihn nicht, der ihr den Schnee von Cordoba geschenkt hatte; sie wurde schwach und krank, aber sie wußte, daß er ohne sie verhungern müsse.

Eines seiner schönsten Gedichte schrieb al-Mutamid im Gefängnis, als er durch die Gitter einer Fensterluke eine Wolke von Vögeln vorbeistreichen sah, die *katha* genannt wurden.

> Ich weinte, als ein *katha*-Schwarm vorüberflog:
> so frei, kein Kerker hemmte sie, kein Eisenschuh.
> Ich weinte nicht aus Neid, so Gott mir helfe, nur
> aus meinem Herzenswunsch heraus, zu sein wie sie;
> dann wär ich frei, die Meinen lebten nicht getrennt,
> die Augen weinten nicht vor Sorge um die Kinder.
> Der *katha*-Vogelschwarm blieb wenigstens vereint,
> und keines brauchte seinesgleichen zu verlassen;
> und nicht wie ich voll Angst auf das Geräusch der Tür
> und Kettenklirren einer Fessel hinzuhören.
> Ich warte auf den nahen Tod; das Leben hat
> für einen Mann, der Ketten trägt, den Sinn verloren.
> Behüte Gott den *katha*-Flug und seine Jungen!
> Denn meine sind von Wasser, Schatten nur, betrogen.

1095 verlosch das Leben des einstigen Königs im Kerker von Agmat. Al-Mutamid und Itimad wurden auf dem Totenacker von Agmat begraben: »Das Grab liegt, umwuchert von Lotosbüschen, auf einem Friedhofshügel zu Agmat, unmittelbar neben dem Itimads, der Gefährtin Mutamids und Freigelassenen Romaijks.

Über beiden Gräbern lastet die Einsamkeit der Fremde, die Not der Verlassenheit nach einstiger Königspracht«, heißt es bei Ibn al-Khatib.

Wir möchten al-Mutamid den König des Abschieds nennen. Mit ihm ging zu Ende, was den Zauber und die Größe des alten al-Andalus ausmachte, sein Versuch eines gelassenen Zusammenlebens der Religionen und der ethnischen Gruppen, seine Offenheit für die Eleganz und das Wissen des Fremden, nicht zuletzt seine Kraft und sein Selbstbewußtsein. Ohne diese Kraft und das Selbstbewußtsein hätte die *convivencia* nicht bestehen können.

Das nun zu Beginn des 12. Jahrhunderts entstehende, zur Einheit gezwungene al-Andalus, eigentlich eine Reichsprovinz der berberischen Almoraviden und Almohaden, war nur eine vorübergehende Leistung militärischer Härte und Disziplin auf der Grundlage zugespitzter Selbstgerechtigkeit der Glaubenskämpfer. Der allein auf innerspanische Abläufe fixierte Blick nimmt nicht wahr, daß nun Nordafrika über ein Jahrhundert lang bis hinauf nach Toledo und Madrid über einen Teil Europas herrschte. Die Hauptstadt des jetzt noch muslimischen Spanien lag in Marokko. Sie hieß Marrakesch.

Der Marsch der Glaubenskrieger

»Als wär die Spitze ein Komet und Teufel«

Dies also war die muslimische Entscheidungslage nach dem Fall von Toledo im Jahr 1085:

Die Zaunkönige des al-Andalus hatten geglaubt, durch fortlaufende Tributzahlungen und gelegentliches Abtreten von Burgen und befestigten Plätzen dem Druck der Christen begegnen zu können. Der Fall von Toledo zerriß den Schleier der Selbsttäuschung, den die Zaunkönige vor die Realität gezogen hatten. Die Übergabe der Stadt muß wie ein Schock gewirkt haben; der Gedanke an Hilfe durch eine dritte Partei wurde übermächtig. Aber die Zaunkönige sahen zugleich mit tiefem Argwohn, in den sich Widerwillen wie aufkeimende Furcht mischten, der einzigen dritten Partei entgegen, die überhaupt in Sicht war: Nordafrikas Berbern. Der Zwiespalt wurde durch ein inneres muslimisches Nachbarschaftsgefühl entschieden. Al-Mutamid: »Lieber will ich ein Kamelhirt [im Maghreb] als ein Schweinehirt [in Kastilien] sein.« Was begründete Argwohn, Furcht, Widerwillen gegenüber denen, die zur Rettung und zum Schutz herbeigerufen werden sollten?

Was sich in Jahrzehnten aus der Tiefe des afrikanischen Raumes über die Atlasberge in die Küstenländer des Maghreb vorgeschoben hatte, war eine berberische Macht ganz anderer Art. Sie ähnelte in nichts dem Berbertum der Küstenlandschaften, das man seit alters kannte. Nomaden des Südens, hartgebrannte Stämme aus dem Steppengürtel der Sahara, schweigsam und streng, wie es die Ökonomie der Existenz in äußerster Unwirtlichkeit fordert, hatten ihren Herrschaftsbereich in den Süden bis in die Becken des Senegal und des oberen Niger ausgedehnt. Bisher unwiderlegte Vermutung ist, daß der Name »Senegal« eine Dialektverformung des Namens »Sanhadscha« ist. So hieß der führende Großverband der südlichen berberischen Nomadenstämme. Wie noch heute die Tuareg, die ihre fernen Nachkommen sein sollen, verhüllten die Männer der Sanhadscha ihre Gesichter; nur die Augen blieben sichtbar. Sie waren gesichtslos, eine abweisende, schroffe, undurchdringliche Mauer rigoroser Entschlossenheit. Die Frauen hingegen trugen keinen Schleier.

Waren kämpfende Muslime in poetischer Stilisierung »die Monde eines Krieges, hoch, als wären ihre Turbane auf der Stätte des Entsetzens Kronen«, so brachten die neuen Berber aus der dunklen Tiefe eine andere Qualität mit. Sie kämpften »mit jeglichem Zannata-Mann, als wär sein Eisen/und dessen Schädel, den es tötet, Brand und Opfer/mit jeglichem Sanhadscha-Speer, als wär die Spitze/gestoßen auf den Gegner, ein Komet und Teufel«.

Erzählungen über die Kolonnen der Undurchdringlichen, die da an die Küstenstriche des Mittelmeeres herangerückt waren, müssen die tändelnden Spieler auf ihren Königssesseln im Garten Spanien verstört haben.

Argwohn, Widerwille und Furcht hatten noch einen anderen, wohl auch triftigeren Grund. Vor der Mitte des 11. Jahrhunderts – in Sevilla herrschte der Schädelsammler, und al-Mutamid wurde gerade geboren – waren Sanhadscha-Männer auf eine Pilgerreise nach Mekka gegangen; bei der Rückkehr machten sie halt im geistigen Zentrum Nordafrikas, in Kairuan. Dort trafen sie auf einen berühmten malikitischen Rechtsgelehrten, Abu Imram al-Fasi, der sich ihrer spirituellen Unwissenheit und Not erbarmte. Er empfahl ihnen einen seiner Schüler, Abdallah Ibn Yasin, der im Maghreb wirkte. Ibn Yasin übernahm die ihm zugedachte Aufgabe und zog mit den Sanhadscha-Männern in den Süden. Sonderlich erfolgreich war er anfangs nicht; sein religiöses Eiferertum entflammte zunächst bloß eine kleine Schar. Mit ihr zog er noch weiter nach Süden und gründete, vermutlich in der Nähe des Senegal, einen *ribat*.

Ein *ribat* war ein »Haus des Rückzugs«. Seit dem 9. Jahrhundert reihten sich die *ribat* an den Küsten des Maghreb wie auch des al-Andalus; ausgebaute, befestigte Plätze, die die Küsten gegen feindliche Einfälle und Übergriffe zu sichern hatten. Sie beherbergten kleine Garnisonen, und im Falle feindlicher Übermacht dienten sie als abwehrbereite Fluchtburgen.

Nun freilich änderte sich der Charakter des *ribat*. Was Ibn Yasin schuf, war ein abgeschiedener, befestigter Ort, an dem religiöse Strenge, präzise auf die Form, den Koran, festgelegter Glaubenseifer, genaue Beachtung der kultischen Rituale ebenso viel galten wie straffe militärische Disziplin und höchste Waffenkunst. Ibn Yasin muß ein unnachsichtiger, aber charismatischer Fanatiker gewesen sein. Yasins Lehrer in Kairuan, al-Fasi, wurde später von den islamischen Mystikern, den *sufi,* als eine Art Heiliger verehrt; vieles von seiner »Heiligmäßigkeit« muß auf Ibn Yasin übergegangen sein. Dies war der andere Charakterzug, der ihm die unabdingbare Gefolgschaft der südlichen Berber eintrug. Berber unterwarfen sich, noch immer ihrem frühen animistischen Weltbild anhängend, seit je der Gewalt eines Menschen, der mystische Kraft und magische Anziehung ausstrahlte und solchermaßen die Umwelt in seinen Bann schlug. Nicht die malikitische Religionsrechtlichkeit des al-Fasi und des Ibn Yasin fesselte die Sanhadscha-Berber, sondern die mystische Aura.

Ibn Yasins Gefolgschaft wuchs schnell. Seiner bald absoluten Autorität tat es nicht den geringsten Abbruch, daß er den Frauen intensive Aufmerksamkeit widmete; jeden Monat heiratete er viele, und ebenso viele entließ er durch Scheidung. Aus dem einen *ribat* im Süden wurden viele *ribat.* Die Soldaten dieser Glaubensfestungen der härtesten Disziplin, in denen die Peitsche herrschte, wurden die *murabitun,* die Männer des *ribat.* Aus dem arabischen Wort wurde auf Umwegen der spanische Begriff der *almorávides.* Als Almoraviden sind sie in die Geschichte eingegangen.

Die Kampftruppen der Almoraviden hatten bald einen höllischen Ruf. »Die Kriegführung in der Wüste erhielt ein neues Gesicht: Die Reiterei wurde nun um eine starke Kerntruppe von Infanterie aufgestellt. Die vorderen Reihen der Infanterie waren mit langen Lanzen bewaffnet, um den Feind auf Abstand zu halten, während die hinteren Reihen Köcher voll leichter Wurfspeere trugen. Solange die Flagge erhoben war, stand die Armee aufrecht im Kampf, und wenn sie gesenkt wurde, setzte sich die Armee wie ein Mann zu Boden, reglos wie ein Berg, und ohne jemals in unkontrollierte Verfolgungsjagden auszubrechen. Diese Armee, deren Verhalten durch die strenge Disziplin des gemeinsamen Gottesdienstes geformt worden war, war in der Lage, schwere Niederlagen in Mauretanien einzustecken und den Tod ihres Führers Ibn Yasin zu überleben, ohne auseinanderzufallen. Die Armee, deren Vormarsch vom Dröhnen unzähliger Trommeln begleitet war, überrannte die gesamte Sahara . . . Nachdem sie den Hohen Atlas überquert hatte, gründete sie die Stadt Marrakesch« (M. Brett).

Der Kampf in festgefügter Ordnung hatte bereits eine muslimische Tradition und natürlich auch eine koranische Begründung: »Es preiset Allah, was in den Himmeln und was auf Erden ist, und er ist der Mächtige, der Weise. O ihr, die ihr glaubt, warum sprecht ihr, was ihr nicht tut ... Siehe, Allah liebt diejenigen, welche in seinem Weg in Schlachtordnung kämpfen, als wären sie ein gefestigter Bau.« So beginnt die 61. Sure. Die rigorose Folgerichtigkeit, das ist es, was jetzt staunen macht. Hinter der straffen militärischen Organisation stand ein harsches theokratisches Führungszentrum: Ibn Yasin als unumstrittener geistlicher Führer und als »Emir, der gewährt und verwehrt«, unter ihm der »Prinz der Wahrheit« als eigentlicher Kommandeur, der fest an die geistliche Führung gebunden war und gelegentlich selbst mit der Peitsche bedacht wurde, wenn er vom genau vorgeschriebenen Weg abwich. Ein Nomadenvolk wird über Nacht zur diszipliniertesten Militärmaschine und zum Kern eines neuen Reiches ... So war es mit den Mongolen des Dschingis Khan. So geschah es mit den Arabern der Wüste, als der Prophet unter sie trat.

Aus der Nachfolgegeneration des Ibn Yasin und seiner ersten Führungsgefährten ging jener Jussuf Ibn Taschfin hervor, den die Zaunkönige allen bösen Ahnungen zum Trotz nach Spanien riefen: Ein herrischer Mann, der sich mit der Armee der Verschleierten den Maghreb unterworfen und die neue Hauptstadt Marrakesch befohlen hatte (1062). Ein rauher Mann, der unverblümt seine literarisch-wissenschaftliche Unbildung genoß und sie später als Trumpfkarte der Verachtung, die dem im wahren Glauben wohlansteht, gegen die eleganten Herren des al-Andalus ausspielte.

Ein genau berechnender Machtpolitiker, der sich schließlich auf die Seite der Bagdader Abbasiden schlug (hatte nicht einst der »Falke der Koraisch« das al-Andalus bewußt, für alle Zeit aus dem Herrschaftskreis der Abbasidenkalifen herausgeführt und ihre schwarzen Fahnen zerrissen?).

Jussuf Ibn Taschfin neigte zwar den Abbasiden zu, wohl wissend, daß sie keine wirkliche Macht mehr waren, und wies die Kalifenformel *amir al-muminin*, Herrscher der Gläubigen, von sich, indes reklamierte er die klangnahe Formel *amir al-muslimin,* Herrscher der Muslime, für sich. Wenn eine Lage noch nicht ausgereift schien, ließ ihn sicherer Instinkt zögern. Erst nach der zweiten Aufforderung entschloß er sich, den Schutz des al-Andalus zu übernehmen, dann allerdings ohne jede Einschränkung.

Sein unbeirrbarer Glaubenseifer hieß ihn das al-Andalus nur in Besitz nehmen, wenn die andalusischen *faqi* ein religionsrechtliches Gutachten, ein *fatwa,* ausarbeiteten, das eine klare und unmißverständliche Unbedenklichkeits- und Ermächtigungserklärung darstellte. Er brauchte keinen Druck auf die Religionsjuristen auszuüben, denn gerade die immer lauter werdende Oppositionspartei der *taifa*-Reiche schrieb nichts lieber als dieses *fatwa.* Nichts Erhebenderes konnte ihr widerfahren als die Absegnung ihres Gutachtens durch die theologischen Autoritäten des nordafrikanischen und östlichen Islam, darunter al-Ghazali, ein Großer unter den islamischen Theologen des Mittelalters. Fast scheint es, als habe des Ibn Taschfin anfängliche Ungewißheit, ob er das al-Andalus nehmen oder es sich selbst überlassen solle, auch zu einer kurzen militärischen Entscheidungsschwäche geführt. Im Spätsommer des Jahres 1086 traf er, zusammen mit seinem Noch-Bundesgenossen al-Mutamid, auf ein mächtiges Heer des sechsten Alfons bei Zallaqa in der Nähe von Badajoz. Ibn Taschfin siegte überlegen. Er setzte seine gesamte Streitmacht ein, nachdem er zuvor die altüberlieferte Taktik des Scheinangriffs und der vorgetäuschten Flucht verwendet hatte. Aus der vorgetäuschten Flucht wurde dann der Hauptangriff entwickelt. Nur ließ er diesmal das taktische Fluchtmanöver, für das außerordentlich kühne und wendige Reitereinheiten notwendig waren, durch die nicht sehr kampfstarken sevillanischen Truppen ausführen, die überdies auf ihre Rolle nicht vorbereitet waren. Als die Sevillaner sich mutlos werdend zurückzogen, was seine Verachtung für die Andalusier nur steigerte, brachen die »Verschleierten« – sie stürmten unter Fahnen, die Koranverse in Schwarz auf blutrotem Grund zeigten – über Alfons herein. Für ihn wurde der Tag zur Katastrophe. Ibn Taschfin nutzte jedoch seinen Sieg nicht aus. Er verhielt an der Stätte seines Triumphes und gestattete den christlichen Rittern die Flucht. Schon im nächsten Jahr griff Alfons VI. erneut an.

Nach Ibn Taschfins endgültigem Entschluß, das al-Andalus in

seine Hand zu nehmen, ging die punktuelle militärische Besetzung jenes immer noch beachtlichen Teils der Iberischen Halbinsel – unter welcher lokaler oder regionaler Herrschaftsbezeichnung auch immer – zügig voran. Valencia, die Stadt des Cid, fiel drei Jahre nach des spanischen Condottiere Tod wieder in muslimischen Besitz. Selbst das nördlich gelegene Saragossa kam zeitweilig (1110–1118) unter Almoravidenherrschaft. Gelegentlich gelang die Besetzung von Städten und Festungen. Um große Räume auf Dauer zu halten, reichte die almoravidische Zahlenstärke nicht aus. Das al-Andalus bekam zwar eine militärische Klammer, die es zusammenhielt, aber an der Gesamtlage änderte das wenig. Die Christen hielten die wichtigen Territorien, die sie gewonnen hatten, vor allem Toledo.

Im Innern des al-Andalus änderte sich hingegen viel. Der glaubensstrenge Berber rechnete mit den Zaunkönigen ab. Sie waren für ihn die Urheber und Symbole des Glaubensverfalls und der moralischen Korruption. Wer sich nicht unterwarf, bekam die Gewalt zu spüren. Eben dies widerfuhr dem al-Mutamid. Ein knappes Jahr zuvor hatte Abdallah, der letzte berberische Ziride von Granada, diese Erfahrung machen müssen. Am Tag der Entscheidung zog Abdallah mit großem Prunk in das Feldlager seines »berberischen Vetters« Ibn Taschfin. Vorweg marschierte seine slawische Garde, die christliche Garde scharte sich um den granadinischen Berberkönig. Alle Garden trugen Turbane von feinstem Linnen, ritten die schönsten Pferde, und ihre Sättel lagen auf Schabracken von kostbarem Brokat. Kaum war Abdallah zur letzten Unterredung, des Versuchs einer Verständigung gewiß, in Ibn Taschfins Zelt getreten, wurde er in Ketten gelegt. Der starke Mann aus der Welt der strengen *ribat* ritt dann in die Stadt, inspizierte die Gemächer des Königs und ließ sich bringen, was nun ihm gehörte: es war »von unermeßlichem Wert, fast unberechenbarer Zahl und wunderbarer Pracht. Die Zimmer waren mit kostbaren Matten, Teppichen und Vorhängen geziert; überall wurde das Auge von Smaragden, Rubinen, Diamanten, Perlen, kristallenen Vasen, silbernen und goldenen Geräten geblendet. Alles aber wurde an Glanz übertroffen von einer Schnur aus vierhundert Perlen, deren jede einen Wert von hundert Dukaten hatte ...« (R. Dozy). Vorrangiges Ziel waren indes nicht die Reichtümer, denn reich war Ibn Taschfin ohnehin. Der Almoravidenstaat in Nordafrika kontrollierte die Goldströme, die unaufhörlich aus dem Inneren Afrikas nach Norden flossen; ein Korps christlich-katalanischer Beamter half bei der Verwaltung des Staatswesens von Marrakesch; christliche Truppen, die zumeist ihre Garnison in der Hauptstadt hatten, sorgten für Ordnung und trieben die Steuern ein. Worum also ging es der almoravidischen Führung in ihrer neuen Provinz al-Andalus? Was hat sich durch ihre eigene Zielsetzung dort verändert?

Die almoravidischen Kampfkolonnen waren durchdrungen von der Härte und Strenge einer puritanischen Glaubensauffassung. In Ibn Taschfins Haltung gegenüber andalusischer Lässigkeit drückte sich die Verachtung des Soldaten für verweichlichtes Leben und zugleich mühsam verhehlter Zorn des wahren Gläubigen über die unentschuldbare Entfernung vom erkennbaren Willen und festgelegten Weg Gottes aus.

Die Almoraviden schoben die kleinen Könige und die Zwergfürsten an die Seite; ihre Gouverneure vertraten die zentrale Macht und übten die Verwaltung in den Städten aus. Ihre inneren Hilfstruppen wurden die *faqi,* deren Einfluß in dem Maße wuchs, in dem sie die »Veränderung des Unzulässigen« in ihre Hände nahmen. Das geschah nicht gegen den Willen der breiten Bevölkerung. Im Gegenteil, durch die Straßen der Städte scheint ein erster Windhauch von Klassenkampf geweht zu haben. Jedenfalls muß Zustimmung zu den Almoraviden spürbar gewesen sein, wenngleich die neuen Herrscher aus Afrika zunächst auf Distanz zur Bevölkerung ihrer jüngsten Provinz achteten, in selbstgewählter Isolierung lebten und gewissermaßen jede kleine Königsburg in einen *ribat* umzuwandeln trachteten.

Der aus gesteigertem religiösem Lebensgefühl geborene Drang zur »Veränderung des Unzulässigen« war es, der das innere Bild des al-Andalus umzuformen begann. Verschärftes islamisches Bewußtsein wird erkennbar. Es ist, als sei dem al-Andalus plötzlich deutlich geworden, daß es einst als islamische Gemeinschaft konstituiert und gewachsen war, jedoch durch die letzten Jahrhunderte den Glauben nur mit routinierter Gelassenheit gelebt habe (vom Aufbegehren einzelner abgesehen). Jetzt bricht auf einmal Verwunderung über diese zeitbeladene Gewöhnung an bloße

Form und Regel aus und macht Wege zum strengen, bewußten Erleben des Glaubens frei.

Das war nicht allein das Werk von einigen zehntausend Glaubenssoldaten aus glutversengten Wüstenstrichen. Das war auch nicht ausschließlich das Werk der noch mächtigen *faqi*. Zwei Wellenberge rollen nun aufeinander zu.

Im Norden, jenseits der Pyrenäen, setzt sich der erste Kreuzzug in Bewegung. Erst brechen die verarmten Massen der abendländischen Städte und die hungernde Landbevölkerung zum fanatischen Marsch auf und gehen zugrunde. Dann setzen die christlichen Ritter über das Meer. 1099 wird Jerusalem erobert und von den Kreuzfahrern mit dem Blut der Ungläubigen reingewaschen. Abenteuerlust, Beutegier und reckenhaftes Draufgängertum mischen sich mit aufgestacheltem Glaubenseifer und der Überzeugung vom gerechten und heiligen Krieg, die das in Bewegung geratene lateinische Abendland beherrschen – *Dieu lo vult,* Gott will es!

Fast zur gleichen Zeit reitet aus der Tiefe der Wüste der verschleierte Glaubenssoldat nach Norden, überquert das Meer, bricht über das heitere, in mancher Hinsicht »aufgeklärte« Land am Rande Europas herein und wirft die Brandfackel des *djihad* in die Städte des al-Andalus. Die christlichen Könige Spaniens und die Herrscher des al-Andalus mögen versucht haben, abseits der Straßen der beiden »Heiligen Kriege« stehenzubleiben – doch ohne Aussicht und Zukunft. Die Menschen wurden von den beiden Machtströmen der Zeit erfaßt.

Für die mozarabischen Christen wie auch für die Juden, die seit den frühen Tagen des al-Andalus und durch nachfolgende Gewohnheit rechtliche Sicherungen genossen, wurde das Leben in der religiös erwachenden Welt der spanischen Muslime sehr viel schwieriger. Mozaraber wurden in den zwanziger und dreißiger Jahren des 12. Jahrhunderts in mehreren großen Deportationszügen nach Marokko geschickt. Sie hatten dem christlichen Norden zuviel offene Sympathie entgegengebracht. Jüdische Gemeinden sahen zum erstenmal in der Geschichte des al-Andalus eine echte Bedrohung ihrer wirtschaftlichen Kraft und Stabilität – mitten in der Zeit ihrer großen geistigen und literarischen Blüte.

Vom Welken einer kostbaren Blüte

Als sich die *reyes de taifas* die Bruchstücke der andalusischen Kalifenmacht genommen hatten und ihre Höfe zu regionalen Verwaltungssitzen und begrenzten Zentren einer eleganten und gezierten Lebensführung machten, öffnete sich der Weg für eine der größten jüdischen Gestalten des muslimischen Spanien: Samuel ha-Nagid. Sein Leben und Wirken begann etwa um die Zeit, da die Sanhadscha-Männer nach Mekka pilgerten.

Samuel war in Cordoba geboren und in der starken und nunmehr stolzen jüdischen Gemeinde, die Chasdai Ibn Schaprut in der Kalifenstadt zur Blüte geführt hatte, erzogen und ausgebildet worden. Wie alle Mitglieder der jüdischen Oberschichten sprach er Hebräisch und Arabisch gleichermaßen gut. Sein Verständnis der arabischen Literatur und ihrer stilisierten Formen muß indes von besonderer Einfühlsamkeit gewesen sein. Samuel ließ sich in Malaga als Gewürzhändler nieder. Dort entdeckte ihn ein Wesir des *taifa*-Königs Habbus von Granada. Habbus entstammte jener Berberschicht, die noch unter al-Mansur ins Land gekommen war.

Samuel, der Meister der blumenreichsten arabischen Briefkunst, kam an den Hof von Granada. Er stieg auf der Leiter des Einflusses Sprosse um Sprosse nach oben; der Jude Samuel wurde Erster Wesir und Erster Feldherr des Berberkönigs Habbus von Granada. In der Stadt hatte er einen starken natürlichen Rückhalt, denn Granada war zu dieser Zeit die Heimat der größten und blühendsten jüdischen Gemeinde im al-Andalus, wenn man von der geschlossenen, rein jüdischen Stadt Lucena absieht, zu der kein Muslim Zutritt hatte. Samuel wurde für Granada, was Chasdai für Cordoba gewesen war: Herz und Seele der Gemeinde. Sein Einfluß und seine materielle Fürsorge erstreckten sich nicht nur auf jüdische Gemeinden im al-Andalus, sondern auch in Afrika und Sizilien, ja sie reichten bis Bagdad und Jerusalem. Seine Macht in Granada gründete auf der Tatsache, daß er Jude war, denn eines war dem ungebildeten Berberkönig klar: seine Autorität konnte er weder an Berber noch an arabischstämmige Andalusier delegieren. In Granada erhielt Samuel von der jüdischen Gemeinde den Titel, unter dem er bekannt geworden ist, Samuel *ha-Nagid*, Samuel der Fürst, Samuel der Führer.

Er war kein in sich gekehrter, nur auf spirituelle Sorge bedachter Gemeindevorsteher, vielmehr ein Mann der Tat und des Vergnügens, nicht zuletzt des Vergnügens am stets sich mehrenden Reichtum. Er war Wissenschaftler, Mathematiker, Logiker, Astronom, ganz in der arabischen Bildungstradition, ein kundiger, intrigensicherer Diplomat und ein erfolgreicher General. Unter seiner Regentschaft wurde es selbstverständlich, daß Juden im Heer dienten (in der Schlacht von Zallaqa kämpften später jüdische Waffengruppen unter der Fahne des al-Mutamid gegen jüdische Streitscharen unter dem Banner des christlichen Alfons). Samuel ha-Nagid war, abgesehen von seiner Begabung zur Menschenführung, ein begnadeter Dichter. Dieses Talent begründete seinen großen Namen.

In der hebräischen Dichtung der Zeit steckte natürlich auch ein gutes Stück Selbstverteidigung gegen die magnetische Anziehungskraft arabischer Sprache und Bildung. Wenn die klassische arabische Sprache für die Araber viel mehr war als ein Medium der Verständigung, sondern etwas von Allah Geschaffenes und der Verkündung seines Willens angemessen, so galt das auch für die hebräische Sprache. Volle Ebenbürtigkeit wenigstens in diesem Bereich, wenn schon nicht in der rechtlichen Stellung, war mithin dann zu erreichen, wenn innere Schönheit und Eleganz des Hebräischen der Sprache Allahs nicht nachstanden. Die Sprache blühen zu lassen war ein Weg jüdischer Selbstbehauptung. Nicht von ungefähr hatte Chasdai Ibn Schaprut zuerst jüdische Sprachautoritäten an die hebräische Akademie seines Cordoba geholt.

In den Gedichten des Samuel ha-Nagid ist viel mehr zu spüren. Da spricht ein geprüfter Mann, dem äußerer Glanz nicht die Augen für die Endlichkeit aller irdischen Dinge verschlossen hat. Trauer und Melancholie schwingen in den jüdischen Kriegsgedichten, die der granadinische General Samuel schrieb:

Eine starke Truppe legte ich in eine Festung,
die Soldaten vor langer Zeit zerstört.
Wir schliefen dort und rund um die Burg,
und unter uns ihre alten Herren.
Da dachte ich mir: wo sind die Scharen und die Völker,
die hier früher wohnten?

Wo die Erbauer und Zerstörer,
wo die Fürsten und die Herren, wo die Schwachen und
die Knechte? Wo sind die Eltern und die der Kinder Beraubten,
wo die Väter und die Söhne,
Die Trauernden und die Brautleute? ...
Sie waren alle Nachbarn auf der Erde,
und heute wohnen sie in ihrem Schoß ...
Wenn sie nun ihre Köpfe heben und herauskommen –
unser Leben und unser Reichtum fiele ihnen zur Beute.
Fürwahr, meine Seele, führwahr,
morgen werde ich bei ihnen sein – und diese Scharen mit mir.

Diese Kriegsgedichte waren etwas Einzigartiges in der Dichtung
des al-Andalus. In seinen Trink- und Weinliedern folgt Samuel
eher der Konvention seiner Zeit und seiner muslimischen Umwelt,
aber mit eigenem Klang und Rückgriffen auf die Bilder der Bibel:

> Mein Freund, all deine Jahre sind nur Schlummer
> und ihr Glück und Unglück Träume,
> darum verschließ dein Ohr, das Auge
> drücke zu – Gott gebe dir die Kraft! –
> laß die Geheimnisse der Welt
> dem, der Verborgenes versteht,
> und fülle mir das Glas mit altem Wein
> durch eine Mädchenhand, die gut die Saiten rührt!
> Mit altem Wein aus Adams Tagen, wenn nicht
> mit neuem aus des »Ackermannes« Zeit,
> duftend, wie Duft von Myrtenzweigen
> und anzuschaun wie Rotgold und Korallen.
> Wie Wein des David, fein von Königinnen
> und süßen Haremsdamen hergestellt,
> den, als man ihn in Krüge füllte, hell und klar
> zu seiner Leier Jerimót besang ...

Mit Samuel ha-Nagid beginnt die große Zeit jüdisch-sephardischer
Dichtung und Literatur. Es folgen Namen, die wir kaum je gehört
haben, die aber in der jüdischen Geschichte goldene Namen sind:
Salomo Ibn Gabirol aus Malaga, der sein kurzes, kränkliches Le-

ben aber hauptsächlich in Saragossa zubrachte. Mose Ibn Esra, der in Granada geboren wurde, dann aber vor den Almoraviden floh und in endloser Wanderschaft durch das Land zog. Schließlich Jehuda Halevi (1075–1141), nach jüdischer Anschauung der größte hebräische Dichter im al-Andalus. Aus Toledo kommend ließ er sich in Cordoba nieder und kehrte im Herbst seines Lebens freiwillig dem Land den Rücken. Almoravidische Sittenstrenge habe ihm das Leben vergällt, hat es geheißen.

Jehuda Halevi, der gleichzeitig den arabischen Namen Abul Hassan Allawi trug, schrieb – wie Salomo Ibn Gabirol und andere – seine religiösen und weltlichen Gedichte in Hebräisch, seine philosophischen Arbeiten vornehmlich in feinstem Arabisch; wir haben ihn bereits als Verfasser des religionsphilosophischen Disputs *al-Chasar* oder *Kusari* kennengelernt. Dieser Poet ausgelassener Weinlieder und manchmal spöttischer Liebesverse zog sich im Lauf der Jahre ganz auf sich selbst zurück; das Sich-Hineinträumen in Zion, das zur jüdischen Wirklichkeit gehört, beherrschte ihn schließlich vollends. Er wurde zum Dichter einer ihn immer stärker einnehmenden nationalreligiösen Vorstellungswelt. War das schon eine erste innere Loslösung von der im jüdischen Sinn nur vorläufigen, nur vorübergehenden, dennoch innig geliebten Heimat Spanien?

Als Jehuda Halevi sein Haus im Judenviertel von Cordoba aufgab und nach Ägypten übersetzte, fiel ein Sturm über das Schiff her. Der Dichter malte die Meeresszene mit Worten, er beschrieb in Wirklichkeit Abschied und neue Hoffnung:

> Kam neu die Flut, drin Land und Meer versanken?
> Nicht mehr zu sehn der festen Erde Schranken,
> nicht Mensch, nicht Tier, nicht Vogel – ist denn alles
> zu Ende? Gings dorthin, wo Schatten schwanken? . . .
> So tobt das Meer. Mein Herze jauchzt, denn bald darfs
> im Heiligtum seines Gottes danken.

Diese Namen stehen stellvertretend für eine eindrucksvolle Welt, die »goldene« Diaspora der jüdischen Geschichte. Hinter den Großen reihen sich viele Namen von Bedeutenden in Sevilla, Saragossa, im muslimischen und im christlichen Toledo, in Barcelona und Tortosa. Sie gaben als Religionsphilosophen, als Ärzte, Astronomen, Literaturkundige ihren ureigenen Beitrag zu dieser Blütezeit islamisch-jüdischen, aber auch christlich-jüdischen Miteinanders. Indes ist geistig-kulturelle Blüte nicht immer zeitgleich mit den Perioden rechtlich-politischer Stabilität und Sicherung. Juda Halevi war noch nicht geboren, da erlebte das muslimische Spanien seine erste lokale Judenverfolgung.

Granada, im Dezember 1066: Der jüdische Wesir Joseph, Sohn des großen Samuel ha-Nagid, Nachfolger im Hofamt, wird von wütenden Berbern in einem dunklen Keller erschlagen, in den er sich geflüchtet hatte. Joseph besaß nicht das Format seines Vaters. Geblendet von ererbter Macht und neuem Reichtum hatte er sich Feinde zuhauf gemacht, sich in jeglichen Händel verstrickt. Er fiel einem politischen Mord zum Opfer, nicht gerade außergewöhnlich in jener Welt. Was aber unmittelbar darauf folgt, hat eine ganz andere Dimension. Die muslimischen Berber Granadas fallen über die Juden der Stadt her und metzeln sie nieder. Eintausendfünfhundert jüdische Familien werden zu Opfern. Einige überleben und können fliehen.

Eine solche Massenschlächterei an jüdischen Bürgern hat es im muslimischen Spanien bis zu seinen letzten Tagen nicht mehr gegeben. Ein vereinzelter Vorgang also? Wahrscheinlich erstes Zeichen einer Lockerung der inzwischen althergebrachten *convivencia*, weil das al-Andalus seine innere Sicherheit zu verlieren begann. Der »Schutzbefohlene« wird zum Fremden, wenn der Schützende seiner Stärke nicht mehr sicher ist. Fremdes ist gefährlich, darum muß man es töten.

Gebunden an Nordafrika

Die »Verschleierten« waren gekommen; sie blieben nicht lange. Das al-Andalus hatte doch seine eigenen Mittel, mit einer im Grunde fremden islamischen Militärmacht fertig zu werden: Es bewahrte einfach seine lässige andalusische Eigenart.

Dennoch ist verblüffend, wie schnell die almoravidische Militärmacht vor dem andalusischen Leben kapitulierte, nachdem Ibn

Taschfin 1106 gestorben war. Seine Nachfolger hatten nicht seine Härte und Entschlossenheit. Es gelang ihnen nicht, die berberischen Militärgouverneure, die auf die Hauptstädte des al-Andalus verteilt waren, ebenso unnachsichtig unter Kontrolle zu bringen: Berberbewegungen lebten immer durch die Kraft einer Persönlichkeit. Anfangs hatten die Gouverneure und die örtlichen Befehlshaber Distanz zur Bevölkerung gehalten; es war ihnen völlig gleichgültig, wieviel Mißfallen ihre unverschleierten Frauen in den Straßen erregten (die muslimischen Andalusier begriffen nicht die bei den Berbern übliche Stellung der Frau).

Schließlich gewöhnten sich die almoravidischen Berber doch an die Bequemlichkeit und Fülle des gesegneten Landes, und was *ribat* hatte werden sollen, wurde wieder, allerdings in klobiger berberischer Nachahmung, Kleinherrschersitz mit all dem gewohnten Luxus. Disziplin, wie sie die Wüste fordert, zerfiel in der linden Luft des großen Gartens Südspanien. Noch vor der Mitte des 12. Jahrhunderts ging der almoravidische Zwischenakt in dieser Region zu Ende.

Das muslimische Land fiel in den *taifa*-Zustand zurück. Doch nicht mehr Parteien alter und neuer »Familien« machten jetzt ihre Herrschaftsansprüche geltend, sondern einzelne. Mit einer Ausnahme vermochten diese Ehrgeizigen jedoch nur Gebiete vom Ausmaß eines Zwergstaates an sich zu bringen. Nach kurzer Unterbrechung wiederholte sich das Geschick des Landes: Trotz neuer dynastischer Fehden im christlichen Nordteil der Halbinsel verheerten der Kastilier Alfons VII. und der Aragonier Alfons I., *El Batallador,* »der Schlachtenkämpfer«, aufs neue das al-Andalus bis an seine südlichsten Punkte. Und noch immer ist es unmöglich, den christlichen Norden Spaniens als eine wirkliche »Einheit Spanien« zu erkennen. Am besten hat Ortega y Gasset diese Situation auf eine Formel gebracht: »zwei Unsicherheiten, die miteinander im Kampf lagen«. Aber auf der christlichen Seite standen in der Führung die Männer mit der größeren Kraft.

Inzwischen wuchsen in Nordafrika die Männer einer neuen Bewegung des unerbittlich strengen und fordernden Glaubens heran: die Almohaden. Das südliche Spanien, der muslimische Teil des Landes, blieb – so sehr es sich auf seine Art gewehrt hatte – an die innere Politik und Religionsentwicklung Nordafrikas gebunden.

Und die christliche Nordhälfte wurde weitgehend von dem bestimmt, was der spanischen Südhälfte durch Nordafrika widerfuhr.

Auf den ersten Blick gibt es überraschende Parallelen zwischen den beiden Berberbewegungen der Almoraviden und der Almohaden: Berber des Südens, aus den hohen, rauhen Bergen des Atlas, diesmal Berber vom Masmudastamm, drängen zur Herrschaft.

Berberischer Mentalität entsprechend wird das Streben nach Herrschaft durch eine religiöse Erweckergestalt entfacht; der Erwecker, Ibn Tumart, hatte erst im al-Andalus studiert, dann etwa zehn Jahre lang die verschiedenen Strömungen des Islam im syrisch-irakischen Bereich kennengelernt.

Ibn Tumart, der sich mehr und mehr in seine theologische Gedankenwelt hineinsteigert, zieht durch das heimatliche Nordafrika. Zunächst wird er verhöhnt, dann gewinnt er allmählich Anhänger und setzt sich schließlich mit Gewalt siegreich durch.

Er findet einen militärischen Führer von hoher Begabung und Loyalität: an seine Seite tritt der Berber Abd al-Mumin (beide verbindet neben religiöser Überzeugung ihre niedere Herkunft: Ibn Tumart war der Sohn eines Lampenanzünders, Abd al-Mumin der eines Töpfers).

Beide schaffen eine strenge, unbarmherzige hierarchische Ordnung; jetzt freilich etwas ausgeweitet und in Ratsversammlungen von Auserwählten verankert.

Hier enden die Prallelen. Die Almohaden des Ibn Tumart und des Abd al-Mumin standen in unversöhnlichem Widerspruch und in tödlicher Feindschaft zu den Almoraviden. Die Feindschaft wuchs und nährte sich aus theologischer Unvereinbarkeit. Die erste südberberische Reformwelle war im Rahmen der orthodoxen Theologie geblieben; sie hatte auf dieser Grundlage die Reinheit des Glaubens und der Sitte erzwungen oder doch wenigstens erzwingen wollen. Ibn Tumart, der neue Erwecker, ging von einer anderen theologischen Sicht- und Denkweise aus. Für ihn gab es nur die Vorstellung von der »Einheit Gottes«, der unteilbar, grenzenlos, vor allem aber unbestimmbar ist. Er verfocht die unerschütterliche Überzeugung, die ihm aus der Erkenntnis gewachsen war, »daß die malikitischen *faqi,* das geistige Rückgrat der Almoraviden, mit ihrer Hingabe an den Wortlaut der Offenbarung und ihrer autoritätsgläubigen Konzentration auf das angewandte Recht, die islamische Lehre in ihren entscheidenden Punkten entstellten und ihres Reichtums beraubten« (v. Grunebaum). Besessen vom Widerwillen gegen die »Vermenschlichung Gottes«, betrieb er eine unnachsichtige religiöse Propaganda der »Einheit Gottes«; alle Attribute Gottes können nur Allegorien sein, nicht mehr. Seine Anhänger nannten sich »Einheitsbekenner«, *muwahhidun;* jenseits des Meeres wurde daraus »Almohaden«.

Berberischer Nationalismus wurde im extremen Maß spürbar. Selbst von den Minaretts tönte der Ruf zum Gebet in berberischer Sprache herab (wenn es auch nicht lange so blieb). Es wiederholte sich, diesmal allerdings bis zur äußersten Konsequenz verschärft, was schon unter den Almoraviden im Maghreb geschehen war: die Erhöhung der führenden Persönlichkeit. Ibn Tumart sah sich als der für die Endzeit verheißene *mahdi.* Berberischem Empfinden war das nicht fremd; die Selbsterhöhung traf den Kern ihrer Vorstellungswelt.

Ibn Tumart, der Almohade, hat Nordafrika nicht mehr verlassen; auch Ibn Yasin, der Almoravide, war nie über das Meer nach Norden gegangen, wie es später die Militärführer, die ihre Nachfolger wurden, taten. Ibn Tumarts Nachfolger, der Almohade Abd al-Mumin, der die Kalifenformel *amir al-muminin* für sich in Anspruch nehmen sollte – sich also dem Kreis Bagdads wieder entzog –, schlug die Reste der almoravidischen Herrschaft im Maghreb nieder, denn Duldung einer anderen Glaubenssicht war der »absolutistischen Theologie« der Almohaden nicht vorstellbar. Schriftgelehrte einer eigens geschaffenen niederen Kaste liefen neben den marschierenden Heeressäulen der Almohaden, rezitierten den Koran und lasen im Singsang aus den Schriften des *mahdi.*

Abd al-Mumin siegte. Er machte Marrakesch zur Hauptstadt der Almohaden und säuberte sie von den Anhängern der feindlichen Glaubensrichtung. Viel Blut floß. Die »schutzbefohlenen« Juden und Christen standen plötzlich vor der Wahl »Islam oder Tod«; was bislang allenfalls eine theoretische Wahl gewesen war, wurde jetzt Realität. Abd al-Mumin sicherte die Küste zwischen Tripolis und Tunis gegen Siziliens christlichen Normannenherrscher Roger II., der nach Afrika vorgestoßen war. Der Almohade schuf ein nordafrikanisches Reich von gewaltigem Ausmaß. Dann erst begann er sich für das al-Andalus zu interessieren. Er ging zuerst nur halbherzig über das Meer. Dort fand er Zersplitterung der Herrschaft. Das Land erzitterte unter den heftigen Stößen der christlichen Könige, obwohl es Allianzen muslimischer Kleinherrscher mit Kastilien und Barcelona gab. Und er fand so entscheidende Veränderungen wie die Kapitulation der bedeutsamen Hafenstadt Almeria vor den Kastiliern und den vereinigten Seestreitkräften von Genua und Pisa: das war eine direkte Bedrohung des Maghreb. Die Zustände ließen ihm keine Wahl. Nichtintervention wäre angesichts des aggressiv-religiösen und militärischen Charakters des almohadischen Glaubensstaates undenkbar gewesen. Der Almohadenkalif in Marrakesch rüstete zur ernsthaften Besetzung Spaniens; doch starb er darüber (1163).

Kontinuität war eine entscheidende almohadische Stärke; in muslimischen Reichen war sie jetzt nur noch selten zu finden. Die Nachfolger Abd al-Mumins waren von ähnlicher Kraft und Durchsetzungsvermögen. Der erste, Abu Jaqub Jussuf, verwirklichte die Pläne des Vaters. Er eroberte 1171/72 das al-Andalus. Gut zehn Jahre später fiel er im Glaubenskampf bei der Belagerung der Festung Santarem nahe Lissabon. Der zweite, Abu Jussuf Jaqub hielt das Land fest in seiner Hand, wenn er auch immer wieder wie sein Vorgänger von regionalen Querelen in Nordafrika in Anspruch genommen wurde.

Sevilla war jetzt die führende Stadt des wieder geeinten al-Andalus, dessen Einigung freilich nichts anderes war als ein Zusammenbinden auseinanderstrebender Kräfte, die erneut durch eine militärische Klammer aneinandergezwungen wurden. Sevilla war der Sitz almohadischer Militärmacht in Spanien, damit aber nur Außenstelle der Machtzentrale Marrakesch, nicht mehr denn Hauptstadt einer zwar wichtigen, doch nur vorgelagerten Provinz des nordafrikanischen Reiches der Almohaden.

Unter den Almohaden, weit mehr noch als unter den Almoraviden, war das al-Andalus an Nordafrika gefesselt. Es war zum Brückenkopf, zum Vorposten Nordafrikas auf europäischem Boden geworden.

Über dem weiten, weißleuchtenden Rund Sevillas erhebt sich gewaltig die Giralda, der Turm der christlichen Kathedrale. Die Kathedrale steht auf den Grundmauern der Hauptmoschee, die Giralda war damals ihr Minarett. Dem Fremden wird manchmal gesagt, die Giralda sei der Nachbau des Minaretts der Hauptmoschee in Marrakesch, der »Moschee der Buchhändler«. Indes wurden beide Minarett-Türme fast gleichzeitig gebaut. Türme der Almohaden sind bis heute Kennzeichen marokkanischer Städte. Sevilla war für die Almohaden nichts Eigenständiges, es galt nicht mehr als Fes, Rabat, Meknes.

Die Giralda ist Macht und strenge Würde. Säulen aus der fast schon vergessenen Blumenstadt des cordobanischen Abderrahman sind in ihre Fensteröffnungen eingebaut, passende Fundstükke, nicht anders als die römischen Säulen des einstigen Hispalis. Am Ufer des Guadalquivir bauten die Almohaden einen mächtigen zwölfeckigen Turm, gedrungen, gebändigte Kraft verkörpernd und dennoch von erhaben ausgewogenem Maß. Er war der Eckpfeiler der Fluß- und Stadtsicherung. Die neuen Herrscher setzten ihm ein Dach mit goldenen Ziegeln auf, die weithin in der Sonne gleißten. Er steht noch heute, der Torre del Oro, großartig wie die Giralda und doch einsam in dieser Stadt; denn das Sevilla, das wir heute sehen, ist kaum noch Erinnerung an die Zeit der Muslime, sondern eine königliche Geste späterer spanischer Großmachtblüte.

Almohadische Macht hatte von Anfang an keine echte Unterstützung in der Bevölkerung des al-Andalus. Ihre starre Glaubenshärte stieß die andalusischen Muslime ab, den Andersgläubigen machte sie Angst. Die *dhimmi* wußten nicht mehr, ob sie noch Schutzbefohlene waren. Die starken jüdischen Gemeinden wurden erneut durch extrem hohe Abgaben wirtschaftlich geschwächt, die Mozaraber diesmal durch Pressionen aller Art veranlaßt, nach Norden, in christliche Territorien auszuweichen – sofern sich nicht beide, Juden wie Christen, zum Glaubenswechsel entschlossen, um ein Mindestmaß an Ruhe und Sicherheit zu finden. Aber selbst dann war wirkliche Sicherheit verwehrt, denn mit der steigenden Zahl der Übertritte zum Islam wuchs unter den Muslimen der Verdacht gegenüber den Konvertiten. Bisher hatte solcher Verdacht eher in religionsrechtlicher Hinsicht Bedeutung, als ständige Mahnung an die Muslime, vor Heuchlern auf der Hut zu sein, gegen die der Gläubige sich zu wappnen habe. Jetzt, unter der almohadischen Besatzung, war Argwohn gegen den »Schutzbefohlenen« wie gegen den Neu-Muslim an der Tagesordnung. Das Problem der Inneren Sicherheit, das später das christliche Spanien in die Exzesse der Inquisition treiben sollte, wurde hier in Umkehrung vorweggenommen.

Es war eine Zeit der seltsamsten Gegensätze, der widersprechenden Gefühle, Denkweisen und Verhaltensformen. Dort die Starrheit der Religionsdogmatiker, hier eine auffällige Lebendigkeit der *sufi,* der islamischen Mystiker, unter denen in diesen Jahren Ibn Arabi, einer ihrer Größten, im al-Andalus heranwuchs. Er kam aus Murcia, studierte in Sevilla und Ceuta, dann zog er viele Jahre lernend, lehrend und dichtend durch die östlichen Länder des Islam. Nichts hatte sich auf den uralten Straßen geändert; nach wie vor zogen die Händler und Studenten, die Gaukler und Gelehrten über die Karawanenwege und wahrhaftig nicht nur, um der muslimischen Lebenspflicht einer Pilgerreise nach Mekka Genüge zu tun – die islamische Welt lebte vom dauernden inneren Austausch.

Seine außerordentliche Rolle begann Ibn Arabi erst nach seiner Rückkehr in das heimatliche al-Andalus zu spielen. Überall im Land lehrten und warben jetzt die *sufi,* pantheistisch denkende und mystisch empfindende Muslime, die oft eine bewußt provozierende Existenz führten und gerne als Eremiten lebten. Sie waren seltsame Heilige, die mit ihren Schülern durch die Lande zogen, ihre Nahrung mit ihnen teilend. Obwohl von den orthodoxen Schriftgelehrten des Koran verdammt, wurden sie als barmherzige Samariter vom einfachen Volk verehrt. Man nannte sie Leute, die das »Geschenk der Tränen« empfangen hatten, und deshalb, wie man damals glaubte, den barmherzigen Regen vom weißbrennenden Himmel herniederflehen konnten. Sie waren Vertreter einer seit langem bestehenden islamischen Protestbewegung gegen Konvention und starre Auslegung des Gesetzes. Zu jener Zeit waren sie besonders aktiv. Ibn Arabi zeichnete vor allen anderen die seltene Gabe aus, seinen mystischen Gedanken und Empfindungen dichtend, singend, predigend Ausdruck zu geben. Doch er verließ seine Heimat ein zweites Mal und diesmal für immer. Er starb in Damaskus. Hatte der mystische Dichter vor der erbarmungslosen Härte der Almohaden kapituliert? Oder konnte er das sichtbare Ende seiner Heimat al-Andalus nicht ertragen?

Noch ein großer Geist dieser Zeit wanderte aus, weil ihm die Bedrückung durch die Religionsfanatiker keine Luft zum Atmen ließ und die spitzelnden Behörden ihm jedes Gefühl der Sicherheit nahmen: Maimonides, Sohn des Rabbi Maimon, Vorsteher der jüdischen Gemeinde von Cordoba. Eigentlich sollte er das hohe Amt des Vaters übernehmen, aber die Gemeinde schmolz zusammen, die Familie floh. Maimonides, ein großer Arzt und bedeutender philosophischer Systematiker, der größte jüdische Theologe des Mittelalters, der Offenbarung und Vernunft zu vereinen trachtete, hatte stärksten Einfluß auf die jüdische Gemeindewelt seiner Zeit. Seine Schriften wanderten durch die Länder, die Antworten aber gingen nicht mehr nach Cordoba, die Stadt des Chasdai Ibn Schaprut und des Jehuda Halevi, sondern nach Ägypten, wo Maimonides unter dem Schutz und im Vertrauen Saladins lebte. Cordoba, die Stadt seiner Liebe, verstummte unter den strengen Herren.

In jener Zeit verwirrender Gegensätze verließ auch ein enger Jugendfreund des Maimonides, der arabische Philosoph Ibn Roschd aus Cordoba, seine Heimat. Das lateinische Abendland kannte ihn schon zu seinen Lebzeiten unter der latinisierten Namensfassung Averroës. Dieser Aristoteliker gab durch seinen philosophischen Kommentar (wir werden davon noch zu erzählen haben) der abendländischen Scholastik entscheidende Anstöße, die an den führenden Universitäten des lateinischen Abendlandes heftige Dispute auslösten, aber den Weg freimachten für die Überwindung der erstarrenden Scholastik. Auch Ibn Roschd war seines Lebens im al-Andalus nicht mehr sicher; seine muslimischen Standesgenossen, die *faqi,* mehr noch die almohadischen Glaubenswächter, nahmen ihm die Möglichkeit, seine Gedanken öffentlich zu äußern. Sicherheit fand er – Ironie des Schicksals – am Hof des theologisch-philosophisch interessierten, feinsinnigen Almohadenkalifen in Marrakesch.

Den Zugang zum Kalifenhof hatte ein anderer Andalusier von höchster Bildung und diplomatischer Finesse, der Leibarzt des Kalifen, Ibn Tufail, unter beträchtlicher eigener Gefahr geöffnet. Dieser Ibn Tufail war zugleich – die strenge Teilung der Wissenschaften gab es noch nicht – ein überaus nachdenklicher Philosoph und begabter Literat. Am Hof von Marrakesch schrieb er vor der Wende zum 13. Jahrhundert, was später Erziehungsroman genannt wurde: »Auf andere Weise als Averroës versuchte Ibn Tufail . . . die Harmonie von Vernunft und Offenbarungsreligion darzutun. Er nahm ein von Avicenna in die Literatur eingeführtes Motiv wieder auf und schilderte den Entwicklungsgang eines Waisenkindes auf einer einsamen Insel, das durch seine Vernunft die wesentlichen Einsichten in Gott und die Welt gewinnt. Als der Held der Erzählung später durch den Wesir des Königs einer benachbarten Insel mit den Prinzipien der Offenbarungsreligion bekannt wird, begreift er ihre grundsätzliche Identität mit den vom Verstand erarbeiteten Wahrheiten. Diese romanartige Erzählung . . . drang über das Hebräische und später das Lateinische schon 1708 in die englische Literatur ein und hat merklichen Einfluß auf die Robinson-Geschichte des Daniel Defoe ausgeübt« (v. Grunebaum).

Daß ein so ketzerischer Denker wie Ibn Roschd in der Sicherheit ausgerechnet des nordafrikanischen Almohadenhofes bleiben konnte, ist nicht denkbar ohne eine muslimische Tradition, die auch das al-Andalus auf dem Höhepunkt seiner Macht schon kannte: Der Sitz des Kalifen lag weit von den Stadthäusern der Muslime entfernt, eine Welt für sich, eine Welt des absolutistischen Willens, in der die Gesetze des Alltags nicht galten.

Das al-Andalus unter den Almohaden war immer noch reich an wirtschaftlichen Gütern; Industrie und Handwerk gediehen, der Handel ging wie ehedem in die Ferne, und aus dem schwarzen Afrika floß Gold. Das al-Andalus aber hatte seine innere Freizügigkeit, seinen Stolz eingebüßt. Es wurde ärmer trotz seines Wohlstandes.

Über dieses al-Andalus brach nun die letzte große und entscheidende Auseinandersetzung herein zwischen der almohadischen Militärmacht Nordafrikas, für die die südspanischen Regionen ein Ring von Grenzprovinzen war, und den Christen der nördlichen Hälfte Spaniens.

Endkampf

Vorabend des Untergangs

Die natürlichen Bedingungen der Halbinsel, die Gebirge, Hochländer, die Täler, Flüsse und Ebenen, bestimmten die Art des Krieges. Im Laufe der Jahrhunderte hatte sich die Kriegstechnik nicht grundsätzlich geändert; taktische Weiterentwicklung und organisatorische Umstellungen waren zu notieren, mehr nicht. Die Heereszüge blieben an das Straßennetz gebunden, das auf dem System der römischen Fernverbindungen fußte. Hinzugekommen war der große europäische Pilgerweg nach Santiago de Compostela. Die strategischen Fernstraßen, die muslimische und christliche Territorien miteinander verbanden, waren noch immer die Marschwege der Legionen. Im Osten reihte die *Via Augusta* die Städte Barcelona, Tarragona, Valencia und Murcia bis hinunter nach Cartagena aneinander. Das Rückgrat im Westen – von Astorga über Salamanca und Merida nach Sevilla – bildete die Silberstraße.

Straßen sind Lebensadern der Königreiche. Straßen sichern ihr Gedeihen. Nicht selten bestimmen sie auch die politische und wirtschaftliche Orientierung. Altkastiliens Hauptverbindungen liefen in ostwestlicher Richtung, gen Saragossa und gen Leon. Erst als Toledo 1085 an Kastilien fiel, kamen die großen Südrouten hinzu; Kastiliens Wachstum drängte dann in Richtung Cordoba, Granada und Sevilla.

Der Zustand der Straßen war miserabel. Regen verwandelte sie in Morast und machte sie nahezu unpassierbar. Sommer und Herbst blieben die Jahreszeiten des Krieges, schnelle Überfallaktionen ausgenommen. Spaniens große Flüsse zerschnitten die Nordsüdachsen. Brücken waren mithin zentrale strategische Punkte, von denen es jedoch wenige gab. Nur an vier oder fünf Stellen überquerten gute und belastbare Bücken den langen Lauf des Tajo.

Straßen und Brücken mußten gesichert werden. Dies war die erste und wichtigste Funktion der Festungen und Burgen. Hunderte dieser Wehranlagen – vom riesigen Komplex wie Gormas oder Calatrava bis hinunter zu kleinen, stark gesicherten Einzeltürmen – boten der Bevölkerung Zuflucht vor Razziareitern und Marodeuren. Und wichtiger noch: Sie waren Stör- und Verunsicherungsfaktoren, wenn sie sich unbezwungen im Rücken der Angreifer halten konnten. Beide Seiten, Muslime wie Christen, hatten die gleichen militärischen Strategien. Insofern war es längst schon angeglichene Kriegführung, was Spanien erlebte: »Festungen und Burgen waren Waffensysteme, eingesetzt von Kriegführenden, die hauptsächlich in Städten lebten.« Die Eroberung einer Festung, einer Burg, einer bewehrten Stadt in einem einzigen Ansturm oder auch in gekoppelten Stürmen eines Sommer- oder Herbstfeldzuges war fast unmöglich. Belagerung einer solchen Wehranlage war eine Sache von Jahren; sie lief in verschiedenen Phasen ab, die allesamt die Vernichtung der Versorgungsgrundlage des Gegners zum Ziele hatten.

Geändert hatte sich einmal mehr der Charakter der »Grenze« auf der christlichen Seite. Die Sicherung eroberter Territorien und Regionen durch jederzeit kampfbereite Siedler blieb oberstes Gebot. Folglich blieb auch die Praxis der *fueros*, der Sonderrechte, die jenen, die ein mühevolles und gefährliches Grenzerleben auf sich zu nehmen bereit waren, eingeräumt wurden, ohne Ansehen der Person oder der Herkunft. Die Siedler waren rauhe, harte, unnachsichtige Gesellen. Die oft umfangreichen Sonderrechte gaben ihnen ein hohes Maß an Eigenständigkeit. Die Stadt wird nun zur Festung und sicherte so das Hinterland. Eines der eindrucksvollsten Beispiele ist das auf halber Strecke zwischen Madrid und Salamanca auf der Höhe gelegene Avila, die einen Straßenknotenpunkt beherrschende Stadt mit den ungeheuren Mauern: fünfzehn Meter hohe, festgefügte Steinwälle, mit achtundzwanzig Türmen bewehrt und neun streng gesicherten Toren. Nie wurde eine ernstzunehmende Bresche in die Mauern dieser »Warte Kastiliens« geschlagen.

Avila war groß und gewaltig. Im tiefgestaffelten Grenzbereich, jetzt, im 12. Jahrhundert, schon durch die Mitte Spaniens laufend und weiter nach Süden drängend, gab es viele kleine, stark befestigte Städte und Plätze. Ihre Bewohner waren den Königen oder sonstigen Gebietsherren kriegsdienstpflichtig, sei es für die Razzia, für den offensiven Heereszug oder die ständige Grenzwache. Als Fußsoldaten traten sie an. Der Kriegsdienst entließ sie nicht aus der Steuerpflicht. Wohlhabende Bürger konnten sich eines Teils dieser Bürde entledigen, wenn sie sich auf eigene Kosten als berittene Kämpfer zur Verfügung stellten. Die Faustregel war, daß wer auf eigenem Pferd, mit Rüstung, voller Waffenausstattung und einem Zelt antrat, Steuererlaß für sich und acht Angehörige seines Haushalts beanspruchen konnte. Eine eigene Klasse der Standesbürger bildete sich heraus, die *caballeros*. Wer aus ihrer Mitte kam, genoß Ansehen, er war der Sohn von etwas, ein *hijo de algo* – der spanische Hidalgo erschien auf der Bildfläche. (In seiner Standesbezeichnung trug der Hidalgo arabisches Spracherbe mit sich, denn die Araber nannten jemanden, der herausgestellt werden sollte, den Sohn dessen, was ihn aus der Menge heraushob: der Reiche war der Sohn des Reichtums – Kastiliens König Alfons X. umschrieb später den Hidalgo als den »Sohn der guten Dinge«.) Der Hidalgo war zwar noch kein Adliger, auch kein einfacher Bürger mehr, sondern ein kommunaler Freiritter, ein Mann mit Rang und Unabhängigkeit und mit all dem zur Schau gestellten Stolz, der dazugehörte. Die Hidalgos schufen sich schließlich ein Monopol auf die Regierung kastilischer Städte.

Vom Ideal des Rittertums war bei ihnen nicht viel zu finden. Die Hidalgoreiterei und die städtischen Milizen der Grenze fochten, wenn es sein mußte, in den Heeren des Königs oder Erzbischofs. Das war zwar ein Ausnahmedienst, aber sie kämpften auch dann, wenn dieser Dienst nicht gefordert war: Sie kämpften eigentlich immer; nicht in der Ferne, sondern in ihrer näheren Umgebung. *La Frontera,* die Grenze, war auch jetzt nicht eine genau abgesteckte Linie, sondern wie eh und je der unbestimmte, wandernde Landstrich. Die Hidalgos kämpften um Sicherung gegen Überfall und Versklavung durch muslimische Reitertrupps und fochten ebenso kühn um Beute in der nächsten oder übernächsten muslimischen Ortschaft, um von dort Geld, Vieh und Sklaven wegzuschleppen. Das war auf beiden Seiten an der Tagesordnung und hatte wenig zu tun mit den Idealen des Kreuzes oder des Koran. Die Reconquista war weder ein jahrhundertelanger heiliger Christenkrieg gegen Ungläubige, noch war sie sozial in sich geschlossen. Die Heereszüge der Könige waren Ereignisse, die sich in re-

gelmäßigen Abständen jedes Jahr wiederholten. Das Grenzerdasein der Massen war andauerndes Scharmützel der Nachbarschaf-
ten; durchaus mit Gefechtspausen, durchaus mit Phasen des nach-
barschaftlichen Umgangs. Nicht allein in den großen Schlachten
der Ritterheere und der Berufssoldaten zeigt sich die wirkliche
Reconquista. Doch letztlich gaben die großen Treffer den Ausschlag.

Alarcos liegt ungefähr auf halbem Wege von Toledo nach Cordoba. Bei Alarcos erlitten die Christen im Juli des Jahres 1195
eine vernichtende Niederlage. So gründlich schlug der Almohadenkalif, der von seiner Basis Sevilla ausgerückt war, den Kastilier
Alfons VIII., daß das europäische Abendland von den Schlägen
widerhallte und alle Welt sich fragte, wie mitten in der fortschreitenden Eroberung des Landes solch furchtbares Unglück geschehen konnte. Legenden entstanden, die sich lange Zeit gehalten
haben: Alarcos, das sei der Zorn des Himmels über das ehebre-
cherische Verhältnis des Kastilierkönigs mit der schönen »Jüdin
von Toledo« (nie bewiesen, aber wirksamer dramatischer Vorwurf); so schuldbewußt sei Alfons gewesen, daß er reuevoll das
Nonnenkloster Las Huelgas gestiftet habe (das hatte er allerdings
acht Jahre vor Alarcos getan); allein seine Mutter habe den Almohadenkalifen durch inständige Bitten von der Einnahme Toledos
abgehalten (die Mutter des Königs war bereits 1156 gestorben);
ohne Herz habe Kastiliens Adel gefochten, weil Alfons die Ritter
der Estremadura so über alle Maßen gelobt habe. Legendär auch
die kolportierten Zahlen: Hundertvierzigtausend tote Christen habe der fliehende Alfons auf den Feldern lassen müssen, während
die Muslime nur fünfhundert Kämpfer ihres schimmernden Heeres geopfert hätten. Gerüchte und phantastische Zahlen drangen
über die Pyrenäen. Als die Kunde von Alarcos durch Zisterzien-
sermönche nach England gelangte, war das almohadische Sieger-
heer mit seinen andalusischen Hilfstruppen in den Berichten schon
auf sechshunderttausend Glaubenskämpfer angewachsen – eine
neue Sarazenenwelle schien über Europa hereinzubrechen.

Der Sieg der Almohaden ließ das lateinische Abendland erzit-
tern, denn den Zeitgenossen mußte Alarcos als Glied einer Kette
erscheinen: 1187 hatte Saladin die Kreuzfahrer in Palästina durch
den Sieg bei Hattin ins Mark getroffen. Jerusalem stand in tiefster

Not, das Heilige Grab war in Gefahr – zwei Jahre nach Alarcos fiel Jerusalem. In die Sprache unserer Tage übertragen: Alarcos schien der Zusammenbruch der Westfront gegen die Sarazenen zu sein. Man war sich nicht der Tatsache bewußt, daß die Vorgänge in der islamischen Welt wenig Zusammenhang hatten und die Kreuzzüge oder die Kreuzfahrerstaaten im syrisch-palästinensischen *Outremer* die islamische Welt als Ganzes nicht sonderlich tief beeinflußt haben; die Kreuzzüge waren ein »Monolog der lateinischen Christenheit«. Doch die Zeit fühlte anders, und deshalb wurde Alarcos zum blutroten Gefahrenzeichen für das Abendland.

Die Wirklichkeit südlich der Pyrenäen sah etwas anders aus. Jaqub, Kalif der Almohaden, nutzte den Sieg von Alarcos nicht sofort aus. Alfons VIII. konnte sich, wie zuvor der sechste Alfons bei Zallaqa, vom Feind absetzen und die Reste seines Heeres zurückführen. Der Kalif hat vielleicht geglaubt, daß seine verschlagene Allianzpolitik wirksamer sei als totale Vernichtung des Gegners: Er stand im Bündnis mit Navarra, und über das christliche Navarra suchte der Almohade das christliche Leon mit Geld und muslimischen Truppen in dessen Dynastenfehde mit Kastilien zu unterstützen. Die Portugiesen gingen ohnehin schon ihren eigenen Weg. Von einer geschlossenen Reconquistafront, von einer Westflanke im großen abendländischen Kampf gegen die Sarazenen konnte zur Zeit der Schlacht von Alarcos gar nicht die Rede sein.

Alfons VIII. bedurfte ungeheurer Zähigkeit und tiefen Gottvertrauens, wollte er sich angesichts einer solchen Lage nicht entmutigen lassen. Es gelang ihm, eine Rechnung zu seinen Gunsten aufzumachen. Die Almohaden, die militärischen Oberherren im maurischen Spanien waren ohne die innere Unterstützung der muslimischen Bevölkerung und überdies in Sorge um die afrikanischen Kernlande, denn der muslimische Herrscher der Baleareninseln hatte seine Kampfflotte gegen Tunesien entsandt. Diesem Umstand verdankte der Kastilier einen mehrjährigen halbherzigen Waffenstillstand mit dem Almohadenkalifen. In den Grenzgebieten standen nicht allein die Milizen der wehrhaften Christenstädte, in ihren massiven Festungen wachten auch die neuen spanischen Militärorden von Calatrava und Santiago – um nur die zwei mächtigsten zu nennen. Sie waren ursprünglich den Ritterorden der Templer und Johanniter nachgebildet, hatten jedoch ihren eigenen, typisch spanischen Charakter entwickelt. Sie waren hart, entschlossen und übernahmen sehr bald nach ihrer Gründung die institutionalisierte Kriegführung der Reconquista. Und schließlich standen an der Seite des achten Alfons die ruhmreichsten und mächtigsten unter den spanischen Rittern des Mittelalters: Diego López de Haro, Alvaro Núñez de Lara, königlicher Bannerträger, sowie der kriegerische Erzbischof Rodrígo Jimenez de Rada, einer der eindrucksvollsten Kirchenfürsten von Toledo. Im Auftrag des Papstes Innozenz III. rief er jetzt auf langen Reisen durch Deutschland, Italien und Frankreich zum Kreuzzug in Spanien.

Der Kastilier Alfons suchte die innerspanische Entscheidung. Die Erhebung des nächsten Feldzuges zum Kreuzzug – vom Papst sanktioniert und entschieden propagiert – bedeutete weit mehr als nur geistliche Absegung. Damit war die Mobilisierung abendländischer Hilfe gesichert und, mindestens so wichtig, der »Gottesfrieden« in Spanien verfügt: Wo feindliche christliche Nachbarn nicht als Bundesgenossen gewonnen werden konnten, trachtete man, sie durch das Instrument des Gottesfriedens niederzuhalten. Auch das gelang. Die Erhebung eines Feldzuges zum Kreuzzug war pragmatische Politik, ein militärpolitisches Mittel ersten Ranges, nicht bloß Ausweis glühender Glaubensüberzeugung.

Als das 13. Jahrhundert heraufzog, zeichnete sich eine neue Verteilung der Kräfte ab. Am Vorabend der Jahrhundertwende wurden die Almohaden, die auf dem Höhepunkt ihrer Macht keinen Umschwung in Spanien hatten bewirken können, plötzlich entscheidend geschwächt. Der mächtige Kalif Abu Jussuf Jaqub starb (1199). Ihm folgte sein Sohn Muhammad, der nie Kraft und Format des Vaters erreichte. Er hätte sie gebraucht, denn der Tag der Entscheidung über das Schicksal des muslimischen Spanien rückte heran.

Im Juli des Jahres 1212, genau siebzehn Jahre nach der Niederlage von Alarcos, kam es zur Schlacht von Las Navas de Tolosa.

Der Todesstoß

Im Süden des zentralspanischen Hochlands La Mancha – die Araber hatten es so genannt, *manxa*, trockenes Land – riegelt die Sierra Morena den Weg nach Andalusien ab. Ein Paß windet sich durch Geröll und Fels über die Kammhöhe. Jenseits des Bergrückkens erstreckt sich Andalusien, weit und gesegnet, fruchtbar und schön, grün so mancher Berg, die Täler durchzogen von den weißen Straßen, die nach Granada und Cordoba führen. Das Land nördlich der Sierra Morena ist glühend heiß im Sommer, im Winter oft eisig, ausgebleicht, dürr und von einem unendlichen Himmel überspannt, Segelweg der Wolken. Die Sierra Morena bildet eine Mauer zwischen spanischen Welten. Hier verläuft die Grenze zwischen zwei Lebensformen.

Am Südrand der Mancha, wo der Weg von Toledo den Anstieg ins Gebirge beginnt, liegt Las Navas de Tolosa, ein armseliges Dorf, das sich durch die Hitze von tausend Sommern geträumt hat; nichts zeichnet es aus als der Tag im Juli 1212.

Alfons VIII. hatte in der Pfingstzeit eine gewaltige Streitmacht um Toledo zusammengezogen. Der Aragonier Peter II. war zu ihm gestoßen und mit ihm eine eindrucksvolle Ritterschar sowie ein Haufen Fußvolk, für den er allerdings kein Geld hatte. Alfons übernahm die Löhnung. Verbannte Kastiliens erschienen und wurden in Gnaden aufgenommen. Die verfeindeten Herren Portugals und Leons hatten sich zwar nicht persönlich auf den Weg gemacht, ließen aber ihre Vasallen nach Toledo ziehen; die Kreuzzugsdiplomatie zahlte sich aus. Der gesamte hohe und niedere Adel Kastiliens war versammelt. Stadtmilizen aus Segovia, Avila, Medina und Burgos marschierten heran. Die Großmeister der Militärorden von Calatrava und Santiago ritten ins königliche Lager. Acht führende Bischöfe mit ihren Soldaten stellten sich dem Kastilier zur Verfügung. Das französische Aufgebot war nicht so stark, wie Papst, König und Erzbischof gehofft hatten; dennoch ritten aus dem Süden Frankreichs der Erzbischof von Narbonne und der Erzbischof von Bordeaux heran. Einzelne provençalische Ritter hatten sich schon vorher auf den Weg nach Toledo gemacht, denn Gevaudon, der Troubadour, hatte eifrig für den Kreuzzug geworben, nicht zuletzt mit dem verführerischen Hinweis, nach Toledo sei es nicht so weit wie nach Jerusalem. Die meisten dieser Ankömmlinge aus dem Midi begannen sofort damit, die Juden Toledos niederzuhauen und ihre Truhen zu leeren. Nur mit Schwertgewalt konnten sie von den Hidalgos der Stadt davon abgehalten werden, Zeichen kommender Zwietracht.

Verpflegung und Löhnung der Bundesgenossen wurden zur schweren Belastung für Kastiliens Kasse. Allein für den Transport von Gerät und Nachschub mußten nach Schätzung des Toledaner Erzbischofs an die sechzigtausend Maultiere beschafft werden. Das Riesenheer lagerte in den königlichen Gärten und Obstplantagen rings um die Stadt. Kastilien setzte alles auf eine Karte, auf eine einzige entscheidende Schlacht.

Diese Überzeugung muß auch der Almohadenkalif gehabt haben. Seine Streitmacht, die schon seit dem Herbst des Vorjahres aus Marokko und dem gesamten Andalusien nach Sevilla gerufen worden war, setzte sich am 22. Juni nach Jaen in Marsch.

Zwei Tage vorher war die christliche Streitmacht von Toledo nach Süden aufgebrochen. Sie rückte in drei Säulen vor, Franzosen, Aragonier, Kastilier. Muslimische Befestigungen zwischen Toledo und der Sierra Morena ergaben sich. Dort, wo die Ritter Frankreichs angriffen, mißachteten sie überliefertes spanisches Verhalten gegenüber Kapitulanten: Sie metzelten alles nieder, Muslime wie Juden. Darüber kam es zu schweren Auseinandersetzungen zwischen der spanischen und französischen Führung. Von der glühenden Sommerhitze der Mancha erschöpft (ihre Panzer waren viel schwerer als die der Spanier), voll Zorn über die Auflage, das Leben besiegter Muslime zu schonen und die Juden eroberter Städtchen unbehelligt zu lassen, riß Frankreichs Ritterschaft sich schließlich das Zeichen des Kreuzes von den Umhängen. Die *tramontanes,* Verräter in den Augen der Spanier, ritten zurück. Glaubensglut allein, solche Genugtuung lohnte keinen Kreuzzug in einem reichen Land. Beim spanischen Heer blieb nur der Erzbischof von Narbonne mit knapp hundertdreißig französischen Rittern.

Die Kunde vom Abzug der Franzosen erreichte in Windeseile den Almohadenkalifen bei Jaen. Er beschloß, nach Norden auf die Höhen der Sierra Morena vorzurücken, auf die Hauptbastion der Verteidigung andalusischen Kernlandes.

An den Hängen der Sierra Morena – arabische Chroniken nannten später das Geschehen »Die Schlacht an den Hängen« – schien eine Pattsituation erreicht. Almohaden und andalusische Kontingente, darunter auch christliche Einheiten, hielten einen tiefen Canyon besetzt: nach Norden zu standen starke Vorhuten, weiter südlich, in den ansteigenden Canyon hinein, lagen starke Einheiten des Mitteltreffens, und auf dem Scheitel des Canyons, einem kleinen Hügel, erhob sich das rote Zelt des Kalifen, Zeichen seiner Souveränität. Dort saß auf einem Schild der Almohade Muhammad, angetan mit dem schwarzen Umhang des großen Vorfahren Abd al-Mumin, in einem kostbaren Koran lesend, Schwert und Pferd zur Hand und umgeben von seiner berühmten Negergarde, die ihn von den Wechselfällen der Schlacht abschirmte. Nach altem Brauch hatten sich die Neger aneinandergekettet, um ein Auseinanderbrechen des Sicherungsringes zu verhindern.

Pattsituation: Die Christen begriffen, daß sie in den Canyon und zur beherrschenden Höhe nicht vordringen konnten. Ein erstes Geplänkel mit einem dünnen Sicherungscordon der arabisch-berberischen Reiterei hatten sie bereits verloren. Sie zogen sich zurück. Das war am Freitag. In der Nacht zum Samstag stritt ein Kriegsrat im Zelt des Königs um die Entscheidung: Vorstoß oder vorzeitiger Rückzug? Der Rat ging ohne Ergebnis auseinander.

Zu nächtlicher Stunde bat ein namenloser Hirte um das Gehör seines Herrn und Königs. Er wurde vorgelassen. Das war die Geburtsstunde der unsterblichen Legende von Las Navas de Tolosa. Der Hirte wies seinem König einen Weg, das Schicksal zugunsten der Christen zu wenden: Über einen verborgenen Pfad, so sagte er, könne der König in die Flanke der Ungläubigen gelangen. Die Lage war so ausweglos, daß für Zweifel keine Zeit blieb – mußte nicht die Macht des Himmels mit dem Heer Kastiliens sein? Wer wollte sagen, wie der Himmel seinen Söhnen helfe? Ein von Rittern angeführter Erkundungstrupp fand im Dunkel der Nacht diesen rettenden Pfad, der auf ein Hochplateau, die *Mesa del Rey*, führte. Das Heer war überzeugt, San Isidoro, der Schutzpatron von Madrid, habe in Gestalt des Hirten den Christen beigestanden.

Am Samstag zog sich die Spitze des christlichen Heeres, Absatzbewegung vortäuschend, aus dem Canyon zurück. Der Almohade stieß vor. Dann verhielten beide Seiten.

Am Sonntag ordnete die kastilische Führung das Christenheer. Der Schlachtenplan wurde entworfen.

Am Montag, noch vor Beginn der Dämmerung, rückte Alfons VIII. auf die *Mesa del Rey* vor. Es wurde ein wilder Tag unter der glühenden Sonne der Mancha. Parole war, daß keine Gefangenen gemacht würden; wer einen Gefangenen verschonte, wurde mit ihm zusammen getötet. Der Ausgang des Kampfes blieb lange Stunden ungewiß. Die almohadische Reiterei drückte gegen das christliche Zentrum. Alfons wurde schwankend. Überkam ihn die Erinnerung an Alarcos? »Erzbischof«, wandte er sich an Rodrígo Jimenez de Rada, der in voller Rüstung neben ihm stand, »laßt uns beide hier sterben.«

»Nein! Hier werdet Ihr siegen!« war die Antwort des Erzbischofs von Toledo.

Dann zeichnete sich der Sieg ab. Alfons warf seine starke Reserve auf das Schlachtfeld. Die andalusischen Kolonnen des muslimischen Heeres wankten als erste, wichen zurück und flohen schließlich. Almohadenreiter versuchten standzuhalten. Vergeblich. Endlich flohen auch sie. Einer der spanischen Ritter trieb sein Pferd mit einem mächtigen Satz über den Sicherungsring der kalifischen Negergarde hinweg. Den Kalifen erreichte er nicht mehr, der Almohade war bereits auf der Flucht. Er sprengte in Richtung Süden davon über die Kammhöhen der Sierra, verhielt in der Ortschaft Baeza, wechselte das Pferd und erreichte in tiefer Nacht das befestigte Jaen. Dort blieb er nur wenige Stunden. Dann eilte er weiter nach Süden. Er rettete sich nach Fes, jenseits des Meeres.

Als der Abend über die Sierra fiel, stimmten die Bischöfe auf dem Schlachtfeld inmitten riesiger Leichenberge das Tedeum an. Nur spanische Bischöfe standen da – die von Toledo, Palencia, Sigüenza, Osma, Avila. Es war Spanien, das gesiegt hatte: *Santiago y cierra España!*

Die christliche Reiterei verfolgte die fliehenden Muslime über mehr als zwölf Meilen. Es heißt, dabei habe sie noch mehr Nordafrikaner und Andalusier niedergehauen als auf dem Schlachtfeld. Die städtischen Milizen plünderten derweil das muslimische Lager. Gewaltig war die Beute.

Die Ortschaften in der Nähe des Sierra-Passes wurden niedergebrannt. Nie mehr sollte das Einfallstor nach Andalusien geschlossen werden können. Der 16. Juli 1212 brachte das Ende des Reiches der Muslime in Spanien, das die nordafrikanischen Almohaden noch einmal und fast gegen seinen Willen zusammengezwungen hatte. Las Navas de Tolosa war der Todesstoß nach langem Sterben.

Eine neue Generation Christenkönige, der Kastilier Ferdinand III. und der eindrucksvolle Jaime I. (Jakob) von Aragon-Katalonien, räumten in den Trümmern des Reiches auf. Teilungsabsichten wurden kundgetan; sie folgten ohnehin den natürlichen Ausdehnungsachsen der nordspanischen Einheiten. Jaime setzte erst auf die Balearen über und eroberte dann die Küstenlande im Osten der Iberischen Halbinsel; 1238 fiel ihm Valencia in die Hände, dann Murcia, dann Jativa. Im Westen bemächtigte sich Portugal endgültig des Südens: Um 1250 hatte es die Algarve im Griff.

Der breite Mittelteil bis hinunter nach Gibraltar wurde des Kastiliers Beute. Die Eroberung Andalusiens war nun nicht länger eine Sache langwierig erkämpfter Übernahme einzelner Gebietsstreifen. Das ganze Land geriet unter des Königs Herrschaft, und der König verteilte großzügig Lehen an die Militärorden sowie an die großen und edlen Familien. Riesige Latifundien entstanden. Die soziale Gestalt Andalusiens war um die Mitte des 13. Jahrhunderts weitgehend umgewandelt.

Gemessen an den bisherigen Jahrhundertschritten der Reconquista war diese endgültige Eroberung Andalusiens, ungeachtet zahlreicher Einzelwirren um diesen oder jenen Flecken, so etwas wie die zügige Bereinigung eines Trümmerfeldes. Cordoba, die einst so Schöne, fiel 1236 für immer in die Hände der Christen, das strategisch wichtige Jaen 1244, das silberweiße Sevilla 1248... Auf den Minaretts standen des Königs Kommissare und teilten die Städte zu ihren Füßen mit ein paar Strichen in neue Viertel ein, die sie neuen Eigentümern zuschlugen.

Besitz läßt sich durch Dekret verändern. Kein Dekret konnte den Städten des Südens den in Jahrhunderten gewachsenen muslimischen Charakter nehmen. Sie bewahrten ihn geraume Zeit.

Nur in der südöstlichen Ecke der Iberischen Halbinsel gab es noch einen eigenständigen muslimischen Herrschaftsbereich: Stadt und Königreich Granada – Traum einstiger Größe, ein Traum, der weiterleben durfte.

Die Erfahrung der Geheimnisse

Brücke Toledo

Auf einem Felsenpostament steht Toledo, abgeschirmt nach Osten, Westen, Süden durch das tief eingeschnittene Tal des Rio Tajo – *non grande, mas grandiosa*.

Über den Tajo führte in alten Zeiten eine einzige Brücke, der Puente de Alcantara, von Osten in die Stadt hinein, die hoch über Fluß und Brücke steht. Hier soll der letzte König der Westgoten, Roderich, die schöne Florinda, Tochter des Grafen Julian von Ceuta, belauert und genommen haben, worauf der beleidigte Vater in Nordafrika einen Rachefeldzug der Araber vorbereitete, aus dem eine Eroberung wurde . . . Legenden behaupten sich hartnäckig.

Fels und Fluß, Mauer und Brücke – Toledo war immer weithin sichtbarer Schutz: nach Iberern, Römern, Westgoten und maurischen Muslimen auch für die Könige Kastiliens. Deutlicher und bewußter als seine Vorgänger hat Alfons X. in seiner *Crónica general de España* verkündet, hier in Toledo schließe die Geschichte Spaniens wieder an ihren Ursprung an, nachdem die Unterbrechung durch die Zeit des Antichristen, das unheilige und gottlose Zwischenspiel des muslimischen Einbruchs in das Land, abgeschlossen sei.

Die letzte große Schlacht war geschlagen, als dieser Alfons geboren wurde (1221), aber das Bewußtsein des Sieges von Las Navas de Tolosa verfestigte sich erst in den Jahren seines Heranwachsens. Der Vater, Ferdinand III., *El Santo*, »der Heilige«, der die machtpolitischen Konsequenzen aus Las Navas zog und die weiträumige Eroberung Andalusiens abschloß, war mit Beatrix von Schwaben, Tochter des deutschen Stauferkönigs Philipp, verheiratet. Aus der Herkunft seiner Mutter leitete Alfons X., als er 1252 zur Herrschaft über Kastilien und Leon kam, seinen Anspruch auf die deutsche Kaiserkrone ab. Er hat diesen Anspruch in den Wirren des deutschen Interregnums nie durchsetzen können. Ihm fehlten Kraft und Entschlossenheit. Es genügte ihm schließlich, sich in Toledo mit dem Kaisertitel zu schmücken. Alfons X. war kein großer Politiker, kein Militär, kein Feldherr. Er war *Alfonso El Sabio,* Alfons der Weise, ein König der Künste und Wissenschaften, der Kastilien Gesetz und Sprache sowie eine geschriebene Geschichte gegeben hat. *El Santo,* der Vater, hatte die Reste des muslimischen Reiches im Süden beiseite geräumt – mit ihm schloß die große Kampfzeit ab. *El Sabio,* der Sohn, steht am Beginn einer Zeit, in der es das eroberte Erbe zu integrieren galt, ohne daß noch Bedrohung durch die einstige Macht des Südens zu befürchten war.

Eines der großen und edlen Bücher des Mittelalters, die *Cántigas de Santa Maria,* Marienlieder, geht auf *El Sabio* zurück. Seine Marienlieder schrieb der König in Galicisch, damals die Sprache der Poesie. Die *Cántigas* hat er mit Hunderten feinster Miniaturen ausschmücken lassen, die Seite um Seite zu Bildgeschichten zusammengefaßt sind. Da wird spanischer Alltag des 12. Jahrhunderts in jeder der erzählenden Bildfolgen lebendig: Auf den Seiten tummeln und drängen sich die Christen, Mauren und Juden, die Kriegsherren und die Spießgesellen. Gemessenen Schritts begegnen einander Ritter und *qaid,* Bischof und *qadi,* Fürst und Emir, Höflinge und Mönche.

Und nicht viel anders geht es im *Schachzabelbuch* zu, ebenfalls eine Schöpfung des weisen Alfons: Bilddokumente einer weitgedehnten Mischgesellschaft aus zwei Kulturen, die – jenseits allen Waffen- und Propagandalärms, aller Rufe zu Allah oder Christus – jetzt ineinandergriffen und sich miteinander verwoben. Fast zwei Jahrhunderte lang schaffen die Bewohner des einen Landes, auch wenn es ihnen unter der Last ihrer Tage nicht bewußt wird, etwas anderes und Eigenständiges, das sich erhalten hat, wiewohl ein späteres Spanien dieses Erbteil oft heftig geleugnet hat.

Die Muslime, die ihr Reich verloren hatten, wurden nicht zum Verlassen der Halbinsel gezwungen. Solche Entscheidung hatte man erwogen, doch wäre ihre Vertreibung einer Entvölkerung weiter Teile der eroberten Gebiete gleichgekommen. Außerdem verbot sie sich schon aus wirtschaftlichen Erwägungen, denn auf den Muslimen, die nun *mudéjares* waren, ruhten nicht nur Handwerk und Produktion überlegener Konsum- und Kulturgüter, sondern vor allem auch die Landwirtschaft nach dem Muster der *al-*

querías. Diese kleinen, dorfähnlichen Häuser- und Hofgemeinschaften hatten eine erstaunlich vielfältige Anbaumethode entwickelt: neben Getreideäckern Weinbauflächen, neben kleinen Geflügelzuchten Obst- und Gemüsegroßgärten.

La Frontera, die Grenze, hatte immer ihren Kampf und ihre Kämpfer gehabt. Jetzt zog sich die Grenze nicht mehr quer durch das Land; sie schloß nur noch das begrenzte Gebiet des Königreichs Granada aus. Die Grenzen verliefen jetzt zwischen Dörfern und Städten. *La Frontera* war zur kommunalen Angelegenheit geworden. Die Ältestenräte benachbarter muslimischer und christlicher Ortschaften tauschten häufig Briefe und mündliche Botschaften aus, etwa über den Verbleib von Menschen, die sich verirrt oder, aus welchen Gründen immer, Glauben und Zugehörigkeit gewechselt hatten *(tornadizos).*

Die Grenzwelt war stets auch Durchgangsgebiet mit einem eigenen Netz von Verbindungsleuten, das aus alltäglicher Notwendigkeit gewachsen war. Von lokalen »Schiedsrichtern«, die kleine Streitigkeiten zu schlichten hatten, bis zu den *rastreros,* Kundschaftern und Vertrauenspersonen beider Seiten, denen aufgrund ihrer Vertrautheit mit christlicher wie muslimischer Mentalität oft kleine Befriedungsaktionen gelangen, und weiter hinauf zu offiziellen Kommissaren, *alfaqueques,* die unter strikter Beachtung ihrer Immunität auf dem Gebiet der anderen Seite nach Gefangenen suchen und deren Freikauf bewirken durften. Grenzwelt war Kampf, aber auch Verbindung; die tägliche Existenz zwischen den »großen Ereignissen« verlangte das. Ohne den Pragmatismus, der sich außerhalb kirchlicher und staatlicher Reglementierung entwickelte, wäre das Leben in dieser Mischwelt nicht möglich gewesen.

Das Ende des muslimischen Reiches in Spanien bedeutete nur den Tod der politischen Gestalt des al-Andalus, nicht das Ende seiner Wirkungen. Im Gegenteil, jetzt, in der Zeit seines politischen Niederganges, dringt es nachhaltig in die Denk- und Vorstellungswelt des lateinischen Abendlandes jenseits der Pyrenäen ein. Die Geschichte des Erbes können wir hier nur in Ausschnitten skizzieren.

Die große Spannweite der frühen arabischen Eroberungen hatte verschiedenartigste Kulturen und Kulturkreise zusammengefaßt.

Im Herrschaftsbereich der Eroberer lagen die Schatzhäuser überlieferten Wissens. Der Islam jener Zeit war eine universale Kultur, die nicht nur universale Anziehungskraft, sondern ebenso große Absorptionskraft hatte.

Um die Mitte des 12. Jahrhunderts zog ein Gelehrter aus Norditalien nach Toledo: Gerhard von Cremona (1114–1187) erwarb sich Ruhm durch seine ausführliche und gezielte Übersetzung arabischer wissenschaftlicher Werke. In einer beiläufigen Notiz eines seiner Schüler ist vermerkt, was ihn nach Toledo getrieben haben soll. Er war, heißt es, auf der Suche nach dem im 2. Jahrhundert in Alexandria entstandenen grundlegenden astronomischen Werk des Ptolemäus. In der lateinischen Welt hatte Gerhard von Cremona vergeblich nach einer Kopie der griechischen Urschrift gesucht. In Toledo fand er die arabische Fassung unter dem Titel *Almagest*. Eine eigene, ihm unbekannte Welt wissenschaftlicher Werke in arabischer Sprache tat sich ihm auf.

In Toledo begegnete er dem Erzbischof Raimundo (1124–1151 Primas von Spanien), der es sich zur Aufgabe gemacht hatte, möglichst viele arabische Werke in die lateinische Sprache zu übertragen. Nach der Überlieferung hat Erzbischof Raimundo dafür eine in der Wissenschaftsgeschichte berühmt gewordene Gruppe nord- und mitteleuropäischer Gelehrter nach Toledo geholt: Adelard aus dem englischen Bath, Hermann den Deutschen (auch der Kärntner oder der Dalmatiner genannt), Robert von Chester, Daniel von Morley, Platon von Tivoli, Rudolf von Brügge. Sie alle halfen, von der islamischen zur lateinischen Welt des Wissens Brücken zu schlagen.

Zu jener Zeit waren Übersetzungen nicht das Werk eines einzelnen. Araber aus Spanien, Juden und Mozaraber – Menschen aus der mehrsprachigen iberischen Welt – waren Erst- oder Rohübersetzer und vor allem Interpreten für die Gelehrten aus den Ländern jenseits der Berge, die dann die endgültigen lateinischen Texte fertigten. Gerhard von Cremona werden siebzig bis hundert Übersetzungen zugeschrieben (dennoch ist seine Person merkwürdig schemenhaft geblieben).

Raimundo war der zweite Inhaber bischöflicher Macht in Toledo, Nachfolger jenes rigorosen Cluniazensers Bernard de Sédirac, der die Moschee des eroberten Toledo gegen den Willen seines

Königs zur christlichen Kathedrale gemacht hatte. Beide waren Franzosen. Raimundo, ein Mann weitblickender Toleranz, kam in Toledo an die Macht, als es eine kosmopolitische Stadt geworden war, in der die iberische Mischwelt auf engstem Raum zusammenlebte: Christen der *frontera* und aus den längst gesicherten Herrschaftsbereichen zwischen Pyrenäen und dem Rio Tajo, muslimische Mudejaren, Mozaraber der frühen und der späten Zuwanderungen, Juden und »Franken« genannte Ausländer, kurz, Menschen der verschiedensten Sprachen und geistigen Wurzeln.

Vor solchem Hintergrund stellt sich die Einrichtung der »Übersetzerschule« von Toledo als eine sich geradezu anbietende Maßnahme dar. Erzbischof Raimundo war der mächtige, der begierige Mäzen, der an einem Ort zu konzentrieren trachtete, was anderswo schon im Gange war. So hatte sich zum Beispiel bereits im 10. Jahrhundert die katalanische Abtei Ripoll um die Übersetzung mathematischer und astronomischer Arbeiten sowie um die Nutzung astronomischer Geräte aus dem andalusischen Wissenszentrum Cordoba bemüht. Mit zunehmender Weltoffenheit wuchsen mancherorts die Bemühungen, den Reichtum an Wissen und »technologischer« Kenntnis aufzuspüren und zu nutzen – christliche Scholaren und Mönchsgelehrte als *rastreros* der Kultur.

Aber ihre Mühen wären fruchtlos geblieben ohne jene anderen Grenzgänger, die aus dem Osten und dem Süden kamen und die fremde Welt von innen her verstanden, die nicht nur die großen Werke in arabischer Sprache kannten, sondern auch die verwickelte Terminologie der unbekannten Wissenschaften, die Wege der innerislamischen Überlieferung, kurz, alles, was in der islamischen Welt zwischen Andalusien und den Grenzen Chinas gedacht, geschrieben, abgehandelt wurde. Die Muslime, mehr noch die Juden und Mozaraber, die als Vermittler dieses Wissens tätig waren, erinnern an den weitgereisten Diplomaten zur Zeit des sechsten Alfons, den Grafen Sisnando Davídiz: »Große Erfahrung der Grenze und der Verbindungen erwarb er sich und wurde zum Beherrscher der Geheimnisse.« In der Tat soll einer aus ihrer Mitte, Juan von Sevilla oder auch Juan David von Toledo genannt, ein naher Verwandter des Grafen, vielleicht sogar sein Sohn gewesen sein. Er war es, der zusammen mit einem ebenfalls arabischsprechenden getauften Juden namens Ibn Daud dem berühmten Übersetzer

Dominicus Gundisalvi (Domingo Gonzáles) zur Seite stand. Dominicus Gundisalvi war Erzdiakon von Segovia und kam erst nach Toledo, als der große Mäzen Raimundo schon gestorben war. Es gab also ein Netz kultureller Kommunikation, bevor Raimundos Bemühen um Konzentration und Kontinuität in der »Übersetzerschule« von Toledo seinen sichtbaren Ausdruck fand.

Was die christlichen und jüdischen Übersetzer mit Hilfe der Muslime aus der Fülle des arabischen Schrifttums auswählten, entschlüsselten und weitergaben, ist des al-Andalus fruchtbarstes Erbe geworden. Die Bücher von Toledo wurden zur Brücke zwischen zwei Denk- und Vorstellungswelten: im Süden und Osten Erfahrung und Wissen uralter Kulturen sowie die Überlieferung und Nutzung antiken und spätantiken Wissens und Denkens, das sich großenteils in Werken arabischer Sprache verbarg – im Norden die drängende Welt der Bildungselite des lateinischen Abendlandes, der antikes Wissen nur in Bruchstücken bekannt war. Die lateinische Welt hatte den Höhepunkt ihrer theozentrischen Denkformen erreicht. Sie begann zu fragen und zu suchen.

Der geistige, literarisch-wissenschaftliche Reichtum der islamischen Welt, der sich den Suchenden allmählich erschloß, war so fremd und aufregend, daß das Wort von den »Geheimnissen« zur festen Vorstellung gerann. Geheimnisse, so ist es der Brauch, werden von Magiern und Zauberern bewacht. Auch solche Vorstellung von Muslimen war verbreitet. Übersetzungsarbeit muß also nicht nur gelehrte, sondern manchmal ebenso abenteuerliche wie wagemutige Tat gewesen sein – wenigstens zu Anfang. Das Patronat des Kirchenfürsten war mithin willkommener Schutz vor abergläubischer Nachstellung.

Im spanischen »Zeitalter der Übersetzer«, das unter der Herrschaft Alfons des Weisen eine weitere Blütezeit erlebte – die Übersetzerschule stand nun unter königlichem Patronat –, ist vieles von den Grundlagen späterer europäischer Denkens von Ost nach West vermittelt worden. Fast jede wissenschaftliche und technische Disziplin der europäischen Neuzeit hat hier Quellen ihrer Entstehung, Wurzeln ihres Wachsens: die Medizin wie die allgemeine Physik, die Optik und die Geographie, Nautik, Mathematik und Astronomie und selbstverständlich auch die Alchimie. Über das muslimische Spanien kamen auch die Präzisionsgeräte wissenschaftlichen Handwerks, von chirurgischen Instrumenten über die Astrolabien und Himmelsgloben der Astronomen, die Quadranten und nautischen Tafeln der Seefahrer, die jetzt den Horizont immer weiter hinausschoben.

Die unmittelbar und nachhaltig auf das lateinische Abendland einwirkende Kraft war jedoch die Vermittlung bestimmter philosophischer Kenntnisse und Auffassungen. Die Träger dieser Kraft waren vornehmlich der chorasanische Perser Abu Ali Ibn Sina und der arabischstämmige Andalusier Ibn Roschd.

Noch in der Renaissance glaubte ein Großteil des gebildeten Europa, beide seien Söhne Cordobas gewesen.

Die Wege des Aristoteles

Den Namen des Persers Ibn Sina, der 980 in der Nähe von Buchara geboren wurde, änderte das Abendland später in Avicenna. Den andalusischen Araber Ibn Roschd (1126–1198) nannte es Averroës. Beide gehören zu den hervorragenden philosophischen Denkern des Islam. Beide haben sie das theologische, philosophische und wissenschaftliche Denken des lateinischen Mittelalters tief beeinflußt, obwohl sie zu durchaus unterschiedlichen Ansichten gekommen waren.

Die arabischen Eroberer des 7. und 8. Jahrhunderts zeigten ein besonderes Interesse an den medizinischen und astronomisch-mathematischen Kenntnissen der hellenistischen Welt, die ihnen zufiel. Die logischen und metaphysischen Gedanken der antiken Philosophen fanden bald ebenfalls Eingang in das theologische Denken des Islam, das immer auch ein »politisches« Denken war. Für die in der frühen Zeit bestehende Distanz war bezeichnend, daß im muslimischen Bildungssystem das Übernommene als »ausländische Wissenschaften« neben den eigentlichen »arabischen Studien« kategorisiert wurde; deren Krönung blieb natürlich das glaubensrechtliche Wissen, *fiqh*. Der frühen Anwendung griechischer Philosophie auf das islamische Dogma – sie begann bereits mit ersten Übersetzungen im 8. Jahrhundert – haftet viel von Versuch und Irrtum an. Die hellenisierenden Philosophen des Islam schlossen sich im Lauf des 9. Jahrhunderts lose zu der Denkschule der Mutalisten zusammen. Zwar hatten sie ihre Freiheiten, doch blieben sie der Häresie verdächtig. Wer von Platon und Aristoteles ausging, mußte in Gegensatz zu den Wächtern sunnitischer Orthodoxie geraten. Vor allem deren malikitische, auch in Spanien geltende Schule hielt daran fest, glaubensgerechtes Wissen sei dreifach gegründet: auf das eindeutige Buch Gottes, auf die gebilligten Sätze der Tradition, *sunna,* auf die Erkenntnis des Ich-weiß-nicht. Die frühen Hellenisierer unter den Muslimen und die sunnitischen Orthodoxen gingen getrennte Wege.

Die muslimische Zeit der Jahrtausendwende brachte zwei große Philosophen hervor, den aus Turkestan stammenden al-Farabi und, eine gute Generation später, Ibn Sina. Sie gaben dem Denken in griechischen Kategorien wachsendes Gewicht. Al-Farabi und Ibn Sina waren keine eindeutigen »Aristoteliker« im späteren philosophiegeschichtlichen Verständnis, eher Neuplatoniker, von Plotinus beeinflußt, aber mit grundsätzlich monotheistischem Ansatz und unter Einbeziehung aristotelischer Auffassungen und Theorien. Ihr Glaube an die Ewigkeit der Welt – denn zu den Attributen Gottes gehört die Ewigkeit, das absolute Sein denkt sich ewig, folglich muß Ewigkeit auch ein Attribut seiner Wirkung, der Welt, sein – ist vom strikten koranischen Wort ziemlich weit entfernt. Die Distanz zwischen Philosophie und Orthodoxie wurde deutlicher. Dem Zwang zu Klarheit und Entscheidung stellte sich einer der größten und mächtigsten Theologen des Islam, Abu Mamid al-Ghazali (die Lateiner nannten ihn später Algasel), der ebenfalls im Iran geboren wurde (1058) und später in Bagdad lehrte. Nach langem Studium und aufgrund genauer Analyse der platonisch-aristotelischen Schriften, die in der islamischen Welt bekannt waren, verfaßte er eine bissige Widerlegung. Er faßte Platons und Aristoteles' Argumente zusammen und bekämpfte die philosophischen Ansichten beider. Seinem Diskurs gab er den Titel: *Die Inkohärenz der Philosophen.* Wenige Jahre später ergänzte er diese Arbeit durch eine umfassende Darstellung der orthodoxen islamischen Theologie. Er stellte die Herrschaft der Theologie über die Philosophie wieder her, er festigte sie und blockierte im Osten der islamischen Welt die Ausbreitung aristotelischen Gedankenguts, wenn er sie auch nicht völlig unterbinden konnte. Erhalten blieb die aristotelische Logik als eine anerkannte Denkmethode für die Vielzahl islamischer Theologen, die der Rationalität zuneigten.

Lernen und Lehren eines »Philosophen« war nicht auf ein Wissensgebiet beschränkt. Sein Wirken umfaßte die meisten der gängigen Wissenschaften; die Trennung der Disziplinen war unbekannt. Ibn Sina war vornehmlich als Arzt tätig, der erste übrigens, der die Anatomie der Augenmuskeln zutreffend beschrieb und eine optische Theorie aufstellte, die die Vorstellung überwand, das menschliche Auge sende Strahlen aus, und das Auftreffen dieser Strahlen konstituiere das Sehen. Seine philosophischen Vorstellungen sind in seinen heilkundlichen Werken zusammengefaßt; eines trägt den Titel: *Buch der Genesung.* Genesung wurde nicht als rein körperlicher Vorgang verstanden, sie schloß immer Heilung der Seele und ihre Förderung auf dem Weg zur höheren Existenz ein. Das war wiederum ohne die Beachtung der Gestirne nicht denkbar, wiewohl dies den Heilenden der genauen Beobachtung und Prüfung der physikalischen und physiologischen Details nicht enthob: Astrologie galt spätestens seit der Übernahme großer Teile des aristotelischen Weltbildes als zentrales Bemühen um Erkenntnis und Erklärung der hierarchischen Ordnung bewegender Ursachen im Kosmos. Astronomie als Technik der Gestirnsberechnung spielte zunächst nur eine Rolle für die Lösung praktischer Aufgaben, war also Hilfswissenschaft der Astrologie.

Auf das Kompendium neuplatonisch eingefärbten aristotelischen Wissens, angereichert durch die wachsende Zahl arabischer Übersetzungen, stieß in der almohadischen Zeit religiöser Verschärfung der Cordobaner Ibn Roschd, der Averroës der Lateiner. Er gehörte zur Klasse der Religionsjuristen. Doch die *faqi* haben ihm, den sie später als einen Abweichler und Abtrünnigen betrachten mußten, später nach dem Leben getrachtet. Er verließ das al-Andalus, um dann wider Erwarten in Marrakesch Aufnahme und Schutz bei dem almohadischen Kalifen zu finden.

Die erste Begegnung zwischen dem landflüchtigen Aristoteliker und dem glaubensstrengen Kalifen, die Verwirrung, die den Schutzsuchenden überfiel, vor allem die erste Frage, die den Kern der Auseinandersetzungen betraf und Averroës in Angst und Schrecken stürzte, ist überliefert worden:

»Als ich in die Gegenwart des Fürsten der Gläubigen, Abu Jaqub, eintrat, sah ich, daß er mit Abu Bakr Ibn Tufail allein war. Ibn Tufail begann eine Lobrede auf mich, nannte meine Familie und meine Vorfahren, wobei er viele Dinge jenseits meiner tatsächlichen Verdienste erwähnte. Das erste, was der Fürst der Gläubigen mir zu sagen auferlegte, nachdem er mich noch einmal nach meinem Namen, meines Vaters Namen und meiner Abstammung gefragt hatte, lautete: ›Was ist ihre Meinung über die Himmel?‹ – er bezog sich auf die Philosophen – ›Sind sie von ewig her oder sind sie geschaffen?‹ Verwirrung und Furcht ergriffen mich, und ich hob zu Entschuldigungen an und leugnete, je mich dem Studium der Philosophie ergeben zu haben, denn ich wußte nicht, was Ibn Tufail darüber berichtet hatte. Aber der Fürst der Gläubigen verstand meine Furcht und Verwirrung, er wandte sich Ibn Tufail zu und sprach mit ihm über die Frage, die er mir gestellt hatte, und erwähnte dabei, was Aristoteles, Platon und all die Philosophen dazu gesagt hatten, worauf er dann benannte, was die muslimischen Denker dem entgegenzuhalten wußten...« (al-Marrakuschi).

Der Kalif der Almohaden nahm sich die Freiheit, toleranter zu denken und zu handeln als seine theokratisch eingeschworenen Glaubenssoldaten. Er gewährte dem Averroës Schutz und Unterstützung. Mit seiner Berufung zum Richter in Sevilla (1169) und zwei Jahre darauf zum Oberrichter in Cordoba öffnete er ihm eine ebenso glänzende wie einträgliche Laufbahn. Später hat er ihn dann an seinen Hof in Marrakesch zurückgeholt.

Averroës wurde der überragende Kommentator der aristotelischen Philosophie. Er wollte seiner Zeit den »authentischen«, von neuplatonischen und islamischen Zusätzen befreiten Aristoteles vorlegen. Dabei ging er von seinem Aristotelesverständnis aus. Er verteidigte die Philosophie gegen den Absolutheitsanspruch des koranischen Offenbarungsglaubens. Das hatten die al-Farabi, Avicenna und andere auch getan, aber er erreichte darin eine Sicherheit und Klarsichtigkeit wie keiner vor ihm: »Die Philosophie ist Freundin und Milchschwester der Religion. Sie widerspricht nicht der Offenbarung, sondern bestätigt sie. Solchermaßen ist Philosophie so gültig für das Erlangen der höchsten Wahrheit wie die Offenbarung selbst.«

In seiner Eigenschaft als *faqi* hat er die Philosophen gegen die moralischen Postulate seiner Standesgenossen rechtlich abgesichert. Philosophie sei, schrieb er, auf jene wenigen beschränkt, denen die intellektuelle Kraft und Fähigkeit der Beweisführung zuteil geworden ist; die Masse möge sich mit dem geoffenbarten Wort zufriedengeben; Theologen und Religionsjuristen seien lediglich reine Dialektiker; philosophische Welt- und Seinsdeutung sei keinesfalls Sache der Masse und auch nicht notwendig mit den *faqi* zu erörtern. Ist das Zwiegesichtigkeit oder nur Abwehr und Sicherung gegen die eigene Umwelt, die ihn nicht hören wollte?

Der Araber Ibn Roschd aus dem al-Andalus hat auf die islamische Welt wenig Eindruck gemacht. Seine Kritik der Kritik des al-Ghazali wurde theologisch nicht mehr beantwortet. Die Zeit des ausgehenden Kalifats von Bagdad – sechzig Jahre nach dem Tod des Philosophen nahmen die heidnischen Mongolen die Stadt der Abbasiden ein – hatte keinen Sinn mehr für Intellektualität. Die Bewahrung der Gemeinde, der *umma,* war allem übergeordnet.

Averroës hat nicht auf seine Welt, sondern auf das lateinische Abendland eingewirkt.

»Weil der Kommentator es will«

Ein ungeheurer Schatz philosophischen Wissens wurde über Toledo in die Welt nördlich der Pyrenäen getragen. Seit der Patronage des Erzbischofs Raimundo bis zur Herrschaft des weisen Königs Alfons wurden – unter anderen – die Schlüsselwerke des al-Farabi und des Avicenna, die *Nikomachische Ethik* des Aristoteles, seine naturwissenschaftlichen Arbeiten und die meisten Kommentare des Averroës zu Aristoteles übersetzt. Die Kommentare waren ein ausführliches Werk in drei »Reihen«: Die Kleinen Kommentare, Zusammenfassungen genannt, sind kurze Analysen; in den Mittleren Kommentaren stehen genaue Interpretationen der Texte; die Großen Kommentare enthalten eine weiterentwickelte, Satz für Satz erklärende Auslegung, meist auf das gemünzt, was Averroës als Entstellungen, Verbiegungen und ungebührliche Zutaten durch Avicenna und andere islamische Glaubensgenossen betrachtete.

Als der englische Übersetzer David von Morley in seine Heimat zurückkehrte, sagte er, nun sei es an ihm, alles in Toledo Gelernte in England zu verbreiten, damit er »nicht der einzige Grieche unter lauter Römern« bleibe. Aristoteles war dem lateinischen Abendland bis dahin nur durch einige schmale Übersetzungen des Römers Boethius (um 480–525) bekannt.

Toledo und einige andere, kleinere spanische Übersetzerschulen waren nicht die einzigen Übermittler griechischen Wissens aus muslimischen Horten. Einer der bedeutendsten Aristoteles-Übersetzer, der Schotte Michael (Michael Scotus), arbeitete zunächst in Toledo, unter anderem an den von Avicenna in neunzehn Büchern zusammengefaßten zoologischen Überlegungen des Aristoteles; seine Übersetzung *De animalibus* ist die Grundlage des gleichnamigen Werkes des Albertus Magnus geworden. Von Toledo ging Michael Scotus über Bologna und den päpstlichen Hof an den Großhof des Hohenstaufers Friedrich II. in Sizilien. Dort blieb er als Hofastrologe des Kaisers, und dort übersetzte er des Aristoteles *De coelo et mundo*. Übersetzungsarbeit war nicht wortgetreue Übertragung, es war inneres Aufschließen der arabischen Fassungen, und das war nur möglich im arabisch-jüdischen »Milieu« einer Mischwelt, in der es keine eindeutig definierten Sprachgrenzen gab. Ähnlich wie in Spanien entwickelte sich auch in Sizilien eine kulturelle Symbiose.

Die »Geheimnisse« in den muslimisch überlieferten aristotelischen Schriften erregten das Mißtrauen der traditionellen christlichen Scholastiker. An der Hochschule von Chartres, dann vor allem an der Universität von Paris stießen die Gegensätze überlieferten Denkens und neuen Wissens und Interpretierens hart aufeinander. »Das drängendste geistige und religiöse Problem des 13. Jahrhunderts war nicht mehr die Auslegung einzelner heiliger oder profaner Texte, sondern die Frage nach der Vereinbarkeit von Evangelium und Aristoteles, von Glauben und Wissen. Die Frühscholastik des 12. Jahrhunderts hatte sich der Dialektik als einer exegetischen Methode bedient; aber durch die Schule von Chartres . . . war auch der Inhalt antiken Denkens zur Diskussion gestellt worden. Das war möglich, seitdem man im Abendland nicht mehr nur den von Boethius übersetzten Aristoteles, seine logischen und sprachlogischen Schriften zur Hand hatte. Aus Sizi-

lien und durch die Übersetzerschule von Toledo / ... erhielt man
... / den neuen Aristoteles der Metaphysik, der Ethik und der
Naturwissenschaften und fand hier ein geniales und geschlossenes
Gebäude aller Wissenschaften, eingeteilt nun aber nicht nach den
Prinzipien der göttlichen Weltschöpfung, sondern nach den Ge-
genständen der sinnlichen Welt und den Grundsätzen der rationa-
len Abstraktion« (A. Borst).

Die Philosophen der Fakultät von Paris, angeführt von dem
geistlichen Professor Siger von Brabant, entwickelten aus den neu
übermittelten Texten und unter unmittelbarer Berufung auf die
Kommentare des islamischen *faqi* Ibn Roschd einen strikten
»Averroismus«. Im März 1255 schrieb die Pariser Fakultät ihren
Studenten Vorlesungen über alle jetzt bekannten Schriften des
Aristoteles vor, und das bedeutete Einbeziehung der Kommentar-
reihen des Averroës. Die aristotelische Lehre von der Ewigkeit
der Bewegung und der Welt, durch Siger von Brabant und seine
Pariser Kollegen konsequent vorangetrieben, führte sie zwangsläufig dazu, ein von der christlichen Offenbarung abgelöstes, rein
philosophisches Weltbild zu schaffen; die Theorie einer »doppelten Wahrheit« entstand. Das Urteil war unvermeidlich: 1270 und
noch einmal 1277/78 wurden in Paris kirchliche Verdammungsde-
krete erlassen, Siger wurde kirchenrechtlich gemaßregelt, dann
verschwand er. »Averroista« wurde zum gefährlichen Verdacht.

Aber Averroës blieb. Er bestimmte weiterhin die theologisch-
philosophische Diskussion des Jahrhunderts: *quia vult Commen-
tator* (weil der Kommentator will) wurde zur stehenden Formel in
den scharfen Diskussionen der lateinischen Christenheit. Der Frage nach der Selbstbehauptung der Philosophie in der Auseinandersetzung mit der Theologie der Offenbarungsreligion, dies aber
jetzt unter unverhohlenem Rückgriff auf die Natur und die natürlichen Prinzipien, war nicht mehr auszuweichen. Das 13. Jahrhundert wurde freilich nicht zum Jahrhundert des Siger von Brabant
und seiner Anghänger, sondern zum Jahrhundert des Albertus
Magnus und des Thomas von Aquin. Den inhaltlich entscheidenden Disput mit der Pariser Fakultät führte schließlich nicht mehr
die frühscholastische Orthodoxie, sondern Thomas – es war der
Kampf zwischen einem »heidnischen« und einem christlichen Aristotelismus. Thomas von Aquin hat das Erbe, das ihn zunächst aus

muslimischen Quellen durch die Übersetzer von Toledo und Palermo erreichte, so völlig neu und tief durchdacht, daß von nun an nicht mehr von Aristotelismus, sondern von thomistischer Philosophie gesprochen werden muß.

Der einsame Araber Ibn Roschd war in seiner eigenen Welt der letzte große Vertreter der Eigenständigkeit der Philosophie. Er wurde von seinen Glaubensgenossen nicht mehr gehört, weder im einstigen al-Andalus und schon gar nicht im islamischen Osten. Die Stimmen des koranischen Offenbarungsglaubens übertönten ihn. Der Andalusier Averroës aus Cordoba öffnete mit seinem Werk dem christlichen Abendland die Möglichkeit des »anderen« Weges: Die Philosophie samt ihren Wissenschaften löste sich aus der Rolle einer »Dienerin der Theologie«.

In Toledo ging die Übernahme zivilisatorisch-technischen Wissens aus der muslimischen Welt emsig weiter. Zugleich begann in der iberischen Mischwelt der sehr lange und oft widersprüchliche Prozeß, der die muslimischen Mudejaren, Untertanen der christlichen Herrschaft, in die entstehende neue Gesellschaft Spaniens einschmolz. Doch hat es nahezu drei Jahrhunderte gedauert, bis ihre Identität nicht mehr erkennbar war.

Fast unberührt von all dem blieb in der südöstlichen Ecke der Iberischen Halbinsel der muslimische Traum, der auf Spaniens Boden weiterleben durfte: das kleine maurische Reich Granada – Rest der großen Beute, die einst Allah gehören sollte.

Der Seufzer des Mauren

Gebete an den Wänden

Muhammad Ibn Jussuf Ibn Nasr zog 1248, aus Sevilla kommend, an der Spitze seines abgekämpften, vom langen Marsch über heißes Hügelland und schroffe Bergschranken ermatteten Heeres in seine Hauptstadt Granada ein. In den Straßen jubelten seine Untertanen ihm zu: »Sieger!« Muhammad Ibn Jussuf Ibn Nasr winkte müde ab. Er sagte: »Es gibt keinen Sieger außer Gott!«

Die Antwort des Ibn Nasr wurde der Wappenspruch der granadinischen Herrscherfamilie der Nasriden. In endlosen Arabesken zieht sich der Satz über die Wände des Nasridenpalastes auf dem Festungshügel *al-Hamra,* die Rote: »Es gibt keinen Sieger außer Gott! Es gibt keinen Sieger außer Gott! Es gibt keinen Sieger . . .« Wie die Beschwörung eines Endes, das nicht mehr abzuwenden ist.

Die Überlieferung dieser Devise beschreibt, auch wenn sie nur in der Phantasie der Zeitgenossen entstanden sein sollte, sehr genau die Stimmung, in der ein nachdenklicher muslimischer Kleinfürst in den Jahrzehnten nach der Schlacht von Las Navas de Tolosa gewesen sein muß – damals, als König Ferdinand III. daranging, die Reste muslimischer Herrschaft wegzuräumen.

Dieser erste Nasride war anfangs ein armer adliger Grundherr eines winzigen Ortes oberhalb der Stadt Jaen, am südlichen Hang der Sierra Morena. In den Wirren der Auflösung almohadischer Hoheit in Andalusien bemächtigte er sich zunächst dieses nahen Jaen. Aber selbst in der Phase völligen Verfalls der Ordnung konnte ein Herr von Jaen nicht lange allein bestehen. Ibn Nasr wechselte mehrfach seine Loyalität, bis er schließlich eine Allianz mit dem Kastilierkönig Ferdinand einging.

Nach Jahrhunderten der absonderlichsten Allianzen und Interessenverbindungen – denn nur in den großen Stunden war die Reconquista eine Sache eindeutiger Fronten gewesen – kann dieser Schwenk des Ibn Nasr nicht überraschen. Kaum wäre er der Erwähnung wert, stünde nicht hinter dem üblichen Muster politischer Taktik eine bezeichnende Konstellation der handelnden Personen: Der große kastilische Eroberkönig, der später ein Heiliger der katholischen Kirche wurde, im Schutzbündnis mit einem Muslimen edelster arabischer Herkunft. Des Ibn Nasr Vorfahr war Sad Ibn Obada, »der Vollkommene«, einer der engsten Mediner Kampfgefährten des Propheten, der die Nachfolge, das Kalifat, fast schon in Händen hatte, als er heimtückisch ermordet wurde. Das Geschlecht des Ibn Nasr gehörte zu den ersten arabischen Einwandererfamilien in Spanien.

Das alles zählte nicht mehr. Die Erinnerung an die frühen Tage arabischer Größe war dünn geworden, nicht mehr als ein Schleier im Bewußtsein der Allgemeinheit. Und Ibn Nasr, bloß ein Lokalfürst in den Bergen nördlich von Granada, war angewiesen auf Duldung und Beistand. Beides gab ihm Ferdinand der Heilige, freilich gegen einen beträchtlichen Preis. Zunächst hatte Ibn Nasr mit seinen Soldaten bei der christlichen Eroberung der einstigen Kalifenstadt Cordoba Unterstützung zu leisten (1236), wofür er sich als Lohn Granada nehmen durfte. Granada auf Dauer zu halten kostete ihn einen weit höheren Preis. Ibn Nasr, der neue Emir von Granada (die Titel der Nasriden wechseln, Sultane werden sie genannt, auch Könige, meist aber Emire), mußte die Oberherrschaft Ferdinands anerkennen, einen jährlichen Tribut von 150000 Goldstücken erlegen und sich zu jeder militärischen Hilfe verpflichten. Die entscheidende Forderung wurde ihm bald durch die Herolde des Königs übermittelt. Ibn Nasr und sein granadinisches Muslimenheer hatten sich 1247 an der achtmonatigen Belagerung und im folgenden Jahr am endgültigen Fall Sevillas zu beteiligen. Der Emir mußte mitansehen, wie ein Christenritter im vollen Kampfpanzer als erster das almohadische Minarett, die Giralda, bestieg und wie von der Höhe der Giralda herab die königlichen Kommissare das *repartimiento,* die amtliche Neuverteilung eroberten Besitzes, vollzogen. Seine Resignation ist verständlich: »Es gibt keinen Sieger außer Gott!«

Andauernde Resignation konnte sich Ibn Nasr in der unbeständigen Welt des 13. Jahrhunderts nicht leisten. Der alternde Emir zeigte bald gezielte Aktivität. Er steckte die Grenzen seines Reiches ab. Es zog sich von Gibraltar die Mittelmeerküste entlang bis südlich Murcia, schloß also strategisch und handelspolitisch so wichtige Häfen wie Algeciras, Malaga und Almeria ein. Knapp zweihundert Kilometer von der Küste entfernt lief über die Berge seine Nordgrenze, die später mit einer langen Kette militärischer Stützpunkte so stark wie eben möglich gegen Kastilien und Aragon-Katalonien gesichert wurde. Kaum fünfzehn Jahre nach der Rückkehr von Sevilla versuchte Ferdinands Nachfolger, Alfons X. von Kastilien, sich des Nasridenreiches zu bemächtigen, aber Ibn Nasr war durch eine neue Bündnisachse dem Vorhersehbaren zuvorgekommen. Er hatte sich der Unterstützung einer jungen und nun siegreichen Berbermacht in Nordafrika versichert, der Meriniden, die die erschöpften und ausgebluteten Almohaden gewaltsam abgelöst hatten. Mit ihrer Hilfe schlug er die Kastilier zurück. Neuer Waffenstillstand, neue Tributregelungen, neue Besitzbestätigung folgten, wie alle vorhergehenden und alle künftigen waren sie von kurzer Dauer. Damit ist die Grundlage der Existenzsicherung des muslimischen Restreiches mit dem großen Namen für die gesamte Dauer seiner Existenz von 1250 bis 1492 schon benannt.

Die Nasriden von Granada überlebten, weil die Geographie ihres Reiches, schroffe Bergwände und wehrhafte Häfen, ihnen eine natürliche Verteidigung bot, die nur mit erheblichen militärischen Mitteln von außen aufgebrochen werden konnte (der Endkampf um Granada hat die christlichen Könige ungeheure Mühe und viele Jahre gekostet).

Sie überlebten, weil sie eine überaus geschickte, oft verschlagene Bündnispolitik des schnellen Wechsels betrieben, mal mit Kastilien, dann wieder mit Aragon-Katalonien, häufig mit Nordafrikas Meriniden gegen beide.

Sie überlebten, weil sie stets hervorragend informiert waren; Nachrichten aus der Tiefe Nordafrikas oder aus den Zentren der christlichen Mächte brauchten meist nur wenige Tage, bis sie auf der Alhambra eintrafen.

Machtpolitisch ein bewunderungswürdiger Balanceakt über mehr als zweihundert Jahre – bis zu jenem Zeitpunkt, da ihr größter Vorteil, die direkte Seeverbindung zu den nordafrikanischen Verbündeten, sich endgültig ins Gegenteil verkehrte. Christliche Furcht, nach der Eroberung von Byzanz (1453) könne die neue osmanische Macht den Nasridenbesitz als Brückenkopf für ihr Vordringen nach Europa nutzen, war einer der Gründe für den spanischen Entschluß, das Ende Granadas herbeizuzwingen.

Verse und Zitate ziehen sich in endloser Reihung über die Wände der schimmernden Schönheit Alhambra. Manchmal klingen sie wie dunkle Stoßgebete: »Es gibt keine größere Hilfe, als die da kommt von Allah, dem Erbarmenden und Mitleidvollen« oder »Beschütze Jussuf vor allen Gefahren des bösen Blicks mit fünf Worten, sprich: Meine Zuflucht ist in dem Herrn der Morgenröte. Allah sei Dank!«

Hinter der Schönheit verbarg sich nagender Zweifel, ein Hauch von Angst, der in den Türen und Nischen hing, auch wenn die Sonne höherstieg und das Leuchten der Flächen anhob, der Duft der Blumen durch die Höfe zog: »Meine Zuflucht ist in dem Herrn der Morgenröte.«

Die Dauer des späten Emirats und der Glanz seiner Erscheinung täuschen über die wesentliche Tatsache seiner Existenz hinweg: Granada war vom Beginn der Nasridenherrschaft bis zu seinem Untergang im letzten Jahrzehnt des 15. Jahrhunderts ein hinhaltend belagertes Reich. Seine Außenzonen waren Schauplätze eines Grenzkrieges, der zuzeiten erlahmte, aber nie ganz aufhörte. Die Befehlshaber christlicher Grenzbereiche trugen oft den Titel *Adelantado de La Frontera.*

Das belagerte Reich war, ebenfalls von Anbeginn, Zufluchtsort glaubensstarker Muslime, die ihre Heimat in Kastilien, Aragon-Katalonien, Andalusien, Portugal verlassen wollten oder mußten.

Das wirtschaftliche Potential der Flüchtlinge machte Granada zunächst reich. Viele kamen mit ihrer beweglichen Habe, ihren nicht unbedeutenden Reichtümern; jeder, auch der Mittellose, brachte seine hohen handwerklichen Fertigkeiten mit. Die immer dichter aufeinanderrückende Bevölkerung konnte im Land nicht genügend Grundnahrungsmittel erzeugen; sie mußten eingeführt werden. Importiertes Getreide wurde mit dem Ausfuhrerlös hochwertiger landwirtschaftlicher Produkte bezahlt; in den intensiv bewässerten und bebauten Fruchtebenen, den *vegas,* wuchsen mehr als genügend Zuckerrohr und Edelobst, Feigen, Mandeln und Orangen. Die Städte produzierten exportfähige Luxusgüter aller Art, darunter kostbare Seide in Mengen. Malaga war einer der bedeutendsten Häfen des Mittelmeeres, den die Handelsschiffe aus Barcelona und Marseille, vor allem aus Pisa und Genua ständig und ohne Rücksicht auf wechselnde politische Lagen ansteuerten. Nach außen ein Land stabiler Wohlhabenheit und wirtschaftlichen Wachstums, dem es nicht allzu schwerfiel, zugleich die Summen für die Tribute – nie sanken sie unter ein Fünftel des Staatseinkommens, oft lagen sie viel höher – und für die Respekt heischende militärische Verteidigung aufzubringen.

Indes, hinter den Mauern der Wohlhabenheit machte sich Belagerungsmentalität breit. Die Bedingungen für das Leben trugen bereits den Todeskeim in sich: Ein muslimischer Herrscher als Tributhöriger eines christlichen Königs mochte noch angehen, sofern es um kurzfristige Arrangements der Tagespolitik ging – daß muslimische Dynasten als Vasallen christlicher Könige zum Erscheinen in der Hofversammlung verpflichtet, daß muslimische Emirate von der Zustimmung der christlichen Vormacht abhängig waren, verletzte die Ehre und den aufgeflammten Glaubensstolz. Unaufhörlicher Widerspruch, Zwiespalt und Konflikt mit sich selbst, waren Teil der Struktur des granadinischen Emirats. Zu Zeiten eines gelassenen muslimischen Selbstbewußtseins hätte die Bürde des inneren Widerspruchs vielleicht ertragen werden können. Doch das Emirat wuchs in eine Zeit intellektueller Verengung der islamischen Welt hinein, und der Schwund an Kraft ging »auf nichts anderes zurück als auf einen Wandel in den Interessen der muslimischen Intelligenz. Die Bewahrung der *umma* war zum Hauptanliegen geworden, und die Bedrängnis der Zeit, die der Ansturm der heidnischen Mongolen bald noch drückender machen sollte« – zum Vergleich: als der erste Nasride sich fest in Granada einrichtete, eroberten die Mongolen Bagdad, das Kalifat fiel (1258) –, »erforderte alle Kräfte, um die Gemeinschaft ungeschmälert zu behaupten. So mußte man die Energien konzentrieren und sich den Luxus versagen, religiös indifferente, vielleicht sogar gefährliche Wissenszweige auszuweiten. Die Sicherheit der Gemeinde lag in der Gewißheit der apostolischen Tradition. Alles Neue wurde mehr denn je abgelehnt und gefürchtet, damit natürlich auch eine sich als originell gebende Forschung wie überhaupt jede Haltung, die vom religiösen Lebensziel ablenkte. Trotz intellektueller Erregtheit war die Zeit antiintellektuell, ja antirational. Gnosis oder Intuition stand hoch über dem durch Denken erworbenem Wissen; Tradition, nicht Vernunft, verdiente Vertrauen; Glaubensseligkeit stumpfte das kritische Wollen und damit das kritische Vermögen ab. Der Fehlbarkeit des Menschengeistes wurde religiöse Befriedigung abgewonnen; die Schwäche des Menschen war Gottes Ruhm« (v. Grunebaum).

Unter den Bedingungen des inneren Widerspruchs und der permanenten, wenn auch nicht immer drückenden Belagerung wurde selbstgerechte Glaubensenge, die nicht selten die Grenze zum religiösen Fanatismus streifte, zum Merkmal des einsamen Emirats. Von der *convivencia* der drei Religionen, einst der Ausweis muslimischen Selbstbewußtseins im alten al-Andalus, blieb nichts. Arabisch war die einzige Sprache, allein gültig in Bildung und Tagesverkehr. Granada kannte keine organisierte, sich selbst verwaltende Christengemeinde mehr. Zwar konnten einzelne anpassungsfähige Christen bei besonders günstiger Konstellation der Umstände in der städtischen Wirtschaft aufsteigen, aber in Ämtern des Hofes und der Verwaltung waren sie nicht mehr zu finden. Die Zahl der Juden in der Stadt, die zur Zeit eines ha-Nagid die blühendste hebräische Gemeinde in al-Andalus beherbergte, war stark zusammengeschmolzen. Große Namen in der muslimischen Geisteswelt werden seltener. Da ragte sicher der Dichter Ibn Zamrak über das Mittelmaß hinaus, vor allem sein Lehrer und Freund, der Wesir, Poet, Jurist, Diplomat und Historiograph Lisan al-Din Ibn al-Khatib (1313–1375), aus dessen unschätzbarem Hauptwerk über die Geschichte des al-Andalus, *Amal al-Alam,* wir im Lauf dieser Erzählung häufig zitiert haben. Auch in seinem Buch, das einem Fürstenspiegel gleichkommt, ist eine Ausrichtung auf Gründe und Formen glaubensgerechter Existenz der Gemeinde und der Herrscher deutlich zu spüren.

Das Granada der Nasriden hatte ein doppeltes Gesicht: Nach außen reich und elegant, nicht ohne Glück in den Dingen der Welt und der Waffen, krankte es im Innern am Widerspruch seiner Existenz, an bigotter Glaubensenge, am endlosen Zwist seiner Dynastie.

Über dieser Stadt stand die Schönheit der Alhambra.

»Ich bin ein Auge in diesem Garten der Glückseligkeit«

Ein Bergrücken, ein letzter Ausläufer der Höhen der Sierra Nevada, schiebt sich an den Fluß Darro heran, der der Stadt und der Fruchtebene der Vega ständig frisches Wasser zuführt. Der Bergrücken trägt eine einzige riesige Festung. Massive, mit mächtigen quadratischen Türmen bewehrte Mauern strecken sich beiderseits der Kammlinie: dunkles, fast finsteres Rot, ein leichter Braunton scheint hineingemischt. Das Grün der Haine und der umschließenden Wälder macht sie nicht freundlicher, *al-Hamra,* die Rote. Wer nicht weiß, daß die Mauern eine zerbrechliche Kostbarkeit bergen, fühlt sich bedrückt, wohl auch bedroht. Wo der Bergrücken westlich in das Tal des Darro und zur Stadt hin abzufallen beginnt, steht auf vorgeschobener, abgeplatteter Kuppe der mächtigste der Türme, *Torre de la Vela,* dunkle Kraft, massige Abwehr, beherrschender Blick über Stadt und weites Land, Festung innerhalb der Festung, Teil einer Zwingburg.

Hier war seit alters die *kasba,* der Alcazar der wechselnden arabischen und berberischen Herren von Granada; in ihrer Zeit und gemessen an der Größe und Bedeutung von Cordoba, Sevilla und Toledo war sie immer eine Stadt zweiten Ranges geblieben.

Den entscheidenden Ausbau der großen Festung, in der die neue Regierungszentrale zusammengezogen wurde und die dank der Vorräte sich selbst erhalten und über Jahre versorgen konnte, begann der erste der Nasridenherrscher, als er aus dem Treibgut des völligen Zusammenbruchs das Emirat Granada zusammenfügte. Die Alhambra ist absoluter Mittelpunkt in einem System konzentrischer Abwehrkreise: um die Festung schloß sich die Stadt, um die Hauptstadt die Ringe der anderen granadinischen Städte, die zum Teil in den schroffen Bergen lagen, in denen einst der Rebell Omar Khafsun seinen Horst Bobastro hatte. Das gesamte Verteidigungsgeflecht war umgürtet von der Kette der Burgen und Stützpunkte in den Grenzbergen und den befestigten Häfen. Auf der Kuppe ihres Berges ist die nasridische Alhambra das Gegenbild zur Medina az-Zahra der Omajjaden an den sanften Hügeln bei Cordoba – *az-Zahra,* eine Geste herrscherlicher Sicherheit und unbekümmerten Selbstbewußtseins; *al-Hamra,* das Zeichen der Abwehr, der Abschirmung und trotzigen Behauptung.

Vergessen ist der Vergleich, verweht das Empfinden von Düsternis und Bedrohung beim ersten Schritt in den kleinen Innenbezirk der Prunkhöfe, Thronräume und Gärten. Erst die Nasridenherrscher des 14. Jahrhunderts haben sie in die schützenden Mauern hineingebaut. Was macht den Rausch der Eleganz und Schönheit so kühl? Das Kristallwasser der Brunnen, das dunkel-klare Grün der Teiche? Die Schatten der Bögen und Arkaden, die von der kreisenden Sonne still verschoben werden? Stille und Ruhe verbreitet die scheinbare, präzise berechnete Schwerelosigkeit der Hofumbauungen und des Dekors.

Die Höfe der Alhambra, das ist die Kunst der Stille. Da ist nichts Raumgreifendes, keine ausgelegte Bahn, über die Höfling oder fremder Gesandter zum Sitz des Herrschenden schritt. Das ist Intimität. Oder Versteck? Wer zum Emir in der *Sala de Embajadores*, Thron- und Audienzraum im kostbar ausgebauten Wehrturm *Torre de Comares*, vorgelassen werden wollte, der verharrte auf den Seitenwegen im Hof der Myrten, neben dem unbewegten Teich, der, in der Achse zum Thronraum gelegen, den größten Teil des Patio ausmacht. Der hier Verweilende sieht nicht die ganze Wuchtigkeit des Wehrturms; die dem Innenhof zugewandte Seite seines oberen Teils wirkt als bewahrender Hintergrund für die zierliche Eingangshalle vor dem Thronraum: schwingende Flächen zwischen spielerischen, schlanken Säulen, übersponnen von zartestem Rankenwerk sanft erhabener Arabesken. Sie geben, wenn die Morgensonne ihre schmalen, feinen Schatten hervorzaubert, der Helligkeit der Fläche Leben; treten zurück, wenn die Sonne steigt, weichen still und unmerklich dem hellen Leuchten, werden unsichtbar, um bei Sonnenuntergang wieder Gestalt anzunehmen. Das tiefgrüne Kristall des Teiches – Abbild der Paradiesflüsse des Koran? – stört kein Windhauch. Er nimmt die Strahlen der Sonne und die Bilder der Wolken so gelassen und unberührbar hin wie das Silberlicht des Mondes und die Bilder der Sterne – in endloser Folge.

Im Nachbarhof rieseln hell die Wasser des Löwenbrunnens. Kühl ist es unter den schattigen Arkaden. Schattiger noch und dunkler im Garten der Linderaja, jenseits des Löwenhofes. Der Name ist eine Verstümmelung des arabischen Frauennamens Aischa; nach der Frau des Propheten wurden alle genannt, die zur

Ersten Frau des Emirs erhoben wurden – *al-ain dar Aischa,* das Auge des Hauses der Aischa. In den Wohnräumen am Garten der Linderaja steht es zu lesen: »Ich bin ein Auge in diesem Garten voller Glückseligkeit.«

Die Stunden des Verharrens und des Horchens auf die Stille enden in Verwirrung. Was sind diese Höfe und Zierbauten der Alhambra, die gepriesenen Gefäße der Köstlichkeit? Was verbirgt sich hinter all der Schönheit? Dekadenz, heißt es, sei ihr eigentliches Zeichen, Überreife der Zeit, spielerische Kostbarkeit, die die Ahnung des unausweichlichen Endes verhülle. Und es heißt, hier »vollende sich Schwerelosigkeit, Befreiung von der Last des Irdisch-Materiellen, Seligkeit«. Oder aber, Mathematik sei, was wie ein Rausch erscheine. Dann wieder umgekehrt: »Islamische Künstler haben hier ein Bild der Welt gestaltet, in dem jede Mitte wie jedes Menschenwesen nur eine relative Mitte ist, nur eine Mitte für sich selbst, die von einem übergeordneten Prinzip gehalten und getragen wird, von einem Willen, der keine Willkür ist . . .« und eine abstraktere und zugleich realistischere Darstellung der rätselvollen Welt Gottes lasse sich kaum denken (Alfred Renz).

Nachts, im distanzierenden Licht des Mondes, wenn der schwere Duft der Blumen verweht ist und die dunklen Berge näher rücken, löst sich die Verwirrung der Fragen. Nichts bewegt sich mehr, nicht in den Höfen, auch unter den Arkaden nicht. Und nichts bewegt sich in der Zeit. Die Stunden bleiben stehen.

Das Getriebe des Tages ist verklungen, Stillstand, in der Tiefe unbewegtes Warten: gleichsam die Summe des letzten Jahrhunderts der Muslime auf dem Boden Spaniens.

Die Zeit des wachsenden Verdachts

Spanien, im 13. und noch im frühen 14. Jahrhundert Mittler zwischen christlicher und islamischer Welt, war ein natürlicher Treffpunkt: »An den Höfen von Kastilien und Aragon, auf den Burgen des Don Juan Manuel und in den Tavernen, in denen der Erzpriester von Hita [bedeutende Stimmen der Literatur dieser Zeit] zu Hause war, trafen sich jüdische Gelehrte und Finanziers, fahrende

Mudejarsänger und -baumeister kamen mit Architekten von der Ile de France zusammen, Mönchstheologen aus Paris, Gelehrte des kanonischen und des römischen Rechts aus Bologna mit Kaufleuten aus Genua, Troubadouren und politischen Flüchtlingen aus der Provence und Sizilien. Kunst und Literatur dieser Zeit spiegeln mit besonderer Klarheit das Ineinanderfließen von Islamischem, Hebräischem und Christlichem. Diese Verschmelzung zeigt sich auch in volkstümlichen Vorstellungen und im Aberglauben. Das war natürlich fremd und befremdend für Franzosen und Italiener, die nicht verstanden, wie es zustande gekommen war . . .« (Hillgarth).

Gemeinsamkeit hatte seit je bestanden und bestand noch in der Intimität der Kenntnis, wie sie aus ständigem Kampf zwischen zwei Einheiten sowie aus gleichzeitigem intellektuellen, zivilisatorischen, wirtschaftlichen Austausch erwachsen kann. Eroberte muslimische Städte, eroberte Landschaften änderten nicht einfach ihre in Jahrhunderten erhaltene Prägung; schneller Wechsel zur anderen, siegreichen Kulturwelt war unmöglich.

Ebenso natürlich ist unter den Bedingungen einer grundsätzlich geänderten politischen Lage das Schwinden gegenseitigen Begreifens. Der Frage, wie es im einzelnen geschehen ist, welche besonderen Umstände und Kräfte dieses Geschehen bewirkten, können wir hier nicht nachgehen. Von dem großen Schmelztiegel Spanien im ausgehenden Mittelalter zu berichten, in dem aus der Erfahrung und dem Zwang zur Gemeinsamkeit staatspolitische Formen, Instanzen und Verhaltensweisen entwickelt werden, wäre eine neue und andere Erzählung.

Aber noch liegt im Südosten der Iberischen Halbinsel das einsame und belagerte Emirat Granada, Herrschaftsrest des einstigen muslimischen Reiches in Spanien. Seine hinhaltende Belagerung bedeutete nicht, daß es ohne Verbindung und Kontakt zur spanisch-christlichen Welt im Norden gewesen sei: Gelegentlich versuchte es militärische Ausfälle, meist von den nordafrikanischen Meriniden unterstützt, stets wurde es nach Anfangserfolgen zurückgeschlagen; in den Grenzräumen herrschte immerwährender Kleinkrieg. Eine geschäftige Guerilla war je nach Bündnislage entweder in die Angelegenheiten der dominierenden Nachbarstaaten Kastilien und Aragon-Katalonien oder in die Fehden der einzelnen Burgherren und Grenzraumgemeinden verwickelt. Ein Grenzerkrieg, in dem, wie schon seit langem üblich, um die Interessen des einzelnen und seiner Lebensgruppe gestritten wurde. Die häufig gesungenen und in die Ferne getragenen Grenzerballaden zeichnen ein deutliches Bild. Grenzerkriege dieser Art ließen indes Raum für den alltäglichen Verkehr. Kaufleute, Söldner, missionsbewußte Mönche, offizielle Beauftragte, Abenteurer aller Art querten die Linien, und wie früher suchten Prinzen und Höflinge aus Kastilien und Aragon-Katalonien, die sich zu Hause mißliebig gemacht hatten, vorübergehend Asyl in der Stadt der Alhambra. Einsames Emirat heißt vielmehr, daß Granada in dieser Zeit nicht mehr selbstverständlicher Teil iberischer Entwicklung, nicht mehr an den gesellschaftlichen Kreislauf des anderen Spanien angeschlossen war. Es wurde zu etwas Fremdem, dessen Lebenslinien eindeutig nach Nordafrika gingen – und das Spanien links liegenließ. Was hat nun Spanien im 15. Jahrhundert bewogen, mit dem über zweihundert Jahre währenden Arrangement zu brechen, aus der hinhaltenden Belagerung in die Offensive überzugehen und den Überrest einstiger muslimischer Herrschaft endgültig zu beseitigen?

Zwei Gesichtspunkte verboten es, wie schon erwähnt, die gesamte muslimische Bevölkerung aus den rückeroberten Gebieten zu vertreiben: zum einen ihre große Zahl, denn es ging nicht an, ganze Landstriche leerzufegen; zum anderen hätte dieser Exodus das blühende Wirtschaftsleben und die zivilisatorische Entwicklungsfähigkeit der Halbinsel rigoros blockiert. Das hochstehende technische Wissen der Mudejaren, ihr handwerkliches Können, ihr ausgeprägtes künstlerisches Talent vor allem im Bauwesen sind an den vielfältigen Zeugnissen der spanischen Welt von damals noch immer deutlich abzulesen. Als die Nasriden des 14. Jahrhunderts die Höfe der Alhambra schufen, ließ sich der kastilische König Peter der Grausame in Sevilla von Mudejararchitekten und -handwerkern einen Palast im maurischen Stil neben die christliche Kathedrale bauen. Dieser Alcazar von Sevilla ist nur eines von vielen Beispielen, wie die künstlerische Gestaltungskraft der Mudejaren die spanische Architektur beeinflußt hat. Eine eigene Stilrichtung entstand, nicht nur im Bauwesen, ebenso sichtbar und formgebend in exportträchtigen Handwerkszweigen wie etwa der Töpferei und der Herstellung buntglasierter Wandplatten. In den Städten lebten die Mudejaren nicht selten im Wohlstand, was das Aufkommen sozialen Neides begünstigte. Dieser Besitzneid war mit dem haßerfüllten Neid auf die einflußreiche, stark vertretene Schicht jüdischer Hoffinanziers und Hofberater nicht zu vergleichen. Die Juden gerieten eher als die Muslime in Gefahr.

Die hebräischen Gemeinden unterschied von denen der Mudejaren, daß sie eine Führung hatten; muslimische Gemeinden, obwohl vielerorts noch unter eigener Verwaltung, brachten dagegen keine Führungskräfte hervor. Sie wurden nur durch ihren anderen Glauben sowie ihre sprachliche und kulturelle Verschiedenheit zusammengehalten. Jüdische Führungspersönlichkeiten spielten wichtige Rollen an den Höfen und in den bestimmenden oberen Gesellschaftsschichten, sie waren Ratgeber, Finanziers, Steuereintreiber, politisch einflußreiche Diplomaten, Kaufleute und Ärzte mit intensiven Kontakten jenseits der Grenzen. Mudejaren waren in den oberen Schichten nicht vertreten und hatten keinen Anteil an der Führung des Gemeinwesens. Dieser Unterschied in der Wertigkeit, der nicht von der bloßen Zahl abhängig war, erklärt zu einem Teil, warum Judenhaß und sogar organisierte Judenverfolgung, die nicht selten vom niederen Klerus in Gang gesetzt wurde, schon einsetzte, als die Mudejaren, von Ausnahmefällen abgesehen, noch unbehelligt leben konnten. Die Mudejaren verloren ihre gesellschaftliche Bedeutung, weil ihre Gelehrten und ihre Begüterten, nahezu alle intellektuellen Kräfte, aus denen sich Führungspersönlichkeiten hätten rekrutieren können, nach Ägypten, häufiger noch nach Nordafrika, das stets von andalusischer Kulturfähigkeit gelebt hat, und natürlich ins Emirat Granada auswanderten, da sie nicht unter christlicher Hoheit leben wollten. Verbitterung und Distanzierung ist ein Teil der Habe, die der Flüchtling mit ins Exil nimmt; das Emirat Granada war nicht groß genug und auch nicht willens, die Bitternis der Wandernden in Gelassenheit umzuwandeln.

Durch die Auffangregion Granada, sei es als Durchgangs- oder als Endstation, verdünnte sich im christlichen Spanien verhältnismäßig schnell das Potential eines wenn nicht politischen muslimischen Widerstandes, so doch eines Bewußtseinswiderstandes, wenigstens in Form von Bewußtseinsbewahrung. Allein der Glaube blieb in den Mudejargemeinden lebendig, aus Überzeugung und aus Tradition, aber ohne geistige Führung.

Das sich öffnende christliche Spanien wurde zusehends in die religiösen, geistigen und politischen Strömungen Europas einbezogen. Fast zwangsläufig verlor es die Fähigkeit, mit seinem Erbe fertig zu werden. Verdacht machte sich breit. Daran mag christliche Enttäuschung, das Ende einer großen Illusion, ihren Anteil gehabt haben. Schon zur Zeit des weisen Alfons begannen Dominikaner, Männer großen Formats, wie der Katalane Ramón Lull, mit Bekehrungsversuchen; sie trieben sie allen Schwierigkeiten zum Trotz voran, sie schreckten nicht vor den Mühen und Gefahren der Mission in muslimischen Hoheitsgebieten zurück. Sie versuchten, den unerlösten Ungläubigen aus den Vorschriften des Koran und aus seinen kulturellen Bindungen heraus zu verstehen. Obwohl sie oder weil sie aus der Überzeugung tätig waren, die Einsicht in die Vernunft müsse von Erfolg gekrönt sein, blieb er ihnen versagt. Dem niederen Klerus im Land war das ziemlich unverständlich; die Erfolgslosigkeit dieser Männer galt ihm schließlich als Bestätigung der eigenen intransigenten, immer häufiger zur fanatischen Glaubensverbreitung neigenden Haltung.

Auch an gegenläufigen Bestrebungen hat es nicht gefehlt. Anhaltende päpstliche Versuche, die Trennung der verschiedenen Glaubensgemeinschaften durch äußere Absonderung der anderen voranzutreiben (zum Beispiel durch Kleidungsvorschriften und Gettobildung, Juden in den *juderías,* Mudejaren in den *morerías* der Städte) und durch kirchliche Dekrete verbindlich zu machen, wurden ebenso oft von den an dem Beschluß beteiligten Kirchenfürsten völlig mißachtet. Die Entwicklungslinien waren erratisch und widersprüchlich.

Tiefgehendes Zeichen des Wandels war der Verdacht gegen das Fremde in der eigenen Mitte. Er richtete sich keineswegs nur gegen jene, die einer Bekehrung widerstanden, ob diese Bekehrung nun unter dem Vorzeichen der Vernunft oder unter Druck versucht wurde. In Verdacht gerieten vor allem jene, die sich der Bekehrung unterwarfen und denen doch nicht abgenommen wurde, daß sie sich vom angestammten Glauben, also vom Element des Fremden in der neuen Gemeinschaft, wirklich gelöst hätten. Angesichts der zahlreichen Fremden in der eigenen Mitte war der steigende Verdacht gegen die Bekehrten, die *conversos,* nicht nur eine Frage der Glaubenswahrhaftigkeit, sondern auch der Loyalität in der christlich-staatlichen Gemeinschaft. Der Verdacht, der ungeachtet seiner Berechtigung allgemein zu werden begann, wuchs sich zu einem »Problem der Inneren Sicherheit« aus. Verdacht ging mehr und mehr mit Verachtung einher; hier hat die über Jahrhunderte anhaltende spanische Obsession der *limpieza de sangre,* der Reinheit des Blutes, eine ihrer Wurzeln.

Wiederum trafen die Folgen des Verdachts die Juden früher und härter als die unauffällig im Hintergrund bleibenden Mudejaren. Aber die Muslime wurden nicht ausgespart: Gab es doch eine von islamischen Glaubensjuristen geduldete Möglichkeit, die Wahrhaftigkeit des islamischen Bekenntnisses zu verhüllen, wenn dadurch akute Gefahr für Leib und Leben des Gläubigen abgewendet werden konnte.

Verdacht wächst zwangsläufig bei denen, die einen Ausschließlichkeitsanspruch erheben. Er ist unausweichlich, wenn politische Unsicherheit um sich greift. Verdacht wird zur alles verdrängenden inneren Haltung, wenn beides zusammentrifft. Und er wird zur Tat, wenn seine Objekte leicht auszumachen sind. Toleriert wird nur, was ohnehin nicht bedrohlich ist.

Die drei christlichen Königreiche Kastilien, Aragon-Katalonien und Portugal hatten sich in lang dauernde Anarchie verstrickt. Das ausgehende 14., vor allem das 15. Jahrhundert war eine bürgerkriegsähnliche Zeit. Kastilien ging nach diesem wirren Jahrhundert am entschlossensten den Weg staatlicher, kirchlicher und politischer Reform. Privilegien des Adels, viel entschiedener noch die Sonderrechte der einstigen Grenzergemeinden und ihre Rechtsinstrumente, die *fueros,* wurden von einer plötzlich auftauchenden Zentralgewalt zur Disposition gestellt. Diese Zentralgewalt verkörperte Isabella, Königin von Kastilien. 1474 erbte sie den Thron, bestieg ihn offiziell aber erst 1478, zusammen mit ihrem Mann Ferdinand, König von Aragon-Katalonien. Sie wollte den Thron nicht, solange noch ein anderer Anspruch bestand.

Los Reyes Católicos, die Katholischen Könige, wie der Papst sie nannte, führten die Liquidation der muslimischen Restherrschaft Granada durch. Aber die Liquidation Granadas war nicht das abschließende Ziel, wiewohl es noch immer als das Hauptereignis der

Regierung der Katholischen Könige ausgegeben wird; der Sturm auf Granada war zwangsläufige Folge innerer und, was selten erwähnt wird, äußerer Bedingungen.

Die inneren Bedingungen wuchsen aus dem königlichen Willen einer Dreiundzwanzigjährigen, nach den Wirren der Anarchie der Zentralmacht auf jedem erdenklichen Feld soweit wie eben möglich Geltung zu verschaffen. Ihr harter Wille brach die Herrschaft des Adels und schleifte seine Burgen. Die schon ältere, nicht sehr wirksame Institution der *Santa Hermandad,* der Heiligen Bruderschaft, einer zivilen Schutzorganisation auf Gegenseitigkeit, wurde zur königlichen Landpolizei umfunktioniert und bekam das Recht des Standgerichts: Strafverhängung am Tatort und sofortiger Strafvollzug gaben ihr ungeahnte Macht; innerhalb weniger Jahre garantierte sie ein hohes Maß an Sicherheit auf den Straßen, dafür handelte sie sich auf die Dauer unversöhnlichen Haß ein. Eine vom Hof gelenkte Beamtenschaft entstand, deren Juristen mehr und mehr den Kronrat und die Räte der Städte und Gemeinden beherrschten. Der Kirche wurde eine Reformation auferlegt; der päpstliche Anspruch, die Bischöfe zu ernennen, wurde erfolgreich abgewiesen, die Kirche somit der Politik des Thrones unterstellt.

Der wahrhaft einschneidende Schritt wurde schon 1478 getan: Die neue Inquisition entstand. Die Inquisition war – wie im benachbarten Südfrankreich – in Aragon schon an die dreihundert Jahre zunächst als rein geistliches Gericht tätig gewesen. Jetzt wurde in ganz Spanien die neue Inquisition geschaffen und in Unabhängigkeit vom Papst besetzt – das vielleicht wichtigste Werkzeug auf dem Weg zur nationalen Einheit, die sich im Willen der Könige, im Totalanspruch des königlichen Rechts und in der Ausschließlichkeit der Religion äußerte: ein König, ein Recht, ein Glaube. Die neue Inquisition, schon 1480 als scharfe Waffe gegen die *conversos* wirksam, war eine »nationalisierte« Einrichtung. Nicht Wahrung einer dogmatischen christlichen Orthodoxie schlechtin war ihre Aufgabe, sondern strikte Sicherung einer christlichen Orthodoxie nach den staatlich-religiösen Vorstellungen der spanischen Krone.

Die zweifache Logik der Exekution

Die Zentralmacht regierte ganz Spanien. Seine zwei großen Teilreiche, Kastilien und Aragon-Katalonien-Valencia, waren durch die Heirat Isabellas mit Ferdinand zusammengeführt worden. In diesem Bild des geschlossenen, einheitlichen Spanien, lebend und gestaltet aus dem Willen der christlichen Majestäten, hatte Granada keinen Platz. Es blieb Ausweis der Unvollständigkeit königlicher Gesamtheitsvorstellung, solange es weiterhin das behauptete Lebensrecht des nunmehr völlig Fremden dokumentierte.

Die Logik der inneren Bedingungen verlangte die Exekution des Emirats.

Die äußeren Bedingungen lassen sich durch eine kurze Charakterisierung des bedeutungsvollen Jahres 1453 umreißen. 1453 ging nördlich der Pyrenäen der längste europäische Waffengang zu Ende, der Hundertjährige Krieg zwischen England und Frankreich, der das angrenzende Spanien natürlich nicht unberührt gelassen, vielmehr zur Wirrnis der Anarchie erheblich beigetragen hatte. Ein bedeutender Teil Europas hatte seine Kräfte verströmt. Pestseuchen waren über Städte und Landstriche hergefallen, die Bevölkerung wurde dezimiert. Die Reste mittelalterlicher Einheit versanken, die »Bruderschaft des Rittertums« war zerbrochen. Den Ausgang des Krieges hatte nicht zuletzt die Revolution der Kriegstechnik, der massierte Einsatz der Artillerie, bestimmt.

1453 druckte Gutenberg in Mainz die erste zweiundvierzigzeilige Bibel, fünf Jahre nach dem ersten Druck überhaupt. Kein beiläufiges Ereignis auf einem der Machtpolitik des Tages scheinbar fernem Gebiet. Im Gegenteil, das, was wir heute eine »Revolution der Informationstechnik« nennen würden, veränderte das intellektuelle Verständnis mit einer bis dahin nicht vorstellbaren Gewalt und Geschwindigkeit. Die Akzeleration des Wissensumlaufs unterscheidet mehr als alles andere die Zeiten vor und nach der Mitte des 15. Jahrhunderts. Zu Ende ging die Vorstellung von Dauer und Unveränderlichkeit, die allen täglichen Wechselfällen zum Trotz hinter dem Denken des Mittelalters gestanden hatte. Nur zwanzig Jahre nach dem Ereignis von Mainz nahm die erste Druckerpresse Spaniens in Valencia die Arbeit auf. Das waren die Jahre, da Isabella auf den Thron zuging.

1453 fiel Konstantinopel. Die türkischen Osmanen unter dem überragenden Sultan Mehmed II., dem Eroberer, waren mit einem riesigen Heer vor die Stadt gerückt. Die Mauern und Bastionen, an denen sich die wilden Stürme der frühen arabischen Eroberungszeit zerschlagen hatten, hielten den Kanonen und Bombarden der modern ausgerüsteten türkischen Truppen nicht stand. Der Fall Konstantinopels war nicht der Verlust einer ungewöhnlichen Stadt, sondern der Zusammenbruch eines umspannenden Verteidigungssystems im mittelmeerischen Raum, das seinen Grundcharakter nicht geändert hatte. Trotz aller Ausweitung der erfahrbaren Welt, das Mittelmeer blieb, was es immer gewesen war: Binnenstraße einer sich um das Meer gruppierenden Welt. Nun fiel nach acht Jahrhunderten der Schlüssel des stabilisierten Systems in islamische Hand. Der Verlust Konstantinopels im Jahr 1453 war der Zusammenbruch der immer noch gigantischen Sperre, die den Weg des Südens und Ostens zur Welt des Abendlandes verlegte. Den Türken unter Mehmed II. gelang, was Byzanz den Arabern unter den omajjadischen Kalifen verwehrt hatte: die Umkehrung der strategischen Grundlage des mittelmeerischen Systems. Und gleich nach dem Fall empfand die abendländische Christenheit den Verlust Konstantinopels als die Verwandlung der einstigen Abwehrbasis zur Ausgangsbasis einer jederzeit möglichen osmanischen Offensive gegen das Abendland.

Die Zeichen waren nicht mehr zu übersehen. Das neue Osmanische Reich bedrohte von Konstantinopel aus den Süden Italiens. Otranto war eines der ersten Hauptziele, bald kamen Sizilien und Malta als gefährdete, militärisch entscheidend wichtige Linienpunkte hinzu. Die Offensivrichtung der Osmanen gab sich zu erkennen; eindeutig stieß sie über Italien und Sizilien auf den Süden Spaniens vor. Abstützen konnte sie sich auf das islamische Nordafrika. Unserem heutigen Verteidigungsdenken im Konflikt mit dem Osten muß das unmittelbar einleuchten; die christlichen Mächte des 15. Jahrhunderts sahen es um nichts anders: Da, wo der Offensivstoß auf den Boden der christlichen Macht Spanien treffen mußte, lag das islamische Herrschaftsgebiet Granada, ein Brückenkopf für die wiederauflebende Bedrohung durch die islamische Welt – und in diesem Zusammenhang plötzlich nicht mehr ein einsames Emirat.

Die Logik der äußeren Bedingungen verlangte die Exekution des Emirats ebensosehr, wie die Logik der inneren Bedingungen danach verlangte.

Die Beute Spanien, die Allah gehören sollte, hatten sich einst harte und unnachsichtige Männer geholt, Tariq, Musa Ibn Nusair, Abderrahman, der »Falke der Koraisch«. Abgenommen wurde der Rest der Beute einem schwachen Nachfahren aus dem Geschlecht des Ibn Obada, einem Vertrauten der Propheten. Der Emir hätte, wäre er stärker gewesen, diesen Rest nicht halten können. Die Zeit war endgültig abgelaufen.

Der Letzte der granadinischen Nasridendynastie ist wegen seiner Unansehnlichkeit berühmt geworden. Er hieß Abu Abdallah Muhammad. Die spanische Sprache hat den Namen in »Boabdil« umgeformt. Die Spanier nannten ihn *el rey chico*, Kleiner König. Sie hatten ihn kennengelernt, bevor der allerletzte Kampf begann. Er war ihr Gefangener gewesen.

Der Adler hält die Beute

Das Ende Granadas ist in die volkstümliche Vorstellung als ein großes, buntes, bewegtes und bewegendes Geschehnis eingegangen, umrankt von Romanzen und Anekdoten, als eine Heldengeschichte von Edelmut, Entschlossenheit und Verrat.

Sein Ende vollzog sich schrittweise in einem lang hinausgezogenen Krieg, der mehr als elf Jahre dauerte, mal heftig tobte, mal fast erlosch, um dann wieder aufzuflammen. Es war ein Krieg, in dem eine offensive Heeresmacht, die schon die wesentlichen Elemente neuerer Kriegführung unter dem Druck der Notwendigkeiten entwickelt hatte, auf eine Verteidigung traf, die in hergebrachter Kampfmethodik operierte.

Auf beiden Seiten gab es Personen, die die Phantasie der Spielleute und Balladendichter, der volksnahen Kriegsberichter von damals, gefangennehmen mußten. Auf muslimischer Seite versammelte sich in dieser letzten Phase eigentlich alles, was die »arabischen Jahrhunderte« gekennzeichnet hatte: wilde Kampfentschlossenheit einzelner Recken, die Wendigkeit der Razziareiter,

Kraft aus dem Glauben, Planlosigkeit und Zähigkeit, vor allem aber die Stammes- und Familienfehde, der brutale und hinterhältige Machtkampf um den Thronsitz, ohne Rücksicht auf das Ganze.

Der Vater des Boabdil – wir halten aus Gründen der Übersichtlichkeit an dem spanisch verstümmelten Namen des Unansehnlichen fest – war ein unberechenbares Bündel widersprüchlichster Eigenschaften. Dieser Ali Abul Hassan, Herr der Alhambra seit 1464, konnte höchst elegant und geistreich hofhalten und im nächsten Augenblick voll Zorn und Wut außer sich geraten; er verstand es, geschickt, gar verschlagen zu planen, doch gleichzeitig war er außerstande, seinen brennenden Stolz zu zügeln und die Kontrolle über seine Entschlüsse zu behalten. Abul Hassan bewegte sich in einem höchst verzwickten Lebensgeflecht; das war für die granadinischen Nasridenherrscher wahrhaftig nichts Ungewöhnliches, nur nahm das Gewohnte in diesem Fall ungewöhnliche Dimensionen an, die fatale politische Folgen hatten.

Auf der einen Seite stand sein Bruder Muhammad az-Zaghal, »der Tapfere«, den die Spanier *El Zagal* nannten, volles Abbild altarabischer Rittertugend, Herr von Malaga, der Stadt, die sich ihrer kraftvollen Sonderstellung im Emirat immer bewußt gewesen war und das oft genug der Alhambra gezeigt hatte – *El Zagal*, der Mann, dem die Bevölkerung des Emirats, die die heraufziehende Not spürte, instinktiv zuneigte. Auf der anderen Seite des Emirs standen seine Frauen, Aischa, die Hauptfrau und Mutter des Boabdil, und Soraya, ebenfalls Mutter eines Sohnes. Soraya hatte nicht immer so geheißen; sie war eine Isabel de Solis, Tochter eines christlich-spanischen Burgherrn im Grenzgebiet. Granadinische Reiter hatten sie auf einem Streifzug geraubt und auf die Alhambra gebracht, wo sie arabisch erzogen wurde und den Namen Soraya bekam. Sie muß sehr schön gewesen sein; jedenfalls nahm sie den Emir so gefangen, daß er seine Hauptfrau Aischa und seinen Sohn Boabdil in den unteren Räumen des *Torre de Comares* festsetzte, jenes mächtigen Viereckturms, dessen oberer Raum, der Thron- und Ratssaal, auf den stillen Teich des *Patio de Arrayanes,* des Myrtenhofs, schaute. Die Frauenfeindschaft wurde so gefährlich, daß der Aischa die Flucht ihres Sohnes angezeigt schien. Die Flucht aus der Alhambra wurde mit Hilfe von Getreuen in der Stadt bewerkstelligt. Boabdil entkam.

Der Emir hatte sich im Dezember 1481 – Anlaß war offenbar eine erneute kastilische Tributforderung – von seinem verletzten Stolz so hinreißen lassen, daß er einen Angriff auf einen kleinen befestigten Grenzort, Zahara, befahl. Der Ort wurde von muslimischen Reitern niedergebrannt, die gesamte Bevölkerung in die Sklaverei verkauft – nach der Übung der Zeit eigentlich ein kleinerer Grenzzwischenfall, nichts Besonderes, eine Sache, die nur ein wenig über das Alltägliche hinausging. Jetzt freilich wurde das beinahe Alltägliche zum Ansatzpunkt der zweifachen Logik der Exekution. Der Überfall auf Zahara war der Anlaß des granadinischen Krieges.

Im Februar 1482 nahmen christliche Reitereinheiten in einem nächtlichen Handstreich die granadinische Stadt Alhama. Schon in den nächsten Tagen ging der Jammerruf durch das Emirat: *Ay de mi Alhama* – Wehe, mein Alhama!

Alhama war nicht irgendeine der vielen kleinen Städte im Emirat. Es war eine herausgehobene Stadt. In den Bergen auf halbem Weg zwischen Granada und Malaga gelegen war sie einer der Ecksteine im konzentrischen Verteidigungsring aller der Hauptstadt vorgelagerten Orte. Aufgrund ihrer Berglage galt sie als uneinnehmbar. Alhama war höchst wichtiges Verwaltungszentrum, denn in seinen Mauern war die Sammelstelle aller Bodensteuern im Emirat untergebracht. Und es war eine Bade- und Erholungsstadt, Lieblingsaufenthalt der Emire und von ihnen mit fürstlichem Glanz und Gepränge ausgestattet. Niemand hatte an einen abenteuerlichen Handstreich gegen Alhama geglaubt. Als er geschah, war er ein Brandzeichen für das Land.

Der Mann, der den unglaublichen Nachtangriff tief im Inneren des granadinischen Raumes führte, nachdem er sich mit seinen paar hundert Reitern tagelang durch die Bergwinkel geschlichen hatte, war der Marquis von Cadiz, Rodrígo Ponce de Leon. Der Name ist aufschlußreich. Als zehn Jahre nach der Nacht von Alhama die »Reconquista« gewissermaßen geschichtsamtlich und mit einem feierlichen Tedeum zu Ende gegangen war, begann ohne Atempause die »Conquista«, die Eroberung jenseits des Atlantiks, und einer der ersten, die im Gefolge des Kolumbus als Eroberer auftauchten, war ein Ponce de Leon, ein Mann der nächsten Generation: In diesem Namen symbolisiert sich die augenblickliche

Umsetzung der Kampfmaschine, zu der die spanische Gesellschaft im Lauf der Jahrhunderte ihrer unablässigen Auseinandersetzung mit den Muslimen des eigenen Landes geworden war, auf ein neues Ziel außerhalb der eigenen Grenzen, die Neue Welt.

Ein weiteres steht hinter dem Namen des Marquis von Cadiz. Der Erzfeind seines Hauses war ein anderer andalusischer Grande, der Herzog von Medina Sidonia aus der Familie der Guzman, ein Name, in dem noch ein Echo der Westgotensprache lebt. Die beiden Hochadelshäuser hatten seit geraumer Zeit eine zwar berühmte und vielbesungene, in Wirklichkeit aber sinnlose und haßerfüllte Fehde geführt. Sie wurde jetzt beigelegt; ohne diese Sicherheit hätte Ponce de Leon den tollkühnen Ritt nach Alhama schwerlich wagen können. Dies ist bezeichnend für das Maß des königlichen Willens, der jetzt erzwang, was in der Zeit der Kreuzzüge der Gottesfrieden bewirkt hatte. Adelsstreit wurde hintangestellt; Kampfkraft des Adels wurde eingebunden in eine militärische Organisation, die getrost schon ein nationales Heer genannt werden kann. Adelsmacht stand neben den Truppen der *Santa Hermandad,* die nun herangeführt wurden, neben baskischen Aufgeboten, Kontingenten angemieteter Schweizer Reisläufer, kastilischen und aragonisch-katalanischen Regimentern. Der Krieg, der sich nach dem Überfall auf Alhama schnell entwickelte, kostete Geld, viel Geld und noch mehr Organisation – er ist wie ein frühes Lehrstück der Logistik. Die treibende, die beherrschende, vor allem unermüdliche Kraft in der Gesamtorganisation zur Deckung ausgeweiteter und ineinander verzahnter militärischer Bedürfnisse war die Königin. Während Ferdinand von Feldquartier zu Feldquartier zog, richtete Isabella ihre Organisationszentrale im königlichen Palast von Cordoba ein, unmittelbar neben der Großen Moschee, der Mezquita, aus den Tagen, da Cordoba die leuchtende Stadt kalifischer Größe gewesen war. Von Cordoba aus lenkte Isabella den ständigen Nachschub an Geld, Waffen, Gerät und Truppen; sie steuerte den Strom an Sappeuren, Brückenbauern und Stückmeistern der Artillerie, die sie aus Frankreich, Italien und Deutschland geholt hatte. Von Cordoba aus baute sie – maßloses Staunen der Zeitgenossen! – einen Dienst auf, der mit beweglichen Hospitalzelten in die jeweiligen Kampfzonen rücken konnte. Es waren die ersten »Feldlazarette« der Militärgeschichte.

Wichtiger als alle bewundernswerte Organisation einer koordinierten Kriegsmaschinerie war der unbeugsame Wille der Königin und des Königs, den Kampf durchzustehen, der keineswegs nur Sieg oder ständiges Vorrücken war. Die Spanier mußten Niederlagen einstecken, sie stießen auf Gegenwehr und Gegenangriff, oft wurden sie festgenagelt und zum Verharren gezwungen. Die Berge waren gegen sie, die Ringe der festen Städte, das Meer, das ihnen einen forcierten Flottenbau aufzwang, und der Kampfgeist der muslimischen Reiter und Bogenschützen. Noch Jahre hätte der Krieg dauern können ...

Die Entscheidung fiel erst in zweiter Linie an der militärischen Front, in erster Linie im Herzen des Emirats. Es zerbrach.

Es zerbrach unter den inneren Fehden. Boabdil und seine intrigenerfahrene Mutter hatten inzwischen Abul Hassan, den Unberechenbaren, aus der Hauptstadt herausgezwungen; Boabdil kehrte wieder auf die Alhambra zurück und übernahm die Herrschaft. Abul Hassan floh an den Hof seines Bruders *El Zagal* in Malaga. Und nun tritt die Groteske in die Dramaturgie des letzten Aktes ein. *El Zagal,* der Tapfere, schlug 1483 den Großmeister des Ordens von Santiago, Alonso de Cárdenas, in der Nähe von Malaga; der Großmeister mußte eine ziemlich sinnlose Attacke mit einer bitteren Niederlage büßen – *El Zagal* erschien im Süden des Emirats als der mögliche große Retter der tödlich bedrängten Muslime. Dieser Zugewinn an Ruhm und Ruf ließ den Neffen Boabdil in der Alhambra nicht ruhen: Im Binnenkampf der granadinischen Dynastie wollte er nicht weiter an Boden verlieren, und er beschloß einen Waffengang, der so abenteuerlich und sinnlos war wie der Ritt des Ordensgroßmeisters gegen Malaga. Boabdil machte sich 1483 auf den Weg, um den festen Ort Lucena, die einstige geschlossene Judenstadt des al-Andalus knapp hundert Kilometer südöstlich von Cordoba, zu erobern. Das mißlang völlig, es endete in einer Katastrophe vor den Mauern des Städtchens, Boabdil mußte fliehen. Als er sich an einem steilen Flußufer verstecken wollte, entdeckten ihn spanische Soldaten – Boabdil, Emir von Granada, war Gefangener der Katholischen Könige.

Boabdil, der Gefangene, hatte keinen eigenen Willen, den er den *Reyes Católicos* hätte entgegenstellen können. Er ergab sich in die Rolle, die ihm diktiert wurde; er ließ sich in einen politischen

Sprengsatz umfunktionieren, der das Emirat von innen zerreißen sollte. Das war, ungeachtet allen militärischen Geschehens der Folgejahre, das eigentliche Ende Granadas.

Boabdil unterschrieb einen zweijährigen Waffenstillstand für sich und alle jene Orte, die seine Herrschaft noch anerkannten. Dafür hatte er einen Preis zu zahlen: Er verpflichtete sich zum erneuerten Jahrestribut von zwölftausend Goldstücken, also zur Aufstockung der Kriegskasse seiner Feinde; er gab vierhundert Gefangene ohne einen Pfennig Lösegeld heraus; er verpflichtete sich, den spanischen Truppen freien Durchzug zu gewähren, wo immer das gewünscht werden sollte. Diesen Verpflichtungen konnte er natürlich nur nachkommen, wenn er als Herr der Alhambra auftrat – der Gefangene wurde aus der Haft entlassen. Fortan agierte Boabdil als »freier« Gefangener. Die Spanier hatten ihn erkannt: *el rey chico,* Kleiner König.

Boabdil der Kleine kehrte nach Granada zurück. Sein Vater war blind geworden und schied aus der Geschichte aus. Seine Mutter Aischa wartete auf ihn. Sein Onkel *El Zagal* hatte inzwischen die Herrschaft übernommen und den Neffen zum Verräter erklärt. Er rückte auch die Alhambra nicht heraus – Pattsituation in Granada. Die Spanier warteten. Sie zogen den Ring enger.

1487, vier Jahre nach Boabdil des Kleinen Gefangennahme und Freisetzung, beschloß *El Zagal* den befestigten Platz Velez, der von Ferdinand belagert wurde, zu entsetzen. Diese Aktion war *El Zagal* seiner Ehre und seinem politischen Ansehen schuldig, denn Velez lag nahe Malaga, seinem Stammsitz und seiner Machtbasis. Die Aktion schlug fehl. *El Zagal* ließ ab. Er zog nach Granada zurück. Da waren die Tore jetzt verschlossen und verrammelt. Der Kleine König hatte sich erneut zum Herrn der Alhambra gemacht. *El Zagal* kehrte auf der Stelle um, versuchte das jetzt belagerte Malaga zu entsetzen. Davon wurde er mit Gewalt abgehalten. Nicht etwa durch die Spanier, sondern durch Boabdil, der in seinem und damit in ihrem Interesse handelte. Der Kleine König ließ den marschierenden *El Zagal* in eine Falle laufen, zerhieb seine Truppen und schickte als getreuer Vasall dem König Ferdinand einen Haufen kostbarster Geschenke aus dem persönlichen Besitz des Onkels.

Malaga wehrte sich verzweifelt. Aber die kastilische Flotte, deren Schiffe großenteils von genuesischen Kapitänen befehligt wurde, riegelte die Stadt ab. Ein muslimischer Fanatiker versuchte einen Anschlag auf das Leben der Königin Isabella, die die kastilischen Lager vor Malaga visitierte. Das Ergebnis war plötzlich aufflammende Wut auf der christlichen Seite. Die Stadt ergab sich am 18. April 1487. Die Bevölkerung, Einheimische und Scharen von Flüchtlingen, wurde zwar vom Tode verschont, aber insgesamt in die Sklaverei verkauft: härtestes Stadtschicksal im gesamten granadinischen Krieg, in dem Ferdinand sonst die Vernunft des Überlegenen bewies. Ein paar besonders hübsche Knaben, ein paar schöne Mädchen wurden als Geschenke an den Papst, an die Königin von Neapel, an die Königin von Portugal, an einige verdiente Granden verschickt.

An diesem Punkt nun schied *El Zagal* aus der Geschichte aus. Er zog sich in einen bescheidenen, sehr abgelegenen Winkel seiner Besitzungen im Südosten des Emirats zurück. Gelegentlich brach er noch zu knappen, ergebnislosen Razzien auf, offenbar ohne jede Überzeugung oder Hoffnung, wie einer, der sich als Kämpfer nicht geschlagen geben will, wiewohl er weiß, daß alles Wehren umsonst ist. Er gab sich schließlich doch geschlagen. Die Spanier ließen ihn ziehen, mit allen Zeichen der Ehre und ihres tiefen Respekts. *El Zagal* ging in die einzige noch verbliebene Zuflucht, nach Nordafrika. Das war 1489.

Nur Boabdil war noch da, hoch droben auf dem Festungsberg der Alhambra, samt seiner Mutter Aischa – eingesperrt im Palast der bleichen Schönheit. Die Katholischen Könige forderten von ihrem Vasallen und Gefangenen, der nur auf Zeit freigesetzt worden war, er möge die Stadt und sich selbst ergeben. Aber plötzlich weigerte sich der Kleine König. Er schien zu spüren und tat auch als offizielle Botschaft kund, die öffentliche Meinung in Stadt und Festung lasse das nicht zu, jedenfalls noch nicht. Erst daraufhin begann die Belagerung von Granada, die so oft als ein letztes großes und ritterliches Kriegsturnier zwischen Muslimen und Christen auf spanischem Boden dargestellt worden ist.

Die Belagerung war zäh, ereignislos, ja langweilig und lief nach den alten Regeln der Belagerungstechnik ab: die Versorgungsbasis im Vorfeld zerstören, warten, die Stadt abschnüren und Lager errichten, warten, zermürben, warten, zudrücken, warten … Im christlichen Feldlager wohnte jetzt auch die Königin mit ihren Kindern in einem riesigen Prunkzelt, das dem Marquis von Cadiz gehörte. Im Juli 1491 brannte es ab, die Flammen griffen auf das Heerlager über. Das war nicht etwa eine verwegene Tat der Belagerten, kein Handstreich, nein, ein königlicher Diener war unachtsam mit dem Küchenfeuer umgegangen. Darauf wurde westlich der Stadt und in angemessener Entfernung ein fester Platz als Befehlszentrale errichtet und Santa Fé, Heiliger Glaube, getauft. Heute ist es ein grauer, ziemlich ungepflegter Vorort an der Straße, die aus der weiten, grünprangenden Vega in die Stadt Granada hineinführt. *La Ciudad de Hispanidad,* Stadt der Hispanität, steht auf einem jener Schilder, auf denen Städte den eilig Vorbeireisenden ihre Besonderheiten zurufen.

Nicht viel geschah rings um die Alhambra, die Stadt Granada und das Königslager Santa Fé. Einige Scharmützel, hin und wieder eines der uralten Zweikampfrituale zwischen den Fronten, ritterliche Schlägereien, die zu Heldengeschichten wuchsen; sonst war nur Warten, Heraufkunft des Winters, immer kältere Winde von den Bergen der Sierra Nevada, steigender Hunger in der überfüllten Stadt, die keine Chance mehr hatte.

Hinter der Kulisse des Wartens herrschte freilich bedeutsame Aktivität. Im Oktober 1491 eröffneten geheime Gesandte des Boabdil strikt abgesicherte Verhandlungen mit den Königlichen Beauftragten Hernando de Zafra und Gonsalvo de Cordoba, dem späteren militärischen Großführer Spaniens, berühmt unter dem Ehrentitel *El Gran Capitán*. Im November waren die Übergabebedingungen festgelegt. Da hieß es unter anderem:

garantiert werden solle die Sicherheit von Jung und Alt hinsichtlich Person, Familie und Besitz;

bewahrt werden solle ihr Recht, wie es sei, und Muslime sollten danach richten;

erlaubt werden solle das Leben in den Moscheen und religiösen Institutionen, so wie es immer gewesen sei;

nicht aber solle den Christen gestattet sein, ein muslimisches Haus zu betreten oder seine Bewohner zu zwingen;

nicht aber solle ein Christ oder Jude über die Angelegenheiten der Muslime gesetzt werden;

nicht aber solle bestraft werden, wer vom Christentum zum Islam übertrete, noch der, der den anderen Weg gehe . . .

. . . der Traum von gestern, aber das Gestern war nicht mehr da. In dieser Zeit konnte nicht mehr leben, was im alten Spanien und im al-Andalus gelebt hatte. Und nichts davon hat die ersten Jahre nach der Eroberung überlebt.

Die formelle Übergabe war für die letzten Januartage 1492 vorgesehen. Aber sie wurde vorverlegt, denn die Verhandlungen waren so geheim nicht geblieben, Gerüchte liefen durch die Straßen und Gassen der letzten muslimischen Stadt auf spanischem Boden, und der Kronrat auf der Alhambra fürchtete öffentliche Unruhe und Demonstration. Das Ende, so meinten die, mit denen es zu Ende ging, sollte glatt vonstatten gehen. Die Übergabe wurde auf den 2. Januar 1492 vorverlegt.

Der Tag der Sieger war groß und strahlend. Vor der stumm gewordenen Stadt der Muslime zogen Hof und Heer auf, jedermann in feinstem Tuch, die Majestäten und die Granden in gold- und silberdurchwirkten Roben, im Gepränge gleißenden Schmucks, glänzender Rüstungen, mit Bannern und Feldzeichen, der Kardinal Mendoza mit dem großen Silberkreuz, das Papst Sixtus IV. geschenkt hatte und das überall dahin getragen worden war, wo König Ferdinand den granadinischen Krieg führen mußte. Dann übergab Abu Abdallah Muhammad, Boabdil, *el rey chico*, die Schlüssel der Stadt und zog mit seiner Mutter Aischa davon, der Küste Spaniens zu und in Richtung der letzten Zuflucht Nordafrika.

Am Ende seiner Herrschaft, am Ende der letzten Restherrschaft der Muslime Spaniens stehen ein überliefertes, aber unverbürgtes Wort der Aischa und eine Anekdote. Als Boabdil sich zur Übergabe und Reise rüstete und noch einmal aus den Fenstern der Alhambra über die Minaretts und Dächer der Stadt sah, sollen ihm die Tränen gekommen sein, worauf Mutter Aischa nur kalt bemerkte: »Beweine nicht wie ein Weib, was du nicht wie ein Mann hast verteidigen können.« Als er Stunden später Granada den Rücken gekehrt hatte und auf einem Maultier die kalte Straße nach Malaga zog, soll er an einer Straßenkehre in den aufsteigenden Hügeln, von wo Granada noch einmal in der Ferne zu sehen ist, für einen letzten Tränenblick angehalten haben. Die Stelle heißt noch heute *el suspiro del moro,* der Seufzer des Mauren.

In der Stunde des Seufzers wurde auf der *Torre de la Vela* das silberne Kreuz aufgepflanzt. Daneben wehten die königlichen Banner Kastiliens und Aragons. Unter dem Übergabevertrag standen die Unterschriften *Yo la Reina, Yo el Rey* – Ich die Königin, Ich der König.

Boabdil verschwand jenseits des Meeres. Ein paar Jahre hat er noch in der Nähe von Fes gelebt, dann starb er, ohne Spuren zu hinterlassen.

Mitten in der Stadt Granada aber wurde die christliche Kathedrale errichtet. In der Großen Kapelle, *Capilla Mayor,* wurden später die Katholischen Könige beigesetzt. Nebeneinander ruhen König und Königin. Die Ruhestätte wird von einem viele Meter hohen Gitterwerk abgeschirmt. Im Mittelfeld des geschmiedeten Gitters steht aufgereckt der Adler der Könige, hoch über dem Kirchenraum. Er beherrscht alles – *Yo la Reina, Yo el Rey.*

Er ist der herrischste Adler, den ich je irgendwo gesehen habe.

Zeittafel

632	Tod Mohammeds
640	Arabischer Vorstoß nach Ägypten
698	Eroberung von Karthago; nachfolgend Gründung von Tunis und Sicherung Nordafrikas bis zur Atlantikküste
710	Arabisches Flottengeschwader führt Raubzug gegen die Baleareninseln
	Der Berber Tarif setzt zu einem befristeten Erkundungszug von Ceuta nach Spanien über
711	Der Berber Tariq geht mit 7000 Berbern und einigen Arabern bei Gibraltar an Land; schlägt am 19. Juli das westgotische Heer unter König Roderich an der Laguna de la Janda.
	Beginn der Eroberung Spaniens und der Vorstöße über die Pyrenäen
714–756	Zeit der arabischen Gouverneure im al-Andalus
718 (?)	Westgotengraf Pelayo schlägt arabische Truppe bei Covadonga
732	Karl Martell schlägt arabische Beutereiter bei Tours und Poitiers zurück
756	Der aus Syrien geflüchtete Omajjadenprinz Abderrahman macht sich zum ersten Emir des al-Andalus, begründet die Dynastie der Omajjaden in Spanien und löst seinen Herrschaftsbereich aus dem Reichsverband der Abbasidenkalifen in Bagdad
778	Heer Karls d. Gr. vor Saragossa; auf dem Rückzug Tod des Paladins Roland im Tal von Roncesvalles
785	Baubeginn der Hauptmoschee (Mezquita) in Cordoba
795	Errichtung der Spanischen Mark (nordöstliches Spanien) durch Karl d. Gr.
818	Erster großer Aufstand von *muwalladun* in der Hauptstadt Cordoba (»Aufstand der Vorstädter«)
822	Ankunft des persischen »Sängers« Zirjab in Cordoba; Emir Abderrahman II. öffnet das al-Andalus für östliche Lebensweisen und Kulturtraditionen
929	Emir Abderrahman III. (912–961) ruft sich zum Kalifen aus; Festigung der Zentralmacht von Cordoba
936	Baubeginn der Kalifenprunkstadt Medina az-Zahra bei Cordoba
961–976	Regierungszeit des Kalifen al-Hakam II.; macht Cordoba zum intellektuellen und wissenschaftlichen Mittelpunkt neben Bagdad
997	Reichsverweser al-Mansur, diktatorischer Machthaber unter dem Kalifen Hischam II., zerstört Santiago de Compostela

1002	Tod des al-Mansur
1009	Beginn der Bürgerkriege
1031	Ende des Kalifats von Cordoba
1031–1091	Zeit der »Parteienkönige«; Sevilla wird zur führenden Stadt im al-Andalus
1085	Der Kastilierkönig Alfons VI. nimmt Toledo endgültig ein; Zeit des spanischen Nationalhelden Cid
1090/91–1145	Herrschaft der berberischen Almoraviden über al-Andalus
1126–1198	Ibn Roschd (Averroës), cordobanischer Kommentator des Aristoteles
1148–1223	Herrschaft der berberischen Almohaden über al-Andalus
1212	Die vereinigten Christen Spaniens unter Führung des Kastilierkönigs Alfons VIII. siegen in der Entscheidungsschlacht bei Las Navas de Tolosa; Ende des staatlichen Verbandes des al-Andalus
1230	Beginn der endgültigen christlichen Eroberung Andalusiens unter Ferdinand III. von Kastilien und Leon (1236 Eroberung Cordobas, 1248 Fall Sevillas)
1235	Beginn der Nasridendynastie im Emirat Granada
1252–1284	Regierungszeit des Kastiliers Alfons X. (Alfons der Weise); letzter Höhepunkt der naturwissenschaftlich-philosophischen Übersetzerschulen von Toledo
1335–1391	Bauzeit des Palastes auf der Alhambrafestung in Granada (in zwei Bauabschnitten)
1481	Beginn des letzten Krieges gegen das Emirat Granada
1492	Granada ergibt sich den »Katholischen Königen« Isabella und Ferdinand; der letzte Emir verläßt Spanien
	Vertreibung der Juden aus Spanien
	Kolumbus bricht zu seiner ersten Reise auf

Die Wahlkalifen oder rechtgeleiteten Kalifen

632		Tod des Propheten Mohammed
632–634	Abu Bakr	Schwiegervater des Propheten; unterdrückte die Abfallbewegungen von Beduinenstämmen und festigte die Autorität der Zentrale Medina
634–644	Omar (Ibn al-Khattab)	Ebenfalls Schwiegervater des Propheten. Unter ihm entscheidende arabische Vorstöße in die byzantinischen Gebiete Sy-

riens, Palästinas und Ägyptens sowie in die sassanidischen Gebiete Persiens und des Irak. Begann mit dem Aufbau des arabischen Verwaltungssystems. Führte für den Kalifen den Titel »Fürst der Gläubigen« ein und bekundete dadurch neben dem politischen auch den geistlichen Führungsanspruch

644–656 Osman (Ibn Affan)   Schwiegersohn des Propheten. Seine Herrschaft endete in bürgerkriegsähnlichen Wirren; 656 ermordet

656–661 Ali (Ibn Abi-Talib)   Dreifach mit dem Propheten verwandt: Vetter, Adoptivbruder und Schwiegersohn. Verlegte Kalifensitz nach Kufa, ließ dadurch Medina politisch bedeutungslos werden. Konnte sich gegen den arabischen Gouverneur Syriens, Muawija, nicht durchsetzen: erlitt militärische und politische Niederlagen, wurde 661 ermordet (Ausgangslage für das Entstehen der Schia)

Kalifendynastie der Omajjaden in Damaskus

661–680 Muawija I.   Verlegte Kalifatssitz nach Damaskus; fand die Söhne Alis ab. Eroberung von Kabul, Buchara, Samarkand. Erste Flottenangriffe gegen Konstantinopel scheitern

680–683 Jazid I.   Schlägt 680 (10. Oktober) Alis Sohn Hussain bei Kerbela (seither Passionstag der Schiiten)

683–684 Muawija II.

684–685 Marwan I.

685–705 Abd al-Malik   Beseitigte Gegenkalifat in Mekka und sicherte Reichseinheit. Stabilisierung der arabischen Eroberungen in Nordafrika

705–715 al-Walid I.   Unter ihm Höhepunkt der omajjadischen Machtausdehnung. Eroberung Transoxaniens und des Indusgebietes (711); Einfall in Spanien (710/711)

715–717 Sulaiman

717–720	Jazid II.	Erfolglose Belagerung Konstantinopels (718)
720–724	Hischam	
724–743	al-Walid II.	Schlacht bei Tours und Poitiers (732). Aufstände der Schiiten. Beginn gesellschaftlich-wirtschaftlicher Krisen durch verschärfte Gegensätze zwischen Arabern und bekehrten Nicht-Arabern im Osten des Reiches. Aufkommen der abbasidischen Opposition
743–744	Jazid III.	
744	Ibrahim	
744–750	Marwan II.	Wird im Tigrisgebiet von abbasidischen Aufständischen vernichtend geschlagen. Abbasiden ermorden fast alle führenden Mitglieder der Omajjadendynastie (750)

Emire und Kalifen der Omajjaden in Cordoba

Abderrahman I.	756–788
Hischam I.	788–796
al-Hakam I.	796–822
Abderrahman II.	822–852
Muhammad I.	852–886
al-Mundhir	886–888
Abdallah	888–912

KALIFEN

Abderrahman III.	912– 961 (Kalif ab 929)
al-Hakam II.	961– 976
Hischam II. (1. Regierung)	976–1009
Hischam II. (2. Regierung)	1009–1013
Hischam III.	1027–1031

(Mit dem ersten Regierungsantritt Hischams II. ging die faktische Machtausübung in die Hände des »Reichsverwesers« al-Mansur, später seiner Söhne über. Hischam II. war der letzte cordobanische Omajjade in direkter Folge. Noch zu seinen Lebzeiten löste sich die Herrschaft der Dynastie auf. Die Einzelheiten vielfacher Machtwechsel und Thronkämpfe von 1009 bis zum Ende des Kalifats 1031 sind in dieser Übersicht nicht wiedergegeben)

Glossar

amir	Führer, Befehlshaber; Herrscher; zugleich Titel des Herrschers; → Emir
amir al muminin	»Herrscher der Gläubigen«, Titel der Kalifen
amir al-muslimin	»Herrscher der Muslime«, Titel der berberischen Almoravidenherrscher
alfaqueques	(span.) christliche und muslimische Personen, die im offiziellen und beglaubigten Auftrag über Gefangenenaustausch und Lösegelder verhandelten
camino francés	(span.) der von Frankreich kommende große Pilgerweg nach Santiago de Compostela
converso	(span.) der Bekehrte, der Konvertit; insbesondere auf getaufte Juden und ihre Nachkommen angewendet; verallgemeinernd auch auf Muslime, die zum Christentum übertraten
dar al-Islam	Haus des Islam, der muslimische Teil der Welt; im Gegensatz dazu: *dar al-harb*, Haus des Krieges, alle Territorien, die nicht dem Islam unterworfen sind und folglich unter der Drohung des *djihad* (s. d.) leben
dhimmi	Genauer: *ahl ad-dhimma*, Völker/Leute der Vereinbarung; Schutzbefohlene; geschützte Glaubensminoritäten im muslimischen Herrschaftsbereich, denen Religionsausübung (ohne Mission) und eigenes Gemeinderecht zugestanden wurden; nur möglich für *ahl al-kitab*, Völker/Leute des Buches, vornehmlich also Christen und Juden
diwan	Ursprünglich: Register, Stammrolle; dann Verwaltungszweig, oberste Verwaltungsbehörde; auch: gesammelte Werke eines Dichters
Dromone	Größtes Kampfschiff der byzantinischen Flotte; das typenähnliche arabische Gegenstück hieß Kumbarie
djihad	Eigentlich: Bemühen auf dem Weg Gottes; Bezeichnung für den »Heiligen« oder »Gerechten Krieg«, der nur gegen Ungläubige geführt werden kann; ebenso Kampf des einzelnen gegen seine niederen Instinkte
faqi	Religionsjurist; im al-Andalus als Religionsjuristen und geistliche Führer vornehmlich Vertreter der orthodoxen malikitischen Rechtsschule des Islam
fatwa	Entscheidung, Gutachten über ein Problem islami-

schen Rechts, abgegeben von einer anerkannten theo-
logisch-religionsrechtlichen Autorität oder Gruppe
von Autoritäten; bedeutsam als Ermächtigung oder
Verbot politischen Handelns

fueros (span.)Rechte, Privilegien einer Region oder gesellschaftlichen Gruppe; Charta der Rechte und Freiheiten einer Stadt oder Region

hadjib Im al-Andalus Inhaber der höchsten, vom Herrscher
delegierten Verwaltungsmacht, Leiter des Staatsrats
in Abwesenheit des Herrschers; vergleichbar dem
Wesir in anderen muslimischen Herrschaftsgebieten

Hidalgo (span.) Angehöriger des Kleinadels; auch: *caballero
villano*, Bürger, der durch Gestellung von Pferd, Panzer und Waffe für kriegerischen Reiterdienst begrenzte Adelsvorrechte erwarb

ibn Sohn, als verwandtschaftliche Bezeichnung, z. B. Ibn
Khafsun = Sohn des Khafsun; davon unterschieden:
banu, Söhne, bezeichnet Sippenangehörigkeit, z. B.
banu Omajja = Söhne von Omajja = Omajjaden

imam Leiter einer Muslimgemeinde, Vorbeter in einer Moschee

Kalif (arab.: *khalifa*) Nachfolger, Stadthalter; Nachfolger
des Propheten Mohammed als Haupt der muslimischen Gesamtgemeinde; der Titel schloß ursprünglich
die Vorstellung der religiösen und politischen Hoheit
über alle muslimischen Völker ein, nicht aber ein Got-
tesgnadentum

kasba Festung, Zitadelle, auch Burgfried (span.: *alcazaba*)
kasr Festung, Palast (span.: *alcázar*)
Koraisch Arabischer Stamm, zur Zeit des Propheten in Mekka
herrschend; da der Prophet ihm angehörte, Sonderstellung unter den Stämmen und anfänglich vorherr-
schende Überzeugung, das Kalifat müsse stets von einem Koraischiten bekleidet werden

Kumbarie s. Dromone
Maghreb (arab.: *maghrib*) der Westen; eingeengt: Bezeichnung
für das Gebiet der heutigen Staaten Marokko, Alge-
rien, Tunesien, Libyen

Mauren Christliche Sammelbezeichnung für die Muslime des
al-Andalus und Nordafrikas; wahrscheinlich hergelei-
tet aus einer alten Bezeichnung für einen Teil Nordafrikas; überliefert in den römischen Provinzbezeichnungen *Mauretania Caesariensis* und *Mauretania Tingitana*; erhalten in der heutigen politischen Bezeichnung Mauretanien

mihrab	Halbkreisnische in der Moschee, die die Richtung nach Mekka anzeigt; im Gegensatz zur Richtung nicht sakral, aber zentrale Einrichtung einer Moschee
Mozaraber	Aus arab.: *mustaribun*, etwa: Beinahe-Araber, Möchtegern-Araber, entstandene Bezeichnung für Christen, die im muslimischen Spanien lebten, jedoch Arabisch sprachen und sich insgesamt, einschließlich Namensgebung, arabischer Lebensweise assimilierten
mudéjar	Spanische Bezeichnung (aus arab.: *mudajjan*, Eingefriedete, Gezähmte) für einen Muslim, der nach dem Gipfel der Reconquista im 13. Jahrhundert unter christlicher Herrschaft lebte
murabitun	Männer des Ribat (s. d.); übertragen: heiligmäßig lebende Männer, die im »Heiligen Krieg« kämpften; davon abgeleitet die Spezialbezeichnung *al-murabitun* für die Sahara-Berbernomaden, die im 11. Jahrhundert zur nordafrikanischen Vormacht wurden; sprachliche Übertragung: Almoraviden
muwalladun	Angenommene Kinder; Bezeichnung für eingeborene christliche Spanier, die zum Islam übertraten und »Araber« wurden; größte gesellschaftliche Gruppe im al-Andalus; im arabischen Mittelalter auch außerhalb des al-Andalus verwendeter Begriff für Personen nichtarabischer Herkunft, die aber unter Arabern geboren und als Muslime aufgewachsen waren; Ausgangswort für das heutige Wort »Mulatte«
Parasange	(arab.: *farsach*) Längenmaß: knapp sechs Kilometer
paria	(span.) Tribut, der von muslimischen Herrschern an christliche spanische Fürsten gezahlt werden mußte
qadi	Richter, der nach dem islamischen Recht richtet, die *scharia* (s. d.) auslegt und sich dabei auf die Gutachten der Religionsjuristen stützt
rastrero	(span.) Kundschafter, Scout; der Mann, der die Grenzzone und das Leben beiderseits der Grenze kennt und versteht
Razzia	Aus arab.: *ghassiya*, schneller, zeitlich begrenzter Beuteritt oder Feldzug im Stammeskrieg; besonderes Kennzeichen arabischer Kriegführung; moderne Bedeutung erst später, vornehmlich im französischen Sprachraum, entstanden
reyes de taifas	Spanische Bezeichnung der muslimischen Regionalherrscher im al-Andalus nach dem Zusammenbruch der cordobanischen Zentralmacht: »Parteienkönige«, aus span.: *reyes*, Könige, und arab.: *tawaif*, etwa: Partei

ribat	Befestigte Garnison, Schutzburg, Kleinfestung zur Verteidigung der muslimischen Grenzen; im engeren Sinn: befestigter Aufenthaltsort (Militärlager, »Ordensburg«) religiös motivierter Kämpfer
saqalibah	Rechtstechnisch: Sklave aus europäischen Gebieten (im Unterschied zum Negersklaven *abd*); bald Spezialbezeichnung der »Militärsklaven«-Elite, die zur höchsten Führungsschicht gehörte; vergleichbar den Mameluken in Ägypten
schahada	Grundsätzliche Glaubenserklärung für den Islam, die Übertrittsformel (»Es gibt keinen Gott außer Gott, und Mohammed ist der Prophet Gottes«)
scharia	Das islamische Recht, das jeden Aspekt muslimischen Lebens abdeckt; gründet sich auf den Koran und die Tradition (s. d.)
Schia	Gruppe, Richtung des Islam, die im Gegensatz zu den »orthodoxen« Sunniten auf der Anerkennung des Ali als legitimem Nachfolger (vgl. Kalif) Mohammeds besteht
Sepharden	Ursprünglich: spanische Juden; vom hebräischen Wort *sefarad* als Bezeichnung für Spanien (anfangs: *ispamja*)
sufi	Mann in Wolle; Bezeichnung für einen islamischen Mystiker
Sultan	Die herrschende Quelle der Autorität; wurde zum üblichen muslimischen Wort für den Herrscher
Sunna	Ursprünglich: Art der Ahnen, Stammesbrauch; allgemein die Sitte (des Propheten); Leben nach dem islamischen Recht, wie es von Mohammed vorgelebt worden war; Bezeichnung der »orthodoxen« islamischen Lehre, die sich auf den Koran, die *hadith* (s. Tradition) und die vier hauptsächlichen Rechtsschulen gründet und stützt
Tradition	Im Islam der geprüfte Bericht über einen Ausspruch oder eine Handlung des Propheten Mohammed *(hadith)*; auch die Sammlung solcher Berichte; eine der Hauptquellen der *scharia* (s. d.)
umma	Die Gesamtgemeinde des Islam

Literaturverzeichnis

Baehr, Rudolf (Hrsg.): Der provenzalische Minnesang, ein Querschnitt durch die neuere Forschungsdiskussion; Darmstadt 1967.

Borst, Arno: Religiöse und geistige Bewegung im Hochmittelalter; in: Propyläen Weltgeschichte, Bd. 5; Berlin/Frankfurt 1963.

Brett, Michael und *Forman, Werner:* Die Mauren, Islamische Kultur in Nordafrika und Spanien; Freiburg 1981 (aus dem Englischen).

Breyer, Leopold (Hrsg.): Bilderstreit und Arabersturm in Byzanz – Das 8. Jahrhundert (711–813) aus der Weltchronik des Theophanes; Graz und Köln 1964.

Bruggmann, Maximilien und *Hugot, Henri:* Marokko; München und Luzern 1984 (aus dem Französischen).

Castro, Américo: La Realidad Historica de España; Mexiko-Stadt 1954.

Chejne, Anwar G.: Muslim Spain, Its History and Culture; Minneapolis 1974.

Cornevin, Robert und *Marianne:* Geschichte Afrikas; Stuttgart 1966 (aus dem Französischen).

Crespi, Gabriele: Die Araber in Europa; Stuttgart/Zürich 1983 (aus dem Italienischen).

Dozy, Reinhart: Die Geschichte der Mauren in Spanien (2 Bde.); Darmstadt 1965 (Unveränderter Nachdruck der Ausgabe Leipzig 1874).

Eban, Abba: Dies ist mein Volk, Geschichte der Juden; Zürich 1970.

Eickkhoff, Ekkehard: Seekrieg und Seepolitik zwischen Islam und Abendland; Berlin 1966.

Eickhoff, Ekkehard: Macht und Sendung, Byzantinische Weltpolitik; Stuttgart 1981.

Erdmann, Carl: Die Entstehung des Kreuzzugsgedankens; Stuttgart 1935, Darmstadt 1980.

Gabrieli, Francesco (Hrsg.): Mohammed in Europa, 1300 Jahre Geschichte, Kunst und Kultur; München 1983 (aus dem Italienischen).

Gonzalez Palencia, A.: Historia de la España musulmana; Barcelona/Buenos Aires 1940.

Greive, Hermann: Die Juden – Grundzüge ihrer Geschichte im mittelalterlichen und neuzeitlichen Europa; Darmstadt 1980.

Grunebaum, Gustav Edmund von: Der Islam, in: Propyläen Weltgeschichte, Bd. 5; Berlin/Frankfurt 1963.

Gundlach, Wilhelm: Heldenlieder der deutschen Kaiserzeit, Bd. 1: Hrotsvith von Gandersheim, Otto-Lied; Neudruck der Ausgabe Innsbruck 1894; Aalen 1970.

Hoenerbach, Wilhelm: Islamische Geschichte Spaniens, Dargestellt auf Grund der A ʿmāl al-A ʿlām und ergänzender Schriften; (Bibliothek des Morgenlandes); Zürich und Stuttgart 1970.

Hübinger, Paul (Hrsg.): Bedeutung und Rolle des Islam beim Übergang vom Altertum zum Mittelalter; Darmstadt 1968.

Ibn Battuta: Reisen ans Ende der Welt 1325–1353 (neu herausgegeben von H. D. Leicht); Tübingen/Basel 1974.

Imamuddin, S. M.: Some Aspects of the socio-economic and cultural History of Muslim Spain, 711–1402; Leiden 1965.

Islamic Surveys, Edinburgh University Press (Paperbacks): Nr. 4 Watt, Montgomery: A History of Islamic Spain; 1977.

Nr. 5 Bosworth, Clifford: The Islamic Dynasties; 1980.

Nr. 9 Watt, Montgomery: The Influence of Islam on Medieval Europe; 1982.

Kaufmann, Hans: Toledo, Wege und Wirkungen arabischer Wissenschaft in Europa; Wien/Düsseldorf 1977.

Khoury, Adel-Th.: Einführung in die Grundlagen des Islam; (Bd. 3 der Reihe »Islam und Westliche Welt«); Graz und Köln 1978.

Klein-Franke, Felix: Die klassische Antike in der Tradition des Islam; Darmstadt 1980.

Koestler, Arthur: Der dreizehnte Stamm, das Reich der Khasaren und sein Erbe; Wien/München/Zürich 1977 (aus dem Englischen).

Kontzi, Reinhold: Das Zusammentreffen der arabischen Welt mit der romanischen und seine sprachlichen Folgen; in: Substrate und Superstrate in den Romanischen Sprachen; Darmstadt 1982.

Koran: Übersetzung von Max Henning, Einleitung von Ernst Werner und Kurt Rudolph; Wiesbaden o. J.

Lévi-Provençal, E.: Histoire de l'Espagne musulmane, Bde. 1–3; Paris 1950–1953.

Lewis, Bernard (Hrsg.): Welt des Islam. Geschichte und Kultur im Zeichen des Propheten; Braunschweig 1976 (aus dem Englischen).

Lewis, Bernard: Die Welt der Ungläubigen. Wie der Islam Europa entdeckte; Frankfurt u. a. 1983.

Lomax, Derek W.: The Reconquest of Spain; London/New York 1978.

MacKay, Angus: Spain in the Middle Ages, from Frontier to Empire; New York 1977.

Menéndez Pidal, Ramón: Der Spanier in der Geschichte; München 1955 (aus dem Spanischen).

Menéndez Pidal, Ramón: Historia de España; Madrid 1966.

Nagel, Tilman: Der Koran, Einführung – Texte – Erläuterungen; München 1983.

Nagel, Tilman: Staat und Glaubensgemeinschaft im Islam (2 Bde.); Bibliothek des Morgenlandes; Zürich und München 1981.

Palol, Pedro de und *Hirmer, Max:* Spanien vom Westgotenreich bis zum Ende der Romanik; München 1965.

Paret, Rudi (Hrsg.): Der Koran; Darmstadt 1975.

358

Pletnjowa, Swetlana Alexandrowna: Die Chasaren, Mittelalterliches Reich an Don und Wolga; Wien 1979 (aus dem Russischen).

Renz, Alfred: Geschichte und Stätten des Islam, von Spanien bis Indien; München 1977.

Rotter, Gernot (Hrsg.): Bibliothek Arabischer Klassiker, Bd. 3: Al-Masudi. Bis zu den Grenzen der Erde (Auszüge aus dem »Buch der Goldwäschen«); Tübingen 1978; Bd. 6: Löwe und Schakal; Tübingen 1980.

Rübenach, Bernhard (Hrsg.): Begegnungen mit dem Judentum; Stuttgart 1981; (und weitere Manuskripte des Schwerpunktprogramms »Begegnungen mit dem Judentum« des SWF Baden-Baden 1980/81).

Sánchez Albornoz, Cl.: La España musulmana; Madrid 1974–1978.

Smith, Norman: Mensch und Wasser – Bewässerung und Wasserversorgung; München 1978 (aus dem Englischen).

Stierlin, Henri: Architektur des Islam; Zürich und Freiburg 1979.

Walther, Wiebke: Die Frau im Islam, Stuttgart 1950.

Wirth, Peter: Grundzüge der Byzantinischen Geschichte; Darmstadt 1980.

Personenregister

Geschichte bei Piper (Auswahl)

John Bowle
Geschichte Europas
Von der Vorgeschichte bis ins 20. Jahrhundert
Aus dem Englischen von Hainer Kober. 1983. 720 Seiten. Geb.

Zeugen ihrer Zeit
4000 Zitate aus der abendländischen Geschichte
Herausgegeben von Joe H. Kirchberger. 1983. 940 Seiten. Geb.

Herbert Wilhelmy
Welt und Umwelt der Maya
Aufstieg und Untergang einer Hochkultur
1981. 542 Seiten mit 81 Abbildungen und Tabellen und 65 meist
farbigen Abbildungen auf Tafeln. Geb.

Hermann Kinder/Werner Hilgemann
Atlas zur Weltgeschichte
Von den Anfängen bis zur Gegenwart
2., erweiterte Aufl., 40. Tsd. 1982. IX, 629 Seiten mit 493 farbigen
Karten. Geb.

William Byron
Cervantes
Der Dichter des Don Quijote und seine Zeit
Aus dem Amerikanischen von Hanna Neves. 1982. 605 Seiten mit
5 Abbildungen und 16 Abbildungen auf Tafeln. Leinen

Piper